Jeunesse, lève-toi !

Bataille contre l'involution

Vincent Thierry

Editeur Patinet Thierri

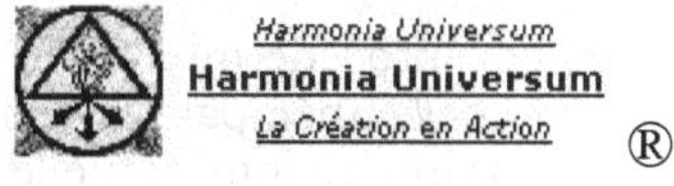

ISBN 978-2-87782-412-5

Préambule

La polémique mène à la réflexion mais en aucun cas à l'action. Le devenir de l'Universalité est entre les mains de chacun, si chacun se donne la peine de s'inscrire dans la temporalité et agir au sens propre dans chaque strate de la Vie composante.
Il ne sera ici question de critique de la situation actuelle, qui a pour souci d'éveiller à ce que l'on nomme le naufrage des civilisations, mais tout en surlignant sa manifestation, d'engager un front d'action par toutes latitudes afin d'œuvrer à la réalisation de l'Ordre Mondial formel qui ne peut naître que par l'Action.
Ce texte donne les outils qui permettront la manifestation de l'Universalité, en mettant en équation les facteurs de la contre involution régissant ce monde en déshérence, il n'est pas fait pour la lâcheté, la veulerie, l'argumentaire, la félonie et la traîtrise mais pour les Êtres conscients de ce monde qui ont envie de voir régner l'avenir et non l'anachronisme.
Il traite en ses sujets, de la Nation, du Nationalisme, non le nationalisme des années d'après-guerre, mais le Nationalisme naturel idéalisé par la souveraineté Nationale, de l'Europe, de ses Institutions entre les mains d'une oligarchie qui doit être démise, enfin de l'Univers, de cette petite Terre qui est notre commune Nécessité.
En ce lieu et en ce temps pour servir à la Voie, et non servir à la Voie invertie qui se joue du

langage pour abstraire en sa condition larvaire les énergies nécessaires à l'évolution en les cantonnant dans la stérilité du vide, de l'appropriation du vide et de ses rivages sans lendemains.

Manifeste, donc, le manifeste est action et action précise dans ce temps pour réorienter les énergies dissipées, cantonnées, éblouies, sans partage, qui se concatènent dans le miroir aux alouettes où se baignent les présomptueux de toutes prébendes et de toutes aberrations cumulées.

Manifeste encore, qui rayon dans la sphère, point dans la sphère n'a pas la prétention d'être la vérité mais d'y participer pour enfin voir naître non un nouvel ordre mondial que l'on appellera le nouveau désordre mondial, mais l'Être tout simplement dans le cadre de l'Ordre Mondial naturel.

Un Être formel et non virtuel, critique et salutaire qui saura redonner à la France le sens de sa mission, qui n'est pas d'être esclave de l'usure et de ses panaches, mais moteur de l'Europe des Nations, des États Unis d'Europe, libérés de l'oligarchie stupide qui la domine.

Stupide car ne se rendant nullement compte que l'Éveil impérieux des générations à venir verra dans sa candeur la monstruosité que cette oligarchie représente, inféodée à la City, à ce monde virtuel qui n'a pas place dans notre Monde formel, car anachronisme délirant au regard de la Voie.

Ce manifeste est dédié à la jeunesse de France, d'Europe, et de ce petit Monde, dont elle doit prendre en main les rennes pour sortir l'Humanité de l'impasse dans laquelle elle se situe, une involution virtuelle la menant vers la destruction.

Il ne sera question ici que de cette réalisation qui peut être mise en œuvre dans la simplicité la plus absolue, contrairement à tout ce qu'avancent les pseudos théoriciens des ismes qui ne sont que des nécromants de la situation qu'ils ont créé de toutes pièces afin d'asservir l'Humain dans tout ce qu'il a de plus aristocratique, où le terme aristocratique est pris ici de l'Être debout et non couché dans les ruines qui se pressent.

La Jeunesse de ce monde doit comprendre que l'unité de ce monde est une nécessité absolue afin d'entreprendre la réalisation de l'Humain qui n'est un simple objet économique mais bien un sujet symbiotique qui évolue dans ce qui est son champ de conscience : l'Univers.

L'Être Humain est né pour conquérir et non pour s'avilir et s'asservir. Nous allons ici donner les clés qui permettront à tout un chacun de conquérir ce monde qui semble dans l'illusion et que le seul souffle du vent restaurera dans sa condition naturelle, existentielle, spirituelle, politique.

I

Principes d'asservissement

Et si nous nous posions les bonnes questions avant que d'aborder la mise en place de cet Ordre Mondial Naturel. Les questions classiques, du qui sommes-nous ? Où en sommes-nous ? Où allons-Nous ? Toutes questions ce jour en voie d'autodestruction par la voie invertie de pseudos sciences destinées à faire en sorte que l'Être Humain ne s'élève en aucun cas mais se rabaisse.

Qui sommes-nous ? Donc, issu de la race des singes ? Avons-nous vu simplement un singe donner naissance à un Être Humain ? La belle théorie que voici qu'il convient de balayer d'un revers de main afin d'avancer, et de n'être plus esclave d'un anthropomorphisme conditionnant et réducteur qui n'a pas sa place dans cet Ordre que vous bâtirez.

L'Être Humain ne descend ni du singe ni du caméléon, encore moins du chat et encore moins du chien. Il conviendrait à toutes celles et ceux qui font du darwinisme leur soupe populaire qu'ils s'interrogent sur la possibilité de voir les Êtres, dans le cadre de l'évolution naturelle non se transformer, mais être tout simplement, dans une logique formelle et non abstraite qui à l'analyse frise le ridicule.

L'Être Humain est donc issu de cette réalité qu'engendre la réalité, la nature dans ses fonctions vitales, organiques, spirituelles, le substrat d'un essor et d'une forme qui ne doivent rien au hasard mais tout à la nécessité. Et en ses essors et en ses visitations, donnant naissance à ces Races que tout un chacun ce jour profane alors qu'elles sont la Nécessité par essence de par leur complémentarité naturelle.

Nous avons donc affaire en notre état à une qualification qui doit advenir et non dépérir, Matière ultime, naviguant, recherchant, non dans la subjectivité, mais dans la réalité son assomption qui, graduelle, mène vers la Matière Spirituelle, ordonnance de toute viduité.

Le darwinisme n'a donc été inventé que pour circonscrire l'Être Humain à la terre sans potentiel d'évolution intrinsèque, mais lieu et lien obligatoire d'une contingence purement terrestre, donc niant à l'Être Humain toute Spiritualité et accession à la Spiritualité la plus pure qui est la Vie par excellence. Couronné par l'abstraction de l'inexistence des Races, il est le principe même de l'auto destruction Humaine.

Ici nous trouvons la première équation de la destruction :

Humain = animal/Nature organique

Donnant dans le réel naissance à un non-humain, idéalisé dans la désacralisation d'un devenir, et par là même consentant à toute volonté subjective et virtuelle, de plus, invariant et sans signification dans sa réalité naturelle, incapable de coordonner ses efforts dans la complémentaire nécessitée des Races qui fondent l'Humanité.

Où en sommes-nous ? Ah la belle question que voici qui permet dans l'observation la critique et par-delà la critique une évolution propre et graduelle qualitative et non involutive. Et l'on remarquera que rien n'est fait pour que tout un chacun se reconnaisse dans cette évolution, bien au contraire, cela vous étonne ?

Prenons point à point les remparts à la construction, le triomphe de la destruction de l'intellect : le freudisme en sa logorrhée anale qui n'a rien compris à la construction de l'Être en ses

chakras, et qui aurait dû visiter le Bouddhisme pour triompher de son insolence qui laisse rêveuse quant à l'impermanence de ses fluidités absconses.
Le freudisme se veut triomphant allant jusqu'à vouloir l'Humain en sa fécalité l'orientation de son avenir, un intellect brisé qui cherche petit à petit à reconstituer le puzzle de ses attirances, de ses concordances, de toute cette inutilité qui fait bien vivre les moissonneurs du ridicule, les apôtres de ce chancre du ridicule.
Tout est en Un, Un est en Tout. Ainsi sommes-nous de notre Intellect qui est le prisme de notre volonté et qui dans la compréhension de sa multiplicité, au regard de son génome, et de ses capacités peut engendrer dans la connaissance du soi une symphonie, dans la méconnaissance du soi une cacophonie. Cacophonie dont se contente toute une ribambelle d'illusionnistes qui ne servent à rien, sinon qu'à bien vivre de ce phénomène de foire qui nous est parvenu uniquement pour nous enliser non pas dans le présent, mais dans des passés stériles.
Lorsqu'on fera comprendre aux enfants qu'ils ont à leur disposition un piano avec de multiples touches, qui représente leur intellect, et qu'avec ce piano ils peuvent jouer tous les concertos, toutes les symphonies, toutes les mélodies du monde, lorsqu'on leur fera comprendre que si leur hymne devient cacophonie, leur organisation bio chimique est atteinte ou compromise, ce qui se soigne très bien chimiquement, ils comprendront alors qu'ils n'ont pas besoin d'aller voir des illusionnistes pour parfaire leur soin.
Tout Être Humain est fragile dans son conscient comme d'ailleurs dans son inconscient, et c'est cette fragilité que parcellisent à souhait ces ténébreux personnages qui feraient rire Molière. Ténébreux à souhait, s'inscrivant dans cet

aréopage de la mort qui se veut triomphante de l'Humain en ce siècle.
Lorsqu'il y a cacophonie, il y a dysfonction, et cette dysfonction ne peut être liée uniquement à un lien intellectuel mais bien à un défaut bio chimique que l'on peut compenser s'il est reconnu à temps. Mais bien entendu, dans ce monde où l'inutilité est monnaie, il est préférable de voir des pauvres gens s'immoler et accentuer leurs névroses avec ces gargantuesques personnages précités.
L'intelligence de ce monde n'est pas dans la virtualité, elle se fonde sur l'inconscient, le conscient et le surconscient, ce surconscient qui permet, à tout un chacun en dehors des typologies aggravées de névroses qui doivent se traiter chimiquement, de minimiser la touche de leur piano qui devient stridente et d'harmoniser le courant de leur vie dans le cadre d'une mélodie, sans s'accroire tout de suite atteint de tous les maux.
La reconnaissance de soi mentalement devrait être apprise dès la mise en scolarité et partagée dans le cadre familial afin que les dérives qui permettent à tant d'inutiles de vivre aux dépens de celles et de ceux qui ne se reconnaissent pas, ne perdurent pas. Cette reconnaissance passe par l'apprentissage du souffle, par l'apprentissage du corps, par l'apprentissage du surconscient, ce surconscient ignoré par la plupart de nos contemporains, du conscient et de l'inconscient.
Le surconscient est le régulateur des émotions, le juge de paix de nos émotions, le catalyseur de nos énergies, qui bien compris devient le moteur de nos actions dans le sens de l'évolution propre et graduelle tant de soi que des autres, par symbiose et destination.
Ce surconscient bien compris, bien adapté à tout un chacun, permet de résister à la permanence que fabriquent nos sociétés larvaires et

suffisantes dans leurs appétits destructeurs, il permet de ne pas se laisser influencer, et par là même de ne pas créer en soi-même une pluralité d'existants virtuels qui ne mènent qu'à la destruction totale lorsque manipulé.

Ah ! La manipulation ! Celui qui est en maîtrise de son surconscient ne se laisse en aucun cas dominer par la manipulation ! L'équation est ici claire, nette et précise :

Manipulation=conscient/inconscient.

Comment ainsi faire diminuer le conscient en ses racines et le perdre dans les limbes afin de mieux dominer et infantiliser l'Être Humain. Ce qui explique le silence assourdissant de l'Être Humain en les prémisses de ce nouveau millénaire, butut vide de conscience nageant dans l'inconscience la plus stérile, non-humain par excellence.

Où allons-nous ? Très belle question que celle-ci, à laquelle il convient de répondre très simplement, vers l'Espace, cette autre dimension fabuleuse qui verra l'Humanité conquérir ce système solaire et dans l'infini les galaxies qui nous environnent, ces milliards de galaxies, dont je ne saurais trop rappeler que nous sommes une petite planète située en très grande banlieue de l'une d'elles.

Dans quel but, l'approfondissement de la connaissance globale, permettant de muter dans l'Absolu, tant par la quantité que par l'unité. Mais ce but ce jour n'a aucune issue devant les sciences triomphantes qui se masturbent le cerveau en adorant une théorie qui ne mène qu'au désert, de part ce que l'on nommera la courbure de l'espace qui n'existe en fait que comme inconstante et non constante au regard du développement des théories de la mécanique quantique qui n'en sont encore qu'à leurs prémisses.

La théorie de la relativité n'a pas d'autres buts que d'enfermer l'Humain dans ce que l'on pourrait nommer une sphère, une sphère de laquelle il ne saurait sortir, et qui le ramène irrémédiablement vers la terre. Pauvre théorie ignorant les théories de la gravitation, du déplacement dans l'espace par les champs de gravitation qui sont des portes dans l'espace, où le temps n'est pas lui-même une constante, mais un aléa qu'il faut dépasser.
Ici encore, nous voyons que si nous écoutons le bréviaire scientifique, nul espace où créer, nul lieu à conquérir, l'Humain doit rester sur ce lieu de sa naissance physique et n'en sortir que pour mieux y demeurer.
Nous trouvons là la troisième équation de la désintégration telle que :
Avenir = Temps/Espace.
Et nous voyons bien que dans l'impossibilité de comprendre par les Êtres Humains qu'ils vivent des temps complètement différents, le temps prend une dimension stratégique qui balaie tout espoir de conquérir l'espace.

Trois équations donc que nous rappelons :

Humain = animal/Nature organique
Manipulation=conscient/inconscient
Avenir = Temps/Espace

Nous voyons là, dans la correspondance de ces équations l'asservissement se dessiner pour tout un chacun, un asservissement très clair dans les abscisses et ordonnées de ces trois équations, la naissance d'un Être inorganique vivant dans l'inconscient sans la moindre connaissance de son évolution dans le cadre de l'Espace. Nous voyons là, l'esclave parfait, un animal dont le conscient se limite au temps, et dans ce temps est valeur négligeable, produit de consommation courante, dont la finalité est de se reproduire, de travailler, et de servir.

Voici l'image exacte de ce que veut gouverner ce que l'on appelle le « nouvel ordre mondial ». Il y a là comme un problème pour toutes celles et tous ceux qui cherchent à développer leur surconscient et en faire bénéficier les Autres, non ? Nous allons poursuivre maintenant sur le constat de ce que traduisent ces équations dans ce petit monde.

II

Problématique

La problématique est liée à des aspects que l'on nomme culturels et bien entendu à la manipulation, plutôt à l'Art de la manipulation qui régit l'imperfection dont nous avons nourri notre première étude. Rentrons dans le sujet commun qui est maintenant celui des groupes, de la famille, de l'Ethnie, du Peuple, des Races et de l'Humanité, un parterre de fleurs diverses et magnifiques, pour mieux comprendre le travail de sape que nous subissons depuis des centaines d'années.
L'Humanité est composée de Races, et heureusement, car elles déterminent les singularités et les complémentarités, la Race Blanche primant l'Action, la Race Jaune primant la Contemplation, la Race Noire primant la force et la diplomatie, premier apprentissage du Vivant en ses multiples facettes, dont par les Peuples, les Ethnies, les Familles, et oui, les familles sont le socle, ce socle bâtisseur de toute civilisation, quelle qu'elle soit. Que l'on s'amuse un peu avant de poursuivre, un rire bienvenu sera de votre part.
On nous dit, oh la belle chose en retrouvant un fémur de singe que l' « homme », car Mesdames n'attendez que l'on s'adresse à vous dans ce monde de mâles, donc que l' « homme » vient de ce magnifique Continent qu'est l'Afrique aujourd'hui.
C'est bien faire peu de cas que notre terre à quatre milliards cinq cents millions d'années, que ses continents ont été variables suivant les

centaines de millénaires – et pour celles et ceux qui en douteraient, qu'ils s'intéressent à la tectonique des plaques – et qu'il aurait existé, un seul continent à un temps indéterminé, qu'il faut bien entendu appeler l'Afrique, ce qui vous en conviendrez est archifaux et une supposition d'un mental effleuré par la suggestivité chronique d'accroire en sa petite vérité.
Non l'Être Humain n'est pas né en Afrique, il est apparu sur différentes souches terrestres dont certaines ont disparu, - que l'on s'inquiète des ruines cyclopéennes que l'on retrouve dans les eaux du Japon actuel, et d'autres ruines tout aussi titanesques que l'on trouve en Asie, près de la Capsienne, et de la Mer d'Aral – non, l'Être Humain n'a que faire d'appartenir ou de ne pas appartenir, il est le fruit d'une élaboration naturelle qui s'est éclose dans de multiples champs, avec des consonances différentes mais totalement complémentaires.
Lorsque enfin on s'intéressera réellement à l'Être Humain en dehors de la logorrhée darwiniste et consorts, il conviendra de revoir toutes nos sciences du Passé, et ce n'est pas rien, mais cela se fera, car tout se redécouvre même si on veut effacer les traces d'une quelconque civilisation, à tout le moins, la trace de l'Être Humain, vous savez tout ce qui ne rentre pas dans les cases de la manipulation.
Car enfin, ici, quel beau champ d'action pour la manipulation ! Un champ d'action réducteur à souhait, qui nie l'existence de l'Être Humain en ses racines, ses profondeurs, ses multiples civilisations dont les intonations, fort heureusement ne se sont jamais perdues grâce au Sanskrit, la première langue connue de ce monde.
À étudier d'un peu plus près les écrits concernant cette langue érudite, nous remontons dans la sphère du temps au minimum à cinq cent mille

ans de connu. Ah ! Que de livres d'histoire falsifiés, à revoir, mais cela viendra et vous en serez maîtres d'œuvre, ne vous en inquiétez pas.
Revenons à nos moutons, car moutons nous sommes lorsque l'ignorance accomplie par la manipulation nous guide. Voyons cela. La famille est le socle de toute civilisation, elle détermine la stratégie de la Vie en ce lieu, par les actions et les contemplations qu'elle induit en rapport avec la multiplicité de son épanchement, et par là même la gradation des Lois et des Devoirs qui incombent à chaque membre de la communauté en relevant.
De la famille, nous passons à l'Ethnie, qui devient heaume de salut pour le devenir qui sera toujours conquérant, un repère de culture native dont les fondements sont inaltérables, quoique l'on puisse détruire, car non pas né de l'acquis mais de l'inné, cet inné qui bien entendu est nié par la manipulation qui ne voit jamais plus loin que le bout de sa lorgnette afin d'asseoir sa permissivité.
Inné ? Mais bien entendu au regard de l'enfant vis-à-vis de sa mère, au regard de l'enfant vis-à-vis de son père, et de la famille vis-à-vis du groupe, cœur de toute civilisation, dont le pré bâti enseigne la notion de rémanence formelle induite par la capacité cognitive qui gère la faculté d'initier dans le génome ses particularités que l'on constatera atavique.
Cet atavisme est régulation conquérante, par défense innée, de la multilatéralité non équivoque des rencontres, déjà demeure du Peuple, car le Peuple n'est pas un hasard non plus, le Peuple est la nécessité souveraine de l'application de son principe homéostatique, cet équilibre lui permettant d'intégrer ses limites consenties et rayonner au-delà de ses limites, sous la réserve qu'il ne soit pas objet de déséquilibre, une coexistence pacifique avec autrui.

Cette conquête mène, dans le cadre des Ethnies à la forme idéale de la compénétration de toute réalité par l'être humain, ce que l'on nomme la Nation, nous y reviendrons. Le Peuple objectif est donc racine, sang d'une Nation conquise de haute lutte, défendant son homéostasie, et le témoignage des guerres qui se poursuivent est là pour nous le prouver.
La guerre n'est pas issue du hasard mais de la nécessité, celle induite par le respect, le respect des Peuples, le respect inconditionnel du territoire qu'ils se sont appropriés. Au risque de heurter la sensibilité de tout un chacun, je réitère, la guerre est nécessitée, soit pour le bien, l'élévation de l'Être Humain, soit pour le mal, son asservissement.
Ne croyons un seul instant que les Peuples se soient forgé en un seul instant, bien au contraire, le temps a été nécessaire pour les voir se parfaire, et des prémisses des grandes invasions ils ont gardé le souci de leur défense, mais aussi par la curiosité le souci de leur développement harmonieux avec d'autres Peuples.
Restons un instant sur les grandes invasions. Ces invasions ont été multiples allant de l'Est à l'Ouest et inversement, du Nord au Sud et inversement, voyant naître dans certains Peuples le souci de conquérir les terres avoisinantes, voies multiples où se sont inscrites les plus grandes découvertes, permettant de développer le commerce, l'industrie, et par-dessus tout la diplomatie entre les différentes Peuples.
Le monde n'est pas né avec la civilisation Égyptienne, préexistait bien avant son existence la civilisation Indo Européenne, ignorée ce jour, et quoi de plus naturel, dont les faits sont relatés dans les ouvrages Indien les plus remarquables, voyant s'affairer ici les plus grandes prouesses philosophiques, un art de vivre debout face au

monde et non en reptation devant le moindre frémissement du vent.
Altière attitude, connaissance du soi, action et contemplation dans leurs mérites sanctifiés, dévoilant la tripartition du Pouvoir, celui des Mages, des Sages, et des Guerriers, tous défenseurs de la Vie, de la plus humble à la plus brillante.
Qui s'intéresse réellement à l'Histoire doit s'intéresser aux grandes invasions, non seulement celles du Moyen Âge, non seulement celles des Celtes qui ont conquis une Empire qui dépasse de très loin la petite « europe » que l'on voit ce jour, mais bien au creuset des civilisations naturelles qui ne sont pas nées du fournil sis près de l'Euphrate, ou du Nil, mais bien, en ce qui concerne notre Histoire connue, sur les rives de l'Inde.
Et pour s'en convaincre faudrait-il parler de l'avancée intrépide de ces Indo Européens foudroyant jusqu'à l'empire Égyptien, s'installant en Perse, cette Perse qui aujourd'hui est l'Iran, et dont le Peuple a des racines indo Européenne tout comme le nôtre. N'oubliez jamais que l'Histoire a toujours été réécrite afin de complaire à la servilité.
Voyez l'histoire de France depuis sa Révolution, bien souvent un tissu de mensonge, pour contester le fait que le plus grand siècle fut celui de Louis XIV, que la France en ses frontières naturelles a été stabilisée par Louis XI, que les Maures ont été arrêtés par Charles Martel à Poitiers, enfin que Clovis fut celui qui arrêta l'invasion des Huns, etc, etc.
L'Histoire avec un H majuscule doit toujours être regardée par rapport à ses documents écrits et non par rapport au style d'un quelconque auteur, fut-il le plus méritant. N'oubliez jamais aussi que les cultes empruntent aux cultes préexistants, et

ne croyez un seul instant que la symbolique soit un fait marginal déterminant un trône.
Si nous prenons notre Religion, Catholique, nous devons savoir que la naissance du Christ correspond au solstice d'Hiver, nous devons savoir que lors de ce solstice était rendu le culte de Mithra, et ce depuis des millénaires, y compris dans la Rome Antique, que lors de ce culte, le sang d'un taureau était versé sur l'impétrant, et rappelez-vous la phrase du Christ, ceci est ma chair, ceci est mon sang.
Ceci n'est qu'un exemple parmi de multiples que vous pourrez retrouver aux frontières de l'Écrit, et ainsi vous exonérer de cette croyance que l'on cherche à vous inculquer qui ne représente qu'un épiphénomène dans la marche du temps, régulé et surtout falsifié afin de cadrer avec une civilisation du néant, cette civilisation qui est la nôtre.
L'équation du néant ici se dérive dans une conjonction parfaite. Restez un instant sur les vecteurs qui ont forgé sur notre terre le devenir, nous avons là, la famille, les Ethnies, les Peuples, les Races, l'Humanité. Tous ces vecteurs sont une gêne pour tout un chacun cherchant à asservir l'Humain. Comment faire pour faire disparaître ces réalités et les fondre dans la virtualité, et attaquer ainsi le principe même de l'évolution Humaine ?
Vous l'avez compris, détruire le lien souverain qui uni les différentes branches de l'Humanité, les Cultures, ces Cultures formidables qui ont permis ce jour de se reconnaître à travers toute la Planète, de s'associer et de se conjoindre dans des échanges fabuleux, qui ce jour ressemblent à des feux de braise.
Comment détruire les cultures ? Il convient de prendre possession des moyens de communication quels qu'ils soient, entrer dans toute organisation ayant pour but de promouvoir

les cultures, enfin devenir maître des opinions, et lentement, par une guerre totalement silencieuse faire accepter l'inacceptable, l'inexistant.
Regardons ce qui se passe aujourd'hui. Dans les faits, on nous dit que les Races n'existent pas, que le Métissage est la panacée, qu'il faut accepter sans rien dire l'immigration à flot continu destinée à métisser totalement les Peuples, on nous dit que les Peuples n'existent pas, qu'ils sont les graphes d'une région dans laquelle ils doivent se mêler afin de disparaître totalement, on nous dit que les Ethnies sont une vue de l'esprit et en aucun cas une réalité, on les oppose au Peuple, alors qu'ils sont les constituants du Peuple, on nous dit que la famille est un enfer, qu'elle doit donc être détruite et que l'état doit prendre en charge les enfants des couples, on nous dit que la panacée, ce sont les couples monoparentaux, quand ce ne sont pas les couples lesbiens ou homosexuels.
La famille doit donc être détruite au profit de choses et non pas de genres, et maintenant parlons de l'Être Humain, il n'existe pas, il doit être le citoyen du Monde – en cela nous pourrions être d'accord à la seule condition qu'il garda ses racines – un citoyen sans distinction, complètement virtuel, sans la moindre racine, métissé en tout, et pire que tout désormais associé à une théorie du genre, complètement farfelue qui s'imagine que l'être est un genre, et non pas un être Humain. La virtualité ici l'emporte totalement.

Reprenons gentiment, et marquons notre équation :

Culture de l'Humanité = Culture * (RacesxPeuplesxEthniesxfamillesxEtres-humains)

Dans notre « civilisation », cette équation devient :

Sous culture de la non-humanité = Culture* (1/Races+Peuples+Ethnies+Familles+Etres-Humains)

Nous voyons là la création du vide, de la permanence de ce vide, une virtualité étonnante qui sert de principe à une pensée unique totalement réductrice, advenant la destruction des Cultures, et par là même des Racines de chaque Être Humain en sa réalité structurelle et organisationnelle, en ses fondements légaux, pour le naître dans une abstraction où il n'est plus qu'objet et en aucun sujet, un objet qui peut être soumis à tout totalitarisme quel qu'il soit, qu'il acceptera par définition, car dans l'indéfinité la plus totale de sa réalité, une aperception qui lui permettra d'accepter de devenir un objet économique, guerrier, etc., et en contrainte de sa position erratique d'accepter d'être sacrifié par euthanasie, par liquidation physique ou de masse, par le totalitarisme qui l'inféode.

Face à ce génocide culturel vous aurez compris quelle est la première mission à mettre en œuvre pour revitaliser les sources vives des Nations, des Internations, de ce petit monde qui vire à l'agonie sous les coups du parasitisme du néant qui s'approprie toutes faces de l'intellect afin de l'œuvrer dans sa permissivité, là dans cette dialectique matérialiste qui depuis environ deux cents ans cherche à imposer sa dénature : la reconquête de toutes cultures.

III

Matrice

La dénature, nous y sommes, dans toute sa splendeur, nous avons vu que le tronc commun de cette « matrice» se résume dans le cadre des équations que nous avons inscrites, mène tout droit à l'acculturation, au métissage, à la permissivité, à l'indéfinité, au genre, enfin à toutes ces inventions de l'atrophie qui font de l'Être Humain un sous animal qui ne mérite plus le nom d'humain, mais bien de non-humain, tellement il est accouplé à son addiction à l'esclavage.

Chien de Pavlov, il réagit comme le chien de Pavlov, et sa mesure détermine les conséquences de la liquéfaction de sa réalité dans ce que l'on appelle pompeusement le « nouvel ordre mondial » qui n'est rien d'autre qu'un goulag où les non-êtres acceptants redemandent du fouet, comme de la cravache pour se permettre d'exister, tandis qu'au-dessus de cette foule de ruminant se dresse l'arborescence de leur désintégration, un aréopage de fumistes qui se considèrent comme les tenants et aboutissants de l'Humanité, alors qu'ils ne sont rien d'autre que les esclaves de leur propre atrophie.
Trêve de commentaire, dont nous pourrions écrire des volumes entiers qui ne serviraient qu'à contester, voyons plutôt comment en fonction des quatre équations dérivées ce siècle s'avance, et notamment dans ces hémicycles que l'on dit politique, où l'homme ou la femme politique sont

vendus comme des marques de dentifrice ou de savonnettes à des Peuples totalement garrottés par la débilité d'une acculturation prononcée.
Un bon esclave est celui qui acclame son maître, où sa maîtresse, qu'à cela ne tienne, cela n'est pas un problème, on lui donnera ce qu'il veut, on le représentera comme l'on veut, on lui donnera ce qu'il souhaite. L'Histoire de ces deux derniers siècles est magnifique en ce sens. Hormis les Empires, et les derniers connaissants qui ont su résister à cette offensive de la violence prononcée, où la violence est ici prise dans le sens du viol des Peuples, nous voyons bien qu'il y a quelque chose de pourri au royaume Humain, et notamment dans le cadre des Nations de notre Europe, ce jour asservies à l'usure et ses féaux.
Premier pas de ceux qui s'imaginent les maîtres de ce petit monde en la réalité de l'Art de diriger, nous voyons se profiler les menstrues de ce vide apocalyptique qui nous est, jusqu'en cette bataille perdue par Napoléon Bonaparte à Waterloo, où le vide sidéral de l'intelligence pour s'enrichir initie la traîtrise et la fourberie dans un marché de dupes qui vit le même Napoléon Bonaparte trahi à Moscou par les bottiers et les peaussiers qui manquèrent en ne livrant pas les habits qui auraient permis à la Grande Armée de faire naître les États Unis d'Europe où se serait jointe la Russie, qui n'aurait jamais connu le laboratoire de Thanatos qu'on lui a connu avec le Communisme.
Regardons les choses en face au regard des équations prononcées dans ce dix-neuvième siècle qui annonce les plus vastes génocides que la Terre ait connus. Entrons dans les loges maçonniques pour la plupart inféodées à la destruction de toute spiritualité, se noyant de mots, la République, mais quelle République ? Celle vouée à l'euthanasie de la spiritualité et bien entendu du Catholicisme, qui gêne, les

apprentis sorciers de Thanatos. Weishaupt est passé par là, ce modèle du nihilisme le plus total, niant la réalité Humaine, l'intuition, pour ne se consacrer qu'à l'analyse de ce qui est en dehors du soi, reléguant ainsi l'Être Humain à un butut vide de conscience, ce modèle de la déstructuration de l'Être Humain, le vouant à une servitude pour l'accomplissement de l'œuvre maîtresse de cet individu, la destruction des trônes, la destruction de la Foi, la destruction de l'Humain dans son ontologie.

Les loges se pourrissent de cet esprit matérialiste par essence, et leur modalité, l'Éveil ne devient plus que l'apprentissage de la haine du Vivant et de son formalisme, éveillant ainsi un être virtuel sans autre demeure qu'un intellect asséché devisant son devenir dans le non-avenir, creuset d'une atrophie dont le vivant va connaître les faces, inverses de la Voie, puisant dans leur doctrine les effroyables déterminismes qui allaient suivre.

Du creuset de cette servitude naissent deux empreintes irréductibles, le sommet d'un capitalisme ne recherchant que le profit, et conjointement son complément irréductible, le travail, qui se transcende, afin de mieux se contrôler dans le manifeste communiste, livre de chevet de toutes celles et de tous ceux qui ont besoin d'une canne pour marcher ainsi que ceux qui n'en ont pas besoin et s'en servent comme objet de manipulation globale, livre de la dialectique matérialiste, cette dialectique de l'atrophie qui oublie la nature profonde de l'Être Humain pour ne plus la voir que comme un outil de travail n'ayant d'autres fonctions que cette nécessité qui n'est qu'une part de l'Humain, et non sa finalité, facteur x du capitalisme, facteur oméga du communisme.

Partant de ces rouages, cristallisés par une réécriture de l'Histoire, qui devient matérialiste

par essence, nous assistons au libre cours de la mise en œuvre de l'anarchie la plus totale, de ses extrêmes à son apparence, le socialisme, ses avatars qui seront naissance du communisme intégriste, du national-socialisme, priorités régulées destinées à détruire totalement l'enracinement, les lois naturelles de l'Ordre, les Identités, les Peuples, afin de fondre dans un magma toutes les formes Humaines dans un silo de déperdition et de dénature profonde.
Ce parasitisme s'installe dès le dix-neuvième siècle, financé par, déjà, les cohortes apatrides se considérant supériorité, une supériorité monétaire née du vol, du pillage, de l'esclavage, de l'usure, sur l'intelligence et ses desseins. Les loges sont investies et n'ont plus là que des noms et aucun cas une puissance morale que l'on pourrait accroire, hors celles ne travaillant que pour l'Empire Britannique, que l'on dit Nationale, Loges circonscrites n'ayant maintenant plus que pour désir de naître la « République Universelle », un monde sans lendemain où régneraient des sages issus de la gangrène financière qui s'agite en tous sens pour prononcer la mise à mort de l'Europe, insinuant par consanguinité les royaumes qu'elle cherche à détruire, en les invitant à la destruction totale de tout ce que créent les Pays de cette Europe.
L'anarchie matérialiste est devenue pouvoir, a pris le pouvoir, et ses intermédiaires sont à l'œuvre, et qu'allons-nous voir en ce début du vingtième siècle, alors que l'Allemagne devient une puissance industrielle remarquable, le diktat de l'usure insinuée dans tous les rouages de l'Empire Britannique, autoriser cette première guerre mondiale, annoncée par Pike dans sa fameuse lettre à Mazzini, une guerre totale jouée en sous-main par les couronnes consanguines, allant provoquer la mort de l'intelligence européenne. Mais cela n'était suffisant, il fallait

taire la rebelle Russie dont les ressources naturelles en font une puissance redoutable, et s'en vient alors, payé par les banquiers et la finance apatride l'outil de la propagande la plus délirante qui soit, Lénine et ses conscrits, afin de faire chuter le règne d'Alexandre.
Nous voyons là Janus en pleine action, qu'une seule main anime, avec un déterminisme issu du nihilisme le plus pur, condamnant à mort des dizaines de millions d'Êtres Humains pour jouir de l'usure et ses avantages. La première guerre mondiale éclate pour un prétexte monté de toutes pièces, agencé par l'intermédiaire des nombreuses loges pourrissant le devenir Humain, un assassinat répugnant qui précédait le génocide des Peuples Européens, le génocide du Peuple Russe, un génocide dont personne ne parle au regard de ses commanditaires, dont il convient de bien comprendre ce qu'ils sont afin d'ouvrir les yeux sur cet abîme où nous sommes ce jour parvenus.
Janus est là dans sa barbarie la plus totale, envoyant à la mort l'Humanité pour son régal, sa croyance en une supériorité qui n'existe pas, car en fait marque d'une infériorité globale qui s'affirme par une morgue, un dédain, un mépris que rien ne justifie, sinon la bêtise innée ancrée dans les gènes de cette force insidieuse, rampante, menant sa guerre silencieuse pour détruire et détruire encore, utilisant tous les moyens les plus pervers, la félonie, la traîtrise, la martyrologie, pour assouvir sa faim, alliance de tout ce qui haït le Christianisme, alliance répugnante dont les mains ruissellent du sang de nos aïeux, tombés sur des champs de bataille inouïs, qui n'auraient jamais dû être.
Bataille pour l'Empire Britannique donc que cette première guerre mondiale ? Que non, cet Empire lui-même étant entre les mains du parasitisme qui déjà s'affaire outre Atlantique pour préparer

une nouvelle guerre mondiale, et guider le sommet de l'agonie de la Russie, voyant l'esclavage s'y organiser, les goulags se pétrifier, la famine régner pour soumettre l'Ukraine. Ukraine martyrisée, Ukraine voyant les commissaires politiques s'affairer, gestapistes traquant sans relâche les uns les autres au nom de cette utopie inverse, le communisme, cette aberration mentale née de l'atrophie et dirigée par l'atrophie. Pendant que les hommes meurent encore sur les champs de bataille, cette gangrène s'installe composée à 80% d'apatrides, hurlant à la mort contre le Peuple Russe, assassinant Alexandre et sa famille, puis se jetant, tout comme la vermine, sur tout ce qui est support culturel afin d'en détruire jusqu'à la moindre trace, pour naître ce monde « idéal », le monde concentrationnaire où chacun épie chacun, recommandation chère à Weishaupt, recommandation magnifique menant au poteau d'exécution quand ce n'est pas à la hache du boucher, une balle coûtant si cher !
Janus s'agite sur cette danse macabre, et son pendant le capitalisme se gorge de marchés, ces marchés où l'on vend des canons, ces marchés répugnants qui voient crouler sous l'or les nouveaux esclavagistes, qui pour se faire pardonner vont créer des fondations, des fondations à partir desquelles partiront toutes les forces nécessaires à la mise en coupe réglée de l'Humanité.
La guerre se termine sur un naufrage, le naufrage des Pays Européens. Le diktat s'instaure du capitalisme sur l'Allemagne afin de la saigner totalement, car dans l'esprit moteur de ce Janus, cette guerre ne suffit, il faut en préparer une autre, on y gagne tellement d'argent, et puis il est si facile de créer de nouvelles Nations, un plume, une règle, et voilà l'affaire est faite, et conjointement donner une Nation à un Peuple.

L'entre-deux-guerres est un jeu de domino où s'affrontent des mondes, les uns belliqueux, les autres à la recherche d'une paix durable, et compagnons de ce jeu, la farouche détermination de l'idolâtrie communiste, tentant des coups d'État, exterminant des populations, technique révolutionnaire par excellence où l'on massacre son Peuple pour l'exemple, régime de la terreur, dont la France a subi l'horreur pendant sa « révolution », qui ne fut pas la « révolution du Peuple » mais la révolution des nantis sur l'Aristocratie, trop Chrétienne bien entendu.
Pauvre Révolution saccagée par les bellâtres, toutes ces ruines consommées par ces loges sans foi ni loi, à la solde de la destruction ! Cette destruction est là, dans cette après-guerre, 1929, le crash fomenté et préparé afin de ruiner les épargnants Américains, car ne croyez que tout cela arrive par hasard : si l'on parasite le circuit financier, cela crée où une rupture de flux, où un engorgement et à partir de là, si vous considérez le corps de l'Humanité comme le corps Humain, la matrice économique comme le corps Humain vous comprendrez très facilement ce qui s'en suit lorsqu'on compresse une artère ou bien si on provoque une saignée globale. Ne croyez un seul instant que la science économique soit difficile, bien au contraire, c'est un jeu enfantin duquel se régale tout le parasitisme de ce monde, que des « experts » vous disent très difficile à comprendre, alors qu'il n'en est rien, bien au contraire.
Mais revenons à 1929, les petits épargnants Américains ruinés, les consortiums préparés de longue date peuvent se jeter à la curie, et créer ces monstres que nous connaissons si bien les multinationales, afin d'accaparer à l'ouest tous les moyens de production, de même qu'à l'Est. Et règnent en potentats sur ces ruines les mêmes banquiers sinistres qui ont provoqué cette faillite de l'Occident après avoir détruit son intelligence,

pour faire triompher leur jeu du gain. La guerre est de bon rapport, et puis il y a autre chose à mettre en route sur les demandes conjointes de tant et tant de personnes, il faut un Pays au Peuple qui se dit Élu, donc il faut couronner tout cela par un massacre collectif qui doit engendrer à la fois la destruction totale de l'Europe et conjointement la naissance d'une Nation. Chacun s'attelle à la tâche, à l'Est comme à l'Ouest, les apatrides s'allient dans un concert financier qui n'a eu d'égal à ce jour, l'Ouest finance le futur Chancelier Hitler, l'Est réarme l'Allemagne, la Russie soviétique comme l'Allemagne national socialiste s'entendant comme larron en foire pour dépecer cette Europe qui gêne, talent par excellence, que beaucoup ce jour singe. Et voit-on dans cet hémicycle janusien Staline et Hitler, bras dessus, bras dessous, s'allier dans cette terrible désignation du plan machiavélique annoncé par Pike à Mazzini, le déclenchement de la deuxième guerre mondiale, sous les hourras de certains Britanniques comme de certains Américains, qui vont voir là poindre déjà, le nouvel ordre mondial de leur atrophie, n'oublions jamais les discours d'Adolphe Hitler se battant pour le nouvel ordre mondial. Et quoi de plus naturel entre Nationaux socialistes et communistes, issus de la même famille, que de dépecer la Pologne, à belle envie pour faire naître ce nouvel ordre mondial !

Pauvre Pologne qui a le défaut d'être Catholique, pauvre Pologne lapidée, exterminée, jusqu'en ses officiers, assassinés par la Russie soviétique d'une balle dans la nuque. Janus ici officie, la finance apatride d'un côté envoyant des navires croulant de farine et de victuailles à une Russie qui ne s'en sort pas économiquement, et finançant avidement le parti National Socialiste. Il n'y a que les imbéciles pour ne voir cette stratégie, et pire encore celles et ceux qui veulent où préfèrent l'ignorer. En attendant le massacre se perpétue, voyant déjà, à l'image des goulags Russes si bien servis par des monstres apatrides, les camps de concentrations, des camps ignobles, de mêmes acabits que ceux de Sibérie, où la bestialité humaine dans ce qu'elle a de plus répugnante s'assouvit, sous le regard ravi de la finance apatride qui mène cette guerre d'asservissement et de destruction. 1942 est un tournant, lorsque l'Allemagne se retourne contre la Russie ? Mais réfléchissez un peu plus pour voir plus clair. Roosevelt est passé par là et ses lois sur la régulation de la finance aussi. Ne sont plus les maîtres, ces maîtres à demie qui s'imaginent dans leur atrophie des dominants, la donne change, ce qui n'est pas pour plaire à certains Britanniques, et encore moins à certains Américains, qui vont se démener jusqu'à accueillir le Dauphin d'Hitler venu demander l'aide de ce qu'il reste de l'Occident pour combattre le bolchevisme, non pas une aide matérielle, mais une aide délimitée par une trêve entre les Nations jusqu'à la destruction totale du communisme par l'Allemagne nazie. Trêve arrogante, pendant que la Race « supérieure » détruit la Race dite « Élue », non les plus riches mais tout un ensemble qui n'a jamais demandé ni guerre ni suicide, ni misère, des pauvres gens qui n'avaient les moyens de sortir de ces Nations aux mains de l'Allemagne et qui ont dû s'engouffrer dans des trains avant que de s'entasser dans des camps abjects. Méthodes apprises chez les bolcheviques et bien retenues par leurs petits frères en socialisme, ces nazis qui ont non seulement détruit une partie des juifs de nos Nations mais aussi tant de catholiques, de protestants, de résistants de toute nature, dont les cadavres n'ont jamais été comptés !

À goulags goulags et demi, la chasse impitoyable est partagée entre les deux géants qui s'affrontent, tandis qu'au loin se dresse l'Amérique qui enfin rentre en guerre, et qui aurait pu éviter d'y rentrer en contrariant le Pearl Harbor qui lui était connu. Mais là d'autres mains pressent l'Amérique, tant d'argent à gagner, qu'importe le malheur des Peuples, la tuerie généralisée, il faut du sang pour vendre des canons, et regardez bien qui s'en enrichit pendant cette période terrible. Analysez la naissance des consortiums, les capitaux et leur provenance, vous serez ébloui de savoir que ceux qui financent la guerre sont ceux qui en vivent grassement et qui aujourd'hui donnent des leçons de « morale », et voudraient régir notre planète !

Cette deuxième guerre mondiale est une horreur, les civils ne comptent pas, et ceux qui cherchent à protéger leur Nation sont traités de collaborateurs, l'ignominie se joint à l'ignominie, et le communisme se déchaîne dès l'opération Barberousse lancée par les Allemands sur la Russie, les bouchers sont à l'œuvre en tous lieux et dans toutes les Nations d'Europe conquises par l'Allemagne, et ceux qui cherchent à organiser la résistance sous la houlette, notamment en France, d'un homme de tête, sont terrassés par sa houle, la trahison est à la mode. Qu'importe, toujours en France de cette force communiste, les réseaux Gaullistes s'installent et la France leur devra sa libération. Car cette libération ne sera pas le fait des commis du communisme qui auraient rêvé d'un coup d'État pour établir le massacre des innocents qui n'a pas manqué à la sortie de la guerre, qui pour un champ, qui pour une appartenance politique, qui pour une appartenance religieuse. L'Amérique est ici présente, et le communisme reste coi devant ses canons, sans oublier toutefois de tirer sur les grévistes lors de la remise en route des process industriels dans cette après-guerre totalement

fardée, voyant s'affronter sans relâche les deux têtes de Janus, agitées par la même houlette, le parasitisme financier.
Concert des Nations, sous l'impulsion des loges maçonniques, se crée l'organisation des Nations Unies, premier pas vers le gouvernement mondial. Ici dans cet après-guerre, le parasitisme ne fait pas loi, compte tenu des nombreuses entraves naturelles portées à l'encontre du marché des capitaux. Les États conservent leur droit inaliénable de battre monnaie, et cette force ne permet pas à la gangrène de poursuivre son œuvre comme elle le souhaiterait. Qu'à cela ne tienne ! Elle va lentement insinuer toutes les gouvernances, jusqu'à saturer l'insondable dans sa débauche carnivore, après ce répit qui a permis aux Nations de se relever de cette guerre ignoble, qu'ils ont ourdis, en grande partie grâce à l'Amérique généreuse et son Plan Marshall. Les fauves sont là, à l'affût, germant de places en places le pourrissement du communisme et l'étalon d'un capitalisme qui se cherche au milieu de son grand frère la Finance internationale, Finance parasitée par la gangrène qui cherche à se faire règne.
La matrice est en place, la Russie est camp de concentration, les Pays d'Europe les pavés qui cherchent à se reconstruire. L'Amérique veille sur ce champ de ruines, fort heureusement, sans cela il y aurait fort longtemps que la botte des cosaques résonnerait dans le port de Brest. La matrice quoi qu'il est soit est en place, elle finance la Russie soviétique, et le champ de ruine de l'Europe, en fait elle finance son yo-yo familier, Janus, le dantesque s'agitant en tous sens pour faire en sorte de briser les gouvernements qui devront s'établir, et surtout de faire en sorte que leurs lois entravant le process de cancérisation de la finance disparaissent. Regardons les

maintenant à l'œuvre dans ce qui nous préoccupe plus radicalement, notre Europe.

IV

L'Europe

Nous y voici, on se rappelle des équations précédentes, et de la si belle équation matricielle que nous venons de mettre en exergue finalisant Janus, soit le capitalisme et le communisme, qui désormais pour prendre demeure doivent obligatoirement se complémenter et se forger l'un l'autre dans les mêmes racines, afin d'enfanter ce nouvel ordre mondial tant rêvé par le parasitisme.
Si nous regardons l'Europe, nous ne pouvons qu'être en mesure de mieux comprendre les dites équations et leur partage par la multiplicité qui gangrène le monde politique, une gangrène terrible qui ronge les institutions comme cela n'a jamais été permis dans les Pays de notre Europe.
La résolution de l'équation involutive capital-travail, y brille de tous ses feux mortels, panache de l'arbitraire, de la dérive de toute raison, voyant naître en nos Pays Européens l'asservissement le plus total à l'usure sous la botte de l'avilissement, née du communisme embrasant le capitalisme et inversement, dans une sauce répugnante où l'on voit trôner en assemblée, tous les représentants de cette faune atrophiée qui se veut règne.
Si nous regardons d'un peu plus près, nous ne pouvons qu'être stupéfaits de voir la maîtrise des institutions européennes régies par le fléau dans sa puissance, on y voit là un Président non élu, sinon que par ses pairs, et bien entendu sous la houlette du Bilderberg, cette société de pensée en dérive totale de ce qu'elle fut à l'origine, menstrue de la pénétration avide de tous les ismes qui se

parjurent, larbins de la City et de Wall Street qui pavanent.
À cette image correspond la représentation européenne, purement économique, voyant le maoïste côtoyer le Gramciste, le socialisme et le communisme, tous alliés du capitalisme, mettant en coupe réglée les Nations qui doivent être à la botte de l'économique, cette atrophie dirigeante qui immole actuellement la Grèce, demain l'Espagne et bientôt notre France, ne nous y trompons pas.
Coudenhove-Kalergi doit se retourner dans sa tombe au regard de ce cénacle de l'usure, une ribambelle de petits porteurs amadoués qui par le sexe, qui par le satanisme, qui par les loges, qui par l'argent, tous se portant à merveille pour détruire et détruire encore les Nations dans tout ce qu'elles ont de fondamentales, leur souveraineté prioritairement.
Quel régal que de voir les embrassades de la France vis-à-vis d'une Allemagne, aujourd'hui dominante, dont la morgue n'a d'égale que celle de l'Angleterre, dont elle est parente ne l'oublions jamais, par ses consanguinités qui n'ont rien de virtuelles mais tout de formelles.
La France féale de l'Allemagne dans cette débauche de l'usure où les requins affrontent certes des valeurs, mais qui se taisent où sont humiliés sous le rire de la valetaille de l'usure, la France conchiée et bestialisée sous l'influence de cette gangrène qui installe sa banque, ses taux usuraires, sa raison d'être, l'asservissement total de l'Europe, une Europe à l'hymne bien semée, celui de Beethoven, l'Hymne à la joie, qui est un hymne à la mort et à la servitude, et quoi de plus normal Beethoven étant un illuminé de Bavière, cette secte immonde qui a pulvérisé le sens de la Franc-Maçonnerie et qui œuvre toujours afin de détruire tout ce qui existe pour porter au pouvoir sa « sagesse », savoir installer l'esclavage total sur

l'Humanité, afin de parader et s'accroire la « vérité ».
Qu'il est beau de voir cette vermine trouver son nid dans toute la faiblesse qui s'insinue, une faiblesse totale née de cette classe de jaloux, de ces nobliaux sans appartenance, de cette noblesse née dans la boue et qui retournera à la boue, car n'est pas représentant de l'Aristocratie qui veut, l'Aristocratie qu'elle soit de corps ou d'Esprit se mérite, et ne se conditionne dans l'horreur permise aujourd'hui de voir médailler la diarrhée en circonvolution de la pensee unique, famélique à souhait, au mépris de celles et de ceux qui ont versé leur sang pour leur Patrie.
Il fait beau jeu de voir la pourriture s'insinuer sur les bancs de cette Assemblée qui se dit représentante des Pays Européens, ah, voir les amis du groupe à Baader, les amis des Brigades rouges, et pire encore, voir en la représentation extérieure le communisme à visage ouvert, se déclarer, c'est d'une merveille à n'y pas croire ! Et chacun de se taire devant cette ignominie, ce bourbier infect où viennent se nourrir des Élus, touchant leurs 73 euros journaliers pour ne rien faire !
Et c'est pour cela que les nations paient leur tribu, pour voir une personne ne travaillant que quinze jours pour cette Assemblée, toucher une retraite minimum de 1500 euros mensuellement !
Et c'est pour cela que les Nations paient ? Pour voir leur souveraineté annihilée par la propagande de cet artifice osmotique entre le capitalisme et le communisme ? Que la honte soit de tous ces renégats qui confondent leur désir avec le désir de ceux qui les élisent.
Tous ces féaux seront jugés un jour où l'autre, qu'ils ne se fassent pas d'illusion, non par la Tcheka, cet instrument de l'atrophie, mais bien par des jurys populaires qui les enverront travailler dans les champs afin de savoir ce que

représente la valeur d'une pomme de terre où d'une salade ! Tous ces féaux seront traduits en justice pour malversation, traîtrise et parjure à leur Nation, cela n'est qu'une question de temps.
Alors devant cette putridité née de l'équation capital-travail, Jeunesse de toutes Nations, faites ce qui doit être fait, investissez cette Assemblée, faites-vous élire sans être tributaire des loges, des sectes, des sociétés de pensée, représentez votre Peuple et votre Nation et faites les respecter dans cette Assemblée pourrie par le fumier de l'usure, le cannibalisme de l'ordure, cette rivière suintant du sang de cent cinquante millions de nos frères, couchés dans la terre et qui réclament leur dû.
Le temps est venu de cette action souveraine, le temps est venu de libérer l'Europe de cette souillure qui pavane. Car l'Europe se fera sans elle, car l'Europe ce n'est pas cette caricature où se montrent tel dans un cirque funambules en tout genre, clowns grotesques, tigres de papier, pour s'enrichir dans l'infamie, pour mettre en place les chaînes de la destruction des Nations en immolant par des lois iniques leur souffle, non l'Europe ce n'est pas ce charnier de l'asservissement, l'Europe c'est le phare de la Démocratie, de cette Démocratie conchiée par tous les voleurs et les usuriers, cette Démocratie née de notre culture grecque et latine qui n'a rien à voir avec cette parodie, pauvre litanie de la bêtise associée à l'ignorance qui se parfait dans la dérision et la dissonance.
Non, l'Europe, ce n'est pas cette tour de Babel, où se réjouissent tous les pharisiens, ce n'est pas cette fosse de marchands d'esclaves qui se réjouissent de l'infortune d'autrui, s'initient les uns les autres au paraître, à cette nuisance qui se trouve belle et qui ne représente que la laideur, cette laideur qui se retrouve dans ce que l'on appelle aujourd'hui des œuvres d'art, des étrons qui se chient les uns les autres dans des

arabesques phrasées délirantes, qui démontrent à quel stade en sont rendues les sociétés européennes, dégoulinantes de ces vomitoires qui se disent intellectuels alors qu'ils profanent toutes cultures, n'en ayant aucune, sinon celle du veau d'or.

Non l'Europe ce n'est pas ce métissage bigarré qui ne couve que le communautarisme, quand ce n'est pas la transgression du bien vivre par manœuvre dilatoire et compromission, menant vers cette invasion du régime de la soumission, cette infamie qui rayonne, livrant nos enfants en pâture au terrorisme le plus pur, ce terrorisme religieux qui n'a rien à voir avec nos racines Chrétiennes, ces racines ce jour que l'immondice accouple à l'ordure, voyant conchier Dieu dans la parodie de nains négligeables, de ce que l'on ose appeler des artistes et qui ne sont que des chiures de mouche qui pourrissent la Culture.

Non l'Europe n'est pas cette europe de nains qui se goinfrent, tels des cochons dans les écuries que sont devenues les Institutions où plastronnent les banquiers, petits servants de la finance apatride et parasite qui se voudrait maîtresse du monde pour une de ses parties glauques et malsaines, rivière de la pourriture qui rugit sur toutes faces de ce monde, spéculant jusque sur la nourriture pour affamer des Peuples entiers qu'ils condamnent à mort quand ce n'est pas par les armes avec leurs guerres motrices qu'ils emplissent des cadavres encore chaud de leurs belliqueuses outrances, qui pour la drogue, qui pour le pétrole, et pire encore, qui pour le trafic humain, la bestialité incarnée, la vente des enfants aux carnivores de ce temps dont le personnage que nous connaissons tous ce jour impliqué dans une histoire de mœurs des plus putride n'est qu'un enfant de chœur à côté de ces errances.

Non l'Europe ce n'est pas cette barbarie affligeante de la médiocrité ! Jeunesse levez-vous et affrontez cette gangrène, n'ayez aucune peur car le Peuple sera avec vous, car vous défendrez votre Peuple et votre Nation, et ainsi renvoyant au passé tous ces larbins de l'usure, pourrez-vous enfin faire éclater ces équations de l'asservissement qui s'enchante de ses prouesses bestiales et avides. Prenez l'étendard de l'Universalité, vos Nations pierres d'œuvres, vos Identités pierres de la connaissance, et investissez les Institutions de l'Europe pour leur redonner leur grandeur !
Car il est temps de chasser les marchands du Temple, il est temps que toutes les inféodations cessent d'être la morale de ce nouveau millénaire, il est temps que la bassesse apprenne à travailler, à connaître la valeur de chaque bien, de chaque aliment, il est temps que cessent la gabegie et le dithyrambisme de l'incapacité, cette fresque digne de Néron qui s'amuse en crucifiant les Peuples !

V

La Nation

La Nation n'est pas une création survenue comme par enchantement, la Nation est le fait d'un Peuple qui s'est lié inévitablement pour transcender sa volonté culturelle à travers ce petit monde. La France est une Nation, mais avant de poursuivre sur l'existence formelle de la Nation Française, faudrait-il d'abord relire l'Histoire de France, que bien d'entre vous méconnaissent totalement ou partiellement, pour mieux comprendre son existence.
Reprenons donc la généalogie de notre Histoire afin de mieux comprendre que les Nations ne sont pas des créations théoriques, mais bien des créations des Peuples, qui ne sont pas des phasmes virtuels.

Allons-y.

On ne peut qu'être amusé de voir les livres sortir à la pelle pour dénaturer le message de la tradition et notamment de l'Histoire de France, pauvre Histoire qui remonterait suivant les principes des zélateurs de la servitude à une révolution ratée, celle de 1789. Rafraîchissons un peu la mémoire à ces handicapés de la réalité, par une chronologie qui met en évidence ce que ne reconnaissent pas lesdits zélateurs, que la France s'est constituée grâce à la Royauté et l'Empire au prix du sang et non pas au prix de droits illégitimes inventés de toutes pièces que l'on appelle le droit du sol.

Nonobstant la préhistoire qui n'est que présupposition des plus fantaisistes, faites pour les demeurés qui s'imaginent encore que l'Être Humain descend du singe alors que l'inverse est une vraie supposition, nous assistons en :

– 600, je parle ici de nombre en fonction de la naissance de notre Seigneur Jésus Christ, n'en déplaise à tous ceux qui ignorent le Christ, nous assistons donc à la naissance de Massilia, par les Grecs, nos mentors philosophiques, n'en déplaise encore à toute la lie qui se prosterne dans la fiente de moineau représentée par la pensée unique, qui apportent technique, écriture et monnaie, non celle que l'on connaît actuellement qui n'est vouée qu'à l'usure. Le Cinquième siècle avant Jésus Christ voit sur notre terre la flamboyance de la civilisation Celte de Champagne et d'Ardennes. Nos ascendants Celtes occupent, il faut le rappeler aux bonnets d'âne que s'empressent d'éditer tous les serviles et les mendiants, un territoire qui s'étend de l'Atlantique à la Mer noire, l'Europe avant l'europe en minuscule qui se travesti sous le byzantinisme du crétinisme aujourd'hui. **–386**, rappelons cette année fameuse, pour celles et ceux qui penseraient que Rome fut tout, les Celtes marchent sur l'Italie et assiègent Rome avec laquelle ils concluent un Traité de trente ans de paix. **-295** battus à Sentinum par les Romains, les Celtes de Gaule, où Gaulois, sont envahis. En – 283 les Romains défont les Senons. **–280**, les Celtes, toujours conquérants, envahissent la Macédoine. **–241** voit la révolte des mercenaires Celtes à Carthage. **–221**, Hannibal défait les Celtibères d'Espagne, franchit les Alpes en recrutant les Gaulois pour soulever l'Italie, et lors de la bataille au Lac Trasimène, en **–217**, piège le Consul Romain Flaminius, remporte une Victoire écrasante à Cannes en – **216**. **-186**, une unité Gauloise participe au siège d'Abydos en Egypte. **–179** voit les dernière descentes Celtes en Italie. De **–154** à **-124**, les Romains entrent en campagne contre les Salyens, et provoquent la chute de l'Oppidum Salyen d'Entremont dans les Bouches du Rhône actuel. De **–121** à **–118**, on assiste alors à la conquête Romaine, ce qui ne va pas sans heurts. Dès **–120** les Germains poussent leurs tribus vers l'Est, tandis que Teutons et Helvètes franchissent le Rhin en **–109**, que Tigurins et Volques défont les Romains au Nord de Toulouse (**-107**), que les Cimbres, les Teutons et les Helvètes défont de même les Romains à Orange (- **105**). Rome toutefois s'implante, et en **–58** César convoque une assemblée de toute la Gaule aux fins de conforter son influence. Peine perdue, en **–57** se soulèvent les Belges, et si César en – **55** vainc les Germains en **–53**, l'Assemblée annuelle des chefs Gaulois convoqués à Amiens précède les premiers soulèvements Gaulois contre les Romains, à Orléans (ville prédestinée), Sens, Auxerre, Cambrai, Arras. Ces mouvements s'unissent sous l'égide Vercingétorix en **–52**. En janvier les Camutes donnent le signal de l'insurrection à Orléans, en février Vercingétorix devient le maître de toute la Gaule centrale, en juin il vainc les Romains à Gergovie, en août il s'enferme dans Alésia, trahi, en septembre après un siège épouvantable, il se rend à César. Après cette défaite dès **–51**, les Romains engagent la pacification et la romanisation de la Gaule. Rappelons que **–46**, contre toute promesse Jules César fait étrangler Vercingétorix, ce qui ne lui portera pas bonheur car en **–44**, le 15 mars, il est assassiné à Rome. En **–43**, est fondé Lyon sur la colline de Fourvière, en **–22** la Narbonnaise devient province Sénatoriale, en **–13**, la Gaule est divisée en trois régions, l'Aquitaine, la Lyonnaise, et la Belgique. L'an **5** voit s'achever la construction à Nîmes de la maison carrée, en l'an **14** meurt l'Empereur Auguste, en l'an **21**, la révolte gronde à nouveau contre l'augmentation des impôts, emmené par les Trévires et les Eduens, conduits par Florus et Sacrovir. Cette révolte est écrasée. En l'an **68** le Général Romain Julius Vindex se révolte contre Néron, il se suicide à Besançon après sa défaite. **92**, l'Empereur Dominitien interdit la culture de la vigne en Gaule, mesure sans effet fort heureusement. **117**, apogée de l'Empire romain qui a imposé la *pax romana* à une grande partie de l'Europe. L'Union européenne lui doit la langue de sa devise, le latin, *In varietate concordia* (traduction : *Unie dans la diversité*) et la famille des langues romanes parlées en Espagne, en France, en Italie, au Portugal et en Roumanie. **177** ; sur l'ordre de Marc Aurèle, les persécutions contre les Chrétiens trouvent leur apothéose dans la mort de Blandine, sauvagement assassinée. **197**, les légions d'Albinus et Septimème Sévère s'affrontent à Lyon pour le pouvoir, après la défaire d'Albinus, la ville est pillée et brûlée. **223**, les Alamans tentent une percée sur la Gaule, ils sont stoppés à Strasbourg par les légions Romaines. **244**, ils persistent. **256**, l'Empereur Gallien vainc les Francs. **260**, les légions de Gaulle proclament Posthumus Empereur. **268**, Posthumus est assassiné. **274**, le rêve de l'Empire Gaulois prend fin par la reddition de Tetricus à l'Empereur Aurélien. **275**, Aurélien est assassiné. Les Germains attaquent de nouveau la Gaule et sont défaits par l'Empereur Probus. **282**, assassinat de Probus et nouvelles invasions des Francs, des Alamans et des Saxons. **286**, Dioctélien charge Maximien d'administrer l'Occident. **293**, Maximien nomme Constance Chlore, Empereur de Gaule et de Bretagne. **306**, mort de Constance Chlore. Son fils Constantin, après avoir repoussé les Francs bat son rival Maxence et devient le maître de l'Occident en **312**. **313**, Rome édicte un Edit de tolérance vis-à-vis du Christianisme. **352**, de nouvelles invasions commencent à l'Est. **357**, Julien bat les Alamans à Strasbourg. **360**, Julien est proclamé Auguste à Paris. **395**, mort de Théodose, partage de l'empire entre ses deux fils, l'Occident pour Honoris et l'Orient pour Arcadis. L'Empire Romain est divisé en deux : l'Empire Romain d'Occident et l'Empire Romain d'Orient ou Empire Byzantin. **412**, les Wisigoths s'installent en Aquitaine. **425**, Aetius devient maître de la cavalerie Gauloise. **443**, les Burgondes s'installent en Savoie. **451**, l'alliance des Romains et des Wisigoths permet de repousser l'attaque des Huns. **454**, assassinat d'Aetius. **476**, avec la prise de Rome, disparaît l'Empire Romain d'Occident. Le 4 septembre, Romulus Augustule abdique. Fin officielle de l'Empire romain d'Occident qui ne résiste pas aux grandes invasions. Le Moyen Âge commence en Europe, **481**, Clovis, Mérovingien, âgé d'une quinzaine d'année succède à son père Childéric. **486**, Clovis vainc Sygarius, dernier rempart de l'autorité Romaine, à Soissons. **493**, Clovis épouse Clotilde, Burgonde convertie au Christianisme. **496**, Clovis combat contre les Alamans à Tolbiac, remporte la Victoire et se fait baptiser. **507**, Clovis vainc le Roi des Wisigoths, Alaric II, qui meurt au combat, à Vouillé. **511**, mort de Clovis, le royaume est partagé entre ses fils, Thierry, Clodomir, Childebert et Clotaire. **523**, début de la guerre entre les Francs et les Burgondes. **524**, à la mort de Clodomir, Childebert et Clotaire assassinent leurs neveux pour s'emparer de leur royaume. **531**, Victoire de Thierry et de Clotaire sur la Thuringe. **534**, Le royaume Burgonde est partagé entre Childebert, Clotaire, et le fils de Thierry, Théodebert. **541**, expédition de Clotaire et de

Childebert en Espagne. **558**, mort de Childebert, Clotaire devient le seul maitre du royaume. **561**, mort de Clotaire, le royaume est partagé entre ses fils, Caribert, Gontran, Sigebert et Chilpéric. **567**, mort de Caribert et nouveau partage. Sigebert, Roi d'Austrasie, épouse Brunehaut, la fille du Roi des Wisigoths. Chilpéric épouse Galswinthe, sœur de Brunehaut, mais conserve son épouse Frédégonde. Frédégonde fait assassiner sa rivale. **575**, Frédégonde fait assassiner Sigebert. **584**, Frédégonde fait assassiner son mari Chilpéric et devient la seule Reine de Neustrie. **595**, mort de Childebert II, Roi d'Austrasie. Sa mère Brunehaut lui succède en despote. **597**, mort de Frédégonde. **613**, les Bourguignons livrent Brunehaut à son rival Clotaire II qui la fait exécuter dans de terribles supplices. **614**, Edit de Clotaire II qui confirme les grands dans leur possession. **623**, Clotaire nomme son fils, Dagobert, Roi d'Austrasie. **629**, mort de Clotaire II, Dagobert lui succède. Se révélant diplomate et bon administrateur, avec l'aide de son ministre Eloi, il réglemente la fiscalité et la justice. **639**, mort de Dagobert. A la mort de Dagobert, les maires du Palais, profitant de la faiblesse du pouvoir royal, prennent le pouvoir. **657**, Ebroïn devient maire du palais de Neustrie. **673**, devant la corruption, l'aristocratie se soulève, menée par l'évêque d'Autun, Saint Léger. **677**, Saint Léger est assassiné par Ebroïn. **680**, Pépin de Herstal devient maire du palais d'Austrasie. **681**, Ebroïn est assassiné. **687**, Victoire définitive des Austrasiens contre les Neustriens à la bataille de Tertry. **709**, début d'expéditions de Pépin contre les Alamans, **714**, mort de Pépin de Herstal, son fils Charles Martel lui succède alors que les nobles neustriens se rebellent de nouveau. Début des invasions Arabes. **718**, Rainfroi, maire du palais de Neustrie, est écrasé par l'armée de Charles Martel. **725**, les Arabes s'emparent de

Carcassonne. **728**, campagne contre les Bavarois et les Saxons. **732**, Victoire de Charles Martel à Poitiers contre les Arabes. **741**, mort de Charles Martel. Ses deux fils Carloman et Pépin le Bref lui succèdent. Ils installent sur le trône Childéric III, dernier représentant Mérovingien. **747**, Carloman renonce au pouvoir et se retire dans l'abbaye du mont Cassin en Italie. **751**, Pépin convoque l'Assemblée des Francs à Soissons et se fait élire Roi. Le règne des Carolingiens commence. **754**, Naissance de la royauté de droit divin. Pépin, sa femme et ses deux fils, sont sacrés par le Pape Etienne II. **755-756**, Pépin part en Italie en expédition contre les lombards, ennemis du Pape, et leur prend 22 villes. **768**, fin de la conquête de l'Aquitaine, mort de Pépin le bref, le royaume est partagé entre ses deux fils Charles et Carloman. **771**, mort de Carloman, Charles réunifie le royaume. **774**, Charlemagne envahit la Lombardie, est sacré Roi des Lombards. **778**, expédition en Espagne contre les Sarrasins. A son retour l'expédition est attaquée à Roncevaux, ce qui donnera le motif de la Chanson de Roland. **781**, Charlemagne nomme ses jeunes fils, Pépin, Roi des Lombards, et Louis, Roi d'Aquitaine. **789**, la Saxe est soumise et rattachée au Royaume des Francs. **792**, tentative d'assassinat de Charlemagne par Pépin le Bossu, un fils bâtard. **794**, la Bavière est annexée. **800**, le 25 décembre, le Pape Léon II sacre Charlemagne, Empereur Romain d'Occident. Charlemagne, surnommé le « père de l'Europe » par un poète anonyme du IXe siècle, est sacré empereur d'Occident par le Pape. L'Empire carolingien préfigure l'Europe du Traité de Rome. La Renaissance carolingienne apporte à l'Europe l'unité de l'écriture en langue latine **802**, décret obligeant tout homme libre à prêter serment à l'Empire. **813**, Charlemagne nomme son fils Louis Empereur. **814**, mort de Charlemagne à Aix

La Chapelle, son fils Louis le Pieux lui succède. **817**, Louis le Pieux est ordonné Empereur, son fils Lothaire est associé au trône. **819**, après la mort de sa femme Ermengarde, Louis épouse Judith de Bavière. **823**, Naissance du quatrième fils du Roi, le futur Charles le Chauve, qui en fait son successeur et déchaîne la colère de ses autres fils. **829**, Assemblée de Worms qui donne à Lothaire l'Italie et à Charles l'Alsace, l'Alamanie et une partie de la Bourgogne. **831**, Assemblée d'Aix La Chapelle qui abolit le décret Impérial qui faisait de Lothaire le successeur de l'Empereur Louis. **833**, Après une révolte de ses fils aînés, Louis le Pieux est déposé. Lothaire devient Empereur. **835**, Louis le Germanique et Pépin d'Aquitaine se liguent contre leur frère Lothaire et l'obligent à fuir en Italie. Louis le Pieux retrouve son rang d'Empereur. **840**, mort de Louis le Pieux à Mayence, alors qu'il s'apprêtait à faire la guerre contre son fils Louis le Germanique. **841**, Lothaire perd la bataille de Fontenoy en Puisaye contre ses frères Louis le Germanique et Charles. **842**, Serments d'alliance entre Louis et Charles à Strasbourg en présence de leurs armées. **843**, Traité de Verdun où l'Empire est partagé entre Lothaire pour la Lotharingie, Louis pour la France Orientale, et Charles pour la France Occidentale. Dissolution de l'Empire Carolingien. **845**, les Normands, après avoir remonté la Seine, s'emparent de Paris. Charles le Chauve achète leur départ. **869**, Charles le Chauve devient Roi de Lotharingie. **875**, Charles le Chauve se fait couronner Empereur par le Pape. **877**, devant le pouvoir grandissant des Seigneurs du Royaume, Charles le Chauve est contraint de convoquer une assemblée à Quierzy sur Oise qui reconnaît le principe de l'hérédité des charges. Mort de Charles le Chauve. Son fils, Louis II le Bègue lui succède. Début de la décadence Carolingienne. **879**, mort de Louis II le Bègue. **888**, Eudes,

Comte de Paris, est élu Roi de la France Occidentale. **893**, D'autres seigneurs élisent Roi Charles III. **898**, à sa Mort, Eudes reconnaît Charles III comme successeur. **911**, Charles III signe avec les Normands l'accord de Saint Clair sur Epte, qui crée le Duché de Normandie et met fin aux invasions. **923**, Bataille de Soissons entre l'armée de Charles III et celle de Robert I, proclamé Roi en l'an **922**. Robert est tué, mais Charles doit battre en retraite. Raoul, Duc de Bourgogne est élu Roi. **929**, Charles III meurt en captivité. **936**, mort de Raoul. Les grands, à l'instigation d'Hugues le Grand, nomment Roi Louis IV d'Outremer, dit ainsi car fils de Charles II est réfugié en Angleterre. **954**, mort de Louis IV, son fils Lothaire lui succède. **962**, le 2 février, Otton 1er est couronné Empereur des Romains. Il fonde le Saint Empire Romain Germanique. **986**, mort de Lothaire, son fils Louis V devient le dernier Roi Carolingien. **987**, Louis V meurt accidentellement sans descendant, Hugues Capet, fils d'Hugues le Grand, se fait élire Roi à l'Assemblée de Senlis. **987**, mort d'Hugues Capet, son fils Robert lui succède. **999**, l'Archevêque de Reims devient Pape sous le nom de Sylvestre II. **1003**, début des famines et épidémies dans le royaume. **1031**, mort de Robert II, son fils Henri lui succède. **1032**, nouvelle période de famine. **1035**, Guillaume le Bâtard devient Duc de Normandie. **1043**, nouvelle famine. **1060**, mort d'Henri I, son fils Philippe lui succède. **1066**, mort sans descendance du Roi d'Angleterre Edouard le Confesseur, qui a nommé comme successeur Guillaume de Normandie. En octobre, bataille d'Hastings et Victoire des troupes de Guillaume, sur celles d'Harold, beau frère d'Edouard, qui avait pris la couronne. **1078**, prise de Jérusalem par les Turcs ce qui provoque une vive réaction en Occident. **1087**, mort de Guillaume le Conquérant. **1095**, Concile de

Clermont, le Pape Urbain II lance un appel solennel à la première croisade. **1099**, prise de Jérusalem par les Croisés. **1108**, mort de Philippe I, son fils Louis lui succède. **1115**, fondation de l'abbaye de Clairvaux. **1119**, fondation de l'Ordre du Temple. Défaite de Louis VI en Normandie face au Roi d'Angleterre Henri I Beauclerc. **1122**, Suger, conseiller du Roi Louis VI, devient abbé de Saint Denis. **1127**, expédition de Louis en Flandre et Auvergne. **1131**, Philippe, le fils aîné du Roi meurt accidentellement d'une chute de cheval. **1132**, début de la construction de la Basilique Saint Denis. **1137**, mort de Louis VI, son fils Louis lui succède. **1141**, le Comte de Toulouse refusant de se soumettre au Roi, Louis VII met le siège devant sa ville mais sans succès. **1142**, début de la guerre contre le Comte Thibaud de Champagne. **1143**, Louis VII prend d'assaut la ville de Vitry en Perthois et la fait brûler. **1144**, les Turcs prennent Edesse, ville Franque d'Asie Mineure, et massacrent les Chrétiens. **1145**, le Pape Eugène III décrète le prêche d'une nouvelle croisade. **1147**, Louis VII part pour la deuxième croisade, Suger devient régent du Royaume. **1148**, échec des croisés à Damas. **1149**, retour de la croisade du Roi. **1151**, mort de Suger. **1152**, annulation du mariage de Louis VII et d'Aliénor d'Aquitaine. Aliénor se remarie avec Henri Plantagenêt. **1154**, Henri Plantagenêt devient Roi d'Angleterre sous le nom de Henri II. **1163**, début de la construction de Notre Dame de Paris. **1170**, Thomas Becket est assassiné sur ordre d'Henri II Plantagenêt dans la Cathédrale de Canterbury. **1173**, apparition de l'hérésie Vaudoise. **1177**, Paix de Nonancourt conclue entre la France et l'Angleterre. **1179**, Louis VII fait couronner Roi son fils Philippe. **1180**, mort de Louis VII. **1187**, prise de Jérusalem par Saladin. **1189**, Richard Cœur de Lion devient Roi d'Angleterre. Début de la troisième croisade, expédition de Frédéric Barberousse, Philippe Auguste, et Richard Cœur de Lion. **1190**, noyade de Frédéric Barberousse en Asie Mineure, l'armée Allemande se disloque. **1191**, Après un long siège, les Croisés prennent Saint Jean d'Acre. Retour de Philippe Auguste en France alors que Richard II, dit Cœur de Lion, poursuit la croisade. **1194**, défaite de Philippe Auguste à Fréteval face à Richard II. **1199**, mort de Richard II lors du siège d'une forteresse limousine. Son frère, Jean sans Terre devient Roi. **1202**, Philippe Auguste confisque les fiefs Français du Roi d'Angleterre Jean Sans Terre. **1203**, Jean fait assassiner son neveu, Arthur de Bretagne, protégé de Philippe Auguste. Première prise de Constantinople par les Croisés. **1204**, prise de Château Gaillard puis de Rouen par les Français aux Anglais. Seconde prise et pillage de Constantinople par les Croisés. **1209**, début des croisades contre les Albigeois. **1213**, Jean Sans Terre est mis au ban de la Chrétienté par le pape Innocent III. **1214**, le 2 juillet, Victoire du Prince Louis à la Roche aux Moines sur Jean Sans Terre. Le 27 juillet, Victoire de Philippe Auguste à Bouvines sur l'Empereur Allemand Othon IV de Brunswick. Naissance de Saint Louis. **1215**, quatrième concile du Latran. **1216**, mort d'Innocent III, mort de Jean sans Terre, avènement de Henri III. **1223**, mort de Philippe Auguste, son fils Louis lui succède. **1226**, mort de Louis VIII, son fils étant trop jeune, la Reine Blanche de Castille devient Régente. **1229**, Traité de Meaux-Paris avec le Comte de Toulouse qui cède à la couronne, la partie orientale du Languedoc (Nîmes, Béziers, Carcassonne). **1230**, Henri III d'Angleterre débarque à Saint Malo pour reconquérir la Bretagne et subit un cuisant échec. **1234**, majorité de Louis IX. **1242**, Victoire de Taillebourg, et de Saintes sur les Anglais. **1245**, début de la construction de la Sainte

Chapelle. **1248**, départ de Saint Louis pour la croisade d'Egypte, sa mère, Blanche de Castille reste Régente du Royaume. **1249**, prise de Damiette par les Croisés. **1250**, défait à Mansourah, Louis IX est fait prisonnier. Après sa libération, Saint Louis restera quatre ans en Orient où il essaiera de relever les ruines du Royaume de Jérusalem. **1251**, révolte des pastoureaux en Flandre et en Picardie. **1252**, mort de Blanche de Castille. **1254**, retour en France de Saint Louis. **1259**, Traité de Paris entre Saint Louis et Henri III. L'Angleterre renonce à la Normandie, au Maine, à l'Anjou, à la Touraine et au Poitou, mais récupère les droits sur le Périgord, le Limousin et le Quercy. **1260**, mort de Louis, fils aîné du Roi. **1266**, Saint Louis appelle le Pape Clément IV à lancer une nouvelle croisade. **1270**, départ de Saint Louis pour la huitième croisade. Mort de Saint Louis à Tunis. Philippe, son second fils, devient Roi sous le nom de Philippe III. **1272**, mort d'Henri III d'Angleterre, avènement d'Edouard I. **1273**, échec de la candidature de Philippe III à l'Empire. **1276**, soulèvement de la Navarre. **1278**, disgracié, le favori du Roi, Pierre de la Broce, est pendu à Montfaucon. **1279**, Traité d'Amiens, le Roi cède l'Agenais aux Anglais. **1285**, mort de Philippe III à Perpignan après avoir vainement essayé de s'emparer de la couronne d'Aragon. Son fils Philippe lui succède. **1291**, chute de Saint Jean d'Acre, dernier bastion Croisé en Terre Sainte. **1292**, bataille navale du Cap Saint Mathieu entre Français et Anglais. **1294**, confiscation par Philippe Le Bel des fiefs en Guyenne de son vassal Edouard I d'Angleterre. **1297**, après sa Victoire à Fumes, Philippe le Bel envahit la Flandre. **1302**, la Chevalerie Française est anéantie à Courtrai par les milices communales flamandes. **1303**, le 7 septembre, attentat d'Agnani, Philippe le Bel fait arrêter le

Pape Boniface VIII à Agnani mais les habitants de la ville le libèrent le 9 septembre. **1304**, Victoire Française à Mons en Pévèle sur les Flamands. **1305**, Traité d'Athis sur Orge conclu avec le Duc de Flandre. Election du Pape Clément V grâce à l'appui de Philippe le Bel. **1306**, Philippe le Vel fait expulser les juifs du Sud de la France en confisquant leurs biens. Publication de *De recuperatione Terrae Sanctae* dans lequel Pierre Dubois expose l'idée d'une réorganisation politique en Europe afin de récupérer le tombeau du Christ en Terre sainte. **1307**, le 13 octobre, Philippe le Bel fait arrêter tous les Templiers du Royaume et confisque leurs biens. **1309**, le Pape Clément V s'installe à Avignon. Début des enquêtes pontificales sur les Templiers. **1310**, cinquante quatre Templiers sont brûlés à Paris. **1311**, Concile de Vienne qui décide la suppression de l'Ordre du temple et la passation de leurs biens à l'Ordre des Hospitaliers. **1312**, Bulle du Pape Clément V qui supprime l'Ordre, sous la menace de Philippe le Bel. **1314**, le 18 mars, le Grand Maître de l'Ordre du temple, Jacques de Molay, et le Commandeur de Normandie, Geoffroy de Charnay sont brûlés vifs dans l'île de la Cité, à Paris. Le 30 novembre 1314, mort de Philippe le Bel, avènement de son fils Louis. **1315**, Louis X fait pendre l'ancien conseiller de son père, Enguerrand de Marigny. Début d'une nouvelle famine. **1316**, En juin mort du Roi Louis X, la Reine Clémence, étant enceinte, Philippe, le second fils de Philippe le Bel devient Régent. La Reine accouche d'un fils, Jean I le posthume, qui meurt quelques jours après. **1317**, le 9 janvier, sacre de Philippe V. En février, une assemblée réunie par Philippe V à Paris, décide que femme ne peut succéder au royaume de France. **1320**, ordonnance de Vivier en Brie qui crée la Chambre des Comptes. **1322**, mort de Philippe V. Son frère Charles lui succède. **1324**,

Charles IV confisque aux Anglais le Duché de Guyenne. **1327**, un Traité franco-anglais rend à Edouard III d'Angleterre le Duché de Guyenne. **1328**, mort de Charles IV, dernier Roi de la branche directe des Capétiens. Philippe de Valois, fils de Charles de Valois et neveu de Philippe le Bel, est proclamé Roi de France. **1331**, Edouard III d'Angleterre renouvelle son hommage à son suzerain, le Roi de France Philippe VI. **1332**, Philippe VI bannit son beau frère Robert d'Artois qui pour se venger va pousser Edouard III à la guerre. **1337**, Philippe VI confisque à nouveau le Duché de Guyenne aux Anglais. Edouard III d'Angleterre, petit fils de Philippe le Bel, s'attribue le titre de Roi de France. **1340**, la flotte Française qui tentait de protéger la Flandre, est décimée par les Anglais dans la baie de l'Ecluse. **1341**, début de la guerre de succession de Bretagne. Philippe VI soutient Jeanne de Penthièvre tandis que le Roi d'Angleterre soutient Jean de Montfort. **1343**, une Trêve est signée à Malestroit. **1346**, le 26 août, bataille de Crécy, défaite des Français face aux Anglais. **1347**, les Anglais s'emparent de Calais. **1348**, la peste noire, apparue à Marseille, se propage par toute l'Europe. Elle ne prendre fin qu'en 1351 après avoir décimé le tiers de la population. **1349**, Philippe VI achète au Roi de Majorque la ville de Montpellier. **1350**, mort de Philippe Vi, son fils Jean lui succède. La monnaie perd 70% de sa valeur. **1354**, Charles de Navarre fait assassiner le Connétable de France Charles d'Espagne. **1356**, le 5 avril, Jean le Bon, fait arrêter à Rouen Charles le Mauvais, Roi de Navarre et Comte d'Evreux. Le 19 septembre, les Français sont écrasés à Poitiers par les Anglais. Le Roi Jean le Bon est capturé. A la fin de l'année la misère est générale en France. **1357**, Le Roi de France est conduit en Angleterre. Le 8 novembre, Charles le Mauvais s'évade de sa prison du château d'Arleux. **1358**, le 22 février, Etienne

Marcel, prévôt des marchands envahit le Palais Royal. Le 14 mars, le Dauphin Charles prend le titre de Régent du Royaume. Le 4 mai, le Régent convoque, contre la volonté d'Etienne Marcel et de Charles le Mauvais, une Assemblée des trois ordres. En juin, les paysans du nord de l'Ile de France et du Beauvaisis se révoltent, attaquent et pillent les châteaux. Après avoir pris la ville de Meaux, les Jacques comme on les nomme, en sont chassés et massacrés. Le 31 juillet, Etienne Marcel est assassiné par la foule parisienne conduite par des agents Royalistes. 1360, le 8 mai, Paix de Brétigny conclue avec les Anglais. Le 24 octobre, Traité de Calais, où le Roi de France renonce à la Guyenne, la Gascogne, la Saintonge, l'Angoumois, le Périgord, le Quercy, le Rouergue, l'Agenais, le Poitou et le Limousin. Le 13 décembre le Roi jean le Bon, libéré, fait son retour à Paris. **1362**, Victoire des routiers au sud de Lyon sur les troupes du Roi. **1363**, les trois Etats se réunissent à Amiens et refusent de ratifier le Traité de Calais. **1364**, le 3 janvier le Roi Jean retourne à Londres, le 8 avril il meurt à Londres. Son fils Charles lui succède. **1365**, en mars, Traité de paix à Pampelune entre Charles V et Charles le Mauvais. Le Roi récupère les comtés des Mantes, de Meulan et de Longueville. En avril, Traité de Guérande qui confirme Jean de Montfort comme Duc de Bretagne. **1366**, Charles V négocie le départ des routiers pour une expédition en Espagne. **1367**, Du Guesclin est fait prisonnier lors de la bataille de Navarete. **1369**, après avoir vaincu Pierre le Cruel, soutenu par les Anglais, Henri de Trastamare, soutenu par les Français, devient Roi de Castille. En juin, Edouard III d'Angleterre, reprend le titre de Roi de France. Charles V lui confisque l'Aquitaine. **1370**, Du Guesclin est nommé Connétable par le Roi Charles V. **1372**, le Duc de Bretagne s'allie avec les Anglais. **1376**, mort du Prince noir. **1380**, mort de Du Guesclin le 13 juillet, suivi le 16 septembre par la mort de Charles V. Succession par son fils Charles qui n'a que douze ans. La régence est assurée par ses quatre oncles, les Ducs d'Anjou, de Berry, de Bourgogne et de Bourbon. **1381**, révoltes à Béziers et Carcassonne sévèrement réprimées. **1382**, en mars à Paris, révolte des « maillotins » contre le pouvoir. En novembre, Philippe le Hardi, Duc de bourgogne, défait les Flamands révoltés lors de la bataille de Rozebeke. **1386**, les Régents préparent avec l'aide de l'écosse, l'invasion de l'Angleterre. **1388**, une nouvelle Trêve est conclue avec les Anglais en octobre, le Roi âgé de vingt ans, décide de régner seul et met fin à la Régence. **1392**, premiers signes de démence du Roi, ses oncles reviennent au pouvoir. **1393**, le bal des ardents donné en l'honneur de Charles VI finit dans un vaste incendie, ce qui a pour effet d'aggraver la santé mentale du Roi. **1396**, la France prend possession de Gènes. **1399**, Henri IV de Lancastre devient Roi d'Angleterre. **1404**, mort de Philippe le Hardi, Duc de Bourgogne et Régent du Royaume, son fils Jean sans Peur lui succède. **1407**, Jean sans Peur fait assassiner Louis d'Orléans, le frère du Roi. **1409**, la France perd Gènes. **1411**, une guerre civile éclate entre Bourguignons et Armagnacs. **1413**, en mai, massacre à Paris d'Armagnacs par les Bourguignons conduits par l'écorcheur Caboche. **1415**, Henri V, Roi d'Angleterre, réclame à la France l'application du Traité de Brétigny et de Calais signés en 1360. Il réunit une armée puissante et débarque en France. Le 25 octobre bataille d'Azincourt, où les soldats et chevaliers Français sont taillés en pièce par les Anglais. En décembre Bernard d'Armagnac est nommé Connétable de France. **1417**, Henri V revient en France, en août, assiège Caen et prend la ville. En novembre élection du Pape Martin V qui met fin au grand schisme. **1418**, en mai les Bourguignons s'emparent de Paris. En juin, Bernard d'Armagnac et ses partisans sont massacrés à Paris par les Bourguignons. En octobre le Dauphin Charles devient Régent de France. **1419**, en janvier les Anglais prennent Rouen et deviennent maîtres de la Normandie. En septembre, Jean sans Peur est assassiné à Montereau par les hommes du Dauphin Charles. **1420**, en mais, Traité de Troyes conclu avec les Anglais, Henri V obtiendra la couronne de France à la mort de Charles VI, de plus il épouse Catherine de France, la fille de Charles VI et d'Isabeau de Bavière. **1422**, en août, mort d'Henri V à Vincennes. Son fils Henri VI n'a que dix mois. En octobre, mort de Charles VI, Jean de Bedford, oncle d'Henri VI, devient Régent du Royaume de France. **1423**, les partisans du Dauphin Charles sont battus par les Anglais et Bourguignons à Cravant. **1425**, prise du Mans par les Anglais. **1428**, en octobre les Anglais assiègent Orléans. **1429**, le 29 avril Jeanne d'Arc et ses soldats pénètrent dans Orléans. Le 8 mai, les Anglais lèvent le siège. Le 17 juillet, Charles VII est sacré à Reims. **1430**, Jeanne d'Arc est capturée par les Bourguignons à Compiègne. Elle est livrée aux Anglais en novembre pour la somme de 10000 écus. **1431**, le 30 mai Jeanne d'Arc est brûlée vive sur la place du marché de Rouen. Le 16 décembre, Henri VI, Roi d'Angleterre se fait sacrer Roi de France à Notre Dame de Paris. **1435**, en avril, les forces royales reprennent Paris. **1437**, entrée de Charles VII à Paris. **1438**, réunion de prélats et théologiens à Bourges supprimant un grand nombre de taxes versées au Pape. **1440**, révolte des Princes qui proposent de remplacer Charles VII par son fils le Dauphin Louis. **1444**, trêves de Tours entre Anglais et Français ce qui permet à l'armée Française de se reconstituer. **1449**, rupture de la

Trêve de Tours, en novembre Charles VII entre dans Rouen. **1450**, en juin Caen est libéré, en août la reprise de Cherbourg parachève la libération de la Normandie. **1451**, première capitulation des Anglais à Bordeaux. **1452** après un débarquement, les Anglais reconquièrent une partie du sud ouest. **1453**, en mai les Turcs s'emparent de Constantinople. Jacques Cœur est banni par le Roi. En juillet, bataille de Castillon et Victoire Française, le principal chef de guerre Anglais, Jacques Talbot, est tué lors de ce combat. En octobre la ville de Bordeaux est reprise par les Français. **1456**, réhabilitation de Jeanne d'Arc. **1457**, brouillé avec son père, le Dauphin Louis s'installe chez le Duc de Bourgogne. **1460**, le Comte d'Armagnac, Jean V, coupable de complots est banni à perpétuité et dépossédé de ses fiefs. **1461**, le 22 juillet, mort de Charles VII, le 15 août sacre de Louis XI. 1462, installation d'un Parlement à Bordeaux. **1463**, prise de Perpignan par les Français. **1465**, en mars, les anciens conseillers de Charles VII, écartés du pouvoir à la mort du Roi, forment le Ligue du Bien Public contre Louis XI. En juillet, bataille de Montlhéry où Charles, fils du Duc de Bourgogne, domine les troupes Royales. **1467**, mort de Philippe le Bon, Duc de Bourgogne. Charles le téméraire, son fils, lui succède. **1468**, Liège se soulève contre le Duc de Bourgogne. Louis XI qui allait négocier avec Charles Téméraire est fait prisonnier à Péronne par le Duc qui sait que le Roi a monté les Liégeois contre lui. En avril, les Etats Généraux sont convoqués à Tours. **1471**, Louis XI s'empare des villes de la vallée de la Somme, dont Beauvais. **1472**, Siège de Beauvais par Charles le Téméraire, la ville et Jeanne Hachette seront héroïques et victorieuses. **1475**, le Roi d'Angleterre, Edouard IV débarque à Calais. Après une entrevue entre les deux Rois à Picquigny, Louis XI achète le départ des Anglais.

Le Connétable de Saint Pol, accusé de trahison par le Roi, est décapité. **1476**, en juin, bataille de Morlat entre Suisses et Bourguignons, les troupes de Charles le Téméraire sont défaites. **1477**, en janvier, bataille de Nancy, où les Bourguignons sont écrasés par le Duc René II de Lorraine et les Suisses. Charles le Téméraire meurt pendant les combats. En février, la Bourgogne est rattachée au domaine Royal. En août, Marie de Bourgogne, fille et unique héritière de Charles Le téméraire, épouse Maximilien d'Autriche. **1481**, après la mort de Charles du Maine, la Provence et le Maine sont rattachés au domaine Royal. **1482**, Traité d'Arras entre Louis XI et Maximilien d'Autriche. **1483**, le 30 août mort de Louis XI, régence de sa fille Anne de Beaujeu. **1484**, réunion des Etats Généraux à Tours. **1488**, bataille de Saint Aubin du Cormier, où l'armée Royale défait les troupes du Duc d'Orléans et du Duc de Bretagne. **1491**, fin de la Régence, Charles VIII épouse Anne de Bretagne. **1492**, fin de la reconquête Espagnole, prise de Grenade aux Musulmans. En octobre, Christophe Colomb accoste aux Bahamas. Charles VIII réclame la couronne de Naples. En novembre, Traité d'Etaples avec Henri VII d'Angleterre. **1493**, en janvier, accord signé à Barcelone avec Ferdinand d'Aragon. Charles VIII cède le Roussillon en contrepartie de la neutralité du Roi d'Aragon dans son expédition d'Italie. En mai, Traité de Senlis avec Maximilien d'Autriche, le Roi de France cède l'Artois et la Franche Conté. **1494**, Charles VIII part en expédition en Italie. En novembre, il entre à Florence, le 31 décembre il entre dans Rome. **1495**, en février, Charles VIII s'empare de Naples. Mais sous l'initiative du Pape Alexandre VI une sainte Ligue se forme qui chasse les Français d'Italie. En octobre, Traité de Verceil avec Ludovic Sforza qui devient Duc de Milan. En décembre mort du Dauphin Charles.

1498, mort de Charles VIII au château d'Amboise. Le Roi Charles VIII n'ayant pas d'héritier, la couronne revient au Duc d'Orléans, Louis, qui descend de Charles V. Sacre de Louis XII à Reims. En juillet Louis XII renouvelle le Traité d'Etaples avec Henri VII. **1499**, en janvier, Louis XII épouse Anne de Bretagne, la veuve de Charles VIII. En février Français et Vénitiens s'allient à Blois. En mars Traité de Lucerne avec les Suisses. En août départ des Français pour une nouvelle campagne d'Italie. En octobre entrée de Louis XII à Milan. **1500**, en février, reprise de Milan par Ludovic le More. En avril bataille de Novare, où Ludovic le More est fait prisonnier. Le 11 novembre, Traité de Grenade qui voit le Roi de France et le Roi d'Aragon se partager Naples. **1501**, prise de Naples par les Français. **1503**, en février combat des onze, lors du siège de Baletta par les Français, onze chevaliers Français, dont Bayard, affrontèrent onze chevaliers Espagnols. En avril, les Espagnols prennent Naples aux Français. En aout, mort du Pape Alexandre VI. **1504**, en janvier, après des mois de combats, les Français doivent se rendre à Gaète. Le 22 septembre, Traité de Blois entre Louis XII et l'Empereur Maximilien d'Autriche. **1505**, maladie de Louis XII. 1506, en mai réunion des Etats Généraux à Plessis lès tours. Louis XII fait approuver les fiançailles de sa fille Claude avec François d'Angoulême. **1507**, en février, révolte de Gènes. En avril, après la reddition de Gènes, Louis XII entre dans la ville. En juin, rencontre à Savonne entre Louis XII et Ferdinand d'Aragon. **1508**, en décembre une Ligue composée du Roi de France, du Roi d'Espagne et de Marguerite d'Autriche est constituée à Cambrai contre Venise. **1509**, Victoire Française d'Agnadel contre les Vénitiens. 1511, en octobre, une Ligue composée de l'Empereur Maximilien d'Autriche, des Rois Henri VIII et Ferdinand d'Aragon, et du

Pape Jule II, se forme à Venise contre la France. **1512**, en avril, Victoire Française de Ravenne, Gaston de Foix, neveu du Roi, et qui commande les troupes, est tué lors des combats. En juillet, les Espagnols occupent la Navarre méridionale. En décembre La Palice est vaincu en Navarre. **1513**, en février, mort du Pape Jules II, Léon X lui succède. En juin les troupes d'Henri VIII débarquent à Calais. En août, défaite des Français à Guinegatte contre les Anglais et les Autrichiens. En septembre Traité de Dijon. **1514**, en janvier, mort de la Reine de France Anne de Bretagne. Le 18 mai, le dauphin François d'Angoulême épouse Claude de France, la fille du Roi. En août alliance de Londres entre l'Angleterre et la France. Le 9 octobre mariage de Louis XII avec Marie Tudor, sœur d'Henri VIII. **1515**, le premier janvier mort de Louis XII. Le 25 janvier François de Valois Angoulême est sacré à Reims Roi de France sous le nom de François I. Le 5 août le Roi et ses troupes passent les Alpes. Le 13 septembre bataille de Marignan contre les Suisses qui dure deux jours. Le 16 octobre, François I entre dans Milan, le Connétable de Bourbon est nommé Vice Roi du Milanais. **1516**, le 23 janvier, mort de Ferdinand d'Aragon. Le 13 août, accord de Noyon où François I offre en mariage sa fille Louise à Charles de Habsbourg, futur Charles Quint. Le 11 décembre François I rencontre le Pape Léon X à Bologne. Un concordat, qui permet au Roi de France de nommer les évêques, est signé. Érasme avance dans *Plaidoyer pour la paix* l'idée d'un grand ensemble européen contre les conflits qui ravagent l'Europe. **1517**, le 5 février, le Roi et Antoine Duprat exposent au Parlement les articles du concordat. Le 11 mars, Traité de Cambrai entre François I, Charles I d'Espagne, et Maximilien d'Autriche. Au printemps début de la visite du Royaume par François I. En juillet le

Parlement refuse de signer le concordat. Le 31 octobre le frère Martin Luther affiche ses 95 thèses de réforme sur les murs de l'Eglise de Wittenberg en Allemagne. En décembre le Roi convoque et menace le Parlement. **1518**, en mars le Parlement enregistre le concordat. En décembre, Traité de Londres entre l'Angleterre et la France. **1519**, Début des travaux de Chambord. Mort de Léonard de Vinci au château d'Amboise. Le 12 janvier, mort de l'Empereur Maximilien d'Autriche. François I se porte candidat à l'élection Impériale. Le 28 juin, à Francfort, élection de Charles d'Autriche comme Roi des Romains et Empereur. **1520**, rencontre du Camp du Drap d'Or, près de Calais entre François I et Henri VIII. **1521**, le 27 janvier, Diète de Worms où Charles Quint y convoque Luther pour entendre ses doctrines. En avril, la Sorbonne condamne les thèses de Luther. En octobre les armées de François I et de Charles Quint se font face près de Valenciennes. En décembre, mort de Léon X. **1522**, en avril, offensive Anglaise en Picardie et Espagnole en Navarre. En octobre, l'armée de Lautrec est écrasée à « La bicoque ». Les Français perdent le Milanais. **1523**, en juillet rencontre entre émissaires Anglais et ceux de l'Empire qui décident d'envahir la France. En août François I débute une nouvelle campagne d'Italie. **1524**, Avril Bataille de la Sesia et mort de Bayard. En juillet, le connétable Charles de Bourbon, qui a trahi François Ier, envahit la Provence. Le 25, mort de la reine Claude. En septembre repoussé par les Marseillais et les troupes du Roi de France, le connétable de Bourbon doit repasser les Alpes. En octobre prise de Milan par les Français. Début du siège de Pavie. **1525**, le 24 février défaite de Pavie et capture de François I par les Espagnols. En avril Charles Quint réclame à François I la Bourgogne, L'Artois, la Flandre et la restitution à Henri VIII des anciens territoires anglais. En Juin François I est transféré à Madrid. Au cours de l'été la régente Louise de Savoie négocie avec Henri VIII et les Italiens. **1526**, le 14 janvier Traité de Madrid. Le 17 mars après sa libération (en échange de ses deux fils) François I arrive en France. En mai création de "la Ligue de Cognac" dont font partie la France, les états italiens et le Saint-Siège. Ils demandent la fin de la guerre à Charles Quint. En Juin la Ligue s'empare de Lodi (Italie). En novembre Charles Quint envoie des troupes en Italie.L'humaniste espagnol Luis Vives publie *Des Conflits européens et de la guerre turque* (*De Europae dissidis et bello turcio*). Dans cet ouvrage, il préconise une union des royaumes d'Europe dans la guerre contre les Turcs. **1527**, en mars Le Pape Clément VII signe une Trêve avec Charles Quint. En Avril signature d'un Traité entre François I et le Roi d'Angleterre Henri VIII. En mai sac de Rome par les troupes du connétable de Bourbon, l'allié de Charles Quint. En juin le pape capitule et est fait prisonnier. En juillet, les troupes alliées (françaises et anglaises) passent les Alpes. François I s'installe à Fontainebleau. **1528**, les luthériens brisent une statue de la Vierge à Paris. En février Concile de Sens. **1529**, En juin les troupes impériales s'emparent du Milanais. En août "Paix des Dames" signée à Cambrai entre Louise de Savoie (mère de François I) et Marguerite d'Autriche après un mois de négociations. Charles Quint renonce à la Bourgogne et doit libérer les deux fils de François I contre une rançon de 2 millions d'écus d'or ainsi que la Flandre et l'Artois. **1530**, en février Charles Quint se fait sacrer Roi d'Italie et Empereur à Rome par le pape. En mars Création du Collège royal (Collège de France). Il comprend 5 chaires deux de grec, deux d'hébreu et une de mathématiques. En Juillet les Princes François et

Henri sont libérés. Mariage de François I et d'Eléonore, sœur de Charles Quint. **1531**, en mars couronnement de la reine de France Eléonore. En septembre mort de Louise de Savoie, mère du Roi. **1532**, en mai Traité de Scheyern entre la France et les Princes luthériens d'Allemagne. **1533**, en octobre le Prince Henri épouse Catherine de Médicis, nièce du pape Clément VII. **1534**, en mai Jacques Cartier découvre le Canada. En Juillet Le pape excommunie Henri VIII. Le 17 Octobre "Affaire des Placards". En novembre une ambassade turque débarque à Marseille. En Angleterre, l'Acte de Suprématie rompt tout lien avec Rome et crée l'anglicanisme. **1535**, le 13 janvier l'impression des livres en France doit se faire avec l'autorisation ecclésiastique. En Mai Jacques Cartier part pour une deuxième expédition au Canada. En Juillet Édit d'amnistie de Coucy en faveur des protestants qui renoncent à la Réforme. Prise de Tunis par Charles Quint. En Novembre à la mort du Duc Francesco Sforza, François I revendique le Milanais. **1536**, en février François I envahit la Savoie. En mars Jean Calvin, qui a quitté la France pour fuir la répression contre les protestants, publie à Bâle son livre "Institution de la religion chrétienne". En Juillet Charles Quint envahit la Provence. En septembre les troupes impériales sont chassées de Provence par celles du Connétable de Montmorency. **1537**, en mars début de la campagne en Artois. En juillet Trêve de Bony. **1538**, en février le Pape, l'Empereur et Venise se liguent contre le sultan turc, Soliman le "Magnifique". En juin réconciliation à Nice entre François I et le Pape Paul III. Le 14 juillet François I et Charles Quint se rencontrent à Aigues-Mortes. **1539**, en juin Édit qui déclare l'hérésie hors la loi. En août Ordonnance de Villers-Cotterêts qui impose le français et instaure les registres d'état civil. En novembre début du voyage de Charles Quint en France (fin en janvier 1540). **1540**, En Juin Ordonnance de Fontainebleau qui réaffirme la lutte contre l'hérésie. **1541**, en juin Disgrâce du Connétable Anne de Montmorency. En juillet Antonio Rincon, l'Ambassadeur de François I en Turquie, est assassiné par des hommes de Charles Quint. **1542**, en mars Alliance militaire franco-turque. En juillet début de la quatrième guerre contre Charles Quint. En septembre perte du Luxembourg et défaite en Provence. En novembre Jacques V, Roi d'Écosse et allié de la France, est vaincu et tué à Solway Moss. En décembre le Sud-ouest se révolte contre la gabelle. **1543**, en février Henri VIII et Charles Quint signent un Traité d'alliance. En août les troupes du Duc de Clèves sont écrasées par l'armée impériale qui s'empare des Pays-Bas. En septembre prise de Nice par les turcs alliés des Français et commandés par Barberousse. **1544**, en avril bataille de Cérisoles (Italie) remportée par Blaise de Montluc et le Comte d'Enghien sur les Espagnols. En Juillet Offensives impériales en Champagne et anglaises à Boulogne. Le 18 septembre Traité de Crépy-en-Laonnois entre François I et Charles Quint. **1545**, en avril Massacre des Vaudois en Provence près d'Avignon. En juillet la tentative de débarquement en Angleterre avorte. En septembre mort de Charles, Duc d'Orléans et troisième fils de François I. En décembre Ouverture du concile de Trente. **1546**, le 18 février mort de Luther. Le 7 juin Traité d'Ardres entre Français et Anglais. Le 3 août l'imprimeur, Etienne Dolet, est exécuté Place Maubert à Paris. En Octobre à Meaux, des réformés sont arrêtés, jugés puis brûlés. **1547**, le 27 janvier mort d'Henri VIII. Le 31 mars mort de François I à Rambouillet. Le 25 juillet Henri d'Orléans, fils de François Ier, est sacré Roi de

France à Reims. En Octobre création de la "Chambre ardente" qui doit juger et condamner les hérétiques. **1548**, en août Marie Stuart (fille du Roi défunt Jacques V d'Écosse), âgée de six ans, est envoyée en France par sa mère pour y être élevée près de son futur époux François, fils aîné d'Henri II. Cet épisode provoque la colère des Anglais qui espéraient unifier la couronne d'Angleterre avec celle d'Écosse. **1550**, le 6 mars Boulogne, assiégée par les Français, se rend. La ville est rattachée au royaume de France. **1551**, le 27 juin Edit de Châteaubriant contre les hérétiques. En octobre les Français signent à Lochau un Traité avec les Princes allemands contre Charles Quint. **1552**, en avril début de l'expédition française en Austrasie. Les français s'emparent de Toul, Metz et Nancy. En octobre - Décembre Charles Quint fait assiéger Metz tenue par le Duc de Guise. Les impériaux échouent. **1553**, en Juin Charles Quint s'empare de Thérouanne et fait raser la ville. **1554**, en juillet Marie Tudor, nouvelle reine d'Angleterre, épouse Philippe le fils de Charles Quint. **1555**, en avril après un siège de huit mois, Blaise de Montluc capitule à Sienne devant les Espagnols. En mai Antoine de Bourbon (père du futur Henri IV) devient Roi de Navarre. En octobre Charles Quint, vieux et malade, abdique en faveur de son fils Philippe II et se retire au monastère de Yuste (Espagne). **1556**, en février Trèves de Vaucelles. **1557**, en Juin la Reine d'Angleterre, Marie Tudor, déclare la guerre à la France. En Juillet Édit de Compiègne contre les "hérétiques". Le 10 août désastre Français à Saint-Quentin. Le Connétable Montmorency est fait prisonnier par les Anglais. En septembre des réformés sont brûlés Place Maubert à Paris. En octobre François de Guise est nommé lieutenant général du royaume. **1558**, le 6 janvier prise de Calais par les hommes de François de Guise. Le

24 avril mariage à Notre-Dame de Paris du Dauphin François avec Marie Stuart. En juin prise de Thionville par les Français. En novembre mort de Marie Tudor. **1559**, en avril Traité de *Cateau-Cambrésis*. La France garde Calais, les Trois-Évêchés, Saint-Quentin et rend Thionville, Marienbourg, la Savoie, la Corse et renonce à ses droits sur le Milanais et Naples. Le 10 juin arrestation d'Anne Du Bourg, Conseiller du parlement de Paris, qui prêche la tolérance en faveur des protestants. Le 22 juin mariage par procuration à Notre-Dame d'Elisabeth (fille aînée d'Henri II) avec Philippe II d'Espagne. Le 30 juin lors de festivités et après avoir rencontré en joute à cheval (rue Saint-Antoine à Paris) le Duc de Nemours, puis le Duc de Guise, Henri II affronte le Comte de Montgomery dont la lance se brise dans l'œil du Roi. Le 10 juillet mort d'Henri II des suites de ses blessures. Son fils aîné, François, lui succède mais il a 15 ans et est malade. Les Guise (princes lorrains et oncles de la reine Marie Stuart) prennent le contrôle du pouvoir. Le 4 septembre déclaration de Villers-Cotterêts qui décide la destruction des maisons de prêches des réformés. Le 18 septembre François II est sacré à Reims. Le 12 décembre Antoine Minard, le Président de la Cour qui juge Anne Du Bourg, est assassiné par un calviniste. Le 23 décembre Anne Du Bourg est exécuté. **1560**, en février des conjurés huguenots élaborent un plan qui vise à enlever les Guise et les remplacer par les Bourbons. Le 2 mars Édit d'Amboise. Le 16-19 mars Conjuration d'Amboise. Les huguenots tentent un coup de force armée pour s'emparer d'Amboise mais sont battus par les troupes catholiques. Les conjurés sont rapidement jugés puis exécutés. En Mai Édit de tolérance en faveur des huguenots rendu par le Roi (à Romorantin). En Juin Michel de L'Hospital est nommé Chancelier. En octobre

Condé est arrêté par les Guise, puis jugé et condamné à mort. Michel de L'Hospital fait relâcher le prisonnier. Le 5 décembre mort de François II à Amboise. Son frère Charles lui succède (il a 10 ans). Catherine de Médicis, sa mère, prend la régence. Le 13 décembre début des états généraux à Orléans. **1561**, 31 janvier fin des états généraux durant lesquels Michel de L'Hospital lança un appel à la paix religieuse. En mars Antoine de Bourbon est nommé lieutenant général du royaume. En avril formation d'un "triumvirat" destiné à sauver la foi catholique et constitué par François de Guise, Montmorency et le maréchal de Saint-André. Le 15 mai Sacre de Charles IX à Reims. En Septembre-octobre Colloque de Poissy entre catholiques et protestants. Théodore de Bèze (1519-1605) y représente Calvin. Les longues discussions n'aboutissent à rien. **1562**, en janvier Édit de Saint-Germain-en-Laye. On interdit aux huguenots de tenir leurs assemblées à l'intérieur des villes. Le 1er mars massacre de Wassy (en Champagne). Des réformés qui célébraient leur culte sont attaqués par les hommes de François de Guise. Le 12 avril massacre de protestants à Sens (Yonne). Le 30 avril les protestants s'emparent de Lyon et pillent la ville. En septembre Traité de Hampton Court entre les réformés et Élisabeth d'Angleterre. En octobre prise de Rouen par l'armée royale. Le 17 novembre mort d'Antoine de Navarre (blessé à Rouen). Le 19 décembre bataille de Dreux. Les catholiques prennent la ville. **1563**, le 18 février François de Guise, qui prépare la prise d'Orléans, est mortellement blessé par balles par Poltrot de Méré, un protestant. Le 24 février mort de François de Guise. Le 18 mars Poltrot de Méré est écartelé en place de Grève à Paris. Le 19 mars Édit d'Amboise. La liberté de conscience est proclamée. Le 17 août Charles IX est proclamé majeur. **1564**, en mars début du grand voyage de la Cour à travers la France. (Fin en mai 1566). Le 11 avril Traité de Troyes avec l'Angleterre. Le 27 mai mort de Calvin. En août Édit de Roussillon. **1565**, en Juin négociations franco-espagnoles à Bayonne. En octobre dans le nouveau monde, les espagnols massacrent les français installés dans le nord de la Floride. **1566**, en février Ordonnance de Moulins sur la réforme judiciaire qui renforce le pouvoir central. En juin à Foix des catholiques sont massacrés tandis qu'à Pamiers se sont des huguenots qui le sont. **1567**, durant l'été les Chatillon-Coligny préparent l'enlèvement du Roi. En Septembre après s'être réfugiée à Meaux et sous protection des mercenaires suisses, la cour regagne Paris le 28. Le 30 septembre "Michelade" *de Nîmes*. Des protestants massacrent des religieux et des notables de Nîmes. Le 10 novembre bataille de Saint-Denis (Mort du connétable Anne de Montmorency). **1568**, le 23 mars Paix de Longjumeau. Le 24 Mai renvoi du chancelier Michel de L'Hospital. En septembre Condé et Coligny se réfugient à La Rochelle. Le 28 septembre Catherine de Médicis lance un Édit qui interdit le culte protestant en France. **1569**, le 13 mars bataille de Jarnac remportée par l'armée royale. En juin Victoire des protestants à Saint-Yrieix. Le 3 septembre le parlement prononce une peine de mort contre l'amiral de Coligny. Le 3 octobre Victoire catholique à Moncontour. En octobre-décembre siège de Saint-Jean-d'Angély par les catholiques. Les protestants se réorganisent. **1570**, le 8 août Paix de Saint-Germain-en-Laye. Le culte protestant est autorisé sauf à Paris. Le 26 novembre Charles IX épouse Élisabeth d'Autriche. **1571**, en octobre bataille navale de Lépante. Victoire espagnole sur les Turcs. **1572**, en avril Traité d'alliance, à Londres, entre la

France et l'Angleterre. Le 17 juillet bataille de Quiévrain. Les Français, qui tentaient de secourir Ludovic de Nassau assiégé dans Mons, sont écrasés par les Espagnols. Le 18 août mariage à Notre-Dame de Henri de Navarre (futur Henri IV) et de Marguerite de Valois (sœur de Charles IX). Le 22 août attentat manqué à Paris contre l'Amiral Coligny, blessé au bras par une arquebuse (attentat commandé par Catherine de Médicis). Le 24 août massacre de la Saint-Barthélemy. Celui-ci débute par l'assassinat de Coligny dans son hôtel puis au Louvre des seigneurs protestants venus au mariage d'Henri de Navarre. Ensuite la population parisienne, déchaînée, tue tous les suspects de protestantisme. **1573**, en février début du siège de La Rochelle tenue par les protestants. Le 9 mai le Duc d'Anjou (futur Henri III) est élu Roi de Pologne. Le 6 juillet Édit de Boulogne qui met fin au siège de La Rochelle. La liberté de conscience est proclamée et les huguenots acquièrent trois villes (La Rochelle, Nîmes et Montauban). **1574**, en février découverte du complot des "mal contents" orchestré par le Duc d'Alençon (dernier frère du Roi). Le 30 mai Charles IX meurt de la tuberculose. Son frère, le Duc d'Anjou (et Roi de Pologne) devient Roi de France. Le 18 juin 1574 Henri III s'enfuit de Pologne (où il est Roi) après avoir appris la mort de son frère Charles IX. Le 18 juillet Henri III arrive à Venise où il est reçu triomphalement. En septembre Henri III arrive en France. **1575**, le 13 février Sacre d'Henri III à Reims. Le 14 février noces du Roi et de Louise de Lorraine-Vaudémont à Reims. En juillet début de nouvelles guerres religieuses. Le 15 septembre François de Valois, Duc d'Alençon et frère du Roi, s'enfuie du Louvre pour rejoindre les réformés. Le 10 octobre Victoire à Dormans du Duc de Guise sur Guillaume de Montmorency. Le 21 novembre une Trêve de 7 mois est signé à

Champigny. **1576**, le 3 février Henri de Navarre s'enfuie du Louvre, regagne la Navarre et reprend sa foi protestante. Le 6 mai Édit de Baulieu. François de Valois devient Duc d'Anjou, Henri de Navarre reçoit le gouvernement de la Guyenne, Condé celui de la Picardie et Damville celui du Languedoc. C'est une humiliation pour le Roi. En mai à Péronne, ville qui doit être donnée à Condé, une Ligue catholique se forme. Le 6 décembre début des états généraux à Blois présidé par Henri III afin de mettre fin aux guerres religieuses et politiques. **1577**, en mars fin des états généraux. En avril début d'une nouvelle guerre de Religion. Le 17 septembre Paix de Bergerac ou "paix du Roi". Le Roi dissout l'union calviniste et la Ligue catholique. Le 8 octobre Édit de Poitiers qui confirme la paix de Bergerac. **1578**, le 27 avril un duel affronte 3 fidèles du Roi à 3 hommes de Monsieur (frère du Roi). Le 2 octobre rencontre à La Réole de Catherine de Médicis et Henri de Navarre. Le 31 décembre Henri III fonde l'ordre du Saint-Esprit. Les nouveaux chevaliers doivent prêter serment de dévouement absolu au Roi. **1579**, le 28 février Paix de Nérac. Les protestants reçoivent, pour 6 mois, des places de sûreté en Guyenne et Languedoc. En mai Ordonnance de Blois (réformes judiciaires). En novembre Condé s'empare de La Fère. **1580**, en mai Henri de Navarre s'empare de Cahors. Le 19 septembre Traité de Plessis-lès-Tours. Les états des Pays-Bas offrent au Duc François d'Anjou (frère d'Henri III) le trône de leur pays. Henri III y refuse tout engagement contre les Espagnols, maîtres des Pays-Bas. Le 26 novembre Traité de Fleix entre catholiques et protestants. **1581**, en novembre Séjour du Duc d'Anjou en Angleterre. Sa mère, Catherine de Médicis, voulant le marier à Élisabeth la première. **1582**, le 19 février entrée du Duc d'Anjou à Anvers. Le 26 juillet les

Français sont vaincus lors d'une bataille navale aux Açores face aux Espagnols. Le 9 décembre le calendrier grégorien est adopté. **1583**, le 17 janvier Anvers se révolte. Le Duc d'Anjou s'enfuit de la ville. **1584**, le 10 juin mort du Duc d'Anjou à Château-Thierry de la tuberculose. Henri III, n'ayant plus d'héritier, reconnaît comme successeur son cousin Henri de Navarre. Le 10 juillet le Duc d'Orange (Prince protestant des Pays-Bas) est assassiné à Deft. Le 31 décembre Traité de Joinville entre les Guise et l'Espagne. **1585**, le 16 janvier Henri de Guise, dit "le Balafré", reconstitue la Sainte Ligue. Le 30 mars à Péronne, la Ligue lance un manifeste contre les droits de succession au trône d'Henri de Navarre. En avril rencontre entre Catherine de Médicis et le Duc de Guise à Épernay. Le 7 juillet Traité de Nemours entre Henri III et les Guise. Le calvinisme est interdit en France et Henri de Navarre est déclaré inapte à la succession. Le 9 septembre le Pape Sixte Quint excommunie Henri de Navarre. Le 27 décembre mort de Ronsard. **1586**, en décembre rencontre à Saint-Brice entre Catherine de Médicis et Henri de Navarre. **1587**, le 18 février après avoir été condamnée à mort par le parlement anglais, Marie Stuart (veuve de François II) est décapitée. Le 20 octobre Henri de Navarre remporte, face aux catholiques, la bataille de Coutras. Le 24 novembre bataille d'Auneau et Victoire catholique. **1588**, le 5 mars mort du Prince Henri de Condé. Le 9 mai le Duc de Guise entre dans Paris et se fait acclamer. Le 12 mai journée des barricades à Paris. Les parisiens protestent contre l'appel par Henri III de renforts de troupes à Paris. Le 13 mai les insurgés s'emparent de l'arsenal et de l'Hôtel de ville. Henri III s'enfuit de Paris. Le 21 juillet Édit d'Union promulgué à Rouen par Henri III. Les protestants sont de nouveau mis hors la loi et le Duc de Guise est nommé lieutenant général du royaume. En août l'Invincible Armada espagnole est détruite par la flotte anglaise au large de Calais. Le 16 octobre débuts des états généraux à Blois. Le 23 décembre le Duc Henri de Guise est assassiné dans le château de Blois sur ordre d'Henri III. Le 24 décembre le cardinal de Guise (frère du Duc) est assassiné. Après ces meurtres, Paris se déchaîne et la déchéance du Roi est proclamée. Le 26 décembre le Duc d'Aumale prend le titre de gouverneur de Paris. **1589**, le 5 janvier Catherine de Médicis meurt à Blois. Le 17 janvier fin des états généraux. Le 12 février entrée de Mayenne à Paris. Le 3 avril accord entre Henri III et Henri de Navarre pour reconquérir les places tenues par la Ligue catholique. Le 30 avril le Roi et le Béarnais se retrouvent à Plessis-lès-Tours. Le 8 mai Mayenne attaque Tours mais est repoussé par les protestants. Fin juillet début du siège de Paris par l'armée royale et les protestants. Le 30 juillet Henri III s'installe à Saint-Cloud. Le 1er août Henri III est poignardé par Jacques Clément. Le moine avait demandé audience au Roi sous prétexte d'apporter une lettre du président du parlement de Paris. Le Roi fait appeler Henri de Navarre à son chevet et le reconnaît comme successeur tout en lui demandant de revenir au catholicisme. Le Roi meurt dans la nuit. Le 2 août Henri de Navarre devient Roi sous le nom d'Henri IV. Le 6 août levée du siège de Paris. Le 26 août entrée du Roi à Dieppe. Le 21 septembre Victoire d'Arques contre le Duc de Mayenne. Le 29 octobre - 3 novembre Henri IV tente en vain des assauts contre Paris. Le 21 novembre le Roi fait son entrée à Tours. **1590**, le 14 mars Henri IV remporte la bataille d'Ivry face aux ligueurs. Le 1er avril Henri IV prend position à Corbeil pour empêcher les ravitaillements en vivres de Paris puis s'attaque aux faubourgs de la ville. Le 7 mai début du troisième siège de Paris. Le 8 mai mort du cardinal de Bourbon qui avait été reconnu Roi par les ligueurs et qui était retenu prisonnier. Le 9 juillet prise de Saint-Denis par Henri IV. Le 11 septembre les troupes de Mayenne, appuyées par celles du Duc de Parme, approchant de Paris, Henri IV décide de lever le siège de la ville. Le 17 septembre entrée de Mayenne à Paris. **1591**, début de la liaison du Roi avec Gabrielle d'Estrées. Le 19 avril le Roi s'empare de Chartres. Le 4 juillet Édit de Mantes. Le 19 août prise de Noyon par les royaux. Le 11 novembre début du siège de Rouen. Le 15 novembre à Paris les ligueurs exécutent le Président Brisson qu'ils jugent trop indulgent. **1592**, en février combats à Aumale entre les royaux et les Espagnols conduits par Alexandre Farnèse. Le 20 avril les royaux lèvent le siège de Rouen. Le 9 août prise d'Épernay. Le 2 décembre mort de Farnèse à Arras des suites de blessures. **1593**, le 26 janvier début des états généraux de la Ligue à Paris sous la présidence du Duc de Mayenne. Le 2 avril le Duc de Feria, Ambassadeur Espagnol, est reçu par les états généraux à qui il annonce la candidature au trône de l'infante d'Espagne Isabelle-Claire-Eugénie (petite-fille d'Henri II). Le 29 avril - 17 mai conférences de Suresnes entre Henri IV et les représentants de Paris. Le 16 mai Henri IV annonce qu'il va se faire catholique. Le 28 juin le Parlement ordonne un arrêt qui annule tout Traité qui violerait l'ordre dynastique. Le 25 juillet Abjuration d'Henri IV à Saint-Denis. Cet acte va réconcilier le Roi avec les parisiens. **1594**, le 7 février Lyon se révolte contre la Ligue et ouvre les portes aux royaux. Le 27 février Sacre de Henri IV à Chartres. En mars entente secrète entre le Roi et Brissac (gouvernement de Paris) pour faire entrer les troupes royales dans Paris. Le 22 mars entrée d'Henri IV à Paris. La population acclame le Roi. Un Te Deum est chanté dans la cathédrale Notre-Dame. Les troupes espagnoles (4000 hommes) quittent la ville. En mai-juillet siège de Laon. Le 27 décembre Jean Chastel tente d'assassiner le Roi dans l'Hôtel du Bouchage, rue Saint-Honoré à Paris. Le 29 décembre Jean Chastel est exécuté. **1595**, le 8 janvier les Jésuites sont expulsés de Paris. Le 17 janvier Henri IV déclare la guerre à Philippe II, Roi d'Espagne et fils de Charles Quint. Le 5 juin Victoire de Fontaine-Française. Le 4 septembre entrée triomphale d'Henri IV à Lyon. Le 17 septembre le Pape lève la sentence d'excommunication d'Henri IV. Le 3 octobre Cambrai capitule devant les Espagnols. En Novembre début du siège de la Fère qui a été livrée à l'Espagne par Mayenne. **1596**, le 24 janvier Traité de Folembray. Le 9 avril prise de Calais par les Espagnols. Le 22 mai La Fère capitule et le Roi confie la ville à Annibal d'Estrées, frère de Gabrielle. En novembre Henri IV réunit à Rouen une assemblée de notables qui établit une nouvelle taxe pour financer le Roi démuni par la guerre et l'argent distribué pour rallier les Ligueurs. **1597**, le 11 mars les Espagnols prennent Amiens. Le 19 septembre Henri IV, en compagnie de Mayenne, reprend Amiens. **1598**, le 20 mars accords d'Angers entre Henri IV et le Duc de Mercœur qui renonce à la Bretagne et se rallie moyennant 4 millions de livres. Le 13 avril Édit de Nantes en faveur de ceux de la religion réformée. Le culte protestant est autorisé dans les faubourgs, les réformés peuvent tenir des synodes et accéder à des charges publiques. Le 2 mai Traité de Vervins entre la France et l'Espagne. **1599**, le 10 avril mort de Gabrielle d'Estrées. Le Roi prend pour maîtresse Henriette d'Entragues. Le 17 décembre le Pape accepte d'annuler l'union d'Henri IV et de Marguerite de Valois (la reine Margot, fille d'Henri II et de Catherine de Médicis). **1600**, Olivier de Serres (1539-1619) crée l'industrie de la soie. En août début de la campagne de Savoie. Le 5 octobre le mariage par procuration entre Henri IV et Marie de Médicis est célébré à Florence, le Roi se battant en Savoie. Le 3 novembre Marie de Médicis débarque à Marseille. Le 9 décembre le Roi rejoint la nouvelle Reine à Lyon. **1601**, le 17 janvier Traité de Lyon avec le Duc de Savoie. Les possessions savoyardes de la rive droite du Rhône sont rattachées à la France. De plus, le Duc de Savoie verse une grosse indemnité de guerre. Le 9 février le Roi et la Reine arrivent à Paris. Le 27 septembre naissance du dauphin (Louis XIII). **1602**, en janvier Traité d'alliance avec les cantons suisses. Le 31 juillet le Maréchal de Biron est exécuté pour trahison. **1603**, le 24 mars mort d'Élisabeth d'Angleterre. Jacques Ier, fils de Marie Stuart, lui succède. En septembre les jésuites sont autorisés à revenir en France. **1604**, en février début d'une conspiration menée par François d'Entragues, père de la favorite du Roi, Henriette. Le 11 décembre François d'Entragues est arrêté. Le 12 décembre déclaration royale qui rend héréditaires les offices de juridiction et de finance moyennant une nouvelle taxe. **1605**, le 2 février François d'Entragues et Charles d'Auvergne sont condamnés à mort. Les deux hommes seront graciés par le Roi. En décembre attentat manqué contre Henri IV. **1606**, le 24 février Traité de commerce avec l'Angleterre. Le 2 avril Le Duc de Bouillon, qui s'était rebellé, remet les clés de Sedan à Henri IV. **1607**, le Béarn est réuni à la France. **1608**, le 3 juillet Samuel Champlain fonde, avec l'appui du Roi de France, la ville de Québec. **1609**, le 25 mars mort de Jean-Guillaume, Duc de Clèves, sans héritier direct. Pour la succession l'Empereur Rodolphe soutien l'Électeur de Saxe tandis qu'Henri IV soutient la candidature des Princes Brandebourg et

Neubourg. Le 17 mai le Prince Henri II de Condé épouse Charlotte de Montmorency dont le Roi est tombé amoureux. En novembre Henri de Condé s'enfuit à Bruxelles avec sa femme. Il ira ensuite rejoindre à Milan les ennemis du Roi de France. **1610**, le 13 mai couronnement de Marie de Médicis dans la basilique Saint-Denis. Le Roi, qui doit partir pour la campagne d'Allemagne, confie la régence à la reine. Le 14 mai Henri IV, qui se rend à l'Arsenal, est assassiné rue de la Ferronnerie par François Ravaillac qui est persuadé que le Roi veut faire la guerre au pape. Le 27 mai supplice de Ravaillac. Le 12 juillet Concini entre au conseil des Finances. Le 17 octobre Sacre de Louis XIII à Reims. **1611**, le 26 janvier démission de Sully. Le 30 avril Traité de Fontainebleau avec l'Espagne. Louis XIII épousera Anne d'Autriche et Élisabeth de France épousera le Prince des Asturies. En mi-septembre Assemblée des protestants à Saumur. **1612**, en janvier Marie de Médicis annonce les futurs mariages royaux. **1613**, le 19 novembre Concini devient maréchal de France. **1614**, en avril révolte de la noblesse (Condé, Longueville, Mayenne, Vendôme, etc...) contre la régente. Le 15 mai Traité de Sainte-Menehould. La régente promet aux nobles la convocation des états généraux et les couvre d'or. Le 2 octobre le Parlement proclame la majorité du Roi. Le 27 octobre ouverture des états généraux. **1615**, en mars fin des états généraux. En août nouvelle rupture avec les grands. En novembre soulèvement des protestants. Le 28 novembre mariage à Bordeaux de Louis XIII avec Anne d'Autriche. **1616**, le 3 mai Paix de Loudun entre le Roi et les Princes. Le 1er septembre arrestation de Condé au Louvre. Le 25 novembre Richelieu est nommé secrétaire d'État aux Affaires étrangères. **1617**, le 24 avril Concini est assassiné en arrivant au Louvre sur ordre du Roi.

Le 8 juillet exécution de Leonora Galigaï, femme de Concini et confidente de Marie de Médicis. **1618**, Fondation de l'ordre des Visitandines par François de Sales. En avril exil de Richelieu à Avignon. **1619**, le 22 février Marie de Médicis s'enfuit de Blois. Le 4 mai Traité d'Angoulême entre Louis XIII et Marie de Médicis. En septembre Assemblée protestante de Loudun qui interdit aux religieux catholiques l'accès à leurs villes de sûreté. Le 20 octobre libération de Condé. **1620**, nouvelle révolte des Princes et de Marie de Médicis. Le 7 août "Drôlerie des Ponts-de-Cé" les troupes royales dispersent celles de la Reine mère. Le 10 août Paix d'Angers entre Louis XIII et la Reine mère. En septembre Louis XIII entre dans le Béarn pour faire appliquer l'Édit de tolérance. Le 14 octobre Louis XIII entre dans Pau. Le 8 novembre bataille de la Montagne Blanche. En décembre ouverture de l'assemblée générale des protestants à La Rochelle. **1621**, le 25 avril Traité de Madrid dans lequel l'Espagne s'engage à restituer la Valteline (Alpes) aux Grisons. Le 27 avril le Roi annonce qu'il ne veut pas révoquer l'Édit de Nantes. Luynes est nommé connétable. En mai le Roi reprend la lutte contre les protestants. Le 25 juin capitulation protestante à Saint-Jean-d'Angély. Le 18 août - 11 novembre Louis XIII et Luynes assiège Montauban sans succès. Le 15 décembre mort du Duc de Luynes. **1622**, le 16 avril Victoire royale à Riez sur les protestants. Le 11 mai prise de Royan par les troupes du Roi. Le 5 septembre Richelieu est nommé cardinal. Le 19 octobre Traité de Montpellier avec les protestants. Confirmation de l'Édit de Nantes (les protestants conservent La Rochelle et Montauban). **1623**, en février Ligue entre la France, la Savoie et Venise contre les Espagnols pour rétablir les Grisons en Valteline. **1624**, en février disgrâce des Brûlart. Le Marquis de Vieuville devient ministre dirigeant. Le 29 avril Richelieu entre au conseil du Roi. Le 13 août arrestation de La Vieuville. Le 26 novembre le Marquis de Coeuvres entre dans la Valteline. **1625**, en janvier nouveau soulèvement protestant. En février Soubise prend Oléron. Le 11 mai mariage de Charles Ier d'Angleterre et de Henriette de France, sœur du Roi. Le 1er novembre assemblée des Églises protestantes à Millau. **1626**, le 5 février une nouvelle paix est signée à Paris avec les protestants qui sont amnistiés mais qui doivent démolir leurs forts. Le 6 février Édit du Roi contre les duels. Le 2 mai Traité de Monçon avec l'Espagne qui reconnaît à la France l'usage exclusif des passages de la Valteline. En Juin arrestation des Vendôme (bâtards de Henri IV) et de Henri de Talleyrand-Périgord (Comte de Chalais) qui ont conspiré contre Richelieu. Il s'avèrera que le propre frère du Roi (Gaston d'Anjou) était mêlé au complot. Le 5 août mariage de Gaston d'Orléans (frère du Roi) avec Mlle de Montpensier. Le 19 août exécution de Chalais, à Nantes. En octobre Richelieu est nommé surintendant de la Navigation et du Commerce. Le 2 décembre début de l'assemblée des notables. **1627**, le 12 mai duel entre le Comte de Montmorency-Bouteville et le Baron de Beuvron. Le 22 juin exécution en place de Grève des Comtes de Montmorency-Bouteville et des Chapelles. En Juillet maladie du Roi. Le 21 juillet les Anglais débarquent à l'île de Ré. Ils se veulent les protecteurs des huguenots mais ils tenteront en vain de s'emparer du fort Saint-Martin. En novembre début du siège de La Rochelle tenue par les protestants. Richelieu bloque la ville sur terre comme sur mer en faisant construire des murailles et une immense digue. Le 26 novembre mort de Vincent II de Gonzague, Duc de Mantoue. **1628**, en février début de l'assemblée générale du clergé à Poitiers. Les travaux d'isolement de La Rochelle sont terminés. Le 12 mars Richelieu tente, sans succès, un coup de force contre la porte Maubec de La Rochelle. Fin septembre seconde flotte anglaise devant La Rochelle. Le 28 octobre La Rochelle capitule. 12 notables vont s'agenouiller devant le Roi et lui demandent leur pardon. Le 1er novembre entrée du Roi dans La Rochelle. **1629**, en Février le Roi signe l'ordonnance de réorganisation de l'armée et de la marine ("code Michau"). Le 6 mars Victoire du Pas de Suse (Savoie) contre les Piémontais et les Espagnols. Le 19 avril Ligue entre la France, la Savoie, le Pape et Mantoue contre les Habsbourg. Le 27 mai prise de Privas par le Roi (cité huguenote du Vivarais). Le 28 juin Édit de grâce d'Alès. Les protestants peuvent pratiquer leur religion en toute liberté mais n'ont plus le droit de tenir d'assemblée politique. De plus, ils perdent leurs places de sûreté. Le 21 novembre Richelieu est nommé "Principal ministre d'état". **1630**, en février-mars "Révolte du Lanturelu" en Bourgogne. (Les vignerons occupent un quartier de Dijon et demandent une réduction de l'impôt). Le 29 mars prise de Pignerol par Créqui envoyé par Louis XIII pour imposer sa force au Duc de Savoie, Charles-Emmanuel Ier, qui refuse d'appliquer le Traité de Suse. En mai entrée du Roi en Savoie. Le 17, prise de Chambéry. En juin prise de Mantoue par les impériaux. En Juillet ouverture de la Diète de Ratisbonne pour régler la question de Causale Monferrato et de Mantoue. Le 4 septembre Trêve de Rivalte avec les impériaux. En Septembre-octobre grave maladie du Roi à Lyon (dysenterie). Le 13 octobre Traité de Ratisbonne avec l'empereur qui s'engage à faire évacuer Mantoue. Le 10 novembre Journée des Dupes au palais du Luxembourg. Le Roi va rendre visite à sa mère qui veut éliminer Richelieu. Ce dernier fait son apparition pour plaider sa cause. Le Roi choisit de garder Richelieu comme principal ministre. **1631**, le 23 janvier Traité de Bärwald avec le Roi de Suède. En mars fuite de Gaston d'Orléans, frère du Roi, en Lorraine. Le 31 mars Traité d'alliance avec le Duc de Savoie. En mai premiers numéros de La Gazette de Théophraste Renaudot (1586-1653). Journal hebdomadaire, la Gazette paraissait le samedi et donnait des nouvelles des grandes villes d'Europe. Le 30 mai Traité de Munich avec l'électeur de Bavière. Le 19 juin Traité de Cherasco entre la France, l'empereur et le Duc de Savoie. Le Duc de Nevers prend possession du Montferrat et de Mantoue. Le 19 juillet la reine mère s'enfuit aux Pays-Bas. En septembre Édit de Vendœuvres qui permet de réunir les états tous les ans. Le 17 septembre Victoire du Roi de Suède, Gustave-Adolphe, à Breitenfeld contre les impériaux. **1632**, le 3 janvier mariage secret de Gaston d'Orléans avec Marguerite de Lorraine. Le 10 mai exécution du Maréchal Louis de Marillac en place de Grève sous prétexte de malversations. En Juin révolte du Duc de Montmorency, Gouverneur du Languedoc. En juin Traité de Liverdun imposé au Duc de Lorraine, Charles IV, qui doit laisser libre passage au Roi dans ses États. Le 6 juillet Pacte de Turin ; la France acquiert Pignerol. Le 1er septembre Victoire royale à Castelnaudary. Montmorency est fait prisonnier. Le 30 octobre exécution de Montmorency à Toulouse. Le 16 novembre bataille de Lützen entre Suédois, alliés des Français, et Impériaux. Le Roi de Suède, Gustave-Adolphe, meurt au combat. **1633**, fondation des Filles de la Charité par Vincent de Paul. Le 25 février arrestation de Chateauneuf, Garde des Sceaux qui a conspiré contre Richelieu. Le 5 septembre Alliance de Francfort avec la Suède. Le 25 septembre entrée de Louis XIII à Nancy. Charles IV de Lorraine est dépossédé de ses États. **1634**, Premiers débarquements Français au Sénégal. En Février assassinat de Wallenstein (Duc de Friedland) par les hommes de Ferdinand II de Habsbourg qui se méfiait des ambitions de son allié. En avril-mai les forces françaises occupent certains bastions en Alsace pour se défendre d'une possible attaque de l'empire. Le 18 août supplice par le feu d'Urbain Grandier, prêtre à Loudun accusé de sorcellerie. Cette exécution, provoquée par Richelieu, suscita une vive émotion dans tout le royaume. Le 6 septembre défaite suédoise à Nordlingen. En octobre retour en France de Gaston d'Orléans. **1635**, le 25 janvier Fondation de l'Académie Française. Le 8 février Traité de Paris avec la Hollande. Le 28 avril Traité de Compiègne avec la Suède. Le 19 mai Louis XIII déclare la guerre au Cardinal-infant Ferdinand d'Espagne frère de Philippe IV et gouverneur des Pays-Bas. Le 3 juillet Victoire française à Rohan contre les impériaux. Le 11 juillet Traité de Saint-Germain avec Bernard de Saxe-Weimar à qui la France confie la défense de l'Alsace. Le 26 octobre Traité de Rivoli avec les Ducs de Savoie, de Parme, de Modène et de Mantoue. **1636**, Première représentation du Cid de Pierre Corneille. Le 15 août les Espagnols prennent Corbie, dans la Somme. En octobre Les Impériaux envahissent la Bourgogne. Le 14 novembre les Français reprennent Corbie. **1637**, Discours de la Méthode de Descartes. En mars les Français évacuent la Valteline. Les Français reprennent aux Espagnols les îles de Lérins. En juin insurrection des croquants en Périgord. Le 25 juillet reprise de Landrecies. En septembre les Français prennent La Capelle. Le 10 décembre exil du père Caussin, confesseur du Roi, qui blâmait la politique de Richelieu. Le 11 décembre Vœu de Louis XIII consacrant la France à la Vierge Marie. **1638**, en janvier début de l'offensive de Bernard de Saxe-Weimar en Alsace.

Le 15 mars Traité de Hambourg avec la Suède contre l'Autriche. Le 27 mars le jeune Henri d'Effiat (Marquis de Cinq-Mars) reçoit la charge de grand maître de la garde-robe. Le 5 septembre Naissance du Dauphin, futur Louis XIV. Le 17 décembre prise de Brisach par Bernard de Saxe-Weimar. **1639**, en Mai défaite à Thionville. Le 18 juillet mort obscure de Bernard de Saxe-Weimar. Son armée est rachetée par la France qui s'empare du même coup de l'Alsace. En juillet-décembre révolte des "va-nu-pieds" de Normandie contre l'augmentation de l'impôt sur le sel. La répression fût très dure et nombre de révoltés furent pendus. Le 21 octobre Victoire navale anglo-hollandaise sur les Espagnols au large de Douvres. **1640**, Horace et Cinna de Pierre Corneille. Le 31 mars création d'une monnaie, le louis d'or. En Juin début du siège d'Arras, ville tenue par les Espagnols. Le 9 août prise d'Arras. En septembre prise de Turin par les Français. Le 16 décembre Traité d'alliance entre la France et les Catalans révoltés contre Philippe IV d'Espagne. **1641**, en janvier alliance avec les Portugais. Le 21 février Édit limitant le droit de remontrance du parlement. En Juin Victoire française de Wolfenbuttel sur les Austro-Bavarois. Le 6 juillet défaite royale dans les bois de la Marfée contre les troupes du Comte de Soissons qui périt au cours du combat. En décembre préliminaires de Paix entre la France et l'Empire. Le 22 décembre mort de Maximilien de Béthune, duc de Sully, qui conçut un « Grand Desseyn » pour l'Europe. Les terres auraient été repartie entre quinze États pour qu'ils fussent de puissances équivalentes et un « Conseil très chrétien de l'Europe » aurait été établi au-dessus de ces États et doté d'une armée afin de résoudre leurs différents. Le 30 décembre Mazarin reçoit le chapeau de cardinal. **1642**, Blaise Pascal invente une machine à calculer. Le 17 janvier Victoire de

Guébriant à Kempen sur les Impériaux. Le 13 mars Traité entre l'Espagne et Cinq-Mars allié au Duc de Bouillon et soutenu par Gaston d'Orléans. En Avril début du siège de Perpignan contre les Espagnols. Le 13 juin arrestation de Cinq-Mars qui est incarcéré dans la citadelle de Montpellier. Le 13 juillet mort de Marie de Médicis à Cologne. Le 29 août capitulation espagnole à Perpignan. Le 12 septembre exécution à Lyon de Cinq-Mars et de Thou. Le 4 décembre mort de Richelieu à Paris. Louis XIII appelle Mazarin au conseil. **1643**, le 20 avril déclaration du Roi sur la future Régence qui est confiée à un conseil de sept membres. Le 21 avril Baptême du Dauphin Louis à Saint-Germain. Le 14 mai mort de Louis XIII. Le 18 mai Lit de justice où le parlement casse le testament de Louis XIII. La régente, Anne d'Autriche, reçoit l'autorité suprême jusqu'à la majorité de son fils. Le 19 mai Victoire à Rocroi du Duc d'Enghien sur les Espagnols. En août prise de Thionville par le Duc d'Enghien. En septembre Cabale des Importants pour se débarrasser de Mazarin. **1644**, en mars Édit du Toisé qui interdit de construire dans une zone hors de l'enceinte de Paris. Le parlement refuse de l'enregistrer. En Juin le Comte de Mercy, chef des troupes bavaroises, s'empare de Fribourg-en-Brisgau. Le 29 juillet prise de Gravelines par le Duc d'Orléans (oncle de Louis XIV). En septembre reddition de la ville de Mayence au Duc d'Enghien. **1645**, en mai échec de Turenne à Marienthal. En août Victoire du Duc d'Enghien et de Turenne à Nördlingen sur les Bavarois. Le 7 septembre Lit de justice ordonnant au parlement l'enregistrement des Édits. **1646**, en juin prise de Courtrai par Gaston d'Orléans et le Duc d'Enghien. Le 22 septembre Édit *du* tarif (taxe sur les marchandises entrant dans Paris). En octobre prise de Furnes et de Dunkerque par le Duc d'Enghien. Le 26 décembre à la mort de son père, le Duc d'Enghien devient Prince de Condé. **1647**, en juin échec de Condé à Lerida (Catalogne). En octobre Condé s'empare d'Ager. **1648**, le 15 janvier lors du lit de justice, Omer Talon, Avocat général au Parlement de Paris, condamne la politique menée par la monarchie. Le 30 avril déclaration de renouvellement de la paulette (taxe annuelle payée par les magistrats et qui leur garantit la propriété de leur charge). En mai Prise d'Ypres par Condé. Le 13 mai "Arrêt d'union" du Parlement de Paris contre le pouvoir royal. Le 16 juin réunion de la "Chambre de Saint-Louis" qui élabore 27 articles (diminution des tailles, contrôle des dépenses de l'État, suppression des collecteurs d'impôts, etc...). Le 31 juillet déclaration royale approuvant certains des 27 articles. Le 20 août Victoire de Condé à Lens. Le 26 août arrestation de Pierre Broussel (Conseiller au Parlement de Paris). En apprenant cela, la population de Paris se révolte. Le 27 août Journée des Barricades. La régente décide de libérer Broussel. Le 13 septembre départ de la Cour pour Rueil. Le 22 octobre signature par Anne d'Autriche de la déclaration royale qui reconnaît les articles de la Chambre de Saint Louis. Le 24 octobre signature des Traités de Westphalie. La France reçoit les Trois-Évêchés (Metz, Toul et Verdun), l'Alsace (sauf quelques villes comme Strasbourg) et Pignerol (Italie). Le 31 octobre retour de la Cour à Paris. Paix de Westphalie : ce traité est d'une importance capitale pour l'Europe moderne : Remodelage de la carte de l'Europe, création de la Suisse, indépendance des Pays-Bas, réorganisation de l'Allemagne. Le Saint-Empire se trouva ainsi morcelé en 350 petits États, sonnant le glas de la puissance des Habsbourg. Le traité a également érigé par là l'État-nation souverain comme socle du droit international, mettant fin en théorie au droit du plus fort. Ce fut une nouvelle conception de la souveraineté. Le traité reconnait religieusement les trois confessions, catholique, luthérienne et calviniste dans le Saint-Empire, les princes conservant le droit d'imposer leur religion à leurs sujets. Il s'agit donc d'une norme de non-ingérence : la religion devient un domaine géré librement par chaque État souverain. Il consacre enfin l'Etat-nation souverain et créé les bases de l'Europe moderne. Ce système a perduré jusqu'en 1917. **1649**, le 6 janvier départ de la Reine et de ses fils pour Saint-Germain. En février-mars blocus de Paris par le Prince de Condé. Le 8 février combat de Charenton et Victoire de Condé sur les frondeurs. Le 9 février exécution de Charles Ier d'Angleterre. Le 11 mars Paix de Rueil où la reine promit une amnistie générale. Le 18 août retour de la Cour à Paris. **1650**, le 18 janvier arrestation de Condé, Longueville et Conti sur ordre du Roi. En février-avril campagne royale en Normandie et en Bourgogne contre les frondeurs. Au cours de l'été, encouragée par la Duchesse de Longueville (princesse de Condé), la Guyenne se soulève. Le 5 octobre capitulation de Bordeaux assiégée par les troupes royales. Le 15 décembre défaite de Turenne à Rethel contre l'armée royale. Celui-ci marchait vers Paris pour libérer les Princes. **1651**, le 7 février fuite de Mazarin hors de Paris. Le 13 février libération des Princes et exil de Mazarin. Le 7 septembre majorité du Roi. Le 6 novembre Traité entre Condé et les Espagnols qui lui promettent armes et troupes. En décembre le parlement enregistre une déclaration royale qui accuse Condé de rébellion et de trahison. **1652**, le 28 janvier Mazarin, à la tête d'une armée levée outre-Rhin, rejoint le Roi et la reine mère à Poitiers. Le 6-7 avril bataille de Bléneau entre les troupes royales et celles de Condé. Le 2 juillet bataille de la porte Saint-Antoine (Paris) entre

Turenne et Condé. Les troupes de Condé sont sauvées par la Duchesse de Montpensier (cousine de Louis XIV) qui leur fait ouvrir les portes de Paris. Le 4 juillet incendie de l'Hôtel de ville provoqué par des agitateurs. Le 13 octobre Condé rejoint les Pays-Bas espagnols. Le 21 octobre retour du Roi à Paris. Une amnistie est proclamée. Cependant, Gaston d'Orléans doit se retirer à Blois et sa fille (duchesse de Montpensier) est exilée à Saint-Fargeau. Le 19 décembre arrestation du cardinal de Retz qui avait participé à la fronde. **1653**, le 3 février retour de Mazarin à Paris. **1654**, le 7 juin Sacre de Louis XIV à Reims. En août siège d'Arras par Condé. **1655**, le 20 mars Lit de justice où les magistrats, réticents, acceptent l'enregistrement d'édits fiscaux. Le 13 avril au cours d'une séance le Roi, par un discours sec, semonce le parlement. En septembre Turenne s'empare de Landrecies (Nord). Le 3 novembre La France conclût une entente commerciale avec l'Angleterre. **1656**, Sanson établit une carte de la Nouvelle-France (Canada). Le 31 mai naissance de Marin Marais. En juillet échec de Turenne à Valenciennes. **1657**, en avril mort de l'Empereur Ferdinand III. Mazarin envisage un instant de poser la candidature de Louis XIV au trône impérial mais l'élu sera l'archiduc Léopold. Le 6 août les Français s'emparent de la place forte de Montmédy (Lorraine). En octobre prise de Mardick par Turenne. **1658**, révoltes antifiscales des "sabotiers" de Sologne et du Poitou. En mai-juin siège et prise de Dunkerque par les Français. Le 14 juin Turenne remporte la bataille des Dunes contre les Espagnols aidés par Condé. Le 3 septembre mort d'Oliver Cromwell à Londres. En novembre-décembre séjour de la cour à Lyon. Entrevue avec les savoyards pour une éventuelle union du Roi avec sa cousine Marguerite de Savoie. Philippe IV qui craint une alliance franco-savoyarde envoie un ambassadeur à Lyon pour proposer la main de l'infante espagnole. **1659**, Les Précieuses ridicules de Molière (1622-1673).En janvier l'Espagne demande une Trêve qui est accordée. Le 8 mai Armistice avec l'Espagne. Le 7 novembre Traité des Pyrénées. La France reçoit le Roussillon, la Cerdagne, l'Artois, le Duché de Bar ainsi que quelques places. L'Espagne récupère les possessions perdues aux Pays-Bas. **1660**, le 27 janvier soumission de Condé devant le Roi. Condé reçoit l'absolution de ses fautes et récupère ses biens et ses titres. Le 2 février mort de Gaston d'Orléans (frère de Louis XIII). Le 9 juin mariage de Louis XIV et de Marie-Thérèse d'Autriche à Saint-Jean-de-Luz. Le 26 août entrée solennelle de Louis XIV et Marie-Thérèse à Paris. 1661, le 9 mars mort de Mazarin à Vincennes. **1661**, le 17 août à la demande du Roi, le surintendant Nicolas Fouquet offre une fête somptueuse dans son château de Vaux-le-Vicomte près de Melun. Le 5 septembre Fouquet est arrêté à Nantes par les mousquetaires sur ordre du Roi. Il est remplacé dans sa charge par Jean-Baptiste Colbert (1619-83). Le 10 octobre querelle à Londres entre l'Ambassadeur de France (Comte d'Estrades) et l'Ambassadeur d'Espagne pour un problème de préséance. Louis XIV obtiendra du Roi d'Espagne (son beau-père) que les diplomates espagnols cèdent le pas aux diplomates français. Le 1er novembre naissance du Grand Dauphin à Fontainebleau. **1662**, le 20 août incident entre l'Ambassadeur de France (Duc de Créqui) et les autorités pontificales. Le 27 octobre rachat de Dunkerque aux Anglais. Le 26 décembre première représentation de L'école des Femmes de Molière. **1663**, Hugues de Lionne (1611-1671) est nommé secrétaire d'État aux Affaires étrangères. En février Louis XIV fait ordonner par le parlement d'Aix la saisie d'Avignon, propriété du Vatican. Le 18 novembre

Serment d'alliance entre la France et les cantons suisses. **1664**, Colbert devient surintendant des Bâtiments. Le 12 mai première représentation du Tartuffe de Molière. **1665**, Colbert devient contrôleur général des Finances. La troupe de Molière devient la « Troupe du Roy ». En Janvier Fouquet est enfermé dans la citadelle de Pignerol. Il y mourut en 1680. Le 17 septembre mort du Roi Philippe IV d'Espagne. Avènement de son fils, le jeune Charles II âgé de quatre ans. En novembre "Grands Jours" d'Auvergne à Clermont où le parlement de Paris juge en session extraordinaire des notables locaux accusés de brigandage. **1666**, début des persécutions contre les protestants. Le 20 janvier mort de la reine Anne d'Autriche (mère de Louis XIV). Le 20 janvier début d'une guerre navale entre l'Angleterre et la France associée aux Provinces-Unies. Le 11 février Fondation de l'Académie de France à Rome (dirigée par Le Brun). Le 4 juin Première représentation du Misanthrope de Molière. **1667**, première représentation d'Andromaque de Jean Racine (1639-1699). En mars Alliance franco-portugaise. Édit qui crée la charge de lieutenant général de police. Gabriel Nicolas de La Reynie (1625-1709) fût le premier. En mai Louis XIV adresse à l'Espagne le Traité des droits de la Reine. Le 2 juin Turenne s'empare de Charleroi. Le 25 juin les Français prennent Tournai. En Juillet Traité de paix de Bréda entre la Hollande et l'Angleterre. En août Prise de Lille. **1668**, premier recueil des Fables de Jean de La Fontaine (1621-95). Louvois (François-Michel Le Tellier, 1639-91) est nommé secrétaire d'État à la Guerre. En Janvier Triple-alliance entre l'Angleterre, la Hollande et la Suède. En Février la France occupe la Franche-Comté. Le 2 mai Paix d'Aix-la-Chapelle. L'Espagne récupère la Franche-Comté et la France obtient des villes des Pays-Bas (Courtrai,

Tournai, Armentières, Charleroi, Douai, Lille, etc...). Le 23 octobre Paix de l'Église. Les jansénistes se soumettent. En novembre une ordonnance organise la levée de miliciens pour pallier au manque d'effectifs. **1669**, Colbert est nommé secrétaire d'État à la marine. **1670**, Le Bourgeois gentilhomme de Molière, Bérénice de Racine. Le 2 juin Traité secret à Douvres entre la France et l'Angleterre. **1671**, le 2 février nouveau Traité franco-anglais pour isoler les Provinces-Unies. Le 11 juillet Traité de Hildesheim entre Louis XIV et l'Électeur de Cologne. Le 1er septembre mort de Hugues de Lionne, secrétaire d'État aux Affaires étrangères. Le 1er novembre Traité secret franco-impérial. Le 16 novembre Philippe d'Orléans, frère du Roi, épouse la fille de l'Électeur palatin, Elisabeth-Charlotte, appelée la "Palatine". **1672**, le 6 avril début de la guerre de Hollande. Le 12 juin l'armée de Condé franchit le Rhin au gué de Tolhuis. Le 20 juin les Hollandais ouvrent les écluses de Muyden pour sauver Amsterdam. Le 29 juin les états généraux hollandais demandent la paix et offrent à la France une grosse indemnité ainsi que les pays de la Généralité. Louis XIV, qui veut humilier les Hollandais, refuse. Le 20 août assassinat des frères Witt à Amsterdam. **1673**, le 17 février mort de Molière. En mars Ordonnance du commerce de Colbert qui encourage les nobles à investir dans le commerce maritime. **1674**, François Martin crée le comptoir de Pondichéry dans les Indes orientales. En février conquête des principales villes de Franche-Comté, possession espagnole. Le 11 août Victoire de Condé à Seneffe, près de Charleroi. Le 1er octobre les Impériaux envahissent l'Alsace. Le 28 décembre Turenne attaque Belfort par surprise. **1675**, le 5 janvier Victoire de Turckheim. Turenne chasse les Impériaux d'Alsace. Le 3 avril début à Rennes de la révolte "du papier timbré" qui avait été rendu obligatoire pour les actes de justice et les actes notariés. Le 27 juillet Turenne est tué d'un boulet de canon à Sasbach. **1676**, le 2 avril Victoire navale de Duquesne à Agosta. Le 17 juillet la Marquise de Brinvilliers est décapitée sur la place de Grève lors de "l'affaire des poisons". **1677**, première représentation de Phèdre de Jean Racine. Le 28 Février prise de Valenciennes par Vauban. En Avril prise de Saint-Omer par Philippe d'Orléans. Le 17 mai prise de Cambrai. **1678**, La princesse de Clèves de Madame de La Fayette (1634-1693), Fables de Jean de La Fontaine. Le 11 mars les troupes françaises occupent Gand. Le 10 août signature du Traité de paix franco-néerlandais de Nimègue (Pays-Bas). Le 17 septembre signature du Traité de paix franco-espagnol de Nimègue. L'Espagne récupère Gand et Charleroi mais cède, à la France, la Franche-Comté. **1679**, en septembre début de la politique des "réunions" (territoires franc-comtois, alsaciens et luxembourgeois). **1680**, Dragonnades anti-protestante en Poitou et en Guyenne. En janvier Le Roi convoque la réunion d'une Chambre ardente pour enquêter sur l'affaire des poisons. Le 22 février Catherine Deshayes, une avorteuse surnommée "la Voisin", est brûlée en place de Grève (affaire des poisons). Le 21 octobre fondation de la Comédie-Française. **1681**, fin de la construction du canal du Midi (qui va de Toulouse à Sète). Le 28 septembre occupation de Strasbourg par les Français. Le 30 octobre début de l'assemblée du clergé convoquée par le Roi. **1682**, Cavelier de La Salle descend le Mississippi. Il nomme cette région, au nom du Roi de France, la Louisiane. Le 19 mars Déclaration des Quatre Articles qui revendiquent "les libertés de l'Église gallicane" et affirme l'indépendance du Roi et des Princes à l'égard de tout pouvoir ecclésiastique. Cette déclaration provoque un conflit avec Innocent XI (pape entre 1676 et 1689). Le 6 mai installation du Roi et de la Cour à Versailles. 1683, en Juillet les Turcs mettent le siège devant Vienne en Autriche. Le 30 juillet mort de la reine Marie-Thérèse. En septembre mariage vraisemblable de Louis XIV avec Mme de Maintenon. Il n'y en a aucune trace écrite. Le 6 septembre mort de Colbert. Le 12 Septembre le Roi de Pologne, Jean Sobieski, bat les Turcs au Kahlenberg. Le 26 octobre l'Espagne entre en guerre contre les Français en Flandre et au Luxembourg. **1684**, en mai Duquesne bombarde durant six jours la ville de Gênes, alliée de l'Espagne. Le 15 août Trêve de Ratisbonne où l'Espagne et l'Empire reconnaissent les conquêtes françaises. Le 1er octobre mort de Corneille. **1685**, en Février mort du Roi d'Angleterre, Charles II Stuart. Son frère, Jacques II, lui succède. En mars l'Ordonnance coloniale ou "Code noir" réglemente la traite des Noirs dans le trafic triangulaire. Le 18 octobre Édit de Fontainebleau qui révoque l'édit de Nantes. Le 31 octobre mort du chancelier Michel Le Tellier, père de Louvois. **1686**, le 9 juillet création de la Ligue d'Augsbourg, union d'États allemands inquiets de la politique d'annexion française. **1687**, émigration protestante massive. **1688**, le 3 juin mort de l'Archevêque-électeur de Cologne, Maximilien de Bavière allié de Louis XIV. Le 15 novembre Guillaume d'Orange débarque en Angleterre. Le 23 décembre fuite de Jacques II d'Angleterre. **1689**, Pontchartrain est nommé contrôleur général des Finances. En Mars-juin incendie par les Français du Palatinat. En Mai formation de la Grande Alliance de Vienne contre la France. **1690**, mort du peintre Charles Le Brun. Le 1er juillet le maréchal de Luxembourg remporte la bataille de Fleurus face aux coalisés. Le 10 juillet défaite du catholique Jacques II Stuart soutenu par les Français face à Guillaume d'Orange lors de la bataille de la Boyne en

Irlande. Le 18 août Victor-Amédée de Savoie est vaincu par les français à Staffarde (Piémont). **1691**, première représentation d'Athalie de Jean Racine (1639-99). Le 16 juillet mort de Louvois (François-Michel Le Tellier). **1692**, le 29 mai Victoire navale de Tourville prés de la pointe de Barfleur face à une flotte anglo-hollandaise. Le 2-3 juin 12 bateaux français échoués dans la baie de la Hougue sont incendiés par les Anglais. Le 3 août Victoire à Steinkerque de Luxembourg sur Guillaume III d'Angleterre. **1693**, grande famine au cours de l'hiver 1693-94. Le 10 mai création de l'Ordre Royal et Militaire de Saint-Louis. Le 28 juin Tourville intercepte un convoi de 200 bateaux anglais et hollandais au large du Portugal. Le 29 juillet Victoire de Luxembourg à Neerwinden. Le 4 octobre Bataille de La Marsaille et Victoire du maréchal Catinat sur les troupes du Duc de Savoie. **1694**, en Juin exploits de Jean Bart qui est anobli par le Roi. En septembre les Anglais bombardent le port de Dunkerque. **1695**, le 18 janvier création de la Capitation, impôt sur tous les revenus. Le 13 avril mort de Jean de La Fontaine. **1696**, le 29 août Traité de Turin entre la France et la Savoie. Le 7 octobre Offensive franco-savoyarde en Milanais. **1697**, le 9 mai ouverture du congrès de Ryswick. Le 9 août Prise de Barcelone par le Duc de Vendôme après 52 jours de siège. Le 21 septembre signature de la paix de Ryswick entre la France, les Provinces-Unies, l'Angleterre et l'Espagne. Le 30 octobre signature de la paix par l'Empire. **1698**, le 1er avril suppression de la capitation. Les 10 avril - 13 octobre négociations franco-anglaises prévoyant le partage des possessions espagnoles après la mort de Charles II d'Espagne. **1699**, le 26 avril mort de Jean racine. **1700**, le 3 mars Traité de Londres entre l'Angleterre et la France sur le partage de l'empire espagnol. Le 25 mars Traité de partage de l'empire espagnol entre la

France et les Provinces-Unies. Le 2 octobre Testament de Charles II en faveur de Philippe d'Anjou, petit-fils de Louis XIV. Le 1er novembre mort de Charles II d'Espagne. Le 16 novembre Louis XIV accepte le testament de Charles II. Son petit-fils devient Roi d'Espagne sous le nom de Philippe V. **1701**, en février Philippe V entre à Madrid. Le 1er septembre Bataille de Chiari où le maréchal de Villeroi se fait surprendre par le Prince Eugène. Le 7 septembre constitution à La Haye de la coalition contre la France entre Guillaume III et l'empereur Léopold 1er. **1702**, le 19 mars mort de Guillaume III d'Angleterre. Louis XIV reconnaît comme Roi d'Angleterre le fils de Jacques II exilé en France. En mai-juin Déclenchement de la guerre de succession d'Espagne. En Juillet début de la révolte des camisards dans les Cévennes. Le 14 octobre Victoire de Villars à Friedlingen. **1703**, le 16 mai le Portugal abandonne l'alliance de la France pour celle de l'Angleterre. Le 20 septembre Victoire de Villars à Höchstädt en Bavière. **1704**, le 12 avril mort de Bossuet. Le 12 mai soumission de Jean Cavalier, chef des camisards. Le 1er août les Anglais s'emparent de Gibraltar. Le 13 août Victoire du Duc de Marlborough et du Prince Eugène de Savoie lors de la seconde bataille d'Höchstädt. Le 9 octobre l'Archiduc Charles de Habsbourg s'empare de Barcelone et se fait proclamer Roi d'Espagne. **1705**, en octobre Louis XIV propose la paix au Grand Pensionnaire de Hollande qui refuse. **1706**, le 23 mai Victoire de Marlborough sur Villeroi à Ramillies. Les français perdent les Pays-Bas. Le 28 juin Charles de Habsbourg s'empare de Madrid. Le 3 août Louis XIV fait de nouvelles propositions de paix, qui sont rejetées. Le 1er septembre le Prince Eugène et le Duc Victor-Amédée II de Savoie remportent la bataille de Turin contre les Français qui doivent se replier dans les Alpes.

1707, le 14 février le livre de Vauban, "La dîme royale", est saisi et son auteur est disgracié. Le 30 mars mort de Vauban. Le 25 avril Victoire franco-espagnole d'Almansa en Espagne contre les troupes anglo-portugaises. **1708**, le 11 juillet Victoire de Marlborough sur Vendôme à Audenarde aux Pays-Bas. En septembre les coalisés s'emparent de Minorque et de la Sardaigne. Le 9 décembre après un siège de trois mois de Marlborough, Boufflers capitule à Lille. **1709**, en Janvier-mars le grand hiver (-25 °C à Paris). Le 11 septembre Bataille de Malplaquet et demi-victoire de Villars face aux armées du Prince Eugène et du Duc de Marlborough. Le 29 octobre expulsion des moniales de Port-Royal. **1710**, le 28 janvier destruction du couvent de Port-Royal. En mars-juillet négociations de Geertruydenberg qui se soldent par un échec. Le 14 octobre création d'un nouvel impôt, le dixième, contribution égale au dixième du revenu. Le 10 décembre Victoire décisive de Vendôme à Villaviciosa qui permet à Philippe V de reprendre son trône en Espagne. **1711**, le 14 avril mort du Grand Dauphin, fils de Louis XIV. Le 17 avril mort de l'empereur Joseph Ier de Habsbourg, son frère l'archiduc Charles lui succède. Le 8 octobre préliminaires de Londres entre la France et l'Angleterre. **1712**, le 29 janvier ouverture du congrès de la paix à Utrecht. Le 19 février mort du Dauphin, Duc de Bourgogne, petit-fils de Louis XIV et père du futur Louis XV. Le 17 juillet Armistice séparé entre la France et l'Angleterre. Le 24 juillet Victoire de Villars à Denain sur le Prince Eugène. **1713**, le 11 avril signature des traités d'Utrecht sans Charles VI de Habsbourg. Le 20 août Prise de Landau (Allemagne) par Villars. Le 8 septembre Bulle Unigenitus du pape Clément XI qui condamne le jansénisme. Le 31 octobre Prise de Fribourg-en-Brisgau par Villars. Suite à la guerre de Succession d'Espagne, longue et sanglante guerre paneuropéenne (1701-1713), l'abbé de Saint-Pierre publie son *Projet pour rendre la paix perpétuelle en Europe*[6] dans lequel il évoque une « union permanente et perpétuelle entre les souverains signataires dans le dessein de rendre la paix inaltérable en Europe. » Cet ouvrage influença Jean-Jacques Rousseau et inspira les créateurs de la Société des Nations. **1714**, le 6 mars signature des traités de Rastadt entre la France et l'Empire. Le 4 mai mort du Duc de Berry, troisième petit-fils de Louis XIV. Le 2 août Testament de Louis XIV instituant un conseil de régence présidé par le Duc d'Orléans, neveu du Roi. **1715**, le 7 janvier Fénelon meurt. Le 1er septembre mort de Louis XIV. Le 2 septembre lecture au Parlement du testament de Louis XIV. Philippe d'Orléans s'impose en face de son rival le Duc du Maine (fils légitimé de Louis XIV). Le 12 septembre Le Parlement casse le testament de Louis XIV et Louis XV, âgé de 5 ans, fait proclamer Philippe d'Orléans régent du royaume. Le 15 septembre Philippe redonne au Parlement le droit de remontrances supprimé 60 ans plus tôt. Le régent remplace les ministres par 8 conseils de 10 membres composés de grands seigneurs et de conseillers d'État (système appelé polysynodie). **1716**, le 14 mars création de la chambre ardente chargée de juger ceux qui se sont enrichis aux dépens de l'État. Le 2 mai le Régent autorise John Law, économiste écossais, à fonder la Banque générale. Le 9 octobre Traité avec l'Angleterre. **1717**, le 11 janvier Triple-alliance de la Haye (France, Angleterre, Pays-Bas). En mai visite du Tsar Pierre le Grand à Paris. En septembre fondation par Law de la Compagnie d'Occident et du Mississipi. **1718**, le 2 août Quadruple-alliance (arrivée de l'Autriche). Le 24 septembre fin de la polysynodie et rétablissement des ministres. Le 4 décembre la Banque générale devient Banque Royale. En décembre découverte du complot du Prince de Cellamare qui visait à enlever le Duc d'Orléans et de confier la régence à Philippe V d'Espagne. **1719**, le 9 janvier Déclaration de la guerre à l'Espagne. Le 15 avril mort de Mme de Maintenon. Mai Law fonde la Compagnie des Indes orientales. **1720**, le 5 janvier Law est nommé contrôleur général des Finances. Le 22 mars après la ruée des porteurs d'actions, suite aux rumeurs d'inexistence d'or au Mississippi, la Bourse de la rue Quincampoix ferme. En avril début de la peste à Marseille. En Juin-juillet panique boursière à Paris. Le 4 décembre La bulle Unigenitus (anti-janséniste) est enregistrée malgré l'opposition des parlements. Le 12 décembre fuite de Law à l'étranger. **1721**, Parution des Lettres persanes de Montesquieu. Le 6 janvier arrestation de Cartouche. Le 27 mars Pacte d'alliance entre l'Espagne et la France. En mai visite de l'Ambassadeur Turc, Mehmet Effendi. Le 28 novembre Louis-Dominique Cartouche (né en 1693, chef de brigands opérant dans la région parisienne) est roué vif en place de Grève. **1722**, en mars arrivée de l'Infante Marie-Anne Victoire destinée en mariage à Louis XV. Le 22 août Le Cardinal Dubois devient Premier ministre du Régent. Le 25 octobre Sacre de Louis XV à Reims. **1723**, Le 16 février majorité de Louis XV. Le 10 août mort de Dubois. Le 2 décembre mort du Régent, Philippe d'Orléans (1674-1723). **1724**, le 14 mai déclaration contre les protestants qui doivent faire baptiser leurs enfants à l'église et se voient interdire les réunions clandestines. Le 18 juillet Ordonnance sur la mendicité. **1725**, le 5 juin établissement de l'impôt du cinquantième. Le 5 septembre Mariage de Louis XV et de Marie Leszczynska, fille du Roi de Pologne détrôné, Stanislas Leszczynski (1677-1766). **1726**, le 11 juin disgrâce du Duc de Bourbon, le premier ministre. Le 15 juin le cardinal de Fleury (1653-1743) devient premier ministre. Le 19 août rétablissement de la Ferme générale des impôts. **1727**, en février les Espagnols mettent le siège devant Gibraltar. Les Anglais demandent à la France d'intervenir. En mai début de l'affaire des convulsionnaires de Saint-Médard. **1729**, Traité de Séville où la France et l'Angleterre acceptent que Don Carlos, fils de Philippe V d'Espagne, succède au dernier des Farnèse dans les Duchés de Parme et de Plaisance. Le 4 septembre naissance du dauphin Louis, ce qui met fin de la rivalité dynastique franco-espagnole. **1730**, le 24 mars déclaration érigeant la bulle Unigenitus en loi du royaume. Cette bulle publiée par le pape Clément XI condamne le jansénisme. **1731**, Ordonnance sur les donations. **1732**, le 29 janvier le cimetière Saint-Médard est fermé au public (la foule y venait voir des miracles sur la tombe du diacre janséniste François de Pâris mort en 1727). En août crise parlementaire. Fleury oblige les parlements à enregistrer la bulle Unigenitus. Le Roi déclara "Le pouvoir de faire les lois et de les interpréter est essentiellement et uniquement réservé au Roi. Le parlement n'est chargé que de veiller à leur exécution." **1733**, le 1er février mort du Roi de Pologne, Auguste II. En France un parti puissant se constitue pour la restauration de Stanislas Leszczynski, ancien Roi de Pologne et beau-père de Louis XV. Le 26 septembre Traité franco-piémontais de Turin. Le 17 novembre établissement de l'impôt sur le dixième. **1734**, Voltaire (1694-1778) publie les Lettres anglaises. Le 1er avril l'Empereur Charles VI déclare la guerre à la France. Le 18 juillet les français s'emparent de Philippsbourg. **1735**, Ordonnance sur les testaments. Le 5 octobre préliminaires de paix franco-autrichiens. **1736**, le 13 avril Convention franco-autrichienne. Le 28 août Règlement de la question de Lorraine.

1737, Le 20 février disgrâce de Chauvelin, secrétaire d'État aux affaires étrangères qui soutenait la politique anti-autrichienne de la reine d'Espagne. **1738**, le 18 novembre signature du Traité de Vienne. Stanislas renonce au trône de Pologne mais reçoit les Duchés de Lorraine et de Bar. **1739**, le 26 août mariage d'Élisabeth, fille aînée de Louis XV, et de l'infant Philippe d'Espagne. **1740**, en septembre le cardinal Fleury envoie 2 escadres en Amérique pour aider l'Espagne en conflit avec l'Angleterre. Le 19 octobre mort de l'empereur Charles VI sans héritier mâle ce qui provoque une crise de succession en Autriche. **1741**, en novembre les Français envahissent la Bohême. Le 25 novembre Prise de Prague par les Français. **1742**, en Janvier l'Électeur de Bavière est élu Empereur sous le nom de Charles VII. Le 26 décembre retraite de Prague. **1743**, le 29 janvier mort du cardinal Fleury. Le 27 juin défaite française à Dettingen contre l'armée anglo-hanovrienne. **1744**, le 15 mars Louis XV déclare la guerre à l'Angleterre et à l'Autriche. En Juillet-août Insurrection à Lyon des ouvriers de l'industrie textile. En août le Roi tombe gravement malade à Metz. **1745**, début de la faveur de Mme de Pompadour. Le 11 mai Bataille de Fontenoy remportée par les Français face aux Anglais. **1746**, le 21 février Prise de Bruxelles par les Français. Le 21 mars Traité franco-saxon. Le 11 octobre Maurice de Saxe remporte la bataille de Raucoux face aux autrichiens. **1747**, Trudaine fonde l'école des ponts et chaussées. En avril début de la guerre franco-hollandaise. Le 2 juillet Victoire française à Lawfeld face aux Anglais. Le 16 septembre Prise de Bergen op Zoom par les Français. **1748**, le 28 octobre Traité d'Aix-la-Chapelle. **1749**, le 30 avril disgrâce de Maurepas. En mai l'impôt du vingtième est étendu à tous les revenus. **1750**, en Janvier-mai émeutes à Paris qui font suite à la volonté du Comte d'Argenson de moraliser Paris en expulsant vers la Louisiane les filles de mauvaise vie et les vagabonds. En février dissolution des états du Languedoc. En mai Assemblée du clergé qui vote des remontrances contre l'impôt du vingtième. Le 25 novembre Édit qui confère la noblesse héréditaire aux officiers ayant le grade de général. **1751**, en janvier Création de l'École militaire. Le 24 mars déclaration sur la réforme de l'Hôpital général. Le 1er juillet Parution du premier volume de l'Encyclopédie d'Alembert et Diderot. Le 23 décembre un Édit suspend l'application du vingtième au clergé. **1752**, le 7 février Mgr de Beaumont fait interdire la vente et la détention de l'Encyclopédie. En mars début de l'affaire des billets de confession. **1753**, le 9 avril le parlement de Paris adresse des remontrances à Louis XV. Le 8 mai Le Parlement s'exile à Pontoise. Le 8 octobre retour du Parlement à Paris. **1754**, en août Dupleix est contraint de quitter les Indes. Le 23 août Naissance à Versailles du futur Louis XVI. Le 26 décembre Traité de Godeheu qui interdit aux compagnies anglaise et française toute activité politique en Inde. **1755**, en mars Le parlement déclare par un arrêt que la bulle Unigenitus n'a "ni le caractère ni les effets d'une règle de foi". En avril Le Conseil du Roi casse l'arrêt du parlement. Le 10 juin deux vaisseaux français sont capturés par les Anglais près de Terre-Neuve. **1756**, le 16 janvier Frédéric de Prusse conclut un accord de garantie militaire avec l'Angleterre. Le 1er mai Traité de Versailles entre la France et l'Autriche. Le 28 juin les Français s'emparent de Minorque. Le 12 juillet Traité franco-suédois contre l'Angleterre. En octobre Encyclique mettant fin à la querelle des billets de confession. Jean-Jacques Rousseau rédige les *Extraits et jugements sur le projet de paix perpétuelle*, d'après les écrits de l'abbé de Saint-Pierre. **1757**, le 2 janvier Prise de Calcutta par les Anglais. Le 5 janvier Robert-François Damiens blesse Louis XV d'un coup de couteau. Il sera écartelé en place de Grève le 28 mars. Le 1er février Louis XV renvoie ses 2 ministres réformateurs, Machault d'Arnouville et le Comte d'Argenson. Le 1er mai deuxième Traité franco-autrichien de Versailles. Le 11 août Prise de Hanovre par les Français. Le 8 septembre capitulation anglo-hanovrienne de Kloster-Zeven. Le 5 novembre défaite de Soubise à Rossbach face aux Prussiens. **1758**, le 23 juin défaite française de Krefeld. Le 9 octobre Choiseul devient secrétaire d'État aux Affaires étrangères. **1759**, le 8 mars seconde condamnation de l'Encyclopédie. Le 1er août défaite française à Minden. Le 18 septembre Prise de Québec par les Anglais. **1760**, le 8 septembre capitulation de Montréal. Le 15 octobre Victoire française à Clostercamp. **1761**, le 16 janvier les Anglais s'empare de Pondichéry. Le 27 janvier Choiseul devient secrétaire d'État à la Guerre. Le 31 mars Propositions françaises de paix à l'Angleterre. Le 8 mai Condamnation des jésuites par le parlement. Le 15 août "Pacte de Famille" où les Bourbons de France, les Bourbons d'Espagne et les Bourbons de Naples se garantissent mutuellement assistance. **1762**, le 10 mars exécution de Jean Calas, accusé d'avoir assassiné son fils pour l'empêcher de se convertir au catholicisme. Le 6 août expulsion des jésuites. Le 3 novembre Préliminaires de paix à Fontainebleau. **1763**, le 10 février Traité de Paris. La France cède à l'Angleterre le Canada, une partie de la Louisiane, la vallée de l'Ohio, la Dominique, Tobago, la Grenade, le Sénégal et son empire des Indes. **1764**, le 15 avril mort de Mme de Pompadour. Le 4 juin Cassation du jugement de Calas par le Conseil du Roi. Le 5 juin début des affaires de Bretagne. Le procureur La

Chalotais prend la tête d'une coalition de magistrats décidés à défendre les privilèges locaux. Le 19 juillet Liberté du commerce des grains avec l'étranger. En Novembre Edit de Louis XV qui ordonne la suppression de la Compagnie de Jésus en France. **1765**, Le 9 mars réhabilitation de Calas. Le 22 mai démission du parlement de Rennes. Le 20 décembre mort du Dauphin, fils de Louis XV. **1766**, le 23 février mort de Stanislas Leszczynski. Le 24 février rattachement de la Lorraine à la France. Le 3 mars Séance de la Flagellation. Le Roi se rend au parlement de Paris pour y fustiger les parlementaires pour les affaires de Bretagne. **1767**, en mai Bannissement des jésuites hors de France. **1768**, le 15 mai Traité de Versailles où la France acquiert la Corse. Le 24 juin mort de la reine de France Marie Leszczynska. Le 16 septembre René-Nicolas de Maupeou devient garde des Sceaux. **1769**, le 8 mai défaite de Paoli à Ponte-Novo. Le 15 août naissance de Napoléon Bonaparte. **1770**, les 4 avril - 22 juin procès du Duc d'Aiguillon, Commandant de Bretagne. Le 16 mai Mariage du dauphin (futur Louis XVI) avec l'archiduchesse Marie-Antoinette d'Autriche. Le 27 novembre Edit condamnant l'unité des corps des parlements et qui leur interdit de retarder l'enregistrement des Édits. Le 24 décembre disgrâce de Choiseul. **1771**, le 19 janvier exil du parlement de Paris. Le 23 février réforme judiciaire de Maupeou. Nomination d'un nouveau Parlement dont les membres ne sont plus propriétaires de leur charge. Le 6 juin Le Duc d'Aiguillon devient secrétaire d'Etat aux Affaires étrangères. En novembre Edit de Terray qui proroge les deux vingtièmes. **1772**, le 16 janvier deuxième mission d'exploration d'Yves de Kerguelen Tremarec. Le 12 février Kerguelen découvre les îles qui portent son nom. **1773**, fondation à Paris du Grand Orient de France

(Franc maçonnerie dont fera parti le Duc d'Orléans qui votera la mort de Louis XVI). Echec du projet de mariage entre Louis XV et Mme du Barry. Le 6 octobre Naissance du futur Louis-Philippe Ier, fils du Duc d'Orléans. **1774**, le 10 mai Louis XV meurt de la petite vérole. Louis XVI le remplace. Le 20 juillet Turgot devient secrétaire d'Etat à la Marine. Le 24 août disgrâce de Maupeou. Turgot devient contrôleur général des Finances. Le 26 août Turgot devient ministre d'Etat. Le 13 septembre Rétablissement de la libre circulation des grains. Le 12 novembre rétablissement du Parlement de Paris. **1775**, le 19 avril début de la révolte des colonies d'Amérique du Nord. Les 18 avril - 6 mai "Guerre des Farines". Le 11 juin Sacre de Louis XVI à Reims. Le 12 juillet Malesherbes devient secrétaire d'Etat à la Maison du Roi. Le 27 octobre le Comte de Saint-Germain devient secrétaire d'Etat à la Guerre. **1776**, le 5 janvier Edits de Turgot qui suppriment les corporations et la corvée royale. Le 12 mai chute de Turgot. Il est remplacé par Clugny de Nuits qui révoque les Édits de Turgot. Le 4 juillet les Américains déclarent leur indépendance. En décembre l'américain Benjamin Franklin (Franc Maçon) vient demander de l'aide à la France contre les Anglais. **1777**, en avril La Fayette (Franc Maçon) s'embarque pour l'Amérique. En mai Disgrâce de Saint-Germain. Le 28 mai Traité de Soleure avec les cantons suisses. Le 29 juin Necker devient directeur général des Finances. **1778**, le 6 février Traité d'alliance avec les insurgent d'Amérique. **1779**, le 12 avril Traité franco-espagnol d'Aranjuez. Le 13 mai Convention franco-impériale de Teschen. En août suppression du servage sur les domaines royaux. **1780**, le 2 mai Départ de Brest du corps expéditionnaire français pour l'Amérique. **1781**, en Février Necker publie son Compte rendu au Roy dans lequel il fait le bilan de son administration financière. Ce petit ouvrage enthousiasme les Français mais indigne Princes, ministres et parlementaires car il donne la liste nominale des charges et pensions payées aux courtisans et à la famille royale. Le 19 mai démission de Necker. Il est remplacé par Joly de Fleury. Le 19 octobre capitulation des Anglais à Yorktown face aux forces franco-américaines. Le 21 novembre mort de Maurepas. **1782**, Suffren remporte plusieurs victoires face à la flotte anglaise dans la mer des Indes. **1783**, en mars démission de Joly Fleury. Il est remplacé par Lefèvre d'Ormesson. Le 4 juin expérience des frères Montgolfier à Annonay (Ardèche). Ils réussissent pour la première fois à faire voler un ballon de toile et de papier gonflé avec de l'air chaud produit par la combustion d'un mélange de paille et de laine. Le 3 septembre Traité de Versailles entre la France et l'Angleterre qui reconnaît l'indépendance des 13 colonies américaines. Le 10 novembre chute d'Ormesson qui est remplacé par Calonne. Le 21 novembre premier voyage en Montgolfière. Pilâtre de Rozier et le Marquis d'Arlandes s'envolent du château de la Muette pour aller se poser à la Butte-aux-Cailles. **1784**, le 27 avril première représentation du Mariage de Figaro de Beaumarchais. **1785**, affaire du collier de la reine. Le 7 janvier Blanchard traverse la manche en montgolfière. Le 27 mars Naissance du futur Louis XVII. Le 1er août départ de Brest de l'expédition de La Pérouse à bord des frégates la *Boussole* et l'*Astrolabe*. Le 15 août arrestation du cardinal de Rohan pour sa participation à l'affaire du collier. La comtesse de la Motte sera arrêtée quelques jours plus tard. Friedrich Schiller écrit l'Ode à la joie. **1786**, le 31 mai le cardinal de Rohan est acquitté et la comtesse de la Motte condamnée. Le 8 août première ascension du Mont-Blanc réalisée par Michel-Gabriel Paccard et Jacques

Balmat. Le 20 août le contrôleur des Finances Calonne présente au Roi son projet de réformes des finances. Le 26 septembre l'Angleterre signe avec la France un Traité mécontentant les industriels français. Il prévoit le libre-échange en termes de commerce et de navigation. **1787**, le 22 février début de la première assemblée des notables à Versailles sous la présidence de Louis XVI. Le 8 avril disgrâce de Calonne. Il est remplacé par Loménie de Brienne. Le 25 mai renvoi de l'assemblée des notables. Le 15 août exil du parlement à Troyes. Les 15-18 août émeutes à Paris. Le 19 septembre retour du parlement à Paris **1788**, le 29 janvier Edit qui accorde l'état civil aux protestants. Le 3 mai Arrêt du parlement qui accuse Brienne de vouloir anéantir les lois et les magistrats. Le 8 mai le Roi impose aux parlementaires une réforme judiciaire inspirée par le garde des Sceaux, Lamoignon. Le 7 juin "Journée des Tuiles" à Grenoble. Les Grenoblois lancent des tuiles sur les soldats après l'exil du parlement de la ville. Le 8 août Annonce de la convocation des états généraux pour le 1er mai 1789. Le 25 août démission de Brienne et rappel de Necker. Le 23 septembre les parlements sont rétablis dans leurs prérogatives. En novembre Seconde assemblée des notables. Le 27 décembre le Roi est contraint à admettre le doublement du tiers état. **1789**, le 26 janvier des troubles éclatent à Rennes entre la noblesse et la bourgeoisie. En mars-avril Elections aux états généraux et rédaction des cahiers de doléances. Le 2 mai Louis XVI reçoit à Versailles les représentants de la nation. Le 5 mai Ouverture des états généraux à Versailles. Le 17 juin le Tiers prend le nom d'Assemblée nationale. Le 20 juin Serment du Jeu de paume. Les députés du Tiers menés par Mirabeau (Franc-Maçon) déclarent qu'ils ne se quitteront pas avant d'avoir donné une constitution à la nation. Le 24 juin La plupart des représentants du clergé se rallient à l'Assemblée. Le 25 juin 48 nobles libéraux rallient l'Assemblée. Le 27 juin le Roi demande aux derniers représentants des ordres privilégiés de se joindre à l'Assemblée. Le 1er juillet le Roi fait venir des régiments autour de Paris. Le 9 juillet l'Assemblée prend le nom d'Assemblée nationale constituante. Le 10 juillet le Roi refuse de renvoyer les troupes qui affluent à Paris. Le 11 juillet renvoi de Necker. Le 12 juillet émeutes à Paris et répression par les troupes royales. Le 14 juillet Prise de la Bastille. Le 15 juillet le Roi annonce le retrait des troupes de Paris. Bailly est élu maire de Paris. Le 16 juillet le Roi rappelle Necker. Le 17 juillet le Roi se rend à l'Hôtel de ville, où Bailly lui fait arborer la cocarde tricolore. Le 4 août les députés votent l'abolition des privilèges. Le 26 août l'Assemblée vote la "Déclaration des droits de l'homme et du citoyen". Les 5-6 octobre marche des parisiennes sur Versailles et retour forcé de la famille royale à Paris. Le 2 novembre les biens du clergé sont mis à la disposition de la nation. Le 19 décembre l'Assemblée décide la création d'assignats, billets gagés sur les biens du clergé. Pour certains cette année 1789 en sa Révolution est porteuse des idéaux révolutionnaires issus des Lumières contre les monarchies Européennes, c'est oublier l'influence nihiliste des Illuminés de Bavière qui n'ont d'autres buts que la destruction de toute autorité. **1790**, le 15 janvier Décret divisant la France en 83 départements. En mars début de la vente des biens nationaux. Le 22 mai l'Assemblée répudie le droit de conquête. Le 19 juin Abolition de la noblesse héréditaire. Le 12 juillet Vote de la Constitution civile du clergé. Le 14 juillet Fête de la fédération à Paris. Louis XVI prête serment à la Constitution. En août Mutinerie militaire à Nancy. Le 27 novembre Un décret impose au clergé le serment à la Constitution civile. Le 26 décembre le Roi sanctionne le décret du 27 novembre. **1791**, le 24 février Sacre des premiers évêques constitutionnels. Le 10 mars Brève du pape condamnant la Constitution civile du clergé. Le 2 avril mort de Mirabeau. Le 14 juin Loi Le Chapelier qui interdit toute association de métier. Le 21 juin Louis XVI tentant de fuir Paris est arrêté à Varennes et ramené à Paris. Le 17 juillet sur le Champ-de-Mars, la garde nationale tire sur une manifestation venue réclamer la déchéance du Roi. Le 27 août Déclaration de Pillnitz dans laquelle l'Autriche et la Prusse présente la France comme un danger pour l'Europe. Le 12 septembre Annexion du comtat Venaissin et d'Avignon. Le 1er octobre Première séance de l'Assemblée législative. Le 9 novembre Décret déclarant suspect de conjuration tout émigré non rentré au 1er janvier 1792. **1792**, le 9 février Décret confisquant les biens des émigrés. Le 10 mars Chute du ministère des feuillants (modérés qui avaient quitté le club des jacobins en juillet 1791). Le 15 mars Formation d'un ministère girondin. Le 20 avril déclaration de la guerre à l'Autriche et à la Prusse. Le 29 avril l'offensive autrichienne dans le Nord tourne à la déroute pour les armées françaises. Le 6 juin Décret sur la formation d'un camp de 20.000 fédérés (veto du Roi). Le 12 juin renvoi des ministres girondins. Le 20 juin émeutes et invasion des Tuileries. Le 11 juillet L'Assemblée déclare la "Patrie en danger". Le 25 juillet Manifeste de Brunswick qui menace Paris de destruction si la famille royale est menacée. Le 10 août Prise des Tuileries, chute de la royauté. Louis XVI et la famille royale sont enfermés au Temple. Le 11 août Election d'un conseil exécutif de six membres. Le 17 août Création d'un tribunal extraordinaire. Le 2 septembre capitulation de Verdun. Le 2-6 septembre Massacre dans les prisons parisiennes. Le 20 septembre Victoire de

Valmy. Le 21 septembre la Convention abolie la monarchie.

Première République

Le 23 septembre (1792) La république est proclamée une et indivisible. Le drapeau tricolore devient l'emblème national. Le 17 octobre Création du Comité de sûreté générale. Le 19 novembre Décret de la Convention qui annonce l'aide de la France aux peuples opprimés. Le 11 décembre Début du procès de Louis XVI (Tribunal composé principalement de Franc Maçon). **1793**, le 21 janvier Exécution du Roi place de la Révolution. En Février Formation de la première coalition (Angleterre, Hollande, Espagne et Portugal). Le 24 février la Convention décrète la levée de 300.000 hommes. Le 10 mars début de l'insurrection vendéenne. Le 21 mars Création des comités de surveillance. Le 5 avril trahison de Dumouriez. Le 6 avril Création du comité de salut public. Le 4 mai Loi sur le prix maximum du grain. Le 29 mai Révolte de Lyon. Le 2 juin Mise en accusation et exclusion de 29 députés girondins et de 2 ministres. Le 24 juin Vote de la Constitution de l'an I. Le 29 juin Echec des vendéens devant Nantes. Le 13 juillet Assassinat de Marat par Charlotte Corday. Le 27 juillet entrée de Robespierre au Comité de salut public. Le 23 août Décret de la Convention sur la levée en masse. Le 29 août Toulon est livré aux Anglais par les royalistes. Le 5 septembre Création de l'armée révolutionnaire. Le 17 septembre Loi des suspects. Le 9 octobre Reprise de Lyon par Kellermann. Le 14 octobre Viol des tombes royales à Saint-Denis. Le 16 octobre Exécution de Marie-Antoinette. Le 17 octobre Défaite des vendéens à Cholet. Le 31 octobre exécution des girondins. Le 24 novembre adoption du calendrier révolutionnaire. Le 19 décembre reprise de

Toulon par Bonaparte. Le 23 décembre écrasement des vendéens à Savenay. **1794**, en janvier les colonnes infernales de Turreau commencent à dévaster la Vendée et commettent le plus grand génocide que la France ait connu. Le 4 février la Convention décrète l'abolition de l'esclavage. Le 3 mars Décrets de ventôse ordonnant la répartition des biens des suspects entre les indigents. Le 21 mars ouverture du procès des hébertistes. Le 24 mars exécution des hébertistes. Le 31 mars arrestation de Danton et de Desmoulins. Le 5 avril exécution des dantonistes. Le 8 juin Fête de l'Etre suprême à Paris. Le 10 juin Loi du 22 prairial qui simplifie la procédure du Tribunal révolutionnaire en supprimant l'interrogatoire préalable. Le 26 juin Victoire de Jourdan à Fleurus. Le 26 juillet Discours de Robespierre à la Convention pour justifier sa politique et affirmer l'existence d'un complot. Le 27 juillet (9 thermidor) chute de Robespierre. Le 28 juillet Robespierre et 21 de ses fidèles sont exécutés. Le 10 août réorganisation du Tribunal révolutionnaire. Le 24 août réorganisation du Comité de salut public. Le 23 septembre Prise d'Aix-la-Chapelle par Jourdan. Le 11 novembre fermeture du club des Jacobins. Le 8 décembre réintégration des 73 Girondins exclus de la Convention le 2 juin. Le 16 décembre exécution de Jean-Baptiste Carrier responsable de l'exécution de milliers de vendéens. Le 27 décembre invasion de la Hollande par les troupes françaises. **1795**, le 20 janvier les Français entrent dans Amsterdam. Le 17 février Traité de la Jaunaye avec les insurgés vendéens. Le 19 février Suppression des comités révolutionnaires. Le 21 février Décret établissant la liberté des cultes et la séparation de l'Eglise et de l'Etat. Le 1er avril émeute à la Convention. Le 5 avril Traité de Bâle entre la France et la Prusse. Le 7 avril Etablissement du système métrique. Le 16 mai

Traité de la Haye avec la Hollande. Le 20 mai émeute du 1er Prairial. Le 31 mai Suppression du Tribunal révolutionnaire. En Mai-juin Terreur blanche. Le 8 juin mort de Louis XVII au Temple. Le 27 juin débarquement des émigrés près de Carnac. Le 22 juillet Capitulation des émigrés à Quiberon. Le 22 août adoption de la Constitution de l'an III, qui met en place un nouveau régime, le Directoire. Le 1er octobre la Convention décide l'annexion de la Belgique. Le 5 octobre Journée du 13 vendémiaire. A Paris, l'armée de l'Intérieur, commandée par Barras et Bonaparte, écrase une insurrection royaliste contre la Convention. Le 26 octobre le Directoire prend ses fonctions. Le 31 octobre élection du Directoire exécutif (Barras prend l'Intérieur, Rewbell les Finances et la Justice, La Révellière l'Instruction publique, Carnot la Guerre et Letourneur la Marine.) Le 10 décembre le Directoire lance un emprunt forcé de 600 millions. Emmanuel Kant préconise une fédération d'États libres dans son *Essai sur la paix perpétuelle*. **1796**, le 19 février destruction de la planche à assignats. Le 27 février Fermeture du club du Panthéon. Le 2 mars Bonaparte est nommé général en chef de l'armée d'Italie. Le 29 mars exécution de Charette. Le 30 mars Babeuf forme le comité de la conspiration des Egaux. Le 10 avril début de la campagne d'Italie. Le 10 mai Victoire de Lodi. Le 15 mai entrée de Bonaparte à Milan. Le 5 août Victoire de Castiglione. Le 8 septembre Victoire de Bassano. Le 19 septembre défaite de Jourdan à Altenkirchen. Le 17 novembre Victoire de Bonaparte à Arcole. **1797**, le 14 janvier Victoire de Bonaparte à Rivoli. Le 2 février capitulation de Wurmser à Mantoue. Le 19 février Traité de Tolentino avec le pape. Le 15 mai Entrée des Français à Venise. Le 27 mai exécution de Babeuf. Le 9 juillet Fondation de la République Cisalpine. Le 4 septembre coup de force du 18 fructidor. Pichegru et une cinquantaine de députés seront déportés en Guyane. Le 18 octobre Paix de Campoformio entre la France et l'Autriche. Le 5 décembre Retour de Bonaparte à Paris. **1798**, le 26 janvier intervention française en Suisse. Les 12-15 février entrée de Berthier à Rome et proclamation de la République romaine. Le 21 avril Proclamation de la République helvétique. Le 11 mai Coup d'Etat du 22 Floréal. Le 19 mai départ de l'expédition d'Egypte. Le 11 juin Prise de Malte. Le 2 juillet Prise d'Alexandrie. Le 21 juillet Victoire des Pyramides. Le 24 juillet Entrée au Caire. Le 1er août Nelson détruit la flotte française à Aboukir. Le 4 septembre Loi Jourdan qui impose le service militaire aux Français de 20 à 25 ans. Le 21 octobre Révolte du Caire. Le 22 novembre Les Napolitains attaquent la République romaine. **1799**, le 23 janvier Championnet entre à Naples. Le 26 janvier Proclamation de la République parthénopéenne à Naples. Le 10 février Bonaparte quitte Le Caire pour la Syrie. Le 7 mars Prise de Jaffa. Les 19 mars - 17 mai Siège de Saint-Jean-D'acre. Le 25 mars défaite de Jourdan à Stokach. Le 16 avril Victoire du mont Thabor (Syrie) sur les Turcs. Le 14 juin Retour de Bonaparte au Caire. Le 19 juillet découverte de la pierre de Rosette. Le 25 juillet Victoire d'Aboukir sur les Turcs. Le 23 août Bonaparte quitte l'Egypte, laissant le commandement à Kléber. Le 19 septembre Victoire de Brune à Bergen. Le 27 septembre Victoire de Masséna à Zürich sur les Russes. Le 16 octobre retour de Bonaparte à Paris.

Fin de la première République.

9-10 novembre (1799) Coup d'Etat de Brumaire. Un consulat provisoire est constitué Bonaparte, Sieyès et Ducos. Le 12 décembre Bonaparte devient premier consul, entouré de Cambacérès et Lebrun. Le 22 décembre Installation du Conseil d'Etat. Le 27 décembre Installation du Sénat. **1800**, le 7 février Plébiscite acceptant la Constitution de l'an VIII. Le 13 février Création de la Banque de France. Le 17 février Loi réorganisant l'administration. Institution des préfets. Le 19 février Bonaparte s'installe aux Tuileries. Le 6 mai départ de Bonaparte pour l'Italie. Le 20 mai Passage du Saint-Bernard. Le 9 juin Victoire de Lannes à Montebello. Le 14 juin Victoire de Marengo. Le 2 juillet retour de Bonaparte à Paris. Le 20 octobre Radiations des listes d'émigrés. Le 24 octobre Echec de la conspiration des poignards contre Bonaparte. Le 3 décembre Victoire de Moreau à Hohenlinden sur les Autrichiens. Le 24 décembre Attentat de la rue Saint-Nicaise. **1801**, le 18 janvier Sénatus-consulte ordonnant la déportation de 130 jacobins. Le 9 février Paix de Lunéville entre la France et l'Autriche. Le 15 juillet signature du Concordat. Le 23 juillet début de la discussion des articles du Code civil au Conseil d'Etat. Le 31 août Menou signe la convention d'Alexandrie. Le 1er octobre Préliminaires de Londres. Le 14 décembre départ de l'expédition Leclerc pour Saint-Domingue. **1802**, le 25 janvier Bonaparte est nommé président de la république Cisalpine. Le 25 mars Paix d'Amiens entre la France et l'Angleterre. Le 26 avril Sénatus-consulte accordant une amnistie pour les émigrés qui rentreraient en France avant le 23 septembre et accepteraient de prêter serment à la Constitution. Le 8 mai Le Sénat propose de prolonger de 10 ans les pouvoirs de Bonaparte. Le 1er mai Création des Lycées et de l'Ecole militaire de Saint-Cyr. Le 19 mai Création de l'ordre de la Légion d'honneur. Le 20 mai rétablissement de l'esclavage. Le 7 juin arrestation de Toussaint Louverture à Saint-Domingue. Le 2 août Bonaparte est proclamé consul à vie. Le 4 août

Constitution de l'an X. **1803**, le 28 mars Création du franc Germinal. Le 7 avril mort de Toussaint Louverture au fort de Joux. Le 3 mai vente de la Louisiane aux Etats-Unis pour 80 millions de francs. Le 16 mai Rupture de la paix d'Amiens. Les Anglais mettent l'embargo sur les navires français. Le 5 juin Mortier occupe la ville d'Hanovre. En Juin-juillet début de la formation du camp de Boulogne en prévision d'un débarquement en Angleterre. Le 28 décembre capitulation de Rochambeau à Saint-Domingue. **1804**, le 16 janvier débarquement de Pichegru en France. Le 15 février arrestation de Moreau. Le 28 février arrestation de Pichegru. Le 9 mars arrestation de Cadoudal. Le 15 mars enlèvement du Duc d'Enghien. Le 21 mars exécution du Duc d'Enghien dans les fossés du château de Vincennes. Le 21 mars Publication du Code civil. Le 6 avril suicide de Pichegru. Le 18 mai Un sénatus-consulte proclame Napoléon Empereur des Français. Le 19 mai Napoléon nomme 14 maréchaux d'Empire. Le 25 mai ouverture du procès Cadoudal. Le 28 juin exécution de Cadoudal. Le 10 juillet Fouché redevient ministre de la Police. Le 15 juillet distribution des premières croix de la Légion d'honneur aux Invalides. En septembre-octobre Voyage de Napoléon dans les départements rhénans. Le 29 octobre Pie VII accepte d'aller sacrer Napoléon à Paris. Le 25 novembre arrivée du pape à Fontainebleau. Le 1er décembre Mariage religieux de Napoléon et Joséphine. Le 2 décembre Sacre de Napoléon à Notre-Dame. Le 5 décembre Serment de l'armée à l'Empereur après la distribution des aigles au Champ-de-Mars. **1805**, le 17 mars Napoléon est proclamé Roi d'Italie. En Avril-mai formation de la 3ème coalition (Angleterre, Russie, Autriche, Suède et Bourbons de Naples). Le 26 mai Napoléon est couronné à Milan. Le 6 juin Annexion de Gênes à l'Empire français. Le 24 août Traité d'alliance entre la France et la Bavière. Le 27 août la Grande Armée reçoit l'ordre de quitter les côtes de la Manche. Le 10 septembre l'Autriche envahit la Bavière. Le 14 octobre Victoire de Ney sur les Autrichiens à Elchingen. Le 20 octobre capitulation du général autrichien Mack à Ulm. Le 21 octobre défaite de la flotte française à Trafalgar. Cette défaite enlève tout espoir à Napoléon d'envahir l'Angleterre. Le 13 novembre Occupation de Vienne par les Français. Le 2 décembre Victoire d'Austerlitz contre les troupes austro-russes. **1806**, le 26 janvier retour de Napoléon à Paris. Le 30 mars Joseph Bonaparte est proclamé Roi de Naples. Le 4 avril publication du catéchisme impérial. Le 10 mai création de l'Université impériale. Le 5 juin Louis Bonaparte est proclamé Roi de Hollande. Le 12 juillet création de la Confédération du Rhin. En Juillet formation de la 4ème coalition (Angleterre, Russie et Prusse). Le 1er octobre Ultimatum du Roi de Prusse à l'Empereur. Le 14 octobre Victoire de Napoléon à Iéna et de Davout à Auerstaedt sur les Prussiens. Le 27 octobre entrée des Français à Berlin. Le 22 novembre A Berlin, Napoléon lance le décret instituant le blocus continental qui vise à affaiblir l'Angleterre. Le 19 décembre entrée de Napoléon à Varsovie. **1807**, le 8 février Bataille d'Eylau. Une boucherie de 40.000 Morts dont personne ne sort vainqueur. Le 26 mai Prise de Dantzig par Lefebvre. Le 14 juin Victoire de Friedland sur les Russes. Le 25 juin Entrevue de Tilsit entre Napoléon et Alexandre Ier. Les 7 et 9 juillet Traités de Tilsit. Le 27 juillet retour de Napoléon à Saint-Cloud. Le 9 août Talleyrand est élevé à la dignité de vice-grand-électeur. Le 27 octobre Convention de Fontainebleau avec l'Espagne pour le partage du Portugal. Le 30 novembre Junot entre à Lisbonne. En décembre Décrets de Milan sur le Blocus continental. **1808**, le 2 février Pie

VII ayant refusé de rompre ses relations avec Londres, Napoléon charge le général Miollis d'occuper Rome. Le 1er mars Sénatus-consulte organisant la noblesse impériale. Les 18-19 mars Emeutes d'Aranjuez. Le 30 avril Les souverains espagnols arrivent à Bayonne. Le 2 mai Soulèvement de Madrid contre l'occupation française. Répression de Murat. Le 5 mai Abdication du Roi Charles IV et de Ferdinand VII en faveur de Napoléon. Le 23 mai début du soulèvement des provinces espagnoles. Le 9 juillet arrivée du Roi Joseph (Bonaparte) en Espagne. Le 14 juillet Victoire de Bessières à Medina del Rio Seco. Le 22 juillet Capitulation de Dupont à Bailén (Andalousie). Le 30 juillet le Roi Joseph quitte Madrid. Le 1er août débarquement des Anglais au Portugal. Le 30 août Capitulation de Junot à Cintra. Les 27 septembre-14 octobre entrevue d'Erfurt entre Napoléon, Alexandre Ier et les Princes vassaux d'Allemagne. Napoléon espère, en vain, que la Russie empêche une attaque autrichienne pendant son expédition en Espagne. Le 10 novembre Prise Burgos par Soult. Le 30 novembre Victoire de Somosierra qui ouvre la route de Madrid. Le 4 décembre capitulation de Madrid. Le 22 décembre Napoléon part à la poursuite des troupes anglaises du général Moore. **1809**, le 23 janvier retour de Napoléon à Paris. Le 15 février les troupes du général Moore réembarquent à La Corogne. Le 21 février après deux mois de siège, les Français s'emparent de Saragosse. Le 8 avril les Autrichiens pénètrent en Bavière. Le 22 avril Victoire française d'Eckmühl. Le 13 mai capitulation de Vienne. Le 17 mai Décret annexant les Etats pontificaux à l'Empire. Les 21-22 mai Bataille d'Essling. Le 6 juillet Victoire de Wagram. Le 6 juillet Pie VII est enlevé du Quirinal par le général Rader. Le 12 juillet Armistice de Znaim. Le 28 juillet Bataille de Talavera (Espagne). Le 17 août arrivée du pape à

Savone. Le 14 octobre Traité de Vienne. Le 16 décembre Sénatus-consulte enregistrant le divorce de Napoléon. **1810**, le 12 janvier annulation du mariage religieux de Napoléon et de Joséphine. Le 5 février rétablissement de la censure. A Paris, seuls quatre journaux sont autorisés. Le 7 février signature à Paris du contrat de mariage de Napoléon et de Marie-Louise. Le 17 février Sénatus-consulte réunissant Rome à l'Empire. Le 3 mars Décret qui rétablit les prisons d'Etat. Le 27 mars Marie-Louise arrive à Compiègne. Le 1er et 2 avril Mariage civil et religieux de Napoléon et de Marie-Louise au Louvre. Le 17 avril Masséna est nommé commandant en chef de l'armée du Portugal. Le 3 juin renvoi de Fouché ; Savary le remplace comme ministre de la Police. Le 3 juillet le Roi Louis abdique et quitte la Hollande. Le 9 juillet la Hollande est réunie à l'Empire. Le 5 août Décret de Trianon (augmentation des taxes sur les denrées coloniales). Le 21 août Bernadotte est élu Prince héréditaire de Suède. En octobre Wellington se retranche au nord du Portugal. En décembre Annexion à l'Empire des villes hanséatiques. **1811**, en Février-mars Retraite de Masséna en Espagne. Le 20 mars Naissance du Roi de Rome. Le 17 avril Maret devient ministre des Relations extérieures. Le 3 mai Défaite de Masséna à Fuentès de Onoro. Le 17 juin Ouverture du "concile national". Le 28 juin Suchet prend Tarragone. Le 20 octobre Dissolution du concile. Le Premier Empire est à son apogée. Napoléon Ier étend temporairement la domination française sur la plus grande partie de l'Europe et propage les valeurs révolutionnaires. **1812**, le 9 janvier Prise de Valence par Suchet. Le 26 janvier la Catalogne est réunie à l'Empire. Le 24 février alliance entre la France et la Prusse. Le 14 mars alliance entre la France et l'Autriche. Le 5 avril alliance entre le tsar et Bernadotte. Le 8 avril Ultimatum du tsar à Napoléon. Le 19 juin Pie VII arrive à Fontainebleau. Fin juin la Grande Armée passe le Niémen. Le 12 août les Anglais entrent à Madrid. Le 17 août Bataille de Smolensk. Les 5-7 septembre Bataille de la Moskova. Le 14 septembre arrivée des Français à Moscou. Le 19 octobre Napoléon décide la retraite. Le 23 octobre A Paris, Coup d'État avorté du général Malet. Le 27 novembre Bataille de la Bérézina. Le 5 décembre départ de Napoléon pour Paris. **1813**, le 25 janvier signature par le pape du "concordat de Fontainebleau". Le 17 mars la Prusse déclare la guerre à la France. Le 30 mars Napoléon organise un conseil de régence. Le 15 avril départ de Napoléon pour l'Allemagne. Le 2 mai Victoire de Lützen. Le 20 mai Victoire de Bautzen. Le 4 juin armistice de Pleiswitz. Le 21 juin Victoire de Wellington à Vitoria. Perte de L'Espagne. Le 29 juillet ouverture du congrès de Prague. Le 12 août l'Autriche déclare la guerre à la France. Les 26-27 août Bataille de Dresde. Les 16-19 octobre défaite de Leipzig. Perte de l'Allemagne. Le 9 novembre retour de Napoléon à Paris. Le 16 novembre perte de la Hollande. Le 29 décembre rapport de Lainé au Corps législatif. **1814**, le 17 janvier défection de Murat. La domination française en Italie est compromise. Le 29 janvier Victoire de Napoléon à Brienne. Le 10 février Victoire de Champaubert. Le 11 février Victoire de Montmirail. Le 18 février Victoire de Montereau. Le 1er mars Traité de Chaumont entre les Alliés. Le 12 mars Le Duc d'Angoulême arrive à Bordeaux. Le 29 mars l'Impératrice quitte Paris. Le 31 mars entrée des alliés à Paris. Le 2 avril le Sénat prononce la déchéance de Napoléon. Le 4 avril Abdication de Napoléon en faveur de son fils, sous régence de Marie-Louise. Le 6 avril abdication de Napoléon sans condition. Le 11 avril Convention de Fontainebleau avec les Alliés garantissant à Napoléon la souveraineté de l'île d'Elbe. Le 12 avril le Comte d'Artois (second frère de Louis XVI) arrive à Paris. Le 20 avril adieux de Fontainebleau et départ de Napoléon. Le 23 avril signature d'un armistice. Le 2 mai Déclaration de Saint-Ouen. Le 3 mai entrée de Louis XVIII à Paris. Le 12 mai Ordonnance sur la réorganisation de l'armée. Le 13 mai Constitution du cabinet. Les 22-27 mai Rédaction de la Charte. Le 24 mai retour de Pie VII à Rome. Le 29 mai mort de Joséphine à Malmaison. Le 30 mai Traité de Paris avec les Alliés. Le 4 juin Proclamation de la Charte, présentée par le Roi aux deux Chambres. En Novembre début du congrès de Vienne. Les grandes puissances européennes sont en plein Congrès de Vienne. Le comte de Saint-Simon publie, avec l'aide de son secrétaire particulier Augustin Thierry, *De la réorganisation de la société européenne* dans lequel il propose une réconciliation entre la France et l'Angleterre, afin de constituer une Europe stable et puissante économiquement grâce au libre-échange, et que l'Europe soit dotée d'une « Chambre des députés du Parlement européen » selon le modèle de la Chambre des communes, d'une « Chambre des Pairs européens », et d'un Roi. **1815**, en Janvier Procès du général Exelmans. Le 3 janvier Traité secret, à Vienne, entre la France, l'Autriche et l'Angleterre. Le 26 février Napoléon s'embarque sur l'Inconstant. Le 1er mars débarquement de Napoléon à Golfe-Juan. Le 10 mars entrée de Napoléon à Lyon. Le 18 mars Ney rejoint Napoléon à Auxerre. Le 19 mars fuite de Louis XVIII, qui se réfugie à Gand. Le 20 mars arrivée de Napoléon aux Tuileries. Nomination des ministres. Le 25 mars à Vienne, pacte des Alliés contre Napoléon. Le 22 avril Acte additionnel aux constitutions de l'Empire. Le 3 mai Défaite de Murat à Tolentino. Le 15 mai début du soulèvement de la Vendée. Le 1er juin Assemblée du "champ de Mai" qui fête la Constitution nouvelle. Le 2 juin Napoléon nomme 117 pairs. Le 7 juin Séance d'ouverture des Chambres. Le 9 juin Fin du congrès de Vienne. Le 12 juin départ de Napoléon pour l'armée. Le 16 juin Bataille de Ligny. Le 18 juin défaite de Waterloo. Le 22 juin seconde abdication de Napoléon. Le 8 juillet retour de Louis XVIII à Paris. Le 12 juillet Ordonnance qui révoque les fonctionnaires nommés après le 20 mars. Le 17 juillet la garnison de Nîmes est en partie massacrée. Le 24 juillet Fouché dresse une liste de proscription de 57 noms qui vise les complices du retour de Napoléon. Le 2 août assassinat du maréchal Brune. Le 5 août arrestation du maréchal Ney. Le 7 août à Plymouth, Napoléon s'embarque sur le Northumberland pour Sainte-Hélène. Les 14-22 août élection des députés à la future "chambre introuvable". Le 17 août renouvellement de la Chambre des pairs. Le 19 août exécution du général de La Bédoyère. Le 19 septembre disgrâce de Fouché. Le 25 septembre formation du ministère Richelieu. Le 13 octobre Murat est tué en Calabre alors qu'il tentait de reconquérir le royaume de Naples. Le 16 octobre Napoléon est exilé par le gouvernement Britannique à Sainte-Hélène. Il y recommanda la création d'un Etat fédéral Européen : « Je voulais dompter l'Europe par la violence, aujourd'hui il me faut la convaincre par les Idées. ». Le 29 octobre Loi de sûreté générale. Le 9 novembre Loi sur les écrits et les cris séditieux. Le 20 novembre Traité de Paris avec les Alliés. Les Alliés prennent un grand nombre de places au nord et à l'est, Annecy et Chambéry sont rendues à la Savoie et une indemnité de guerre de 700 millions, à acquitter en cinq ans, est exigée. Le 7 décembre exécution du maréchal Ney. **1816**, le 12 janvier Vote de la loi d'amnistie. En mai mouvement insurrectionnel près de Grenoble. Le 17 juin

Mariage du Duc de Berry avec Marie-Caroline de Bourbon-Sicile. Le 26 juillet exécution du général Mouton-Duvernet. Le 5 septembre Dissolution de la Chambre introuvable. En Octobre le Duc de Richelieu forme un nouveau cabinet. **1817**, le 5 février Nouvelle loi électorale. En Mai-juin crise des subsistances due au mauvais temps de l'année précédente ainsi qu'aux réquisitions des troupes étrangères. Le 1er juin mouvements insurrectionnels à Lyon. En novembre Gouvion-Saint-Cyr propose une réforme militaire qui donne lieu aux véhémentes protestations de l'extrême droite. **1818**, le 20 mars Loi Gouvion-Saint-Cyr sur le recrutement. En octobre Les Alliés tiennent un congrès à Aix-la-Chapelle. Le 30 novembre deux avant la date prévue, les Alliés évacuent leurs troupes du territoire français. Le 29 décembre Constitution du ministère Dessolle. Decazes est nommé ministre de l'Intérieur et de la Police. **1819**, le 9 juin Loi sur la presse (suppression, pour les journaux, de la censure et de l'autorisation préalable). Le 19 novembre remaniement du ministère, Decazes devient président du conseil. **1820**, le 13 février assassinat du Duc de Berry. Le 20 février démission de Decazes. Richelieu est nommé président du Conseil. En mars Lois sur la liberté individuelle et sur la censure. Le 12 juin Loi électorale dite "du double vote". En Juillet-août Conspiration du Bazar français. Le 29 septembre Naissance du Duc de Bordeaux (fils posthume du Duc de Berry). **1821**, le 27 février Ordonnance sur l'Université. En mai Fondation à Paris de la société secrète, la Charbonnerie. Le 5 mai mort de Napoléon à Sainte-Hélène. Le 12 décembre démission de Richelieu. Un ministère ultra est formé. **1822**, en Février-mars conspiration à Saumur. Le 17 février découverte du complot de La Rochelle. Les 17-25 mars Lois sur la presse. Le 5 septembre Villèle devient président du

Conseil. Le 21 septembre exécution des Quatre Sergents de La Rochelle. En octobre-novembre Congrès de Vérone. Le 26 décembre Chateaubriand devient ministre des Affaires étrangères. **1823**, le 4 mars le député Manuel est exclu de la Chambre des députés. En Avril-septembre Expédition d'Espagne pour rétablir Ferdinand VII sur son trône. Le 24 décembre dissolution de la Chambre. Ludwig van Beethoven compose sa neuvième symphonie, dont l'Ode à la joie de Friedrich Schiller constitue la pièce chantée du final. **1824**, en février-mars Élections générales qui donne une énorme majorité à droite. C'est la "chambre retrouvée". Le 15 août rétablissement de la censure pour les journaux. Le 16 septembre mort de Louis XVIII. Le 27 septembre entrée du Roi Charles X à Paris. **1825**, le 20 avril Loi du sacrilège (la profanation d'une hostie consacrée est assimilée au parricide, puni de mort par le Code pénal). Le 25 avril Loi sur le "Milliard des émigrés" pour dédommager les nobles qui s'étaient expatriés pendant la Révolution et l'Empire. Le 29 mai Sacre du Roi à Reims. **1826**, en mai Le projet de loi sur le droit d'aînesse est enterré. **1827**, le 17 avril retrait d'un projet de loi sur la presse. Le 29 avril dissolution de la Garde nationale. Le 30 avril Le consul de France Deval est insulté par le dey d'Alger. En Juillet les libéraux fondent la société "Aide-toi, le ciel t'aidera". Le 6 juillet Traité de Londres avec l'Angleterre et la Russie pour aider la lutte des indépendantistes grecs contre les Turques. En octobre Blocus d'Alger par des bateaux français. Le 20 octobre Bataille de Navarin où la flotte alliée détruit la flotte turque. Le 5 novembre Dissolution de la Chambre. Les élections qui suivent, donnent une majorité aux libéraux. **1828**, en janvier démission de Villèle. Formation du ministère Martignac. En juillet Lois libérales sur la presse. Le 30 octobre prise du château de Morée par les Français qui achèvent la libération de la Grèce. **1829**, le 8 avril échec d'un projet de réorganisation administrative. Le 8 août dissolution du ministère Martignac. Mise en place du ministère Polignac. **1830**, le 25 février première d'Hernani à la Comédie-Française. Le 18 mars 221 députés signent une adresse pour exprimer leur défiance envers le gouvernement. Le 16 mai dissolution de la Chambre et nouvelles élections en juillet qui donnent la majorité à l'opposition. Le 25 mai départ de Toulon de l'expédition d'Alger. Le 13 juin débarquement des troupes françaises dans la baie de Sidi-Ferruch. Le 5 juillet occupation d'Alger. Le 7 juillet le gouvernement, qui n'a plus la majorité, décide de lancer quatre ordonnances (suspension de la liberté de la presse, dissolution de la Chambre, modification du système électoral et élections fixées au mois de septembre). Le 25 juillet le Roi signe les quatre ordonnances. Le 27 juillet première journée des "Trois Glorieuses". Premiers combats à Paris. Le 28 juillet Paris se hérisse de barricades. Le Roi fait proclamer l'état de siège. Le 29 juillet les insurgés s'emparent du Louvre. Le 30 juillet le Roi signe le retrait des ordonnances. Thiers fait appel au Duc d'Orléans. Le 31 juillet le Duc d'Orléans paraît avec La Fayette à l'Hôtel de Ville. Il est nommé lieutenant général du royaume. Le 2 août le Roi abdique en faveur du Duc de Bordeaux et nomme le Duc d'Orléans régent. Le 9 août Le Duc d'Orléans devient Roi des Français sous le nom de Louis-Philippe Ier. Le 11 août Constitution d'un premier ministère (Guizot, Molé, baron Louis). Le 16 août Charles X s'embarque à Cherbourg pour l'Angleterre. Le 2 novembre constitution du ministère Laffitte. Les 15-21 décembre Procès des ministres de Charles X. **1831**, les 14-15 février troubles à Paris. Le 17 février Louis-Philippe refuse la couronne de Belgique que les Belges avaient proposée à son fils le Duc de Nemours. Le 13 mars après avoir remercié Laffitte, le Roi fait appel à Casimir Perier. Le 21 mars Loi sur l'organisation municipale. Le 22 mars réorganisation de la Garde nationale. Le 19 avril Loi électorale. En août-septembre aide militaire de la France aux Belges contre les Hollandais. En novembre Révolte des Canuts (ouvriers de la soie) à Lyon. Le 29 décembre abolition de l'hérédité de la pairie. **1832**, le 3 mars échec du complot de la rue des Prouvaires visant à donner le trône au Duc de Bordeaux héritier légitime. Le 22 février occupation d'Ancône par les troupes françaises pour stopper l'avancée autrichienne en Italie. En mars début de l'épidémie de choléra en France. Le 12 mars la sédition s'étend à Grenoble. Le 16 mai mort de Casimir Perier (choléra). Le 5 juin émeutes à Paris à l'occasion des funérailles du général Lamarque. Le 6 juin, mort de Jeremy Bentham, philosophe britannique qui recommandait la création d'une Europe unie issue d'une alliance entre la Grande-Bretagne et la France. Le 22 juillet mort du Duc de Reichstadt (Napoléon II). Le 9 août Mariage de la Princesse Louise (fille de Louis-Philippe) avec Léopold de Belgique. Le 11 octobre Ministère Soult-Broglie. En novembre-décembre siège et prise d'Anvers. **1833**, le 28 juin Loi Guizot sur l'enseignement primaire. En août début de l'affaire Naundorff (horloger allemand qui prétend être Louis XVII). **1834**, en janvier le gouvernement dépose un projet de loi contre les associations. Le 26 février Traité de Desmichels avec Abd-el-Kader. En avril Insurrection de Lyon. Émeutes à Paris. **1835**, le 12 mars le Duc de Broglie devient président du conseil. En mai Début du procès des insurgés d'avril 1834. Le 28 mai défaite de La Macta en Algérie. Le 28 juillet attentat de Fieschi contre le cortège royal (boulevard du Temple à Paris). En septembre Lois sur les procédures de justice et sur les délits de presse. **1836**, le 22 février Ministère Thiers. En février Procès de Fieschi et de ses complices. En mars le général Clauzel occupe Mascara, capitale d'Abd-el-Kader. Le 25 juin attentat d'Alibaud. En Juillet Victoire de Bugeaud à Sickak (Algérie). Le 6 septembre Ministère Molé-Guizot. Le 31 octobre échec d'un coup de force de Louis-Napoléon Bonaparte à Strasbourg. Le 6 novembre mort de Charles X. En novembre Échec de Clauzel devant Constantine. **1837**, le 18 avril remaniement du gouvernement. Le 30 mai Traité de la Tafna avec Abd-el-Kader. Le 24 août inauguration de la ligne de chemin de fer Paris-Saint-Germain. Le 13 octobre Prise de Constantine. **1838**, en février-mars formation d'une coalition contre Molé. Le 17 mai mort de Talleyrand. **1839**, en février-mars dissolution de la Chambre et nouvelles élections. Démission de Molé le 8 mars. Le 13 mai échec d'une insurrection organisée par la société des Saisons (Armand Barbès, Auguste Blanqui, Martin Bernard). En mai Ministère Soult. En novembre Abd-el-Kader proclame la guerre sainte. **1840**, le 1er mars démission de Soult et second ministère de Thiers. Le 15 juillet Ultimatum des puissances (Angleterre, Prusse, Russie et Autriche) à Méhémet-Ali, allié de la France. Le 6 août Louis-Napoléon Bonaparte débarque à Boulogne avec une poignée de partisans et tente un coup de force. Il est fait prisonnier et est condamné à la prison perpétuelle. Le 29 octobre démission de Thiers et formation du ministère Soult-Guizot. Le 15 décembre retour des cendres de Napoléon Ier à Paris. Le 29 décembre Bugeaud devient le gouverneur général de l'Algérie. **1841**, le 22 mars Loi sur le travail des enfants. Le 25 avril protectorat sur Mayotte (océan Indien). Le 13 juillet signature à Londres de la convention des détroits (fermés à tout navire de guerre). **1842**, le

8 mai accident de train à Meudon sur la ligne Paris-Versailles, faisant 55 Morts. Le 11 juin Loi relative à l'établissement des grandes lignes de chemin de fer. Le 13 juillet mort accidentelle du Duc d'Orléans (prince héritier). Le 9 septembre Tahiti signe avec la France un Traité de protectorat. **1843**, le 16 mai prise de la smalah d'Abd el-Kader. En septembre visite en France de la reine Victoria. **1844**, le 14 août Victoire à l'oued Isly contre les troupes marocaines. Le 10 septembre Traité de Tanger entre la France et le Maroc. En octobre Visite de Louis-Philippe en Angleterre. **1845**, en juin tueries des Ouled-Rhia, réfugiés dans une grotte, sur ordre du général Pélissier. Les 22-26 septembre une colonne commandée par le colonel de Montagnac est anéantie à Sidi-Brahim. **1846**, le 25 mai Louis-Napoléon Bonaparte s'évade de Ham. En août élections favorables à Guizot. Le 10 octobre Mariages espagnols. **1847**, en mars échec d'un projet de réforme électorale et parlementaire. En mai Guizot devient président du Conseil. En mai-juillet scandale de pots-de-vin qui touche Teste (président de la cour de cassation) et le général Cubières. Le 9 juillet début de la "campagne des banquets". Le 17 août assassinat de la Duchesse de Choiseul-Praslin. Le 23 décembre Reddition d'Abd el-Kader. Le 31 décembre mort de Madame Adélaïde (sœur du Roi). **1848**, le 14 février Le banquet prévu pour le 22 février dans le XIIème arrondissement est interdit. Le 22 février manifestations et rixes à Paris. Pillages des boutiques d'armuriers. Le 23 février les troupes prennent position aux points stratégiques. Les combats commencent mais défection de la Garde nationale. Guizot démissionne, il est remplacé par Molé puis par Thiers.

Début de la seconde République

Le 24 février 1848 Bugeaud reçoit le commandement des troupes. Batailles à la Concorde et autour du château d'eau. Vers midi, abdication du Roi en faveur du Comte de Paris. Fuite de la famille royale. Formation d'un gouvernement provisoire et proclamation de la république à l'Hôtel de Ville. Le 25 février, proclamation de la République. Le 4 mai, réunion de la Constituante. Les 22-26 juin journées de Juin. Le 5 juillet Cavaignac est nommé Président du Conseil. Les 9-11 août, Lois sur la presse. Le 12 novembre, promulgation de la constitution. Le 10 décembre élection de Louis Napoléon. **1849**, le 26 mai dissolution de la Constituante. Le 1er juillet Prise de Rome par les Français. Le 21 août, Victor Hugo prononce un discours au 3eCongrès international de la paix dans lequel il utilise pour la première fois l'expression d'États-Unis d'Europe. **1850**, le 15 mars Loi Falloux. Le 31 mai Loi électorale. **1851**, le 2 décembre coup d'Etat. Le 21 décembre plébiscite en faveur de Louis Napoléon.

Fin de la seconde République

1852, le 1er janvier Te Deum à Paris. Le 9 janvier Décret d'expulsion de France des députés républicains. Le 14 janvier publication de la Constitution. Le 22 janvier confiscation des biens de la famille d'Orléans. Le 2 février Décret sur les élections. Le 17 février Décret sur la presse. Le 29 février Élection du Corps législatif. Le 21 mars Fondation du Crédit foncier. Le 27 mars Louis-Napoléon décrète le 15 août (Saint-Napoléon) comme fête nationale. En Juillet remaniement ministériel. En août parution à Londres de Napoléon-le-Petit de Victor Hugo. Le 5 août Victor Hugo arrive à Jersey. En septembre-octobre voyages de Louis-Napoléon en province. Le 7 novembre Sénatus-consulte qui rétablit la dignité impériale. Le 18 novembre les frères Pereire créent le Crédit mobilier. Les 21-22 novembre Plébiscite qui ratifie le sénatus-consulte. Le 2 décembre Louis-Napoléon est proclamé Empereur. Le 25 décembre Sénatus-consulte qui accroît les pouvoirs de l'empereur. **1853**, le 30 février Mariage de Napoléon III et d'Eugénie de Monino. Le 1er juin Loi sur les prud'hommes qui retire aux conseils de prud'hommes la possibilité de désigner leurs présidents et vice-président qui sont désormais nommés par l'Empereur. Le 2 juin envoi de la flotte française aux Dardanelles. Le 9 juin Création de la caisse de retraite pour les fonctionnaires. Le 1er juillet Haussmann est nommé préfet de la Seine. Le 4 octobre déclaration de guerre de la Turquie à la Russie. Le 24 novembre Parution des Châtiments de Victor Hugo. **1854**, le 4 janvier les flottes française et anglaise entrent dans la mer noire. Le 12 mars Traité entre la France, la Grande-Bretagne et la Turquie. Le 27 mars Déclaration de guerre à la Russie. Le 14 juin Loi sur l'enseignement qui rétablit seize grandes académies. Le 20 septembre Bataille de l'Alma. En octobre début du siège de Sébastopol. Le 25 octobre Bataille de Balaklava. Le 5 novembre Bataille d'Inkerman remportée par les Franco-Anglais sur les Russes. Le 14 novembre Morny (demi-frère de l'empereur) devient président du Corps législatif. **1855**, le 26 janvier Alliance des Français et des Anglais avec le Piémont-Sardaigne. En mai-novembre Exposition universelle au palais de l'Industrie. Le 2 mai Loi sur les travaux de Paris. Le 7 juin Prise du mamelon vert par les Français. Le 16 août Bataille de Traktir. Le 8 septembre Prise de la tour Malakoff par le général Mac-Mahon qui aurait dit "J'y suis, j'y reste !". Le 10 septembre Prise de Sébastopol. **1856**, le 16 janvier

Alexandre II accepte les garanties exigées par les Alliés. Le 1er février Protocole de Vienne. Les 26 février- 30 mars Congrès de Paris. Le 16 mars Naissance du Prince impérial. Le 17 juillet Sénatus-consulte sur la régence. Le 26 juillet réforme de la législation des sociétés commerciales. En octobre début de la publication de Madame Bovary de Gustave Flaubert. **1857**, le 19 janvier Loi sur les Landes (pour l'assainissement et la mise en valeur des Landes de Gascogne). Le 29 avril dissolution du Corps législatif. Le 9 juin Loi prorogeant les privilèges de la Banque de France. Les 21-22 juin Élections du Corps législatif. Le 25 juin publication des Fleurs du mal de Baudelaire. En Juillet Victoire de Faidherbe au Sénégal sur El Hadj Omar. **1858**, le 14 janvier Attentat d'Orsini qui reprochait à l'empereur de ne rien faire pour libérer l'Italie. Le 1er février Création du conseil privé. Le 7 février le général Espinasse est nommé ministre de l'Intérieur. Le 19 février vote de la loi de sûreté générale. Le 13 mars exécution d'Orsini. Le 24 juin Création du ministère de l'Algérie. Le 21 juillet entrevue secrète de Plombières entre Napoléon III et Cavour afin d'échafauder un plan pour libérer l'Italie. En Septembre occupation de Saigon. **1859**, le 26 janvier Traité franco-sarde. Le 30 janvier Mariage du Prince Jérôme et de Clotilde, fille de Victor-Emmanuel. En avril débuts des travaux du canal de Suez. Le 23 avril Ultimatum autrichien au Piémont repoussé par Cavour. Le 3 mai la France déclare la guerre à l'Autriche. Le 14 mai arrivée de Napoléon III à Gênes. Le 20 mai Défaite des Autrichiens à Montebello. Le 31 mai Victoire des zouaves à Palestro. Le 2 juin Victoire de Mac-Mahon à Turbigo. Le 4 juin Victoire de Magenta. Le 8 juin entrée triomphale de Napoléon III et de Victor-Emmanuel à Milan. Le 24 juin Victoire de Solferino. Le 8 juillet Armistice de Villafranca. Le

11 juillet rencontre entre Napoléon III et François-Joseph. Le 12 juillet signature des préliminaires de paix à Villafranca. Le 14 août retour des troupes françaises à Paris. Le 15 août amnistie des prisonniers politiques. Le 10 novembre Traité de Zurich. Le 31 décembre Lettre de Napoléon III au pape Pie IX. **1860**, le 1er janvier extension des limites de Paris qui est divisé en 20 arrondissements. Le 4 janvier Thouvenel remplace Walewski aux Affaires étrangères. Le 23 janvier Traité de commerce franco-anglais instituant le libre-échange. Le 30 janvier suppression du journal l'Univers de Louis Veuillot. Le 10 février rétablissement du gouverneur général en Algérie. Le 24 mars Traité franco-sarde de Turin cédant Nice et la Savoie à la France. Le 15 avril Plébiscite à Nice. Le 22 avril Plébiscite en Savoie. Le 26 août début de l'occupation de la Syrie par les troupes françaises. En Septembre Victoire française de Palikao en Chine. Voyage de Napoléon III en Algérie. En octobre Traité franco-chinois de T'ien-Tsin. Le 24 novembre Décret rétablissant le droit d'adresse au corps législatif. **1861**, le 13 janvier Au Corps législatif, discours de Keller. Le 2 février Sénatus-consulte instituant la publication intégrale des débats du Corps législatif. Le 17 février Juárez dénonce les dettes mexicaines. Le 1er mars Discours anticlérical du Prince Napoléon au Sénat. Le 25 avril Fondation du Temps. Le 21 juillet accord franco-espagnol sur les dettes mexicaines. Le 17 octobre Lettre de Tolain demandant l'envoi d'une délégation ouvrière à Londres à l'occasion de l'exposition universelle. Le 30 octobre accord entre la France, l'Angleterre et l'Espagne pour une intervention au Mexique. En décembre Achille Fould est nommé ministre des Finances. Début de construction de l'Opéra de Paris. **1862**, le 19 février Accords de la Soledad. Le 29 mars Traité de commerce franco-

prussien. Le 5 mai échec du siège de Puebla. Le 5 juin Traité franco-annamite cédant les provinces orientales de la Cochinchine à la France. Le 15 octobre Drouyn de Lhuys remplace Thouvenel aux Affaires étrangères. En novembre Grâce de Napoléon III aux ouvriers typographes grévistes. **1863**, en Janvier-octobre Insurrection polonaise. En mars-juin seconde expédition du Mexique dirigée par Forey. Le 30 avril Combat de Camerone. Le 8 mai Prise de Puebla. Le 23 mai Loi autorisant les S.A.R.L. Les 30-31 mai Élections législatives (l'opposition remporte 32 sièges). Le 10 juin Capitulation de Mexico. Le 23 juin Retraite de Persigny. Le 10 juillet Proclamation de la monarchie mexicaine. En juillet Fondation du Crédit Lyonnais. Le 11 août Traité imposant le protectorat français au Cambodge. Le 13 octobre mort de Billault, ministre d'État. Le 18 octobre Rouher est nommé ministre d'État. En Octobre le Salon des refusés accueille à la demande des artistes, les œuvres rejetées au Salon officiel (dont celles de Manet et de Pissaro). **1864**, le 11 janvier Discours de Thiers sur les "libertés nécessaires". Le 17 février Manifeste des Soixante, rédigé par Tolain. Le 10 avril Maximilien de Habsbourg accepte la couronne du Mexique. Le 4 mai Fondation de la Société générale. Le 25 mai Loi sur les coalitions. Le 15 septembre Convention franco-italienne. Le 8 septembre Création de l'Association internationale des travailleurs à Londres. **1865**, le 10 mars mort du Duc de Morny. En avril émission d'un emprunt en France pour le Mexique. En juillet ouverture à Paris de la section française de l'Association internationale des travailleurs. Le 1er septembre Walewski devient président du corps législatif. En octobre reconnaissance de la valeur légale des chèques. Les États-Unis demandent le rappel des troupes françaises du Mexique. Entrevue de Napoléon III et de Bismarck à Biarritz. Le 23 décembre, signature de la convention qui fonde l'Union monétaire latine, organisation monétaire fondée sur la normalisation des émissions de monnaie d'or et d'argent. **1866**, les 7-11 mars réprobation des réformes libérales par le Conseil privé et les ministres. Le 19 mars Rejet de l'amendement libéral des Soixante-Trois. Le 12 juin Convention franco-autrichienne sur la Vénétie. Le 3 juillet Bataille de Sadowa (défaite autrichienne face à la Prusse). Le 18 juillet Sénatus-consulte sur le droit d'amendement. Le 5 août Napoléon III demande la rive gauche du Rhin. Le 20 août Napoléon III demande le Luxembourg et la Belgique. En décembre Les troupes françaises quittent Rome. **1867**, les 10-13 janvier pourparlers entre Napoléon III et Emile Ollivier. Le 19 janvier Lettre de Napoléon III annonçant des réformes libérales. Le 20 janvier Niel est nommé ministre de la Guerre. Le 31 janvier le droit d'interpellation remplace le droit d'adresse. En février départ des troupes françaises du Mexique. En mars Napoléon III demande la cession du Luxembourg. Le 14 mars Sénatus-consulte accroissant les droits du Sénat. En avril-novembre Exposition universelle au Champ-de-Mars. Le 19 juin exécution de Maximilien à Querétaro (Mexique). Le 12 juillet Emile Ollivier attaque Rouher au Corps législatif. Le 26 juillet Statut des sociétés anonymes. Le 10 août Loi sur l'instruction primaire. En octobre création d'un enseignement secondaire pour jeunes filles. Le 3 novembre Bataille de Mentana (des volontaires garibaldiens qui tentent de pénétrer à Rome sont écrasés par les soldats pontificaux qui bénéficient du soutien d'un contingent français). La Ligue internationale permanente de la paix créée la revue *États-Unis d'Europe* après la Conférence de la paix de Genève. **1868**, le 1er février Vote de la loi militaire Niel. Le 20 mars Condamnation de la section française de l'Internationale. Le 11 mai Loi sur la presse. Le 6 juin Loi sur les réunions. Le 18 juin Seconde condamnation de l'Internationale. **1869**, les 23-24 mai Elections législatives (semi-défaite pour l'empereur). Le 7 juin troubles à Paris. Le 16 juin grève de mineurs à La Ricamarie (près de Saint-Etienne). Le 6 juillet ouverture de la session du Corps législatif. Le 12 juillet démissions de Rouher et de Victor Duruy. Le 8 septembre Sénatus-consulte transformant l'Empire (renforcement des pouvoirs des deux assemblées). Le 30 septembre entrevue de Napoléon III avec Emile Ollivier à Compiègne. Le 8 octobre grève de mineurs à Aubin (Aveyron). Les 17-20 novembre inauguration du canal de Suez. Le 27 décembre Napoléon III fait appel à Emile Ollivier pour diriger le gouvernement. Fondation de la Samaritaine par Ernest Cognaqc et Marie-Louise Jay. **1870**, le 2 janvier entrée en fonction du ministère Ollivier. Le 5 janvier révocation d'Haussmann par Emile Ollivier. Le 10 janvier assassinat de Victor Noir, chroniqueur à la Marseillaise, par le Prince Pierre Bonaparte. Le 12 janvier obsèques de Victor Noir à Neuilly suivis de troubles. Le 7 février arrestation de Rochefort (directeur de la Marseillaise). Le 21 mars annonce d'une réforme constitutionnelle par Napoléon III. En mars grève au Creusot. Les 8 et 10 avril démission de Buffet (ministre des Finances) et de Daru (ministre des Affaires étrangères). Le 20 avril Sénatus-consulte sur les pouvoirs de l'Empereur. Le 8 mai Plébiscite. Le 21 mai Sénatus-consulte instituant l'Empire parlementaire. Le 4 juin le Prince Léopold de Hohenzolern accepte la couronne d'Espagne. Le 5 juillet Troisième condamnation de l'Internationale. Le 12 juillet renonciation du Prince Léopold au trône d'Espagne, sous la pression des grandes puissances. Le 13 juillet rencontre à Ems entre Guillaume Ier et l'ambassadeur de France. Le 14 juillet Trois conseils des ministres à Paris. Le 15 juillet demande des crédits de guerre au Corps législatif. Les 15-16 juillet Vote des crédits de guerre. Le 19 juillet la France déclare la guerre à la Prusse. Le 25 juillet Projet de médiation austro-italienne. Le 28 juillet Napoléon III et le Prince impérial quittent Paris. Régence de l'impératrice Eugénie. Le 2 août engagement devant Sarrebruck. Le 4 août défaite et mort du général Douay à Wissembourg. Le 6 août défaite de Mac-Mahon à Reichshoffen-Froeschwiller. Invasion de l'Alsace. Le 6 août défaite de Frossard à Forbach-Spicheren. Invasion de la Lorraine. Le 9 août Chute du ministère Emile Ollivier. Cousin-Montauban forme un nouveau gouvernement. Le 13 août début du siège de Strasbourg. Le 14 août repli de Napoléon III sur le camp de Châlons-sur-Marne. Les 15-16 août Projet d'arrestation des chefs de l'opposition républicaine. Le 16 août Batailles de Rezonville et de Gravelotte. Le 17 août arrivée à Paris du général Trochu, nommé gouverneur militaire de la capitale. Le 18 août défaite de Saint-Privat. Les 23 août-1er septembre marche de l'armée de Mac-Mahon de Châlons-sur-Marne vers Sedan. Le 30 août défaite de Beaumont. Le 1er septembre défaite de Bazeilles. Le 2 septembre début de la captivité de Napoléon III. Le 3 septembre annonce officielle de la défaite de Sedan à Paris. Le 4 septembre Gambetta proclame la déchéance de l'Empire.

Début de la troisième République

4 septembre 1870 proclamation de la république à l'Hôtel de Ville. Le 5 septembre dissolution du Corps législatif et abolition du Sénat. Le 12 septembre installation à Tours de la délégation du gouvernement. Les 18-20 septembre entrevue de Ferrières entre Jules Favre et Bismarck.

Bismarck exigeant l'Alsace et la Lorraine, le nouveau gouvernement décide de continuer la guerre. Le 19 septembre début du siège de Paris. Le 27 septembre Strasbourg capitule. Le 7 octobre Gambetta quitte Paris en ballon. Le 9 octobre Gambetta arrive à Tours. Le 10 octobre défaite d'Artenay. Le 11 octobre prise d'Orléans par les Allemands. Le 27 octobre capitulation de Metz. Le 31 octobre tentative de renversement du gouvernement provisoire. Les 2-4 novembre entrevue de Bismarck et de Thiers à Versailles. Le 4 novembre début du siège de Belfort. Le 9 novembre Victoire de Coulmiers. Le 11 novembre reprise d'Orléans. Le 28 novembre défaite française de Beaune-la-Rolande. Le 2 décembre défaite française entre Patay et Loigny. Le 16 décembre perte d'Amiens. **1871**, le 3 janvier Victoire de Faidherbe à Bapaume. Les 6-12 janvier Bataille du Mans. Les 15-17 janvier défaite d'Héricourt. Le 18 janvier proclamation de l'Empire allemand à Versailles. Le 19 janvier défaite de Faidherbe à Saint-Quentin. Démission du général Trochu. Le 22 janvier échec d'une tentative révolutionnaire à Paris. Le 28 janvier Capitulation de Paris. Armistice de Versailles. Le 8 février Élection de l'Assemblée nationale. Le 12 février réunion de l'Assemblée nationale à Bordeaux. Le 17 février Adolphe Thiers est nommé chef du gouvernement. Le 26 février préliminaires de paix. Les 1-2 mars occupation symbolique et évacuation de Paris par les troupes allemandes. Le 3 mars formation du Comité central de la garde nationale. Le 10 mars Pacte de Bordeaux. Le 11 mars l'Assemblée nationale quitte Bordeaux. Le 18 mars opération militaire de Thiers à Montmartre et à Belleville. Le 26 mars élection du conseil général de la Commune. Le 28 mars proclamation de la Commune sur la place de l'Hôtel-de-ville. Le 29 mars Constitution des dix commissions de la Commune. Le 2 avril attaque du pont de Neuilly par les versaillais. Le 3 avril tentative de marche sur Versailles par les fédérés. Le 5 avril Décret des otages, prévoyant, pour chaque fédéré fusillé, l'exécution de trois otages. Le 6 avril Mac-Mahon revient de captivité. Les 11-24 avril Mac-Mahon fait bombarder les forts de Paris. Le 18 avril déclaration de la Commune au peuple français. Les 24 avril - 20 mai Mac-Mahon fait occuper les forts ceinturant Paris. Le 8 mai le gouvernement de Versailles exige la reddition de la Commune. Le 10 mai signature du Traité de Francfort. Les 10-25 mai Delescluze est mis à la tête des troupes de la Commune. Le 13 mai les versaillais s'emparent du fort de Vanves. Le 21 mai entrée des versaillais à Paris par le Point-du-Jour. Le 23 mai offensive des versaillais au nord de Paris. Début des incendies de Paris. Le 24 mai prise de la Banque de France par les versaillais. Exécution des otages par les fédérés. Les 27-28 mai exécution des derniers fédérés au Père-Lachaise. Les 29-30 mai Jugements sommaires et exécutions des communards. Le 27 juin premier emprunt de 2 milliards pour couvrir les frais d'occupation. Le 2 juillet élections partielles à l'Assemblée nationale. Le 5 juillet Manifeste du Comte de Chambord. Le 29 août Loi sur les conseils généraux. Le 31 août Loi Rivet qui donne à Adolphe Thiers le titre de président de la République française. **1872**, 14 mars Loi contre l'Internationale. Les 30 mars - 25 avril Adresse des conseils généraux à Thiers. En mai Bazaine se constitue prisonnier. Le 9 juin Élections partielles à l'Assemblée nationale. Le 29 juin Convention d'évacuation des départements occupés. En juillet Second emprunt. Le 12 juillet Thiers défenseur de l'Ordre moral. Le 27 juillet Loi militaire. Le 26 septembre Discours de Gambetta à Grenoble. Le 6 octobre Pèlerinage national à Lourdes. Le 13 novembre Message de

Thiers à l'Assemblée. Le 28 novembre Élection d'une commission de 30 membres chargés d'organiser la république. Parution du Tour du monde en 80 jours, de Jules Verne. **1873**, le 7 janvier mort de Napoléon III en Angleterre. Le 13 mars Vote de la loi proposée par la commission des 30. Le 15 mars Convention d'évacuation du territoire. Le 3 avril démission de Grévy, président de l'Assemblée. Le 23 mai Interpellation du gouvernement par Broglie. Le 24 mai démission de Thiers. Mac-Mahon est élu président de la République. Le Duc de Broglie est nommé vice-président du Conseil. Le 24 juillet Loi sur l'édification d'un sanctuaire à Montmartre. Le 5 août entrevue à Frohsdorf entre le Comte de Chambord et le Comte de Paris. Le 16 septembre Libération du territoire. Le 6 octobre Début du procès du maréchal Bazaine (pour avoir capitulé à Metz en 1870). Le 14 octobre Rencontre du Comte de Chambord et du député Chesnelong à Salzbourg. Le 27 octobre Lettre du Comte de Chambord à Chesnelong et échec de la tentative de restauration. En Octobre Parution d'une saison en enfer, d'Arthur Rimbaud. Le 19 novembre Loi du septennat. Le 11 décembre condamnation de Bazaine. Condamné à mort, il est gracié par le maréchal-président Mac-Mahon. Le 21 décembre mort de Francis Garnier au Tonkin. **1874**, le 20 janvier Droit accordé au président de la République de nommer les maires. Le 15 mars Traité franco-annamite de Saigon. En mars Loi militaire des cadres. Le 16 mai chute du ministère Broglie. Le 19 mai Loi interdisant l'emploi d'enfants de moins de 12 ans. Le 22 mai Ernest Courtot de Cissey est nommé vice-président du Conseil. Le 4 octobre Élections des conseils généraux. Première exposition impressionniste chez Nadar. Monet y expose Impression, soleil levant. **1875**, le 5 janvier Inauguration de l'Opéra de Paris. Le 30 janvier Amendement Wallon ("Le président de la République est élu par le Sénat et la Chambre"). Le 24 février Loi sur le Sénat ("le Sénat se compose de trois cents membres deux cent vingt cinq élus par les départements et les colonies, et soixante quinze élus par l'Assemblée nationale"). Le 25 février Loi sur l'organisation des pouvoirs publics. Le 10 mars Louis Buffet devient vice-président du Conseil. Le 13 mars une loi militaire, votée par l'Assemblée, augmente le nombre des officiers. Le 12 juillet Loi établissant la liberté de l'enseignement superieur. Le 16 juillet Loi sur les rapports des pouvoirs publics. Le 2 août Loi organique définissant les modalités d'élection des soixante quinze Sénateurs inamovibles. En décembre élections par l'Assemblée nationale des 75 sénateurs inamovibles (La liste de gauche, avec 57 sièges sur 75, remporte un véritable succès). Fondation du journal Le Petit Parisien. **1876**, le 30 janvier élections sénatoriales (les conservateurs remportent la majorité des sièges mais compte tenu des 75 inamovibles la droite ne détient qu'une faible majorité avec 151 sièges sur 300). Les 20 février - 5 mars élections législatives (393 sièges pour les républicains, 140 sièges pour les conservateurs dont 76 pour les bonapartistes). Le 9 mars Jules-Armand Dufaure est nommé président du Conseil et forme un gouvernement de centre gauche. Le 14 mars Jules Grévy est élu à la présidence de la Chambre des députés. Les 2-10 octobre Premier congrès ouvrier à Paris. Le 2 décembre Chute du cabinet Dufaure. Le 12 décembre Ministère Jules Simon. Parution de l'Après-midi d'un faune de Stéphane Malarmé. **1877**, le 4 mai Discours de Gambetta contre le cléricalisme. Le 12 mai Loi sur la publicité des séances des conseils municipaux. Le 16 mai renvoi de Jules Simon par Mac-Mahon. Le 17 mai Ministère d'Ordre moral de Broglie. Le 18 mai

Manifeste des 363 (députés républicains qui dénoncent une politique "de réaction et d'aventure"). Le 16 juin Ordre du jour de l'Assemblée contre le gouvernement. Le 25 juin Dissolution de la Chambre par Mac-Mahon. Le 15 août Discours de Gambetta à Lille. "Quand la France aura fait entendre sa voix souveraine, il faudra se soumettre ou se démettre !". Le 3 septembre mort d'Adolphe Thiers. Le 19 septembre Manifeste de Mac-Mahon aux Français. Les 14-28 octobre Élections législatives (Républicains 327 sièges, Droite 207 sièges). Le 20 novembre Mac-Mahon accepte la démission de Broglie. Les 23-24 novembre Ministère Rochebouët. Le 13 décembre Ministère Dufaure. **1878**, le 6 janvier Renouvellement des conseils municipaux. Le 12 avril Amnistie pour les délits de caractère politique. Le 1er mai Ouverture de l'exposition universelle. Début du plan Freycinet pour le développement des moyens de communication. **1879**, le 5 janvier Élections sénatoriales destinées à remplacer un tiers des sénateurs (66/82 sièges pour les républicains). Le 30 janvier démission de Mac-Mahon. Jules Grévy est élu par 563 voix parlementaires sur 713 votants). Le 4 février William Waddington devient président du Conseil. Jules Ferry, ministre de l'Instruction publique. Le 1er juin mort du Prince impérial (fils de Napoléon III) au Zoulouland. Engagé dans l'armée anglaise, il est tué par des zoulous lors d'une embuscade. Le 21 juin Révision constitutionnelle. Le palais Bourbon devient le siège de la Chambre des députés et le palais du Luxembourg celui du Sénat. Le 13 juillet Loi remaniant le Conseil d'État. Le 9 août Loi Paul Bert sur les écoles normales. Le 20 octobre Congrès socialiste de Marseille. Le 26 décembre démission de Waddington. Le 28 décembre Ministère Charles de Freycinet. **1880**, le 27 février Loi sur le Conseil supérieur de l'instruction publique. Le 9 mars rejet de l'article 7 par le Sénat (cet article voulait interdire l'enseignement aux congrégations religieuses). Les 29-30 mars Décrets contre les congrégations non autorisées dissolution de la Compagnie de Jésus et expulsion des jésuites de leurs établissements. En Juin Exécution des décrets. Le 11 juillet Amnistie des communards. Le 12 juillet Loi supprimant l'obligation du repos dominical. Le 14 juillet première célébration de la fête nationale. Le 23 septembre Ministère Jules Ferry (Franc-Maçon). Le 20 Octobre Ferdinand de Lesseps fonde la compagnie du canal de Panama. Le 21 décembre Loi Camille Sée créant les lycées de jeunes filles. Le Penseur de Rodin. **1881**, le 16 février Massacre de la mission Flatters au Sahara. Le 29 mars Lois municipales. Le 4 avril Jules Ferry décide d'envoyer une expédition en Tunisie. Le 12 mai Traité du Bardo et établissement du protectorat français en Tunisie. Le 16 juin Loi sur la gratuité de l'enseignement primaire. Le 30 juin Loi sur la liberté des réunions publiques. Le 29 juillet Loi sur la liberté de la presse. Les 21 août - 4 septembre Élections législatives (Union républicaine 204 sièges, Gauche républicaine 168 sièges, extrême gauche 46 sièges, centre gauche 39 sièges, conservateurs 88 sièges). En septembre Conflit franco-chinois à propos de l'Annam. Le 9 septembre soulèvement nationaliste en Egypte. Le 28 octobre Prise de Kairouan en Tunisie. Le 9 novembre Ratification du Traité du Bardo. Le 10 novembre démission de Jules Ferry. Le 14 novembre Ministère Gambetta (Franc-Maçon). **1882**, le 7 janvier note commune franco-anglaise au khédive d'Egypte. Le 26 janvier Démission de Gambetta. Le 28 janvier krach de l'Union générale. Le 30 janvier Ministère Freycinet. Jules Ferry ministre de l'Instruction publique. Le 12 février convocation d'un congrès pour traiter de la question d'Egypte. Le 4 mars

Loi municipale confiant l'élection des maires aux conseils municipaux. Le 28 mars Loi sur l'enseignement primaire obligatoire et laïque. Le 25 avril Prise d'Hanoi par le capitaine de vaisseau Rivière. Le 11 juin émeutes à Alexandrie. Le 14 juillet Waldeck-Rousseau dénonce les grands monopoles. Le 29 juillet chute de cabinet Freycinet. Le 2 août L'armée anglaise débarque en Egypte, la France renonce à l'accompagner (la Chambre ayant refusé de voter les crédits demandés par Freycinet). Le 7 août Ministère Eugène Duclerc. En septembre Congrès socialiste de Saint-Etienne. Le 31 décembre mort de Léon Gambetta. **1883**, le 29 janvier Ministère Armand Fallières. Le 21 février second ministère Jules Ferry. Le 19 mai mort au Tonkin du commandant Henri Rivière (décapité par les Pavillons-Noirs). Le 8 juin Convention de La Marsa instituant le protectorat français en Tunisie. Le 24 août mort du Comte de Chambord. Le 25 août Protectorat sur l'Annam (actuel Viêt Nam). Le 30 août Loi de réforme judiciaire. Le 17 décembre prise de Son-Tây (Viêt Nam) par l'amiral Courbet. **1884**, le 21 mars Loi sur les syndicats professionnels. Le 5 avril Loi municipale qui rend publiques les séances des conseils municipaux. Le 11 mai premier Traité franco-chinois de T'ien-tsin où la Chine reconnaît le protectorat sur l'Annam (Viêt Nam). Le 15 juin Incident de Bac-lè (accrochage entre Français et Chinois). Le 27 juillet Loi Naquet rétablissant le divorce. Le 14 août Révision constitutionnelle. Les 23-25 août destruction de l'arsenal de Fou-tcheou et de la flotte chinoise par l'amiral Courbet. Le 9 décembre suppression des sénateurs inamovibles. Le 21 décembre début de la défense de Tûyên Quang par le commandant Dominé. **1885**, le 13 février occupation de Lian-Song par le général de Négrier. Le 25 mars adoption du scrutin de liste. Le 28 mars évacuation de Lian-

Song par le colonel Herbinger. Le 30 mars chute de Jules Ferry suite à une séance violente à la Chambre pendant laquelle Clémenceau accusa Ferry de trahir la France. Le 6 avril Ministère Brisson. Le 9 juin Second Traité franco-chinois de T'ien-tsin. Le 6 juillet Louis Pasteur vaccine pour la première fois contre la rage un petit berger alsacien de 9 ans prénommé Joseph Meister. Le 28 juillet discours de Jules Ferry sur l'expansion coloniale. Les 4-18 octobre Élections législatives (Républicains 383 sièges, Union des droites 201 sièges, Extrême gauche 100 sièges). Le 17 décembre Traité de protectorat sur Madagascar. Le 28 décembre réélection de Jules Grévy à la présidence de la République. Publication de Germinal d'Emile Zola. **1886**, le 7 janvier troisième ministère Freycinet. Sur la recommandation de Georges Clemenceau, le général Boulanger devient ministre de la guerre. Le 26 Janvier début de la grève des mineurs à Decazeville. Boulanger fait envoyer la troupe, le travail reprend le 29. En janvier Paul Bert devient le premier résident général de France en Indochine. Le 25 février reprise de la grève à Decazeville. Elle prend fin le 14 juin. Le 29 mars naissance de l'Association catholique de la jeunesse française. Le 22 juin Loi interdisant aux chefs de famille ayant régné en France de séjourner sur le territoire français. Le 12 juillet expulsion du Duc d'Aumale. Le 14 juillet Revue militaire de Longchamp où la foule hurle "Vive Boulanger !". Les 11-16 octobre Premier congrès de la Fédération des syndicats à Lyon. Le 30 octobre laïcisation du personnel des écoles publiques. Le 11 décembre Ministère Goblet. **1887**, en janvier début de la construction de la tour Eiffel. Les 20-30 avril Affaire Schnaebelé (le commissaire de Police de Pagny-sur-Moselle, Guillaume Schnaebelé, est appréhendé par des gendarmes allemands à la frontière. Il est emprisonné à Metz sous l'inculpation d'espionnage. Après l'intervention de l'ambassadeur de France, Bismarck le fera relâcher). Le 18 mai chute du ministère Goblet. Le 30 mai Ministère Rouvier. Le général Ferron remplace Boulanger au ministère de la Guerre. Le 8 juillet Boulanger part à Clermont-Ferrand où il est nommé commandant du 13e corps d'armée. En septembre-novembre Scandale des décorations. Le 24 novembre Convention franco-anglaise de Suez. Le 2 décembre sous la pression de l'opinion publique, Jules Grévy démissionne. Le 3 décembre élection de Sadi Carnot à la présidence de la République. Le 4 décembre démission du ministère Rouvier. Le 12 décembre Ministère Tirard. **1888**, le 15 mars mise en non-activité du général Boulanger. Le 27 mars mise à la retraite du général Boulanger. Le 30 mars chute du ministère Tirard. Le 3 avril Ministère Floquet. Les 8 et 15 avril Boulanger est élu en Dordogne et dans le Nord. Le 13 juillet duel entre Charles Floquet et Boulanger. Le 19 août élection de Boulanger dans la Somme, la Charente-Inférieure et le Nord. **1889**, le 27 janvier élection de Boulanger à Paris. Le 13 février rétablissement du scrutin uninominal à deux tours. Le 22 février deuxième ministère Tirard. Le 31 mars présentation de la Tour Eiffel à Paris. Le 1er avril fuite du général Boulanger à Bruxelles. Le 6 mai inauguration de la tour Eiffel. Les 6 mai - 5 novembre Exposition universelle. Le 15 juillet Loi militaire de trois ans. Le 17 juillet Loi interdisant les candidatures multiples. Le 14 août condamnation de Boulanger par la haute Cour. Les 22 septembre - 6 octobre Élections législatives (Républicains 366 sièges, Conservateurs 210 sièges). **1890**, le 13 mars démission du ministère Tirard. Le 17 mars quatrième ministère Freycinet. En avril prise de Ségou (Mali) par le Colonel Louis Archinard. En mai accord franco-russe contre le nihilisme. Le 5 août Convention franco-anglaise sur le Soudan. En Octobre Victoire des "allemanistes" au congrès socialiste de Châtellerault. Le 12 novembre "Toast d'Alger" du cardinal Lavigerie. **1891**, le 1er janvier Prise de Nioro (Mali) par Archinard. Le 17 mars mort du Prince Napoléon-Jérôme. Le 1er mai Incidents de Fourmies (Les soldats tirent sur quelques centaines de manifestants qui tentent d'obtenir la libération de grévistes interpellés dans la matinée et emprisonnés dans la mairie). Le 15 mai Le pape Léon XIII (1878-1903) promulgue l'encyclique Rerum novarum (Les Choses Nouvelles) sur la question sociale. Le 23 juillet visite de la flotte française à Cronstadt (Russie). Le 27 août Accord diplomatique franco-russe. Le 30 septembre suicide du général Boulanger en Belgique. Les Nymphéas de Claude Monet. **1892**, le 11 janvier les tarifs protecteurs (tarif douanier maximum pour les produits venant de pays avec lesquels aucune convention n'existe). Le 16 janvier Déclaration des cardinaux français condamnant le gouvernement de la République. Le 18 février chute du ministère Freycinet. Le 20 février Encyclique Au milieu des sollicitudes (le Pape Léon XIII déclare que "L'Église n'est liée à aucune forme de gouvernement ; accepter la république n'est pas accepter une législation hostile à la religion"). Le 27 février Ministère Loubet. En mars attentats de Ravachol. Le 3 mai Lettre de Léon XIII aux cardinaux français les engageant au ralliement à la République. En août grèves aux mines de Carmaux. Le 17 août Convention militaire franco-russe. Le 19 novembre suicide de Jacques de Reinach (intermédiaire dans l'affaire de Panama). Le 21 novembre le député nationaliste Jules de Delahaye monte à la tribune de la Chambre pour dénoncer le scandale politico-financier de Panama. En novembre expédition du colonel

Dodds contre le royaume du Dahomey. **1893**, en janvier Procès des administrateurs de la Compagnie de Panama. Le 11 janvier deuxième ministère Ribot. En mars Fondation de la droite républicaine. Procès des parlementaires impliqués dans l'affaire de Panama. Le 17 mars mort de Jules Ferry. Le 30 mars chute du ministère Ribot. Le 4 avril Ministère Charles Dupuy. Les 20 août - 3 septembre Élections législatives (Républicains 488 sièges, Droite 93 sièges). Le 3 octobre Traité franco-siamois reconnaissant le protectorat français sur le Laos. Les 13-29 octobre visite de la flotte russe à Toulon. Le 3 décembre Ministère Casimir-Perier. Le 9 décembre attentat d'Auguste Vaillant à la Chambre des députés. Le 12 décembre Loi sur la presse punissant la provocation aux crimes. Le 18 décembre Lois punissant la fabrication d'explosifs. Le 19 décembre Loi ouvrant des crédits supplémentaires à la police. Le 27 décembre ratification de la convention militaire franco-russe. **1894**, le 5 février exécution de l'anarchiste Vaillant. Le 12 février attentat de l'hôtel Terminus à Paris. Le 3 mars Discours du ministre Spuller préconisant un "esprit nouveau" fait de tolérance en matière religieuse. Le 22 mai chute du ministère Casimir-Perier. Le 30 mai deuxième ministère Dupuy. Le 24 juin assassinat du président Sadi Carnot à Lyon par un jeune ouvrier boulanger italien, Santo Caserio. Le 27 juin élection de Jean Casimir-Perier à la présidence de la République. Le 1er juillet troisième ministère Charles Dupuy. Funérailles nationales de Sadi Carnot. Le 3 juillet message de Casimir-Perier aux Chambres où il affirme avoir l'intention de "ne laisser ni méconnaître ni prescrire les droits que la Constitution lui conférait". Le 27 juillet Loi de sûreté générale contre les anarchistes. Le 16 août exécution de Caserio. En septembre Affaire Dreyfus découverte du "bordereau" à l'ambassade d'Allemagne. Les 17-22 septembre Congrès corporatif de Nantes qui adopte le principe de grève générale. Le 15 octobre inculpation de Dreyfus. En Décembre Procès Dreyfus. Le 12 décembre Occupation de Tamatave (Madagascar) par l'amiral Bienaimé. Découverte du vaccin antidiphtérique par Emile Roux. **1895**, le 5 janvier dégradation du capitaine Dreyfus dans la cour des Invalides. Le 14 janvier occupation de Manjunga par l'amiral Bienaimé. Le 16 janvier démission de Casimir-Perier. Le 17 janvier Élection de Félix Faure (Franc-Maçon) à la présidence de la République. Le 26 janvier troisième ministère Ribot. Le 21 février départ de Dreyfus pour l'île du Diable. Le 16 avril Taxe d'abonnement sur les biens des congrégations. Le 6 mai arrivée du général Duchesne à Madagascar. Le 16 juin un décret institue le gouvernement général de l'Afrique-Occidentale française (AOF). Les 23-26 septembre Congrès constitutif de la C.G.T. à Limoges. Le 30 septembre prise de Tananarive et capitulation de la reine Ranavalo qui accepte le protectorat français. Le 1er octobre Traité franco-malgache. Le 28 octobre démission d'Alexandre Ribot. Le 22 octobre accident de la gare Montparnasse où un train, dont les freins avaient lâché, défonce la façade de la gare. Le 1er novembre Ministère Léon Bourgeois. Mise au point du cinématographe par les frères Lumière. **1896**, le 5 janvier Accord franco-britannique sur le Siam. Le 18 janvier Acte de prise de possession de Madagascar qui se substitue au protectorat. Le 11 février Blâme du Sénat au gouvernement. Le 13 février Vote de confiance de la Chambre. Le 23 avril chute du ministère Bourgeois. Le 29 avril Ministère Jules Méline. Les 3-10 mai Élections municipales où le socialisme enregistre de nombreux succès. Le 24 mai Congrès ouvrier chrétien de Reims. Le 30 mai discours d'Alexandre Millerand à Saint-Mandé où il affirme que le socialisme doit conquérir les pouvoirs publics par le suffrage universel et non par des moyens révolutionnaires. Le 6 août Loi d'annexion de Madagascar. Le 24 août Congrès ecclésiastique de Reims. Le 28 septembre Gallieni prend ses fonctions de gouverneur général de Madagascar. Les 5-8 octobre visite officielle des souverains russes à Paris. **1897**, le 28 février Gallieni abolit la monarchie à Madagascar. En mars départ de la mission Marchand vers Fachoda. Le 4 mai Incendie du bazar de la Charité à Paris. Le bilan est de 120 morts et d'une centaine de blessés. Le 8 mai un service funèbre est célébré à Notre-Dame, en présence du président Félix Faure, pour les victimes du bazar. En août voyage officiel de Félix Faure en Russie. Le 10 octobre Discours de Méline à Remiremont (politique d'apaisement à l'égard des catholiques). Le 14 octobre vol de Clément Ader à Satory. En décembre Congrès démocrate chrétien de Lyon. Le 27 décembre première représentation de Cyrano de Bergerac d'Edmond Rostand. **1898**, le 13 janvier « J'accuse » de Zola. Les 18-25 janvier pogroms antisémites à Alger. Le 7 février début du procès de Zola. Le 23 février Zola est condamné à 3000 francs et un an de prison. Le 26 février duel Drumont-Clémenceau. Le 9 avril Loi sur les accidents de travail. Les 8-22 mai Élections législatives (Gauche 489 sièges, Droite 96 sièges). Le 14 juin Chute du ministère Méline. Le 14 juin Convention franco-anglaise sur la délimitation des frontières africaines. Le 28 juin Ministère Brisson. Le 5 juillet demande de révision du procès Dreyfus par sa famille. Le 10 juillet installation de Marchand à Fachoda (Soudan). Le 13 juillet emprisonnement du lieutenant-colonel Picquart. Le 18 juillet Zola s'exile à Londres. Le 13 août découverte du "faux Henry" (Affaire Dreyfus). Le 30 août aveux du colonel Henry. Le 31 août suicide du colonel Henry. Le 7 septembre fuite d'Esterhazy en Angleterre. Le 19 septembre rencontre Marchand-Kitchener à Fachoda. Le 24 septembre départ de la mission Foureau-Lamy au Sahara. Le 26 septembre le gouvernement demande à la Cour de cassation d'examiner le recours en révision du procès Dreyfus. Le 29 septembre le chef soudanais Samory Touré est capturé par le capitaine Gouraud. Le 26 octobre chute du ministère Brisson. Le 1er novembre Ministère Charles Dupuy. Le 7 novembre Marchand reçoit l'ordre d'évacuer Fachoda. En décembre, Premier Salon de l'automobile. Découverte du *radium* par Pierre et Marie Curie. **1899**, le 10 février Vote de la loi de "dessaisissement" de la Chambre criminelle. Le 16 février mort de Félix Faure à l'Elysée dans les bras de sa maîtresse, Mme Steinheil. Le 18 février élection d'Emile Loubet à la présidence de la République. Le 23 février Obsèques nationale de Félix Faure. Tentative de coup d'État de Déroulède. Le 21 mars Convention franco-anglaise de Londres sur le Soudan égyptien. Le 3 juin la cour suprême décide la révision du procès Dreyfus. Le 4 juin le président Loubet est frappé à la tête par le baron Christiani (nationaliste) lors du grand steeple-chase d'Auteuil (Christiani écope de 4 ans de prison). Le 11 juin Manifestation républicaine de Longchamp (en riposte aux nationalistes d'Auteuil). Le 12 juin chute du cabinet Dupuy. Le 22 juin Ministère Waldeck-Rousseau. Le 30 juin arrivée de Dreyfus en France. Les 7 août-9 septembre Procès de Dreyfus à Rennes. Les 13 août-20 septembre Le "fort Chabrol" (Jules Guérin et plusieurs de ses amis de la Ligue antisémite sont assiégés par la police pendant 38 jours dans un immeuble de la rue Chabrol). Le 19 septembre Loubet gracie Dreyfus. Le 19 novembre inauguration du "Triomphe de la République" de Aimé Jules Dalou (place de la Nation). Les 3-8 décembre Premier congrès général des organisations socialistes. **1900**, en janvier Dissolution de la congrégation des assomptionnistes. Le 28 janvier Élections sénatoriales. Le 30 mars Loi Millerand sur la durée de la journée de travail limitée à 11 heures. En Mars visite du président Kruger (Transvaal) en France. Le 14 avril ouverture de l'Exposition universelle inaugurée par le président Loubet. Le 22 avril défaite du chef indigène Rabah à Kousseri (au Cameroun, près de la frontière avec le Tchad). Le 6 mai Élections municipales. En juin grève à Chalon-sur-Saône. Le 19 juillet Inauguration du premier métro. En août-septembre le contingent français participe en Chine à la répression de la révolte des Boxers. Le 14 août reprise de Pékin par une expédition internationale. Les 28-30 septembre Congrès socialiste de la salle Wagram. Le 16 octobre Accord franco-anglais sur la Chine. Le 28 octobre Discours de Waldeck-Rousseau à Toulouse. Le 1er décembre ouverture du barreau aux femmes. Le 16 décembre Accord secret franco-italien sur la Tripolitaine (province occidentale de la Libye). **1901**, le 6 mai fin de la grève de Montceau-les-Mines. Les 26-28 mai Congrès du parti socialiste à Lyon. Les 21-23 juin Congrès de fondation du parti républicain radical et radical-socialiste. Le 1er juillet Loi sur les associations. Le 20 juillet Protocole franco-marocain sur la police des frontières. Le 7 septembre Protocole international sur la Chine, dans lequel il est dit que les puissances étrangères peuvent installer des bases militaires à Pékin et à Tien-Tsin et dans une partie de la côte est. En septembre visite des souverains russes en France. Le 23 octobre Fondation de l'Alliance républicaine démocratique. **1902**, le 24 mars fondation du parti socialiste français. Les 27 avril - 11 mai élections législatives (Gauche 465 sièges, Droite

124 sièges). Le 8 mai éruption de la montagne Pelée en Martinique (30.000 Morts). Le 7 juin Ministère Émile Combes (Franc-Maçon). Le 10 juillet Accord politique secret entre la France et l'Italie. Les 26-28 septembre Fondation du parti socialiste de France. **1903**, en mai visite d'Edouard VII à Paris. Les 1er-19 juillet premier tour de France cycliste. Les 6-9 juillet visite d'Emile Loubet à Londres. En octobre visite du Roi d'Italie Victor-Emmanuel III à Paris. **1904**, en janvier grèves des ouvriers agricoles de l'Hérault et de l'Aude. En mars Loi obligeant les écoles privées à fermer dans un délai de 10 ans. Le 8 avril Entente cordiale avec la Grande-Bretagne. En avril visite du président Loubet en Italie. Le 21 mai rappel de l'ambassadeur de France au Vatican. En juin interdiction aux ecclésiastiques de se présenter aux épreuves de l'agrégation. Le 7 juillet Loi interdisant l'enseignement à tous les congréganistes. Le 30 juillet rupture des relations diplomatiques avec le Vatican. Le 15 novembre démission du général André, ministre de la Guerre, suite à l'affaire des fiches. **1905**, le 10 janvier Paul Doumer (Franc-Maçon) est élu à la présidence de la Chambre. Le 18 janvier démission d'Emile Combes. Le 24 janvier deuxième ministère Rouvier. Le 21 mars Loi réduisant le service militaire à deux ans. Le 31 mars visite de Guillaume II à Tanger où il prononce un discours contre la politique française au Maroc. Les 23-26 avril Fondation du parti socialiste unifié (S.F.I.O.). Le 6 juin Démission de Delcassé, ministre des Affaires étrangères. Le 29 juin Réduction de la journée de travail à huit heures dans les mines. Le 9 décembre Loi de séparation des Églises et de l'État. **1906**, les 16 janvier - 7 avril Conférence d'Algésiras (conférence internationale sur le Maroc). Elle consacre l'influence de la France sur une partie du territoire marocain, en lui

octroyant des droits spéciaux. Le 18 janvier Armand Fallières est élu Président de la République au premier tour de scrutin, par 449 voix contre 371 à Paul Doumer. En février Encyclique Vehementer *nos* du pape Pie X condamnant la séparation de l'Église et de L'État en France. Le 18 février troisième ministère Rouvier. Le 10 mars Catastrophe minière de Courrières (1 099 victimes). Le 14 mars la grève est déclarée à Dourges. Clémenceau fait envoyer la troupe. Le 14 mars Ministère Sarrien. Le 7 avril Acte d'Algésiras. Les 6-20 mai Élections législatives (Gauche 411 sièges, Droite 174 sièges). Le 3 juillet Loi rétablissant le repos hebdomadaire. Le 13 juillet réhabilitation de Dreyfus. Le 21 juillet Dreyfus est décoré de la Légion d'honneur. Le 10 août Encyclique Gravissimo offici. Les 8-14 octobre Congrès C.G.T. à Amiens. Le 25 octobre premier ministère Clémenceau. En décembre rachat des chemins de fer de l'Ouest par l'État. **1907**, le 9 juin manifestation des viticulteurs à Montpellier. Le 21 juin mutinerie du 17e de ligne cantonné à Agde. Les soldats pillent une poudrière et marchent sur Béziers pour fraterniser avec les viticulteurs en colère. Le 23 juin entrevue de Clémenceau et de Marcelin Albert (représentant des viticulteurs). Le 29 juin Loi interdisant le mouillage et le sucrage du vin. Le 3 juillet Loi sur la protection du salaire féminin. Le 15 juillet Loi sur la circulation des vins et spiritueux. Le 3 août occupation de Casablanca par un corps expéditionnaire français. Les 11-14 août Congrès S.F.I.O. de Nancy. Le 31 août formation de la Triple-Entente (France, Royaume-Uni et Russie). Le 8 septembre Encyclique Pascendi qui signe la condamnation solennelle du modernisme. **1908**, en janvier-mars occupation de la Chaouïa (Maroc) par le général d'Amade. Protestation de l'Allemagne. Le 10 avril Loi Ribot-Siegfried sur les habitations à bon marché. Les 27-30 juillet incidents de Draveil entre les grévistes et la troupe. Le 1er août Clémenceau fait arrêter les dirigeants de la C.G.T. En septembre incidents franco-allemands à Casablanca. **1909**, le 9 février accords franco-allemands sur le Maroc. En mars grève des agents des postes. Le 20 juillet chute du ministère Clémenceau. Le 24 juillet Ministère Aristide Briand. Le 25 juillet Louis Blériot traverse la Manche en avion. Le 10 octobre discours de Briand à Périgueux. **1910**, en janvier-février inondations à Paris. Le 5 avril Lois sur les retraites ouvrières et paysannes. Les 24 avril - 8 mai Élections législatives (Gauche 441 sièges, droite 149 sièges). Le 25 août le Pape condamne la revue Le Sillon dirigée par Marc Sangnier. Les 10-17 octobre grèves des cheminots. Le 3 novembre deuxième ministère Briand. **1911**, le 2 mars Ministère Monis. En avril manifestations des vignerons de l'Aube. Le 21 mai accident sur l'aérodrome d'Issy-les-Moulineaux (le ministre de la guerre, Berteaux, est tué sur le coup et Monis grièvement blessé). En mai-juin occupation de Fès et Meknès (Maroc) par les troupes françaises. Le 27 juin Ministère Caillaux. Le 1er juillet la canonnière allemande Panther arrive à Agadir. Le 28 juillet Joffre est nommé chef d'état-major général. Le 4 novembre Convention franco-allemande sur le Maroc et le Congo. **1912**, le 14 janvier Ministère Poincaré. Le 30 mars Traité de Fès instaurant le protectorat français au Maroc. Le 28 avril Lyautey est nommé résident général au Maroc. Les 5-12 mai Élections municipales. Le 22 mai Paul Deschanel devient le président de la Chambre des députés. En août visite de Poincaré à Saint-Pétersbourg, en vue de resserrer l'alliance franco-russe. Le 7 septembre occupation de Marrakech par les troupes du colonel Mangin. Le 22 novembre Accord franco-britannique. **1913**, le 21 janvier troisième ministère Briand. Le 17 février Raymond Poincaré devient président de la République. Le 18 février quatrième ministère Briand. Le 20 mars Ministère Barthou. Le 7 août Loi militaire "de trois ans". Le 23 septembre Roland-Garros traverse la Méditerranée en avion en reliant Saint-Raphaël dans le Var à Bizerte, au Nord de la Tunisie (730 kilomètres en 7 heures et 53 minutes). Le 9 décembre Ministère Doumergue. **1914**, le 13 janvier création de la Fédération des gauches. Le 16 mars assassinat de Calmette, directeur du Figaro, par Mme Caillaux, femme du ministre des finances. Les 21-24 avril visite du Roi d'Angleterre, Georges V, à Paris. Les 26 avril - 10 mai Élections législatives (Gauche et centre 475 sièges, Droite 120 sièges). Le 9 juin Ministère Ribot. Le 13 juin Ministère Viviani. Le 28 juin attentat de Sarajevo (assassinat de l'archiduc d'Autriche, François-Ferdinand, par un jeune nationaliste serbe, Princip). Le 2 juillet vote de l'impôt sur le revenu. Le 14 juillet appel de Jaurès contre la guerre. Le 16 juillet départ de Poincaré et de Viviani pour la Russie.

La Grande Guerre

Le 28 juillet 1914 l'Autriche déclare la guerre à la Serbie. Le 30 juillet le Tsar Nicolas II décrète la mobilisation générale. Le 31 juillet ultimatum allemand à la Russie et à la France. Le 31 juillet Jean Jaurès est assassiné dans un restaurant parisien par un étudiant, Raoul Villain. Le 1er août A 16h, la France lance l'ordre de mobilisation générale. A 19h, L'Allemagne déclare la guerre à la Russie. Le 2 août la France décrète l'état de siège. Le 3 août l'Allemagne déclare la guerre à la France et à la Belgique. Le 4 août l'Angleterre déclare la guerre à l'Allemagne. Le 5 Août l'Autriche-Hongrie déclare la guerre à la

Russie. Le 6 le plan Schlieffen prévoit l'invasion de la France par la Belgique. Le 10 la France décrète l'état de guerre. Le 11 la France déclare la guerre à l'Autriche-Hongrie. Le 13 l'Angleterre déclare la guerre à l'Autriche-Hongrie. Le 16 Liège tombe. Les allemands passent la Meuse. Le 19 mort du pape Pie X. Les 19-23 Bataille des frontières. Les 21-23 Bataille des Ardennes et de Charleroi. Echecs français et britannique. Le 23 Le Japon déclare la guerre à l'Allemagne. Les 24 août - 5 septembre Repli français pour éviter l'encerclement de l'armée allemande. Le 26 Joseph Gallieni est nommé gouverneur du camp retranché de Paris. Le 29 paniqués par l'avancée allemande, 500.000 parisiens quittent la capitale. Le 2 septembre le gouvernement français gagne Bordeaux. Les Allemands sont à Senlis. Le 3 l'archevêque de Bologne devient pape sous le nom de Benoît XV. Le 5 le lieutenant Charles Péguy est tué à Villeroy. Les 6-12 Bataille de la Marne. Les 6-7 le général Gallieni réquisitionne 700 taxis parisiens pour acheminer 4000 hommes vers la Marne. Le 20 Reims est reconquis, mais les Allemands bombardent et incendient la cathédrale avant de se replier. Le 9 octobre les Français commencent à évacuer Lille. Le 12, Lille est bombardée et tombe en fin de journée. Le 18, début de la bataille d'Ypres. Le 14, novembre le front ouest s'enlise. Les premières tranchées organisées apparaissent. Le 28, le Grand Quartier Général français s'installe définitivement à Chantilly. Le 13 décembre, les Français attaquent à Cambrai. La tentative échoue. Le 15, l'armée française, qui commence à manquer de sous-officiers, envoie au front 870 élèves de Saint-Cyr et 50 normaliens. Le 20, offensive française en Champagne. Le 23, le Parlement français vote l'ajournement des élections jusqu'à la fin des hostilités. **1915**, le 8 janvier, offensive allemande à Crouy, en Artois. Le 15, la Chambre des députés décide de siéger en permanence jusqu'à la fin des hostilités. Le 7 février, Le pape Benoît XV demande à tous les peuples d'Europe de prier pour la paix. Le 16, l'armée franco-britannique tente une deuxième offensive en Champagne, à Vouziers. Le 19, les forces navales alliées pilonnent les forts turcs qui gardent l'entrée des détroits de Dardanelles. Le 22, les Allemands détruisent Reims. Les 5-8 mars, attaque française dans la plaine de la Woëvre (Meuse). Le 10, les Anglais tentent une percée en Artois, à Neuve-Chapelle, sans succès. Le 26, le sommet de l'Hartmannswillerkopf (Vosges alsaciennes) est repris par les Français. Le 4 avril, un contingent français débarque à Alexandrie pour repousser les Turcs d'Egypte et de Palestine. Le 5, offensive française en Meuse et en Moselle. Le 6, les vivres commencent à manquer. Achat auprès d'exportateurs anglais et américains. Le 18, fin de l'offensive en Champagne lancée par Joffre en février. Début de l'offensive dans les Vosges. Le 19, Pétain devient commandant du groupe d'armées du Centre. Le 22, utilisation par les Allemands à Ypres de gaz asphyxiants contre la 87e division française. Le 23, massacres d'Arméniens à Bithis par les Turcs. Les survivants sont déportés. Le 25, les alliés tentent de débarquer sur la presqu'île de Gallipoli en Turquie. Échec. Le 26, Conférence de Londres (l'Italie signe un Traité secret d'alliance avec l'Entente). Le 28, Dunkerque est bombardée. Le 9 mai, l'amiral Guépratte est relevé du commandement des forces navales françaises aux Dardanelles. Le 17, dans les Vosges, les Français s'emparent de l'Anlass-Wasen. Le 23, l'Italie déclare la guerre à l'Autriche. Le 5 juin, Loi sur les "affectés spéciaux" qui autorise la réquisition de main d'œuvre pour la production industrielle. Le 15, les Alliés bombardent la région de Karlsruhe. Le 19, Bataille de l'Artois. Le 20, les

Français s'emparent de Metzeral (Vosges). Le 1er juillet, attaque des Alliés sur la Somme. Le 14, les cendres de Rouget de Lisle sont transférées aux Invalides. Le 19, Première Victoire aérienne de Guynemer. Le 5 août, Varsovie est prise par les Allemands. Le 21, l'Italie déclare la guerre à la Turquie. Le 24, le Figaro lance une campagne contre la censure. Le 10 septembre, Maurice Maréchal lance le Canard enchaîné. Le 25, les Français lancent une offensive en Champagne et les Alliés tentent une percée en Artois, lors de la bataille de Loos. Le 6 octobre, fin des attaques française en Champagne et en Artois. Le 11, Delcassé, ministre des Affaires étrangères, démissionne pour raison de santé. Les 16-17, l'Angleterre et la France déclare la guerre à la Bulgarie. Le 29, Viviani démissionne. Briand devient chef du gouvernement et Gallieni, ministre de la Guerre. Le 1er novembre, arrêt des opérations offensives françaises, en Champagne et en Artois. Le 14, le général Sarrail, pressé par les Bulgares, doit se replier sur la frontière grecque. Le 27, première réunion à Paris de la Commission de lutte anti-sous-marine, chargée de trouver une solution aux torpillages des U-boote allemands. Le 2 décembre, Joffre prend le commandement en chef des armées françaises. Le 6, Conférence interalliée de Chantilly. Le 8, la décision est prise d'évacuer les restes du corps expéditionnaire allié des Dardanelles. Le11, les généraux français ont convaincu les Anglais de soutenir le corps expéditionnaire de Salonique. Le 30, l'aviation allemande bombarde Salonique. **1916**, le 4 Janvier, les Allemands attaquent en Champagne. Le 10, le corps expéditionnaire des Dardanelles est entièrement évacué. Le 14, Joffre définit un projet de char d'assauts. Le 27, le général Chrétien alerte le haut commandement sur l'état déplorable des défenses autour de Verdun. Le 28, offensive allemande en Artois. Le

29, les Allemands organisent un raid de zeppelins sur Paris. Le 14 Février, Anglais et Français s'entendent pour lancer une grande offensive sur la Somme. Le 21, Opération Gericht (1200 canons allemands pilonnent Verdun sur 12 km). Début de la grande bataille de Verdun. Le 25, combats meurtriers autour du fort de Douaumont. Le 26, le général Pétain est nommé commandant de la région fortifié de Verdun. Il installe aussitôt une ligne de résistance devant la place de Verdun. Le 28, Contre-offensive française avec les tirs de barrages de l'artillerie. Le 2 mars, Pétain organise la défense de Verdun autour d'un axe unique de ravitaillement, la voie sacrée. Le 7, Pierre Auguste Roques remplace le général Gallieni au gouvernement, comme ministre de la Guerre. Le 9, le Portugal entre dans la guerre au coté des Alliés. Le 16, raid des zeppelins sur Salonique. Le 10 avril, Pétain mobilise ses troupes avec l'ordre du jour "On les aura !". Le 18, création de l'escadrille La Fayette en Lorraine. Elle est composée de pilotes américains. Le 19, le président américain Wilson menace de rompre avec l'Allemagne ses relations diplomatiques si les torpillages des navires civils de cessent pas. Le 20, mesures françaises contre "la vie chère" (l'état fixe un prix maximum pour la vente des céréales et du charbon). Le 21, les Allemands décident de déporter 25.000 Lillois, réquisitionnés pour travailler au profit des Puissances centrales. Le 1er mai, Pétain est nommé commandant du groupe armé du Centre. Le 4, explosion de la citadelle de Laon. Le 22, le général Mangin reprend le fort de Douaumont. Le 27, le général Gallieni meurt des suites d'une longue maladie. Il est fait maréchal de France à titre posthume. Le 7 juin, prise du fort de Vaux par l'armée allemande. Le 23, début de l'offensive d'été allemande sur Verdun. Le 1er juillet, début de la bataille de la Somme. Première attaque alliée. Le 11, les Allemands tentent une dernière grande offensive à Verdun. Le 14, les Alliés amorcent une deuxième attaque d'envergure sur la Somme. Le 29, le gouvernement français poursuit sa politique contre la hausse des prix. Le 23 Août, première Victoire du nouvel avion français engagé sur la Somme, le Spad VII. Le 27, le commandement franco-anglais de la Somme décide de continuer l'offensive mais à un rythme plus lent. Le 3 septembre, attaque de Cléry (Somme) par les Alliés. Le13, attaque alliée de Sailly-Saillisel (Somme). Le 15, les premiers chars britanniques font leur apparition sur le front de la Somme, à Flers. Le 26, le Suffren est coulé par l'U-52 au large de Lisbonne. Le 3 octobre, l'occupant allemand instaure un service du travail obligatoire en Belgique. Le 24, les soldats français reprennent le fort de Douaumont aux Allemands. Le 2 novembre, le général Mangin parvient à reprendre le fort de Vaux aux Allemands. Le 18, Conférence interalliée de Chantilly. L'accent est mis sur la coordination des attaques sur tous les fronts. Le 21, mort de l'empereur d'Autriche François-Joseph. Charles Ier lui succède. Le 28, le ministère Briand essuie de nombreuses critiques parlementaires. Le 3 décembre, le général Joffre est relevé de ses fonctions. Le 12, Guillaume II tente une opération de division en proposant une paix séparée avec les Alliés. Lyautey devient ministre de la Guerre. Le 15, les Français lancent une offensive sur Verdun. Leur succès permet de revenir aux positions de février. Le 16, assassinat de Raspoutine à Saint-Pétersbourg. Le 17, le général Nivelle prend la tête des armées françaises. Le 18, le président Wilson demande à tous les belligérants de faire connaître leur but de guerre. Le 19, Briand refuse les propositions allemandes. Le 25, Joffre est élevé à la dignité de maréchal de France. Le 27, le Gaulois est coulé au large de

Salonique par l'U-47. **1917**, le 6 Janvier, Conférence des Alliés à Rome pour discuter de la situation de la Grèce. Le 8, Conférence militaire en Allemagne pour étudier le projet de reprendre la guerre sous-marine à outrance. Le 10, Réponse dilatoire des Alliés à la note du président Wilson. Le 14, le général Nivelle, persuadé de son succès, envoie une note dans laquelle il écrit "Nous romprons le front allemand quand nous le voudrons". Le 30, le gouvernement allemand déclare la guerre sous-marine à outrance. Le 2 février, les États-Unis expulsent l'ambassadeur allemand du sol américain. Le 3, rupture des relations diplomatiques entre les États-Unis et l'Allemagne. Le 9, début du repli allemand sur le front occidental entre Arras et Laon. Le 24, début de la retraite des Allemands sur le front Arras-Vailly. Le 5 mars, la France et l'Autriche-Hongrie tentent un rapprochement et amorcent des négociations. Le 15, en Russie, Nicolas II abdique. La douma constitue un gouvernement provisoire dirigé par Kerenski. Le 18, le général Lyautey, ministre de la Guerre, démissionne ce qui provoque la chute du gouvernement Briand. Ribot devient chef du gouvernement et Painlevé, ministre de la Guerre. Le 7 avril, le Congrès américain vote l'entrée en guerre des États-Unis contre l'Allemagne. Le 10, le Brésil entre en guerre contre les Empires centraux. Le 11, les Anglais poursuivent leur progression en Artois et s'emparent de Vimy (Pas-de-Calais). Le 17, début de la bataille du Chemin des Dames (Aisne), lancée par le général Nivelle. Le 24, les Anglais prennent Gavrelle et Guémappe, entre Lens et Croisilles. Le 31, deuxième grande offensive française sur le Chemin des Dames, sans plus de résultat que la première. Le 3 mai, les Anglais remportent un succès important à Fresnoy. Le 4, les Français prennent Craonne. Les premières mutineries apparaissent dans les rangs de l'armée française. Le 5, le Moulin de Lafaux et le Chemin des Dames sont pris aux Allemands. Le 8, entrevue des Princes Bourbon-Parme avec l'empereur Charles pour obtenir la paix entre l'Autriche et les Alliés. Le 16, le général Pétain remplace Nivelle à la tête des armées françaises. Il se charge de réprimer les mutineries tout en améliorant les conditions de vie des troupes. Le 19, Pétain suspend les offensives françaises. Le 3 juin, l'Allemagne tente un rapprochement avec la Russie pour obtenir une paix négociée. Le 6, les Anglais sont victorieux dans les Flandres à Messines-Wytschaete. Le 10, sévère répression des mutineries françaises. Le 12, Briand entame des négociations secrètes avec les Allemands. Le 13, l'état-major américain et le général Pershing arrivent en France. Le 26, les cinq premiers transports de troupes américaines débarquent à Saint-Nazaire. Le 1er juillet, des combats reprennent pour libérer le Chemin des Dames, avec une attaque allemande au sud-ouest d'Ailles. Le 14, les Allemands attaquent au sud de Cemy. Le 19, attaque allemande contre le plateau de Craonne. Le 22, Clémenceau lance un violent réquisitoire contre le ministre de l'Intérieur Malvy. Le 31, nouvelle bataille des Flandres avec les combats de Bixchoote et de Saint-Julien. Le 10 août, les Anglais s'emparent de Veldock (Belgique). Le 14, la Chine et le Siam déclarent la guerre à l'Allemagne et à l'Autriche. Le 16, les Anglais enlèvent le pont de Dry-Gratchen et encerclent Lens. Le 21, Victoire française au mort -Homme et au bois de Chaume, au nord-ouest de Verdun. Le 31, le ministre de l'Intérieur Malvy démissionne. Le 7 septembre, Ribot quitte le pouvoir. Painlevé est nommé chef du gouvernement. Les socialistes refusent pour la première fois depuis 1914 de se joindre à ce gouvernement. Le 20, la bataille des Flandres fait rage à Inverness puis à Zonnebecke. Le 4 octobre, offensive britannique dans le secteur de Broodseinde, qui rend les Alliés maître du pays des Monts. Le 23, les Français conquièrent la Malmaison (Aisne). Le 28, des renforts franco-britanniques arrivent sur le front italien. Le 2 novembre, les villes de Courtecon, Cerny-en-Laonnois, Ailles et Chevreux sont reprises par les soldats français. Le 6, début de la conférence interalliée de Rapallo, relative au commandement sur le front italien. Le 7, Insurrection bolchévique à Petrograd. Le gouvernement provisoire de Kerenski est renversé et Lénine prend le pouvoir. Le 15, Poincaré fait appel à Clémenceau pour former un gouvernement. Le 20, offensive britannique sur Cambrai. Le 7 décembre, les États-Unis déclarent officiellement la guerre à l'Autriche-Hongrie. Le 15, Armistice de Brest-Litovsk entre les Russes et les Austro-Allemands. Le 30, les soldats français reprennent le massif du mont Tomba aux Autrichiens. **1918**, le 8 Janvier, le président Wilson propose au Congrès américain un programme de paix en 14 points. Le 14, Joseph Caillaux est arrêté après avoir été compromis dans l'affaire du journal Le Bonnet rouge. Le 19, le général Weygand déplore l'absence de chef et de plan dans une note adressée à Clémenceau. Le 28, la grève atteint l'Allemagne (revendication Paix et démocratie). Le 31, le comité supérieur interallié crée un comité exécutif, confié au général Foch. Le 1er février, Trotski crée l'Armée rouge. Le 4, Procès en France de l'espion et aventurier Bol Bacha. Le 10, une loi est adoptée par le parlement français permettant à Clémenceau de légiférer par décret dans tous les domaines de la vie économique. Le 18, le sénateur Charles Humbert est arrêté, impliqué dans l'affaire Bol Pacha. Le 23, Lénine arrache un vote favorable à la paix immédiate. Le 3 mars, signature à Brest-Litovsk d'un Traité de paix entre l'Allemagne et la Russie. Le 11, un comité interallié est chargé d'accroître le tonnage de ravitaillement allié, sans diminuer celui des munitions. Le 15, le conseil supérieur de guerre désavoue Foch. Le 21, les Allemands lancent une grande offensive en Picardie. Le 23, les Allemands prennent Péronne et Ham. Le 26, Conférence interalliée à Doullens. Le 27, prise de Montdidier par les Allemands. Le 30, attaque allemande sur Amiens, sans résultats. Le 3 avril, Foch assure désormais la direction stratégique de toutes les opérations militaires. Le 4, l'offensive allemande est contenue. Le 5, le quartier général allemand arrête l'offensive. Le 8, Congrès à Rome des nationalités opprimées par l'Autriche-Hongrie. Le 9, attaque allemande dans les Flandres en direction d'Hazebrouck. Le 16, Foch est nommé général en chef des armées alliées. Le 17, Bol Pacha est exécuté à Vincennes. Le 23, les Britanniques bloquent le port de Zeebrugge, transformé par les Allemands en base d'opération navale. Le 25, début de la bataille autour du mont Kemmel (Flandres). Le 26, début du procès du journal le Bonnet rouge. Le 7 mai, les Empires centraux finalisent le Traité de paix avec la Roumanie. Les Roumains doivent concéder leurs matières premières, leurs ressources agricoles à l'Allemagne. Le 15, la France connaît de nouveau des restrictions alimentaires. Le 27, offensive allemande sur le Chemin des Dames. Reims est durement touché par les bombardements allemands. Le 29, Soissons est évacuée par les Alliés. Le 30, l'offensive allemande atteint la Marne. Le 2 juin, les Allemands atteignent Château-Thierry. Le 4, la Chambre des députés attaque Clémenceau sur sa politique et sur les manquements du commandement après l'attaque surprise du 27 mai. Le 6, les combats font rage autour de Château-Thierry. Le 9, bataille de Matz, près de Montdidier. Le 11, contre-attaque victorieuse des Américains dans le bois de

Belleau, près de Château-Thierry. Le 24, le secrétaire d'État des Affaires étrangères allemand, Kühlman, est favorable à une solution pacifique du conflit. L'état-major allemand le contraint à la démission. Le 1er juillet, Foch donne des directives précises pour éviter de couper l'armée française et anglaise en cas d'attaque allemande. Le 13, le plan de contre-attaque français à Villers-Cotterêts est adopté. Le 15, l'armée allemande lance une offensive en Champagne, mais elle est aussitôt bloquée. Le 16, début du procès à Paris de Malvy, ancien ministre de l'Intérieur. Le 17, Nicolas II et sa famille sont assassinés à Ekaterinbourg. Le 18, contre-attaque surprise franco-américaine à Villers-Cotterêts. Le 21, les Allemands se replient. Les Alliés reprennent Château-Thierry. Le 24, Foch réunit Haig, Pershing et Pétain au QG pour leur présenter son plan d'attaque. Le 6 août, les Alliés avancent dans l'Aisne. Foch est élevé au rang de maréchal de France. Le 8, attaque franco-américaine dans la Somme. Percée à Amiens. Le 10, l'armée française reprend Montdidier. Le 11, l'armée américaine devient autonome sous les ordres du général Pershing. Le 14, nouvelle progression française au nord de l'Aisne. Le 21, nouvelle offensive victorieuse franco-britannique en Picardie. Le 24, élargissement de l'offensive franco-britannique entre Soissons et Arras. Le 26, attaques britanniques sur la Scarpe et dans la région de Bapaume. Le 27, Accord d'entraide germano-russe. Le 28, les Allemands battent en retraite sur une ligne Péronne-Ham-Le Fère. Le 29, les Français conquièrent Noyon. Le 2 septembre, offensive britannique dans le Nord. La ligne Hindenburg est enfoncée. Le 6, retraite allemande en Picardie. Le 12, l'armée américaine attaque dans la Meuse. Le 16, l'armée française opère une percée sur le Chemin des Dames et en Lorraine.

Le 19, Vote par le parlement français de "l'Emprunt de la Libération". Le 26, offensive française en Champagne. Percée des Américains en Argonne. Le 29, offensive anglo-américaine en Picardie et en Artois sur Saint-Quentin et Cambrai. Le 30, Guillaume II accepte la démission du chancelier Hertling. Le 1er octobre, les Alliés entrent à Saint-Quentin. Le 3, l'armée britannique entre à Lens et à Armentières. Le 5, l'Allemagne, l'Autriche-Hongrie et la Turquie déclarent vouloir négocier sur la base des 14 points énoncés par Wilson. Le 8, premier cas de grippe espagnole à Paris. Le 9, Wilson fait une réponse dilatoire aux propositions des Puissances centrales. Le 13, les Français prennent Laon. Le 16, les Belges reprennent Courtrai. Le 19, l'armée franco-américaine progresse dans les Ardennes. Le 25, à Berlin, le Reichstag vote une loi plaçant le pouvoir militaire sous le contrôle du pouvoir civil. Le 28, les troupes britanniques entrent à Lille. Le 29, en France, début du procès Caillaux. Le 2 novembre, avance alliée généralisée sur tous les fronts. Le 5, Wilson adresse à l'Allemagne les conditions de l'armistice. Le 7, la délégation allemande arrive sur le front. Le 8, le maréchal Foch édicte les conditions de l'armistice aux plénipotentiaires allemands. Le 9, Guillaume II abdique. Grève générale à Berlin. Constitution d'un gouvernement dirigé par le socialiste Ebert. Le l'armistice est signé. Les combats cessent à 11h sur le front occidental.

Fin de la Grande Guerre

Le 15, les Allemands doivent évacuer tout le territoire français. Le 17, les Français entrent à Mulhouse, Strasbourg et Metz. Le 22, début de la démobilisation. Le 26, le ministère de l'Armement se transforme en ministère de la Reconstruction industrielle. Le 1er décembre, les Alliés pénètrent en territoire allemand. Le 9, les Français entrent à Mayence. Le 13, Nouveau protocole d'armistice signé à Trèves. Les Alliés doivent occuper la rive droite du Rhin. Le 28, insurrection spartakiste à Berlin. Le 31 Constitution du nouveau gouvernement allemand. **1919**, le 18 janvier, Ouverture de la conférence de paix à Versailles. Le 25 janvier, Lois sur les conventions collectives. Le 9 février, premier vol commercial Paris-Londres. Le 19 février, Clémenceau est blessé par l'anarchiste Emile Cottin. Le 19 mars, le sénat américain rejette le Traité de Versailles. Le 2 avril, la journée de travail est fixée à 8h. Le 6 avril, 150.000 personnes manifestent contre l'acquittement de Raoul Villain, l'assassin de Jean Jaurès. Le 19 avril, mutinerie de marins français en mer Noire. Le 28 avril, Fondation de la Société des Nations (SDN). Le 28 juin, signature du Traité de Versailles. Le 14 juillet, Défilé de la Victoire à Paris. Le 10 septembre, signature du Traité de Saint-Germain entre les Alliés et l'Autriche. Le 12 octobre, levée de l'état de siège et de la censure. Le 2 novembre, Fondation de la CFTC (Confédération Française des Travailleurs Chrétiens). Les 16 et 30 novembre, Élections législatives (Bloc national 433 députés, Cartel des gauches 180). **1920**, le 17 janvier, Paul Deschanel est élu Président de la République. Démission de Clémenceau. Le 18 janvier Poincaré nomme Alexandre Millerand président du Conseil. Le 20 janvier Deschanel confirme Millerand au poste de président du Conseil. Le 9 février, une liste de 330 criminels de guerre (dont Guillaume II et Hindenburg) est remise au gouvernement Allemand. Refus du gouvernement Allemand. Le 23 avril Caillaux est condamné à 3 ans de prison. Le 1er mai grève des cheminots. Le 23 mai Deschanel tombe du train présidentiel en pyjama près de Montargis. Le 4 juin Traité de Trianon avec la Hongrie. Le 25 juin Loi instaurant une taxe sur le chiffre d'affaires. En Juillet Congrès de Lille, scission entre CGT et CGTU. Le 16 juillet Conférence de Spa, en Belgique, qui fixe entre les alliés et l'Allemagne un protocole sur les premières modalités de sanctions et de réparations. Le 21 juillet départ d'une mission militaire pour Varsovie. Le 10 août Traité de Sèvres avec la Turquie. Le 21 septembre démission de Paul Deschanel. Le 23 septembre Alexandre Millerand est élu président de la République. Le 24 septembre Georges Leygues est nommé président du Conseil. En décembre Congrès de Tours du Parti socialiste qui aboutit à la scission entre socialistes et communistes et à la création du Parti Communiste Français. **1921**, le 16 janvier Aristide Briand est nommé président du Conseil. Les 25-29 janvier Conférence de Paris sur les réparations. Le 28 janvier inhumation du Soldat inconnu. En mars des troupes françaises et belges occupent des villes de la Ruhr pour obtenir le paiement des réparations. Le 16 mai rétablissement des relations diplomatiques avec le Vatican. Le 20 juillet Scission de la C.G.T. Le 6 octobre accords de Wiesbaden sur les réparations. Le 25 juillet, signature du traité créant l'Union économique belgo-luxembourgeoise. Le 29 octobre ouverture de la Conférence internationale de Washington sur la limitation des armements et les questions d'Extrême-Orient. **1922**, les 6-13 janvier Conférence de Cannes (réunion au sommet des puissances vainqueurs de la guerre pour dessiner les relations internationales en Europe). Le 12 janvier démission d'Aristide Briand. Le 15 janvier Raymond Poincaré est nommé président du Conseil. Le 6 février Accords de Washington sur les armements navals. Le 10 avril Conférence de Gênes. Le 12 juillet l'Allemagne demande un moratoire au paiement des réparations. Le 27 octobre arrivée au pouvoir de Mussolini en Italie. **1923**, le 2 janvier Ouverture de la conférence de Paris sur les réparations. Le 6 janvier Radiola diffuse le premier journal « parlé » en France, présenté alors par Maurice Vinot. Le 7 janvier La Croisière noire arrive à Tombouctou. Le 11 janvier Occupation de la Ruhr par les Français et les Belges afin d'obliger les Allemands à respecter les clauses du Traité de Versailles concernant le paiement de réparations. Le 1er avril La loi fixe la durée du service militaire à 18 mois. Le 26 mai première course des 24 heures du Mans. Le 30 juin une loi établit le monopole de l'État sur l'émission et la réception radiophonique. En octobre Millerand tente de créer un régime présidentiel. En octobre, Richard Nikolaus de Coudenhove-Kalergi publie *Paneuropa* dans lequel il propose le premier projet moderne d'une Europe unie. Le 17 décembre Le PCF propose à la SFIO de constituer un bloc ouvrier et paysan en vue des prochaines élections. Les socialistes refusent et optent pour le Cartel des gauches. **1924**, le 14 janvier Création du comité Charles Dawes pour les réparations. Les 24 janvier - 4 février Premiers Jeux Olympiques d'hiver à Chamonix. Le 31 janvier Socialistes et radicaux forment le "Cartel des gauches". Le 12 février Massacre de Pirmasens (40 séparatistes rhénans sont massacrés à Pirmasens, une petite ville proche de la frontière française, par des nationalistes allemands). Le 26 mars Poincaré démissionne. Le 4 mai Ouverture des VIIIème Jeux Olympiques d'été à Paris. Les 11 et 25 mai Élections législatives (Cartel des gauches 287 députés, Bloc national 238, Communistes 72). Le 8 juin Frédéric François-Marsal est nommé président du Conseil. Le 11 juin Alexandre Millerand démissionne. Le 13 juin Gaston Doumergue est élu président de la République. Le 14 juin Edouard Herriot est nommé président du

Conseil. Le 16 juillet ouverture de la conférence de Londres sur le plan Dawes. Le 1er septembre le plan Dawes est adopté. Le 10 septembre soulèvement d'Abd el-Krim au Maroc. Le 28 octobre la France reconnaît l'URSS. Le 31 octobre entrée en application du plan Dawes. **1925**, le 3 janvier Loi d'amnistie en faveur de Joseph Caillaux. Le 22 février fermeture de l'ambassade de France au Vatican. Le 10 avril Herriot démissionne. Le 17 avril Paul Painlevé est nommé président du Conseil. Le 23 avril Conférence de San Remo qui reconnaît les droits des Arméniens. Le 29 avril inauguration à Paris de l'exposition des Arts déco. Le 25 juin La Croisière noire arrive à Tananarive (Madagascar). Le 25 juillet début de l'évacuation de la Ruhr. Le 22 août Pétain arrive à Casablanca (guerre du Rif). Le 24 septembre Lyautey, gouverneur général du Maroc, démissionne. Le 16 octobre Pacte de Locarno entre la France, la Grande Bretagne, l'Italie, l'Allemagne et la Belgique. Le 28 novembre Aristide Briand est nommé président du Conseil. **1926**, le 29 avril Accord de Washington sur les dettes de guerre. Le 26 mai fin de la guerre du Rif, reddition d'Abd el-Krim. Le 12 juillet Accords franco-britanniques sur les dettes de guerre. Le 19 juillet Edouard Herriot est nommé président du Conseil. Le 21 juillet effondrement du franc. Le 23 juillet Raymond Poincaré est nommé président du Conseil. Le 7 août la France adhère au Gold Exchange Standard. Le 10 août création de la Caisse autonome d'amortissement. Le 10 septembre Décret qui supprime 106 sous-préfectures. Le 17 septembre entrevue à Thoiry entre Aristide Briand et le ministre des Affaires étrangères allemand Gustav Stresemann. Le 30 septembre Création du Cartel international de l'acier par les producteurs allemands, belges, français, luxembourgeois et sarrois. Le 10 décembre, Aristide Briand et Gustav

Stresemann reçoivent le prix Nobel de la paix pour les accords de Locarno. Le 29 décembre le pape Pie XI ordonne aux catholiques français de rompre avec l'Action française. **1927**, en mars les dernières troupes françaises quittent la Sarre. Les 20-21 mai Charles Lindbergh est le premier pilote à relier New York à Paris. Le 13 juin arrestation de Léon Daudet, directeur de l'Action française. Le 10 septembre les 4 mousquetaires du tennis français remportent la coupe Davis (Borotra, Lacoste, Cochet et Brugnon). Le 6 novembre Caillaux critique la politique financière de Poincaré, les radicaux cessent de participer au gouvernement. Le 11 novembre Traité d'amitié franco-yougoslave. **1928**, le 31 mars le service militaire est ramené à 1 an. Les 22-29 avril Élections législatives (Union national 338 députés, Union des gauches 256, Communistes 12). Le 7 juin succès de Poincaré sur le plan financier et le marché des changes. Le 24 juin arrivée du "franc Poincaré" pour favoriser les exportations. Le 13 juillet Loi Loucheur sur la construction d'immeubles sociaux. Le 27 août Aristide Briand et le secrétaire d'État américain Frank B. Kellog signent à Paris un pacte multilatéral qui condamne la guerre comme moyen de règlement des différends internationaux. **1929**, le 31 janvier inauguration du train bleu "Calais-Méditerranée Express". Le 20 mars mort du Maréchal Foch. Le 6 mai Alain Gerbault achève le tour du monde à la voile en solitaire. Le 7 juin le plan Young remplace le plan Dawes pour les réparations. Le 26 juillet Poincaré démissionne pour être opéré de la prostate. Le 29 juillet Aristide Briand est nommé président du Conseil. Le 5 septembre à la SDN, Briand propose la constitution des Etats-Unis d'Europe. Le 24 octobre "Jeudi noir" à la bourse américaine de Wall Street. Début de la crise économique. Le 2 novembre André Tardieu est nommé président du

Conseil. Le 24 novembre mort de Clémenceau. **1930**, Le 4 janvier adoption de la loi Maginot décidant la construction d'une ligne de fortifications allant des bords de la Méditerranée jusqu'à la frontière belge. En Janvier 2ème conférence de La Haye sur les réparations. Le 21 février Camille Chautemps devient président du Conseil. Le 2 mars André Tardieu devient président du Conseil. En mars inondations de la Garonne (200 mort s dans la vallée du Tarn). Le 10 mars Centenaire de l'Algérie française. Le 29 mars la France ratifie le plan Young. Le 16 avril Création d'une « allocation du combattant ». Le 30 avril Loi sur les Assurances sociales. Le 13 mai première liaison postale sur l'Atlantique Sud (Mermoz, Dabry et Gimié à bord d'un hydravion Latécoère 28 baptisé "Comte de La Vaulx"). Le 30 juin fin de l'évacuation de la Rhénanie, en application du plan Young. Le 2 septembre Dieudonné Costes et Maurice Bellonte réalisent le 1er vol direct Paris/New York à bord du Breguet XIX. En novembre Scandale de la banque Oustric. Le 13 décembre Théodore Steeg devient Président du Conseil. **1931**, le 3 janvier mort du Maréchal Joffre. Le 27 janvier Pierre Laval devient Président du Conseil. Le 14 avril L'ingénieur français René Barthélemy réussit pour la première fois en France à retransmettre une image de 30 lignes entre Montrouge et Malakoff. Le 6 mai début de l'Exposition coloniale à Paris. Le 13 juin Paul Doumer est élu Président de la République. Le 6 juillet Moratoire Hoover (le Président américain suspend pour 1 an le paiement des dettes de guerre de l'Allemagne). Le 13 juillet l'Allemagne suspend ses paiements internationaux. **1932**, le 20 février André Tardieu devient Président du Conseil et ministre des Affaires étrangères. Le 7 mars mort d'Aristide Briand. Le 11 mars Création des allocations familiales. Le 6 mai Paul Doumer, inaugurant le salon de l'Association des écrivains anciens combattants, est assassiné par un émigré russe, Paul Gorguloff. Le 8 mai Élections législatives, succès de la gauche. Le 10 mai Albert Lebrun est élu président de la République au premier tour de scrutin. Le 3 juin Édouard Herriot est nommé Président du Conseil et ministre des Affaires étrangères. Le 9 juillet accords de Lausanne (fin des réparations). La dette allemande est ramenée à 3 milliards de marks. Le 14 septembre Pavel Gorguloff, l'assassin de Doumer, est guillotiné à Paris. Le 29 octobre lancement du paquebot Normandie, le plus grand paquebot du monde (312 mètres). Le 29 novembre signature du pacte de non-agression franco-soviétique. Le 18 décembre Joseph Paul-Boncour est nommé Président du Conseil et ministre des Affaires étrangères. **1933**, le 30 janvier à Berlin Hitler devient chancelier. Le 31 janvier Édouard Daladier devient Président du Conseil et ministre de la Guerre. Le 31 mai une loi met en place une redevance sur l'utilisation du matériel radiophonique. Le 7 juin à Rome, pacte à Quatre (Italie, Allemagne, Grande-Bretagne et France) pour gérer le nouvel ordre mondial. Le 12 juin Conférence économique mondiale de Londres. Le 14 octobre l'Allemagne quitte la conférence sur le désarmement et la SDN. Le 26 octobre Albert Sarraut devient Président du Conseil et ministre de la Marine. Le 26 novembre Camille Chautemps devient Président du Conseil et ministre de l'Intérieur. En décembre Escroquerie des faux bons de Bayonne (239 millions de F) d'Alexandre Stavisky. **1934**, le 8 janvier Alexandre Stavisky est retrouvé mort dans son chalet "Le vieux logis" près de Chamonix. Les 11-27 janvier manifestations à Paris. Le 26 janvier Eugène Raynaldy (ministre de la Justice), compromis dans l'affaire du banquier Sacazan, démissionne. Le 27 janvier Chautemps démissionne. Le 30 janvier Édouard Daladier devient Président du Conseil et ministre des Affaires étrangères. Le 6 février coup de force de l'extrême-droite à Paris. L'Action française tente d'entraîner les manifestants vers le Palais-Bourbon pour mettre en fuite les députés et provoquer une crise de régime, mais les Croix-de-Feu (dirigé par le colonel de La Rocque) refusent de les appuyer. La police, sans directives, tire sur la foule (16 morts). Le 7 février manifestation de Camelots du Roi et Jeunesses patriotes. Daladier démissionne. Le 8 février Gaston Doumergue devient Président du Conseil. Le 9 février Contre-manifestation communiste. Le 12 février grève générale. Manifestation de 100 000 personnes (de Vincennes à la Nation). Le 20 février Albert Prince, magistrat ayant enquêté sur l'affaire Stavisky, est trouvé écrasé et décapité par un train près de Dijon. Le 24 mars Citroën présente sa traction avant. Le 9 octobre un terroriste croate tue à bout portant Alexandre Ier de Yougoslavie en visite à Marseille. Le ministre des affaires étrangères français, Louis Barthou, qui l'accompagne dans le cortège meurt également. Le 8 novembre Pierre-Étienne Flandin devient Président du Conseil. Le 30 novembre L'aviatrice Hélène Boucher meurt dans un accident lors d'une séance d'entraînement. En décembre la présidence du Conseil s'installe à l'hôtel Matignon. **1935**, le 13 janvier la Sarre vote son rattachement à l'Allemagne. Le 15 mars le service militaire passe à 2 ans. Le 16 mars le service militaire allemand rétabli (protestations en France, Grande-Bretagne et Italie). Le 14 avril Accords de Stresa (France, Grande-Bretagne, Italie) garantissant l'indépendance de l'Autriche. Le 15 mai Traité d'assistance mutuelle franco-soviétique sans clauses militaires. Le 1er juin Flandin démissionne. Fernand Bouisson devient Président du Conseil et ministre de l'Intérieur. Le

6 juin Pierre Laval devient Président du Conseil et ministre des Affaires étrangères. Le 18 juin Pacte naval anglo-allemand. Le 14 juillet plus de 200.000 personnes, répondant à l'appel du tout nouveau « Comité de Rassemblement Populaire», défilent de la Bastille au cours de Vincennes. Le 16 juillet Décret-loi de Laval (baisse des dépenses et traitements des fonctionnaires). Le 3 octobre début de la guerre d'Éthiopie. Le 18 octobre France et Angleterre votent les sanctions contre l'Italie à la SDN. Le 12 décembre Accord Laval/Samuel Hoare (ministre anglais des affaires étrangères) proposant une médiation entre l'Italie et l'Ethiopie. **1936**, le 12 janvier publication du programme de rassemblements populaires (socialistes et communistes). Le 17 janvier Jugement de l'affaire Stavisky (11 acquittements et 16 condamnations). Le 22 janvier Opposition violente de la gauche, Laval doit se retirer. Le 24 janvier Albert Sarraut devient Président du Conseil et ministre de l'Intérieur. Le 13 février Décret dissolvant les organisations de l'Action française. Le 7 mars entrée des troupes allemandes en Rhénanie. Le 12 mars le Général Gamelin estime l'armée allemande à 295.000 soldats (alors qu'il n'y en avait que 50.000). Le 25 mars à Londres Traité naval entre la France, la Grande-Bretagne et les États-Unis. Le 10 avril 1ère grève, à La Boutellerie près d'Amiens, avec occupation des lieux. Le 17 avril Discours de Maurice Thorez à Radio-Paris, appelant les catholiques à s'unir à la gauche. Les 26 avril et 3 mai Élections législatives. Victoire du Front Populaire. Le 12 mai début des grèves « sur le tas » (occupation d'usines). Le 1er juin les grèves s'étendent. Le 4 juin Léon Blum devient Président du Conseil. Les 7/8 juin Accords de Matignon. Le 18 juin Loi sur les congés payés votée à l'unanimité. Le 28 juin Jacques Doriot fonde le Parti populaire français (PPF). Le 2 juillet La

scolarité devient obligatoire jusqu'à 14 ans. Le 17 juillet début de la guerre civile espagnole. En août fin des grèves. Le 1er août Ouverture des jeux Olympiques de Berlin. Le 11 août Nationalisation des entreprises travaillant pour la défense nationale. Le 16 août Création de l'Office des céréales. Le 31 août Nationalisation des chemins de fer. En octobre début de l'aide franco-soviétique à l'Espagne républicaine. Le 1er octobre dévaluation du franc (40%). Le 16 octobre premières nationalisations de l'industrie aéronautique. Le 17 novembre suicide de Roger Salengro (ministre de l'Intérieur) suite à une campagne de diffamation qui l'accuse de désertion en 1916. Le 19 novembre Accord syndicats-patronat-gouvernement sur la conciliation et l'arbitrage obligatoires avant la grève. Le 4 décembre les communistes retirent leur soutien au gouvernement du Front populaire. Le 31 décembre Loi sur l'arbitrage et la conciliation obligatoires en cas de grève. **1937**, le 24 janvier Accord entre la France et la Turquie sur Alexandrette. Le 13 février Léon Blum annonce une « pause sociale » dans les réformes. Le 16 mars Réunion à Clichy du Parti Social Français qui provoque une contre-manifestation des communistes et des socialistes ; intervention de la police (5 morts et 200 blessés). Les 24 mai/25 novembre Exposition internationale de Paris. Le 21 juin Léon Blum démissionne. Le 22 juin Camille Chautemps devient Président du Conseil. Le 21 juillet nouvelle dévaluation du franc. Le 14 août à Shanghai les Japonais bombardent la concession française. Le 31 août création de la SNCF. Le 12 novembre inauguration de l'aéroport du Bourget par la président Albert Lebrun. Le 15 décembre premières arrestations de cagoulards. **1938**, le 10 mars démission de Chautemps. Le 12 mars Anschluss (L'Allemagne envahit l'Autriche). Le 14 mars Léon Blum devient Président du Conseil. Le 8 avril chute de Blum (Le Sénat refuse de lui accorder les pleins pouvoirs financiers). Le 10 avril Édouard Daladier devient Président du Conseil. En mai début de la crise des Sudètes. Le 11 juillet Loi sur l'organisation de la nation en temps de guerre. Le 24 septembre rappel des réservistes. Les 29/30 septembre Accords de Munich (Allemagne, France, Grande-Bretagne, Italie). La Tchécoslovaquie doit céder le territoire des Sudètes à l'Allemagne. Le 3 octobre le Parlement français ratifie les accords de Munich par 535 voix contre 75. Le 28 octobre incendie des Nouvelles Galeries à Marseille (74 morts). Le 30 octobre fin officielle du Front populaire (Daladier rompt avec les communistes). En novembre, création de la Federal Union au Royaume-Uni. Le 7 novembre Herschel Grynszpan assassine à Paris un conseiller de l'ambassade d'Allemagne, Ernst vom Rath. Les 9/10 novembre Nuit de Cristal en Allemagne. Le 12 novembre Décret prévoyant des centres spéciaux pour étrangers indésirables. Le 13 novembre La semaine de 48 heures est rétablie. Le 30 novembre la grève générale, contre les décrets Reynaud, échoue. En Novembre Mussolini réclame la Corse, Nice et la Savoie. Le 6 décembre à Paris, signature du Traité de bonne entente France/Allemagne. **1939**, le 21 janvier la France ouvre en Lozère le camp de Rieucros, premier camp d'internement français pour les « étrangers indésirables ». En Février 900.000 républicains espagnols se réfugient en France. Le 2 mars Le maréchal Pétain devient ambassadeur de France en Espagne. Le 17 mars la France et la Grande-Bretagne entament des négociations avec l'URSS. Le 5 mai Albert Lebrun est réélu Président de la République par 506 voix. Le 22 mai Pacte d'Acier (Axe Berlin-Rome). Le 24 juillet Promulgation du Code de la famille. Le 23 août

Pacte germano-soviétique. Le 26 août le gouvernement français avertit Hitler que la France tiendra ses engagements envers la Pologne. Le 1er septembre Hitler envahit la Pologne. Mobilisation générale. Le 2 septembre la Chambre vote les crédits de guerre.

Deuxième Guerre Mondiale

3 septembre (1939) Le Royaume-Uni et la France déclarent la guerre à l'Allemagne. Le 27 septembre Dissolution du parti communiste français. Le 8 octobre arrestation de députés communistes. Il convient de rappeler que l'URSS est l'allié de l'Allemagne jusqu'à l'opération Barberousse. **1940**, le 20 janvier la Chambre vote la déchéance des députés communistes. Le 20 mars démission d'Édouard Daladier. Le 22 mars formation du gouvernement Paul Reynaud. En Avril-mai expédition franco-anglaise en Norvège contre les allemands. Échec. Le 10 mai début de l'offensive allemande à l'ouest. Invasion de la Belgique et des Pays-Bas. Le 13 mai percée allemande à Sedan. Le 18 mai remaniement ministériel Pétain devient vice-président du Conseil. Le 19 mai Weygand remplace Gamelin à la tête de l'armée française. Le 28 mai prise de Narvik par les Alliés. La ville est évacuée le 31. Le 4 juin chute de la poche de Dunkerque. Le 5 juin De Gaulle est nommé sous-secrétaire d'Etat à la Guerre. Le 6 juin Les lignes de défense françaises sont enfoncées. Le 10 juin Le gouvernement quitte Paris. L'Italie déclare la guerre à la France. Le 14 juin les Allemands entrent dans Paris. Le 16 juin démission de Reynaud. Pétain devient président du Conseil. Le 17 juin les Allemands franchissent la Loire. Pétain demande l'armistice. Le 18 juin Appel du général de Gaulle à la BBC. Le 22 juin signature de l'armistice franco-allemand à Rethondes. Le 28 juin De Gaulle est

reconnu par le gouvernement britannique comme le chef des Français libres. Le 1er juillet Le gouvernement s'installe à Vichy. Le 3 Juillet les Anglais bombardent la flotte française de Mers el-Kébir (Algérie). Le 10 juillet l'Assemblée Nationale vote les pleins pouvoirs au maréchal Pétain. Le 12 juillet Pierre Laval est appelé par Pétain comme vice-président du Conseil. Les 11-12 juillet Promulgation des quatre premiers "Actes constitutionnels". Le 13 août dissolution des sociétés secrètes. Le 16 août mise en place des "Comités provisoires d'organisation". Le 26 août ralliement de l'Afrique équatoriale française à la France libre. Le 29 août création de la légion française des combattants. Le 17 septembre instauration du rationnement des produits alimentaires. Le 3 octobre Statut des Juifs. Le 24 octobre entrevue Pétain-Hitler à Montoire. Le 27 octobre De Gaulle crée le Conseil de défense de l'Empire. Le 11 novembre manifestation d'étudiants et de lycéens à Paris. Le 13 décembre révocation et arrestation de Pierre Laval. Le 15 décembre parution de Résistance publié par le groupe du Musée de l'Homme. **1941**, le 22 janvier création du Conseil national de Vichy. Le 28 janvier le groupe du Musée de l'Homme est démantelé. Le 1er février Marcel Déat et Eugène Deloncle créent le Rassemblement national populaire. Le 9 février démission de Pierre-Etienne Flandin. L'amiral François Darlan est nommé vice-président du Conseil et ministre des Affaires étrangères. Le 10 février Darlan remplace Laval comme dauphin de Pétain. Le 15 mars début de l'opération Savannah, première mission armée en France organisée par la France libre avec les moyens de la Royal Air Force. Échec. Le 29 mars Xavier Vallat est nommé Commissaire aux Questions juives. Le 30 mars La RAF bombarde Brest où sont stationnés les croiseurs allemands Scharnhorst et Gneisenau. Le 23 avril

Loi qui institue la police nationale dans toutes les communes de plus de 10 000 habitants, et dans les communes plus petites désignées par arrêté du ministre de l'Intérieur. Paris conserve son statut particulier. Le 13 mai Entrevue Hitler-Darlan à Berchtesgaden. Le 15 mai Création du Front national par les communistes. Le 26 mai - 9 juin grève des mineurs du Nord et du Pas-de-Calais. Les 27-28 mai signature des "Protocoles de Paris" entre Darlan et Abetz (Ambassadeur d'Allemagne à Paris) qui prévoient la livraison aux Allemands d'une base en Syrie ainsi que du matériel en Afrique du Nord contre la libération de 961 officiers. En juin, Altiero Spinelli et Ernesto Rossi rédigent à Ventotene le *Manifeste pour une Europe libre et unie*, ou*Manifeste de Ventotene*, où ils attribuent à l'État national la cause de la guerre et déclarent comme priorité stratégique pour l'après-guerre la lutte pour la fédération européenne plutôt que la transformation de l'État national. A Munich, en Allemagne, les étudiants du mouvement « La Rose blanche » prennent position pour une fédération européenne après la guerre. Le 2 juin Deuxième statut des Juifs (renforce leur exclusion des professions libérales, commerciales, artisanales et industrielles). Le 8 juin les Britanniques et les FFL entrent en Syrie. Le 21 juin entrée à Damas des troupes franco-britanniques. Le 22 juin L'Allemagne envahit l'URSS (Opération Barbarossa). Nota : les communistes Français vont suivre les ordres de Moscou et se ranger contre l'Allemagne. Le 7 juillet Création de la LVF, la Légion des volontaires français contre le bolchevisme (Fondée par Doriot et Déat). Le 18 juillet Pierre Pucheu devient ministre de l'Intérieur. Le 26 juillet Assassinat de Marx Dormoy, ancien ministre du Front populaire. Le 12 août Pétain prononce le discours du "vent mauvais". Le 14 août Les militaires et les magistrats doivent maintenant prêter serment de fidélité au chef de l'état si ils veulent pouvoir exercer leur métier. Le 21 août attentat du métro Barbès (un officier allemand est abattu par des communistes). Le 29 août Les Allemands exécutent au mont Valérien Maurice Barlier, Yann Doornick et Honoré d'Estienne d'Orves (officiers de renseignement de la France libre). Le 5 septembre Inauguration à Paris de l'exposition "Le Juif et la France". Le 24 septembre Constitution à Londres du Comité national français (embryon de gouvernement avec des départements ministériels). Le 4 octobre Promulgation de la Charte du Travail par le régime de Vichy. Elle interdit la grève et pose le principe des syndicats uniques et obligatoires. Le 22 octobre à Châteaubriant, en Loire-atlantique, 27 otages sont fusillés par des soldats allemands. Le 4 novembre Création du mouvement de résistance Combat, sous l'impulsion de Henri Frenay, doté d'un journal du même nom. Le 20 novembre Weygand est rappelé d'Afrique sur injonction de l'Allemagne. En décembre Publication du premier numéro des journaux de résistance Témoignage chrétien et Franc-Tireur. Le 1er décembre Pétain rencontre Goering à Saint-Florentin. Le 7 décembre Les Japonais attaquent la base américaine de Pearl Harbor. Le 8 décembre les Etats-Unis déclarent la guerre au Japon. Le 12 décembre Naissance du Service d'ordre légionnaire (SOL), organisation militaire de choc du régime de Vichy. Le 24 décembre les Forces françaises libres rallient Saint-Pierre-et-Miquelon. **1942**, le 18 janvier Jean Moulin est parachuté en Provence où il doit prendre contact avec les mouvements de résistance au nom de la France libre. Le 19 février ouverture du procès de Riom. Edouard Daladier, Guy La Chambre, Maurice Gamelin, Léon Blum et Robert Jacomet sont accusés d'être responsables de la défaite de

1940. Le procès tournera rapidement à la confusion et Hitler, irrité, le suspendra en avril. En Février Fondation de Ceux de la Résistance (CDLR). Les 3-4 mars Raid aérien britannique contre les usines Renault de Billancourt. Le 27 mars départ du premier convoi de "déportés raciaux". Le 28 mars Naissance des Francs-Tireurs et Partisans français (FTPF). Le 18 avril Après la démission de Darlan, Laval devient chef du gouvernement. Le 6 mai Darquier de Pellepoix succède à Xavier Vallat comme commissaire aux questions juives. Les 26 mai - 11 juin Bataille de Bir Hakeim. Le 16 juin rencontre Laval-Sauckel, le principe de la Relève est accepté. Pour 3 travailleurs français partant en Allemagne, un prisonnier sera libéré. Le 14 juillet La "France libre" se transforme en "France combattante". Les 16-17 juillet Rafle du Vel' d'Hiv' sur ordre de René Bousquet. Le 19 août échec du débarquement de Dieppe. Ce raid était destiné à tester les défenses allemandes et préparer un débarquement de masse. Le 16 octobre création d'un comité de coordination des mouvements de résistance en zone sud. Le 8 novembre Début de l'Opération Torch (débarquement américain en Afrique du Nord). Le 11 novembre Les Allemands envahissent la "zone libre". Le 15 novembre Darlan prend le pouvoir en Afrique du Nord. Le 27 novembre la flotte de Toulon se saborde. Le 24 décembre assassinat de l'Amiral Darlan. Le 26 décembre le général Giraud devient Haut-Commissaire civil et militaire en Afrique du Nord. **1943**, le 26 janvier Fondation du MUR, Mouvements unis de la Résistance, qui comprend "Combat", "Franc-Tireur" et "Libération-Sud". Le 30 janvier création de la Milice dirigée par Joseph Darnand. Le 16 février instauration du STO (Service du travail obligatoire). Les hommes nés en 1920, 1921 et 1922 sont mobilisés pour aller travailler en

Allemagne. Le 5 avril Vichy livre à Allemagne Blum, Daladier, Mandel, Reynaud et Gamelin. Le 27 mai première réunion à Paris du Conseil national de la Résistance. Le 3 juin le Comité français de la libération nationale (CFLN) est créé à Alger. Sa présidence est assurée par le général de Gaulle et le général Giraud. Le 21 juin arrestation de Jean Moulin, trahi, près de Lyon. Transféré par les Allemands à Paris, il sera torturé et mourra le 8 juillet dans le train qui l'amenait en Allemagne. En août Georges Bidault est élu président du CNR. Le 27 et le 28 août, Altiero Spinelli fonde à Milan le Mouvement fédéraliste européen qui adopte le *Manifeste de Ventotene* comme programme. Le 9 septembre la Corse se soulève contre l'occupant. Le 13 septembre débarquement en Corse de troupes venues d'Afrique du Nord. Le 2 octobre De Gaulle devient seul président du CFLN. Le 13 novembre Pétain, interdit sur les ondes par les Allemands, suspend l'exercice ses fonctions. Le 29 décembre création des Forces françaises de l'intérieur (FFI). **1944**, le 1er Janvier Darnand est nommé Secrétaire général au maintien de l'ordre. Le 5 janvier Les MUR se transforment en Mouvement de libération nationale (MLN) par intégration des mouvements de la zone Nord. Le 6 janvier Henriot nommé Secrétaire d'État à l'information et à la propagande. Le 12 janvier rencontre à Marrakech de Churchill et de De Gaulle. Le 20 janvier le régime de Vichy instaure une loi instituant les cours martiales contre les "terroristes". Les 30 Janvier - 8 Février Conférence de Brazzaville organisée par le Comité français de la Libération nationale (CFLN) afin de déterminer le rôle et l'avenir de l'Empire colonial français. Le 21 février exécution des membres du groupe Manouchian au Mont-Valérien. Le 15 mars programme du Conseil national de la Résistance qui comporte à la fois un plan d'action immédiate et les mesures à appliquer dès la Libération du territoire. Le 16 mars Marcel Déat est nommé secrétaire d'Etat au Travail. Le 26 mars Miliciens et Allemands donnent l'assaut au maquis des Glières. Le 2 avril Massacre d'Ascq. Les 31 mars, 29 avril et 20 mai : réunion à Genève des délégués des mouvements de résistance de plusieurs pays européens pour discuter du projet de fédéralisme européen. Le 21 avril Ordonnance du Comité français de la Libération nationale (CFLN) sur l'organisation des pouvoirs publics en France libérée. Le 26 avril Pétain se rend à Paris pour manifester son soutien à la population suite aux bombardements du 21 avril. En juin le Comité français pour la fédération européenne est fondé à Lyon. Le 2 juin Le CFLN se transforme en Gouvernement provisoire de la République française (GPRF). Le 6 juin Débarquement allié en Normandie (opération Overlord). Le 10 juin Massacre d'Oradour-sur-Glane. Le 13 juin Darnand est nommé secrétaire d'Etat à l'intérieur. Le 20 juin Assassinat de Jean Zay (ancien ministre du Front populaire) par des miliciens. Le 28 juin Philippe Henriot est abattu par des Résistants. Le 7 juillet Assassinat de Georges Mandel. Ernesto Rossi, Altiero Spinelli, Henri Frenay et d'autres chefs de la résistance européenne publie la *Déclaration des résistances européennes* présentant un projet de fédération européenne. Le 21-23 juillet Les Allemands et la Milice donnent l'assaut au maquis du Vercors. Le 15 août Débarquement en Provence. Le 19-25 août Insurrection et libération de Paris. Le 20 août Pétain est emmené contre son gré par l'Armée allemande à Belfort puis, le 8 septembre, à Sigmaringen en Allemagne. Le 2 septembre premier Conseil des ministres du GPRF à Paris. Le 5 septembre : signature entre les pays du Benelux du traité visant à supprimer les droits de douane à leurs frontières communes et de fixer une même taxation pour les marchandises venant de l'extérieur. Le 9 septembre le général de Gaulle créé un gouvernement provisoire. Le 10 septembre, abolition du gouvernement de Vichy. Le 5 octobre, les femmes acquièrent le droit de vote. Le 22 octobre dernière émission des "Français parlent aux Français" à la radio. Le 28 octobre dissolution des Milices patriotiques. Le 23 novembre Le Général Leclerc libère Strasbourg. Le 26 novembre Constitution du MRP. Le 10 décembre signature à Moscou du pacte franco-soviétique. Le 14 décembre Nationalisation des houillères du Nord et du Pas de Calais. Le 18 décembre Premier numéro du Monde. On notera sur cette fin d'année une épuration sans nom commise au nom de la « collaboration » réelle ou virtuelle, ayant occasionnée sous l'égide des troupes communistes et apparentées à un bain de sang semblable à celui occasionné pendant la première « République », ayant occasionné la mort d'environ 150 000 personnes dans notre Pays. Il est bien évident que tous les gens qui pouvaient gêner la montée au pouvoir des communistes étaient bien entendu liquidés, sans sommation ni procès. **1945**, le 1er janvier Signature par la France de la déclaration des Nations-Unies. Le 16 janvier Nationalisation des usines Renault. Le 25 janvier Conférence de Yalta où la France n'est pas invitée. Le 31 janvier Vincent Auriol devient président de l'Assemblée constituante. Le 2 février Libération de Colmar. Le 6 février Exécution de l'écrivain Robert Brasillach. Le 22 février Loi de création des Comités d'Entreprise pour les sociétés de plus de 100 personnes. Le 7 mars franchissement du Rhin par les Alliés à Remagen. Le 10 mars Les Japonais prennent le contrôle de l'Indochine. Le 21 avril Ordonnance sur les pouvoirs publics autorisant le vote et l'égibilité de femmes. Le 26 avril retour de Pétain en France. Les 29 avril-13 mai élections municipales. Les femmes votent pour la première fois. Le 7 mai Le général Alfred Jodl signe à Reims dans la nuit du 7 au 8 mai la capitulation sans condition de l'Allemagne.

Fin de la deuxième guerre mondiale théâtre Europe.

Le 15 mai la France devient membre permanent du conseil de sécurité de l'ONU. Le 12 juin abrogation de la censure. Le 25 juin Signature de la Charte des Nations Unis. Le 6 août Première bombe atomique américaine sur Hiroshima. Le 9 août seconde bombe atomique américaine sur Nagasaki. Le 12 août capitulation sans condition du Japon. Le 14 août condamnation à mort du maréchal Pétain et transfert au fort du Portalet (Pyrénées). Le 17 août Le général Leclerc est nommé Haut-Commissaire de France en Indochine. Grâce présidentielle du maréchal Pétain. Le 2 septembre signature officielle de la capitulation japonaise sur le « Missouri ». Hô Chi Minh proclame l'indépendance de l'Indochine. Le 12 septembre Arrivée des premiers soldats du général Leclerc à Saigon (Indochine). Le 3 octobre condamnation à mort de Joseph Darnand. Le 9 octobre Pierre Laval est condamné à mort. Le 10 octobre exécution de Joseph Darnand. Le 15 octobre exécution de Pierre Laval après une tentative de suicide. Le 18 octobre création du Commissariat à l'énergie Atomique(CEA). Le 19 octobre Ordonnance de création de la Sécurité Sociale. Le 21 octobre abolition de la constitution de la IIIe République et élection d'une assemblée constituante. Le 8 novembre Félix Gouin est nommé président et De Gaulle chef du gouvernement provisoire. Le 13 novembre Charles de Gaulle est élu Président du gouvernement provisoire par l'Assemblée. Le 21 novembre Le général de Gaulle est nommé président du gouvernement provisoire de la République française. Le 23 novembre formation d'un gouvernement tripartite (MRP-PCF-SFIO) autour du général de Gaulle. Le 2 décembre Loi de nationalisation des banques. Le 13 décembre Accord franco-britannique sur le Moyen-Orient. **1946,** le 10 janvier Première réunion des Nations Unies à Londres. Le 21 février La durée du travail est ramenée à 40 heures hebdomadaires. Le 5 mars : Winston Churchill prononce le discours de Fulton, l'Europe est coupée en deux par le « rideau de fer » et la sécurité de l'Europe face au bloc communiste repose sur une nouvelle Europe unie. Le 6 mars Accords sur l'autonomie du Vietnam. Le 8 avril Nationalisation des compagnies de gaz et d'électricité, création de EDF-GDF. Le 25 avril Nationalisation des compagnies d'assurance. Le 17 mai Loi sur la nationalisation de l'industrie des combustibles minéraux. Le 28 mai Accord Blum-Byrnes annulation des dettes françaises en contrepartie de l'ouverture du marché français aux américains. Le 2 juin élection d'une nouvelle assemblée constituante. Le 12 juin Création du Conseil National du Patronat Français (CNPF). Le 6 juillet Ouverture de la conférence de Fontainebleau sur l'Indochine. Le 8 août Échec de la conférence de Fontainebleau sur l'Indochine. Le 13 octobre Adoption de la nouvelle constitution par référendum. Le 19 septembre : proposition de la création des États-Unis d'Europe par Winston Churchill lors d'un discours à l'Université de Zurich. Le 23 novembre Bombardement du port Haiphong par la marine française ; début de la guerre d'Indochine. Le 27 novembre Plan Monnet de modernisation et d'équipement. Le 17 décembre création de l'Union des fédéralistes européens à Paris en France. Le 19 décembre Soulèvement du Viet Minh contre la présence française en Indochine. **1947**, le 16 janvier Vincent Auriol est élu président de la république. Le 30 mars Insurrection de Madagascar. Le 14 mai fondation de l'United Europe Movement, parrainé par Winston Churchill, prônant une coopération intergouvernementale visant à se battre contre le supranationalisme. Le 14 avril Le général de Gaulle fonde le Rassemblement du Peuple Français (RPF). Le 1er juin : création du Conseil français pour l'Europe unie par René Courtin. En même temps sont créées les Nouvelles équipes internationales, démocrate chrétienne. Le 3 juin : naissance du mouvement des États-Unis socialistes d'Europe. Le 5 juin Les États-Unis proposent à l'Europe un plan d'aide à la reconstruction, le plan Marshall. Le 1 août accord syndicat-patronat sur une augmentation de 11% des salaires. Le 27 août Loi-cadre sur l'Algérie. Du 27 au 31 août : les fédéralistes se réunissent à Montreux, en Suisse. Le 1 septembre les Algériens obtiennent le droit de vote. Le 19 novembre démission de Paul Ramadier. Du 13 et 14 décembre : formation d'un comité international de coordination des mouvements pour l'unification de l'Europe par plusieurs organisations unionistes et fédéralistes en faveur de l'unification européenne. Le 16 décembre la France reconnaît l'indépendance du Cambodge au sein de l'Union Française. Le 19 décembre naissance de Force Ouvrière, scission de la CGT. **1948**, Le 1er janvier : la convention douanière signée par les pays du Benelux entre en vigueur. Le 25 janvier dévaluation du franc de 80 %. Le 1 mars embuscade du Viet-minh contre un convoi français en Indochine (82 morts). Le 17 mars signature du traité de Bruxelles entre la France, l'Angleterre, la Belgique, les Pays-Bas et le Luxembourg. Le 16 avril Fondation de l'OECE. Le 16 avril : création de l'Organisation européenne de coopération économique (OECE) chargée de distribuer l'aide américaine fournie par le plan Marshall. Le 7 mai : Congrès de la Haye à l'origine de la création du Conseil de l'Europe. Le 14 mai proclamation de l'état d'Israël. Le 24 juin début du blocus de Berlin par les Soviétiques. Le 28 juin la France adhère au plan Marshall. Le 25 juillet Attaque du Viet-minh contre le poste de Phu Tong Hoa en Indochine (21morts). Le 11 septembre Henri Queuille devient chef du gouvernement. Le 17 octobre dévaluation du franc de 17 %. Le 25 octobre signature du traité de l'Atlantique Nord à Paris. Fondation de l'Union des fédéralistes européens à Bruxelles. Le 10 décembre Déclaration universelle des droits de l'Homme. Le 20 décembre Présentation officielle de la première pile atomique française. **1949**, le 28 janvier : élaboration du Conseil de l'Europe par la Belgique, la France, le Luxembourg, les Pays-Bas et le Royaume-Uni, à laquelle participeront également le Danemark, l'Irlande, l'Italie, la Norvège et la Suisse. Le 8 mars Accord entre Bao Dai et la France donnant l'indépendance au Vietnam au sein de l'Union Française. Le 4 avril signature du traité de l'Atlantique Nord à Washington par la Belgique, le Canada, le Danemark, les États-Unis, la France, l'Islande, l'Italie, le Luxembourg, la Norvège, les Pays-Bas, le Portugal et le Royaume-Uni (OTAN). Le 5 mai : signature des statuts du Conseil de l'Europe à Londres. Le 8 mai Création de de la République Fédérale d'Allemagne (RFA). Le 12 mai fin du blocus de Berlin par les Soviétiques. Le 27 juillet la France adhère à l'OTAN. Le 3 août : naissance du Conseil de l'Europe. Le 29 août explosion de la première bombe atomique soviétique. Le 19 septembre Nouvelle dévaluation du Franc (22%). Le 7 octobre création de la République Démocratique Allemande (RDA). **1950, le** 27 janvier le Parlement ratifie les accords d'Indochine. Le 31 janvier L'URSS reconnaît la république démocratique du Viêt-Nam. Le 7 février l'Angleterre et les USA reconnaissent la république Viêt-Nam de Bao Dai. Le 28 avril Frédéric Joliot, est évincé de la tête du CEA pour ses sympathies communistes. Le 9 mai, Robert Schuman, ministre français des Affaires étrangères, propose, dans une déclaration historique, la mise en commun des ressources de charbon et d'acier de la France et de l'Allemagne dans une organisation ouverte aux autres pays d'Europe. Cette déclaration a été élaborée par Jean Monnet, alors Commissaire au plan (Déclaration Schuman). Le 3 juin la République fédérale d'Allemagne, la Belgique, la France, l'Italie, le Luxembourg et les Pays-Bas approuvent la déclaration Schuman. Du 26 au 28 août : l'Assemblée du Conseil de l'Europe approuve la déclaration Schuman. Le 19 septembre création de l'Union européenne des paiements. Le 3-8 octobre défaite de Cao-Bang. Le 24 octobre plan Pleven sur la Communauté européenne de défense. Le 17 décembre le maréchal de Lattre de Tassigny est nommé haut-commissaire pour l'Indochine. Le 13 août René Pleven forme un nouveau gouvernement. **1951**, Les 16-17 janvier Victoire française à Vinh Yen contre les troupes vietminh. Le 15 février tenue d'une réunion en vue de la création de la Communauté européenne de défense proposée par la France, entre la République fédérale d'Allemagne, la Belgique, la France, l'Italie et le Luxembourg, à laquelle assistent aussi le Canada, le Danemark, les États-Unis, la Norvège, les Pays-Bas et le Royaume-Uni. Le 13 mars, Cabinet Queuille. Le 18 avril Traité créant la Communauté Européenne du Charbon et de l'Acier (CECA), regroupant l'Allemagne, la Belgique, La France, L'Italie, le Luxembourg et les

Pays Bas. Le 17 juin Elections législatives. Le RPF est vainqueur. Le 23 juillet Mort du maréchal Pétain à l'île d'Yeu. Le 10 décembre : face au peu d'enthousiasme du Royaume-Uni à l'égard de l'Europe, Paul-Henri Spaak quitte la présidence de l'Assemblée consultative du Conseil de l'Europe en signe de protestation. **1952**, le 17 janvier, émeutes en Tunisie. Le 20 janvier, Cabinet Faure. Le 27 mai : signature du traité sur la Communauté européenne de défense par la République fédérale d'Allemagne, la Belgique, la France, l'Italie, le Luxembourg et les Pays-Bas. Le 28 mai, emprunt indexé Pinay. Le 23 Juillet, naissance de la Communauté européenne du Charbon et de l'Acier, regroupant l'Allemagne de l'Ouest, la Belgique, La France, l'Italie, le Luxembourg et les Pays Bas. Le 10 août entrée en fonction de la Haute Autorité, organe de la Communauté Européenne du Charbon et de l'Acier. Le 23 décembre, chute de Pinay. **1953**, le 1er janvier : entrée en vigueur du premier impôt européen, le prélèvement CECA. Le 5 mars Mort de Staline. Le 6 mai, De Gaulle abandonne les députés du R.P .F. Le 9 mars : Paul-Henri Spaak soumet un projet de traité instituant une Communauté européenne politique au Conseil de la Communauté européenne du charbon et de l'acier, visant à instituer un Comité économique et social, un Conseil des ministres nationaux, un Conseil exécutif européen, une Cour de justice et un Parlement bicaméral. Le 15 mars Institution d'un marché commun de la ferraille. Le 3 juin Pierre Mendès-France est nommé président du Conseil. Le 10 juillet Loi accordant au gouvernement des pouvoirs financiers spéciaux pour assainir la situation. Le 20 novembre Opération Castor ; réoccupation de Dien Bien Phu par les forces françaises. Le 22 décembre René Coty est élu président de la république. **1954**, du 3 février au 7 mai bataille de Dien Bien Phu, défaite des militaires Français, abandonnés par la République. Le 10 avril Loi sur la TVA. Le 11 mai, Alcide De Gasperi est élu deuxième Président du Parlement Européen. Le 12 juin renversement du gouvernement Laniel. Le 18 juin Pierre Mendès-France devient président du Conseil. Le 21 juillet Signature des accords de Genève mettant fin à la guerre d'Indochine. Le 31 juillet Discours de P. Mendès-France à Carthage sur l'autonomie tunisienne. Le 30 août rejet de la Communauté Européenne de Défense au Parlement. Le 23 octobre, naissance de l'Union de l'Europe Occidentale. Le 1 décembre début de l'insurrection algérienne dans le massif des Aurès. **1955**, le 26 janvier, Soustelle est nommé en Algérie. Les 5-6 février Le gouvernement Mendès France est renversé sur la question de l'Algérie. Le 23 février, Cabinet Edgar Faure. Le 3 avril Le Parlement autorise le recours aux mesures d'exception en cas de péril imminent. Le 1er juin, élection de René Mayer au poste de Président de la Haute Autorité de la CECA. Du 1er juin au 3 juin, Conférence de Messine (Sicile) pour relancer l'Europe après l'échec de la CED. Le 23 octobre la Sarre est rattachée à la RFA, intégrant la communauté du Charbon et de l'Acier. Le 2 décembre Edgar Faure élu à la présidence du Conseil dissout l'assemblée. Le 8 décembre, le drapeau bleu avec ses douze étoiles est adopté comme emblème par le Conseil des Ministres du Conseil de l'Europe. **1956**, le 2 février Victoire du front républicain aux élections. Le 5 février Guy Mollet est élu à la présidence du Conseil. Le 2 mars indépendance du Maroc. Le 12 avril dissolution de l'Assemblée algérienne. Le 26 juillet Nasser nationalise le canal de Suez. Le 6 mai Paul Henri Spaak prône la création de la Communauté économique européenne et la Communauté européenne de l'énergie atomique. Le 26 juin les négociations en vue de la création de la communauté économique européenne et de la Communauté européenne de l'énergie atomique commencent à Bruxelles. Les 5-6 novembre Opération franco-anglaise sur le canal de Suez. Le 22 décembre Les Français et les Anglais évacuent le canal de Suez. **1957**, le 7 janvier le général Massu est nommé en Algérie. Le 25 janvier René Coty initie le processus de recherche nucléaire à vocation militaire. Le 25 mars six pays signent le Traité de Rome créant la Communauté économique européenne (CEE ou Marché commun) et la Communauté européenne de l'énergie atomique : Allemagne, Belgique, France, Italie, Luxembourg et Pays-Bas. Le 13 septembre vote de la Loi cadre sur l'Algérie. **1958**, le 1er janvier : entrée en vigueur des traités de Rome. Naissance de la Communauté économique européenne et de la Communauté européenne de l'énergie atomique. Ces dernières et la Communauté européenne du charbon et de l'acier disposent d'une Assemblée parlementaire et d'une Cour de justice commune. La Belgique prend en charge la première Présidence du Conseil de l'Union européenne. Le 15 avril chute du gouvernement Gaillard. L'allemand, le français, l'italien et le néerlandais sont instituées comme langues officielles des trois Communautés européennes. Le 13 mai Pierre Pflimfin devient président du conseil. Le général Massu crée un comité de salut public en Algérie et appelle de Gaulle. Les députés de l'Assemblée parlementaire européenne siégeront dorénavant selon leur affiliation politique plutôt que leur nationalité. Le 15 mai le général Salan fait acclamer De Gaulle à Alger. Le général de Gaulle se déclare prêt à assumer le pouvoir. Le 22 mai rencontre entre Pinay et De Gaulle à Colombey. Le 27 mai démission du président du conseil Pierre Pflimfin. Le 29 mai René Coty fait appel à de Gaulle et demande son investiture à l'Assemblée nationale. Le 30 mai rencontre entre Guy Mollet et Charles de Gaulle à Colombey. Le 1 juin De Gaulle devient président du Conseil. Le 2 juin De Gaulle obtient les pleins pouvoirs constitutionnels. Les 4-7 juin, voyage de De Gaulle en Algérie. Le 1er juillet, première présidence Allemande du Conseil de l'Union Européenne. Le 4 septembre présentation de la nouvelle constitution par De Gaulle. Les 14-15 septembre rencontre De Gaulle-Adenauer à La Boisserie. Le 24 septembre, création de l'U.N.R. Le 28 septembre approbation de la constitution par référendum. (79% de oui). Le 21 décembre De Gaulle est élu président de la République (78,5%). Le 29 décembre mise en vigueur de l'Accord monétaire Européen. **1959**, le 1 janvier entrée en vigueur de la Communauté Économique Européenne (CEE). Première Présidence Française du Conseil de l'Union Européenne. Le 8 janvier Cabinet Debré. Le 8 juin, la Grèce émet le souhait de s'associer à la CEE. Le 1er juillet première Présidence Italienne du Conseil de l'Union Européenne. Le 31 juillet, la Turquie émet le souhait de s'associer à la CEE. Le 16 septembre discours de De Gaulle sur l'autodétermination. **1960**, le 1 janvier le nouveau franc entre en vigueur. Première Présidence Luxembourgeoise du Conseil de l'Union Européenne. Le 4 janvier : la convention instituant l'Association européenne de libre-échange (AELE) est signée à Stockholm par l'Autriche, le Danemark, la Norvège, le Portugal, la Suède, la Suisse et le Royaume-Uni. Le 11 janvier création du Fonds social Européen. Le 24 janvier début de la semaine des barricades à Alger. Le 2 février l'Assemblée Nationale accorde au gouvernement des pouvoirs spéciaux pour un an. Le 13 février première explosion atomique française dans le Sahara (Reggane). Le 3 mai création de l'Association européenne de libre échange par l'Autriche, le Danemark, la Norvège, le Portugal, la Suède, la Suisse et le Royaume Uni. En juin, indépendance des Etats d'Afrique Noire sous tutelle Française. Le 1er juillet, première Présidence Néerlandaise du CUE. Le 14 décembre, l'Organisation de coopération et de développement économique (OCDE) succède à l'Organisation européenne de coopération économique (OECE). **1961**, le 1er janvier, deuxième Présidence Belge du CUE. Le 8 janvier Victoire du oui au référendum (75,26%) sur l'autodétermination en Algérie. 22-25 avril, complot des Généraux d'Alger. Le 20 mai ouverture des négociations d'Évian sur l'Algérie. Le 1er juillet, deuxième Présidence Française du CUE. Le 31 juillet, l'Irlande émet le souhait de rejoindre Les Communautés Européennes. Le 9 août le Danemark émet le souhait de rejoindre les CE. Le 10 août le Royaume Uni émet le souhait de rejoindre les CE. Le 12 août, construction du mur de Berlin. Le 3 novembre, le Traité établissant une Union d'Etats, dit Plan Fouchet, est rendu public en France. Le 29 novembre adoption de la loi d'indemnisation des rapatriés d'Algérie. **1962**, le 8 février manifestation anti-OAS à Paris qui se solde par la mort de 8 personnes. 19 mars accords d'Évian mettant fin à la guerre d'Algérie. Cessez-le-feu en Algérie. Le 30 mars, L'assemblée parlementaire européenne prend le nom de Parlement Européen. Le 8 avril Ratification des accords d'Évian par référendum. Le 14 avril Démission de Michel Debré, Georges Pompidou devient premier ministre. Le 30 avril, la Norvège émet le souhait de rejoindre les CE. Le 30 juillet, lancement de la Politique Agricole Commune. Le 5 octobre motion de censure contre le gouvernement Pompidou. Le 6 octobre dissolution de l'Assemblée nationale. Le 28 octobre adoption de l'élection présidentielle au suffrage universel direct par référendum (62%).

Le 1er novembre, la Grèce est associée à la CEE. Le 25 novembre Victoire gaulliste aux élections législatives. Le 29 novembre accord franco-britannique sur la construction du futur Concorde. Nota Europe : première politique communautaire, la PAC, Politique agricole commune. **1963**, le 14 janvier De Gaulle s'oppose à l'entrée de la Grande Bretagne au sein du marché commun. Le 22 janvier signature du traité de l'Élysée sur la coopération franco-allemande. Le 12 septembre Plan de stabilisation économique de Valéry Giscard d'Estaing, ministre des finances. Le 20 juillet, convention de Yaoundé. Le 12 septembre, signature à Ankara de l'accord d'association entre la Turquie et la Communauté économique européenne. Le 18 décembre candidature Defferre à la Présidence de la République. **1964**, le 27 janvier la France reconnaît la République populaire de Chine. Le 1er juin entrée en vigueur de la Convention de Yaoundé entre la CEE et dix huit Etats Africains. Le 1er décembre la Turquie est associée à la CEE. Le 19 décembre les cendres de Jean Moulin sont transférées au Panthéon. **1965**, Le 8 avril, signature à Bruxelles du Traité de fusion des exécutifs communautaires. Le 26 juin, le traité des exécutifs communautaires est ratifié par la France. Le 30 juin le traité des exécutifs communautaires est ratifié par l'Allemagne. En juillet, début de la crise de la chaise vide, la France boycotte les Institutions Européennes. Le 19 décembre Élection du général de Gaulle à la présidence de la république au second tour (55,2%) devant François Mitterrand (44,8%). **1966**, le 30 janvier, signature du compromis de Luxembourg. Le 5 avril le traité des exécutifs communautaires est ratifié par la Belgique, le 29 avril par l'Italie, le 30 juin par le Luxembourg, le 25 octobre par les Pays Bas. Le 1 juin retrait des troupes Françaises de l'OTAN. Création des

Républicains Indépendants. Le 1er juillet, voyage de De Gaulle en URSS. Nota Europe : compromis de Luxembourg, qui permet à un Etat de demander le report d'un vote et la poursuite des discussions sur un projet de décision communautaire lorsque celle-ci risque de porter atteinte à des intérêts nationaux très importants. **1967**, le 12 mars, législatives. Le 1er juillet, entrée en vigueur du traité de fusion des exécutifs communautaires et création des Communautés européennes par la fusion des institutions de la CECA, de la CEE, de la CEEA., et une seule commission, un seul Conseil des Ministres et une Assemblée Parlementaire. Le 11 mai, seconde candidature Britannique, Irlandaise, et Danoise à l'adhésion. Second véto du Général De Gaulle à l'adhésion Britannique le 11 novembre. Le 24 juillet visite officielle au Canada du Général De Gaulle. Le 7 septembre, Convention de Naples concernant la coopération des douanes européennes. Le 28 décembre adoption par l'assemblée de la Loi Neuwirth légalisant la contraception. **1968**, le 1er février, deuxième conférence mondiale sur le commerce et le développement à New Delhi en Inde. Le 7 février manifestation contre la guerre du Viêt-Nam devant l'ambassade américaine à Paris. Le 12 mars, réélection d'Alain Poher au poste de Président du Parlement Européen. Le 22 mars création du mouvement du 22 mars par Daniel Cohn-Bendit ayant pour objectif la fermeture des cours dans les Universités et la révolution trotskiste. Le 2 mai fermeture de l'université de Nanterre à l'initiative de son doyen. Le 3 mai intervention de la police à la Sorbonne. Le 6 mai début des manifestations étudiantes à Paris. Le 9 mai Alain Peyrefitte, ministre de l'Éducation interdit la réouverture des facultés. Le 10 mai extension générale du mouvement de protestation en France. Les 10-11 mai nuit des barricades à

Paris. Le 11 mai appel des syndicats de salariés à la grève générale. Le 13 mai début de la grève générale. Le 13 mai les étudiants occupent la Sorbonne. Le 15 mai Pompidou ordonne la réouverture de la Sorbonne et de l'Odéon. Le 25 mai ouverture des négociations de Grenelles entre le gouvernement, le patronat et les syndicats. Le 27 mai signature des accords de Grenelles sur les salaires et la durée du travail. Le 28 mai démission d'Alain Peyrefitte, ministre de l'Éducation nationale. Le 29 mai départ du général de Gaulle pour Baden Baden (Allemagne) où il rencontre le général Massu. Le 30 mai retour du général de Gaulle qui annonce la dissolution de l'Assemblée nationale. Le 30 mai manifestation de soutien au général à Paris, réunissant plus d'un million de personnes. Le 31 mai remaniement ministériel au sein du gouvernement. Le 30 juin De Gaulle remporte les élections législatives. Le 16 juin, évacuation de la Sorbonne. Le 10 juillet Georges Pompidou, premier ministre, démissionne. Le 13 juillet, Cabinet Couve de Murville. Le 24 août explosion de la première bombe H française dans le Pacifique. Le 23 octobre, célébration du dixième anniversaire de la Cour de justice des communautés européennes. De nombreux représentants des institutions communautaires, des gouvernements et des plus hautes instances judiciaires et administratives des États membres assistent à une audience solennelle. Le 27 novembre le Conseil européen, le Parlement européen la Commission européenne échangent leurs perspectives sur les Communautés européennes. Un débat s'ouvre quant à la nécessaire démocratisation des mécanismes institutionnels des Communautés, le futur d'Euratom et l'établissement d'une étroite coopération monétaire entre les États membres. Nota Europe : l'Union douanière est réalisée entre les six pays en juillet. **1969**, le 17 janvier Georges Pompidou annonce lors d'une conférence de presse à Rome qu'il sera candidat à la succession de De Gaulle. Le 18 janvier ouverture de la conférence de Paris sur le Viêt-Nam. Les 6 et 7 février : le Conseil de l'Union de l'Europe occidentale (UEO) se réunit à Luxembourg. Le 2 mars premier vol du Concorde. Le 27 avril échec du référendum sur la régionalisation du Sénat (52,41% de non). Le 28 avril le général de Gaulle annonce sa démission, Alain Poher assure l'intérim. Le 15 juin Georges Pompidou remporte les élections (58,2%) présidentielles devant Alain Poher (41,8%). Le 6 juillet : seconde nomination de Jean Rey à la présidence de la Commission européenne. Le 16 juillet : un mémorandum proposant de remplacer les contributions financières des États membres par des ressources propres aux Communautés et d'accroître les pouvoirs budgétaires du Parlement européen est présenté au Conseil par la Commission européenne. Le 21 juillet Neil Amstrong pose le pied sur la lune. Le 29 juillet, signature de la seconde convention de Yaoundé. Le 8 août dévaluation de 12% du Franc. Le 10 août : la Commission européenne, à la demande du Conseil de l'Union européenne, réactualise l'avis qu'elle a rendu sur les demandes d'adhésion du Royaume-Uni, du Danemark, de l'Irlande et de la Norvège.. Le 16 septembre Discours de J. Chaban-Delmas sur la nouvelle société. Le 1er octobre : la Commission européenne donne un avis supplémentaire sur les demandes d'adhésion du Royaume-Uni, du Danemark, de l'Irlande et de la Norvège. Le 15 octobre : la Commission européenne présente au Conseil un projet visant à doter la Communauté des moyens nécessaires afin de mettre en place une politique de développement régional. Le 12 novembre : Arrêt Stauder, la Cour de justice des Communautés européennes examine pour la première fois la question de la protection des particuliers. 1er et 2 décembre : relance de La Haye, les chefs d'État et de gouvernement des pays membres de la CEE se réunissent à La Haye, au Pays-Bas. Ils se prononcent pour l'ouverture de négociations d'adhésion avec le Danemark, l'Irlande, la Norvège et le Royaume-Uni. Georges Pompidou annonce que la France ne s'oppose plus à l'adhésion britannique. Le 11 décembre : le président de la Commission européenne Jean Rey exprime sa satisfaction devant le Parlement européen après les décisions prises lors de la conférence au sommet à La Haye. Le 19 décembre adoption du SMIC par l'assemblée Nationale. Le 31 décembre : la période de transition pour la mise en œuvre du marché commun prend fin après les douze années prévues par le traité instituant la Communauté économique européenne (CEE). **1970**, les 6-13 octobre, voyage de Georges Pompidou en URSS. Le 9 novembre Mort du général de Gaulle à Colombey-les-Deux-Eglises. **1971**, le 4 avril manifestation en faveur de l'avortement. Le 13 juin Élection de François Mitterrand à la tête du Parti Socialiste lors du congrès d'Epinay. **1972**, le 22 janvier, la Norvège signe son adhésion à la CEE, suivi du Royaume Uni le 23. Le 10 avril, création du serpent monétaire européen. Le 23 avril Adoption de l'élargissement de la CEE par référendum au Danemark, à la Norvège, à l'Irlande et au Royaume Uni (67,71% de oui, 39,52 % d'abstention). Le 27 juin signature du « Programme commun » entre les socialistes, les communistes et les radicaux. Le 5 juillet Démission de J. Chaban-Delmas, Pierre Messmer devient chef du gouvernement. Le 25 septembre les électeurs norvégiens se prononcent par référendum contre l'acte d'adhésion de leur Pays à la CEE. Nota : Le conseil de l'Europe adopte comme hymne le thème musical de l'Ode à la Joie de la neuvième symphonie de Beethoven (Illuminé de Bavière). **1973**, le 1 janvier, le Danemark, Le Royaume Uni et l'Irlande rejoignent la CEE. Entrée en vigueur des accords de libre échange entre la CEE, l'Autriche, la Suisse, le Portugal et la Suède. Le 2 mars signature du traité de Paris mettant fin à la guerre du Viêt-Nam. En mai, la CEE décide de ne plus soutenir la parité avec le dollar, le Royaume Uni, l'Italie et l'Irlande restent en dehors du serpent monétaire. Le 25 juin visite officielle de Léonid Brejnev en France. Les 11-14 septembre visite officielle de Georges Pompidou en République Populaire de Chine. Le 17 octobre embargo sélectif de l'OPEP contre les pays soutenant Israël. Le 27 novembre Attentat à la bombe dans le métro parisien. Le 23 décembre doublement du prix du pétrole brut lors de la réunion de l'OPEP à Téhéran. **1974**, le 1er avril, crise provoquée par la demande du ministre des affaires étrangères britannique, James Callaghan, d'une renégociation du traité d'adhésion à la CEE afin d'obtenir des modifications importantes de la PAC, plus d'équités dans les méthodes de financement du budget communautaire et des solutions aux problèmes monétaires. Le 2 avril Mort de Georges Pompidou malade depuis plusieurs mois, Alain Poher assure l'intérim. Le 19 mai Valéry Giscard-d' Estaing (50,71%) remporte les élections présidentielles devant François Mitterrand (48,29%). Le 27 mai Jacques Chirac est nommé premier ministre. Le 24 juin adoption par l'assemblée de la majorité à 18 ans. Le 16 juillet Françoise Giroud est nommée secrétaire d'État à la condition féminine. Le 13 septembre prise en otage de l'ambassadeur de France au Pays-Bas par l'organisation révolutionnaire « Armée Rouge ». Le 29 octobre réforme constitutionnelle autorisant les sénateurs ou les députés à saisir le conseil constitutionnel. Adoption de la loi Veil sur l'avortement par l'assemblée nationale. Les 4-6 décembre rencontre entre Giscard d'Estaing et Brejnev à Rambouillet. Le 14 décembre Jacques Chirac est élu président de l'UDR. Le 19 décembre adoption du projet de loi sur l'Interruption Volontaire de Grossesse (IVG) pour une durée probatoire de 5 ans. Nota Europe : les Chefs d'Etat ou de Gouvernement des pays membres décident de se réunir régulièrement en Conseil européen pour fixer les grandes orientations de la politique européenne. **1975**, le 15 janvier Promulgation de la loi Veil sur l'IVG. Attentat palestinien à Orly. Les 10-12 avril visite officielle de V. Giscard d'Estaing en Algérie. Le 9 mai retour de la France sein du système monétaire européen (SME). Le 30 mai création de l'Agence Spatiale Européenne. Le 11 juillet Promulgation de la loi sur le divorce par consentement mutuel. Le 31 décembre Réforme du statut de la ville de Paris. Nota Europe : la Convention de Lomé est signée entre la Communauté européenne et 46 pays ACP (Afrique, Caraïbes, Pacifique). Le FEDER, Fonds européen de développement régional est créé. **1976**, le 26 juin, Création de TREVI, une structure de coopération policière européenne, lors d'une réunion des ministres de l'Intérieur, au Luxembourg, des différents États de la Communauté européenne. Le 10 juillet Adoption de la loi prévoyant la taxation des plus-values. Le 25 août démission de Jacques Chirac. Le 27 août Raymond Barre devient premier ministre. Le 22 septembre Raymond Barre présente son plan de lutte contre l'inflation. Le 20 octobre adoption du plan de lutte contre l'inflation de R. Barre. Le 5 décembre Fondation dur RPR par Jacques Chirac. Le 24 décembre assassinat de Jean de Broglie, ancien Ministre. **1977**, le 1er janvier, la décision des neufs (CEE) d'étendre à 200 milles leur zone de pêche en mer du Nord et en Atlantique entre en vigueur. Le 25 mars élection de Jacques Chirac à la mairie de Paris. Les 20-22 juin Visite officielle de Léonid Brejnev en France. Les 30-31 juillet Violentes manifestations d'écologistes contre la création d'une centrale à Creys-Malville, Isère. Le 14 août manifestation contre l'extension d'un camp militaire dans le Larzac. **1978**, les 18-25 janvier Visite officielle de Raymond Barre en République Populaire de Chine. Le 23 janvier Enlèvement du baron Empain, PDG du groupe Empain-Schneider. Le 1 février création de l'Union pour la Démocratie Française (UDF). Le 16 mars le naufrage de l'Amoco Cadiz provoque une catastrophe écologique sur les côtes bretonnes. Le 19 mars la majorité remporte les élections, 154 sièges pour le RPR et 124 pour l'UDF. Le 26 mars libération du baron Empain. Le 8 avril adoption du pacte de stabilité monétaire européen à Copenhague. Le 20 mai attentat palestinien à Orly. Le 26 juin attentat d'autonomistes bretons à Versailles. Les 17-22 mai intervention française au Zaïre près de Kolwezi. Le 5 décembre accord européen sur la création de la monnaie unique (ECU) au sommet de Bruxelles. **1979**, le 13 mars Création du Système monétaire Europ2En et l'European Currency Unit. Le 27 mars L'OPEP décide une augmentation de 20%. Le 29 octobre Robert Boulin, ministre du travail est retrouvé mort en forêt de Rambouillet. Le 30 novembre adoption définitive de la loi sur l'Interruption Volontaire de Grossesse (IVG). Sommet européen de Dublin, les négociations sont bloquées par la question de la contribution financière britannique. Margaret Thatcher estime que la part du financement britannique à la PAC doit être abaissée puisque la Grande-Bretagne ne bénéficie que très peu de ces aides. Elle déclare à un journaliste du *Guardian* : *« I want my money back. »*. Le 24 décembre premier lancement de la fusée Ariane. Nota Europe : créé pour assurer la stabilité des monnaies européennes, le Système monétaire européen (SME) voit le jour le 13 mars : l'Ecu (European Currency Unit) est né. Les européens élisent pour la première fois leurs députés au Parlement européen au suffrage universel direct. **1980**, le 6 mars première élection d'une femme à l'académie française (M. Yourcenar). Le 7 mars Le naufrage du pétrolier Tanio provoque une catastrophe écologique sur les côtes bretonnes. Le 19 mai Rencontre entre V. Giscard d'Estaing et Léonid Brejnev à Varsovie. Le 13 septembre arrestation des leaders d'Action Directe. Le 3 octobre attentat rue Copernic à Paris. Le 19 décembre Adoption de la loi « sécurité » et liberté » d'Alain Peyrefitte. **1981**, le 1er janvier, adhésion de la Grèce à la CEE. Le 20 janvier la nouvelle commission européenne entre en fonction sous la présidence de Gaston Thom. Le 12 mars, adoption par le Parlement Européen de son nouveau règlement en vue d'améliorer son fonctionnement interne ainsi que la prise en compte de ses avis et amendements. Le 18 mars, adhésion du Vanuatu, 61eme Pays ACP à la deuxième convention de Lomé. Les 23-24 mars, Conseil européen de Maastricht reposant sur les questions de perspectives économiques et sociales. Le 30 mars, la Cour de justice européenne comptera 11 juges et 5 avocats généraux suite à une décision du Conseil européen. Le 16 avril explosion d'une bombe à l'aéroport d'Ajaccio peu après l'arrivée du président. Le 10 mai victoire de François Mitterrand (51,75%) aux élections présidentielles devant Valéry Giscard-d' Estaing (48,2%). Le 22 mai François Mitterrand dissous l'Assemblée nationale. Le 23 juin, la CEE et l'Inde signent un accord de coopération économique et commerciale. Les 29 et 30 juin, Conseil Européen de Luxembourg reposant sur les questions de perspectives économiques et sociales et de relations avec les USA et le Japon. Le 4 septembre assassinat à Beyrouth de l'ambassadeur de France au Liban. Le 18 septembre abolition de la peine de mort. Le 27 septembre adoption du projet d'impôt sur la fortune. Le 2 octobre adoption du projet de loi sur les radios libres. Le 6 octobre assassinat d'Anouar el Sadate, président égyptien. Le 21 octobre assassinat à Marseille du juge Michel. Le 26 octobre adoption de la loi sur les nationalisations. Le 7 novembre présentation du plan, projet d'« acte européen » visant à améliorer les mécanismes institutionnels, par la France et la République fédérale d'Allemagne. Les 26 et 27 novembre : Conseil européen de Londres, essentiellement sur les communications de la Commission. Nota Europe : La Grèce entre dans l'Europe le 1er janvier. **1982**, le 13 janvier instauration de la semaine de 39 heures et de la cinquième semaine de congés payés. Le 28 janvier adoption du projet de loi sur la décentralisation. Le 23 février, le Groenland territoire autonome administré par le Danemark choisit par référendum de se retirer de la CEE. Le 6 mai attentat contre la mosquée de Romans. Le 30 mai l'Espagne rejoint l'OTAN qui compte désormais 16 membres. Le 12 juin dévaluation du franc. Le 13 juin blocage des prix et des salaires. Le 24 juin Premier vol d'un Français, Jean Louis Chrétien, dans l'espace. Les 29 30 juin, Conseil Européen de Bruxelles. Le 9 août attentat rue des Rosiers. Le 1er octobre l'accord cadre entre la CEE et le Brésil entre en vigueur. Les 3-4 décembre, Conseil européen de Copenhague, annonce de quelques objectifs prioritaires dans le domaine économique, confirmation de l'engagement politique en faveur de l'élargissement. **1983**, le 5 janvier Dissolution du FLNC. Le 7 février : un livre vert sur le financement futur de la Communauté économique européenne est transmis au Conseil européen par la Commission européenne. Les 21 et 22 mars : les priorités dans le domaine économique et social et l'engagement politique en faveur de l'élargissement définies au cours du Conseil européen de Copenhague de 1982 sont confirmés par le Conseil européen de Bruxelles. Le 5 avril Expulsion de 47 diplomates soviétiques accusés d'espionnage. Le 24 mai Manifestations étudiantes contre la loi Savary sur l'enseignement supérieur. Le 15 juillet Attentat à Orly. Le 31 décembre attentat dans le TGV Paris-Marseille. **1984**, le 25 janvier un jaguar français est abattu au Tchad. Les 16-24 janvier Grève des transporteurs routiers provoquant la paralysie de la France. Le 4 mars Manifestation à Versailles contre la loi Savary, pour le maintien de l'école privée. Le 13 mars : signature du traité sur le Groenland, qui quitte les Communautés et devient un territoire d'outre-mer. Le 25 mars Début du retrait des troupes françaises du Liban. Le 25 avril Manifestation en faveur de l'école Laïque. Le 24 juin Nouvelle manifestation contre la loi Savary, pour le maintien de l'école privée à Paris. Les 25-26 juin : fin de la crise budgétaire. Margaret Thatcher obtient que le Royaume-Uni réduise de plus de la moitié sa participation au budget européen. Le 12 juillet Retrait du projet de loi Savary. Le 17 juillet Démission du gouvernement Mauroy, Laurent Fabius prend la tête du gouvernement. Le 19 juillet Les communistes refusent de participer au gouvernement. Le 22 septembre Cérémonie marquant la réconciliation franco-allemande à Verdun. Le 15 novembre Rencontre F. Mitterrand et M. Kadhafi en Crète. **1985**, le 1 janvier le professeur Montagné découvre le virus du SIDA. Le 12 janvier Instauration de l'état d'urgence en

Nouvelle-Calédonie faisant suite à de nombreux affrontements. Le 23 février Attentat à la bombe contre le magasin Marks & Spencer à Paris. Le 18 mars M. Gorbatchev remplace Tchernenko à la tête de L'URSS. Le 22 mai Enlèvement de J.-P. Kauffmann et M. Seurat à Beyrouth. Le 14 juin : signature des accords de Schengen et présentation du Livre blanc de Jacques Delors proposant 310 mesures pour terminer la création du marché unique et relancer la croissance. Le 26 juin Instauration du scrutin proportionnel pour les élections législatives. Le 10 juillet Les services secrets français font sauter le Rainbow-Warrior (Greenpeace), provoquant la mort d'un journaliste en Nouvelle-Zélande. Le 25 juillet Émeutes en Guadeloupe. Le 20 septembre Démission de Charles Hernu, ministre de la défense suite à l'Affaire Greenpeace ». Le 22 septembre Laurent Fabius reconnaît officiellement la responsabilité du gouvernement dans l'attentat contre Greenpeace. **1986**, le 1 janvier entrée de l'Espagne et du Portugal dans la CEE. Le 4 février expulsion de 4 diplomates soviétiques accusés d'espionnage. Le 17 février : les neuf États membres signent l'Acte unique européen (AUE) qui modifie le traité de Rome de 1957 instituant la CEE, élargit les compétences de la CEE à la recherche et développement, à l'environnement, et à la politique étrangère commune, et ouvre la voie à la réalisation du marché unique. Le 28 février : le Danemark, l'Italie et la Grèce rejoignent les signataires de l'Acte unique européen. Le 19 mars la droite remporte les élections législatives. Le 22 mars Jacques Chirac est nommé premier ministre. Le 26 avril Catastrophe nucléaire de Tchernobyl en Ukraine. Le 26 mai l'Union européenne adopte le drapeau du Conseil de l'Europe comme emblème. Le 10 juillet attentat contre la brigade de répression du banditisme. Le 8 septembre attentat contre le bureau de poste de l'Hôtel de Ville à Paris. Le 11 septembre attentat contre la cafétéria Casino de La Défense. Le 17 septembre attentat rue de Rennes à Paris devant Tati. Le 20 octobre expulsion de 101 Maliens en situation irrégulière. Le 17 novembre assassinat du PDG de la régie Renault par Action Directe. Le 18 décembre début des mouvements de grèves. **1987**, le 13 janvier sixième enlèvement d'un ressortissant français au Liban. Le 15 janvier fin des mouvements de grèves. Le 31 janvier Privatisation de la banque Paribas. Le 21 février arrestation de cinq membres d'Action Directe dans une ferme de Vitry-aux-Loges (Loiret). Le 28 février condamnation à la détention perpétuelle par une Cour antiterroriste de Georges Ibrahim Abdallah, chef en Europe des Fractions Armées Révolutionnaires Libanaises. Le 14 avril la Turquie fait un dépôt formel de candidature à la CEE. Le 16 avril privatisation de TF1, le groupe Bouygues devenant le premier actionnaire. Le 7 mai privatisation du Crédit Commercial de France. Le 23 mai privatisation de la CGE. Le 15 juin lancement du programme Erasmus. Le 18 juin le Parlement européen publie la « Résolution sur une solution politique de la question arménienne (18 juin 1987) » dans laquelle il conditionne l'intégration de la Turquie à la CEE à la reconnaissance du génocide arménien et au respect des minorités - notamment arméniennes - du pays. Le 27 juin privatisation de la Société Générale. Le 4 juillet condamnation à la détention perpétuelle de Klaus Barbie à Lyon pour crime contre l'Humanité. Le 13 septembre La Nouvelle-Calédonie se prononce pour son maintien au sein de la République française. Le 2 octobre le gouvernement français est condamné par un tribunal international à verser 50 millions de francs de dommages et intérêts à Greenpeace pour l'attentat contre le

Rainbow Warior. Le 17 octobre privatisation de Suez. Le 19 octobre lundi noir à Wall Street. Le 27 novembre arrestation d'un sixième membre d'Action Directe à Lyon. Le 9 décembre début de l'Intifada en Palestine. Le 20 décembre l'Assemblée nationale adopte un nouveau statut pour la Nouvelle-Calédonie (à 98,3 %). **1988**, le 22 avril un commando canaque la gendarmerie de Fayaoué provoquant la mort de 3 gendarmes et l'enlèvement de 23 otages. Le 4 mai libération des 3 derniers otages français retenus au Liban. Le 6 mai le GIGN libère les otages provoquant la mort de 17 preneurs d'otages et de 2 gendarmes. Le 8 mai François Mitterrand (54,01 %) est réélu président de la république devant Jacques Chirac (45,99%). Le 10 mai Michel Rocard est nommé premier ministre. Le 14 mai François Mitterrand dissout l'Assemblée nationale. Le 21 mai début du scandale du sang contaminé. Le 12 juin la gauche remporte de peu les élections législatives. Les 27 et 28 juin Conseil européen de Hanovre. Le 20 août accords Oudinot sur la Nouvelle-Calédonie. Le 12 octobre Loi instituant le Revenu Minimum d'Insertion. Le 6 novembre Adoption du nouveau statut de la Nouvelle-Calédonie après un référendum national marqué par 63,08 % d'abstention (80 % de oui). Le 9 novembre : un siècle après la naissance de Jean Monnet, le président de la République française François Mitterrand fait transférer ses cendres au Panthéon de Paris. **1989**, le 7 janvier Conférence internationale à Paris pour l'interdiction des armes chimiques. Le 29 mars Inauguration de la pyramide du Louvre. Le 4 mai Assassinat de Jean-Marie Tjibaou et de Yeiwéné Yeiwéné en Nouvelle-Calédonie. Le 18 juin Valéry Giscard d'Estaing (28,88 %) remporte les élections européennes devant Laurent Fabius (23,61 %) et Simone Veil. Le 9 novembre Chute du mur de Berlin. Le 18 décembre : création du programme d'aide à la reconstruction économique en faveur de la République de Hongrie et de la République populaire de Pologne (PHARE). La Commission européenne rend un avis négatif provisoire sur l'ouverture des négociations d'adhésion avec la Turquie. **1990**, le 28 avril Conseil européen de Dublin. Le 29 mai création de la Banque européenne pour la reconstruction et le développement. Le 15 juin Convention de Dublin annonce la mise en place d'une politique commune concernant le droit d'asile. Le 19 juin Signature des accords de Schengen sur la libre circulation en Europe. Ratification de la convention d'application de l'accord Schengen par l'Allemagne, le Benelux et la France. Le 4 juillet Chypre fait un dépôt formel de demande d'adhésion à la CEE. Le 2 août Les troupes de Saddam Hussein s'emparent du Koweït, l'ONU exige le retrait immédiat de l'Irak. Le 9 août François Mitterrand annonce l'envoi du porte-avions « Clémenceau » dans le Golfe. Le 2 septembre Retour de 23 ressortissants français retenus au Koweït. Le 14 septembre entrée de militaires irakiens au sein de l'ambassade de France au Koweït. Le 15 septembre François Mitterrand annonce l'opération « Daguet » contre l'Irak. Le 16 septembre expulsion de diplomates et personnels de l'ambassade d'Irak à Paris. Le 23 septembre départ des premiers militaires français pour le Golfe. Le 3 octobre réunification des deux Allemagnes (RFA et RDA). De ce fait, la RDA (République démocratique allemande) intègre l'Europe des Douze. Le 3 octobre arrivée des premiers avions français dans le Golfe. Le 6 octobre émeutes à Vaulx en Velin. Le 27 novembre ratification de la convention d'application de l'accord Schengen par l'Italie. Le 1 décembre achèvement du tunnel de service reliant la France à la Grande-Bretagne. Le 11 décembre Renforcement du dispositif terrestre français dans le Golfe. Les 14 décembre et 15 décembre : conseil européen de Rome ; il prépare le sommet de Maastricht. **1991**, le 2 janvier mise en place du plan Vigipirate pour faire face aux menaces terroristes. Le12 janvier Manifestation à Paris contre la guerre. Le 17 janvier lancement de l'opération « Tempête du désert » ; les alliés bombardent l'Irak et protègent Israël des scud irakiens. Le 29 janvier démission de Jean-Pierre Chevènement, ministre de la défense. Le 6 février l'Irak rompt les relations diplomatiques avec les alliés dont la France. Le 23 février émeutes à Saint-Denis de la réunion suite à la saisie d'un émetteur de télévision pirate. Le 24 février les alliés lancent l'offensive terrestre. Le 27 février Libération du Koweït après une offensive de 100 heures. Le 28 février réouverture de l'ambassade de France au Koweït. Le 5 avril privatisation partielle du Crédit Local de France. Le 13 mai adoption d'un nouveau statut pour la Corse. Le 15 mai Édith Cresson remplace Michel Rocard à la tête du gouvernement. Le 25 juin ratification de la convention d'application de l'accord Schengen par l'Espagne et le Portugal. Le 16 octobre le prix Nobel de Physique est remis à Pierre Gilles de Gennes. Le 7 novembre inculpation du chef de cabinet de Pierre Bérégovoy pour délit d'initié dans le cadre de l'affaire Pechiney. Les 9 et 10 décembre : sommet de Maastricht. Le10 décembre loi d'indemnisation des victimes du sang contaminé. Le 16 décembre la CEE signe des accords de coopération avec la Pologne, la Tchécoslovaquie et la Hongrie. Le 25 décembre démission de M. Gorbatchev, B. Eltsine le remplace à la tête de l'URSS. Le 26 décembre dissolution de l'URSS. **1992**, le 3 février le Conseil européen adopte une série de mesures afin d'aider la Croatie, la Slovénie, les républiques yougoslaves de Bosnie-Herzégovine et du Monténégro et l'ex république yougoslave de Macédoine. Le 7 février le traité sur l'Union européenne (ou traité de Maastricht) crée l'Union européenne qui remplace lace, institue les trois piliers de l'Union européenne et prévoit l'union économique et monétaire, avec une monnaie unique européenne qui sera appelée ultérieurement l'euro. Le 11 mars le Conseil constitutionnel est saisi par le Président de la République française François Mitterrand au sujet de la ratification par la France du traité sur l'Union européenne. Le 2 avril Pierre Bérégovoy remplace Édith Cresson à la tête du gouvernement. Le 9 avril le Conseil constitutionnel rend sa décision quant à l'autorisation de ratification par la France du traité sur l'Union européenne demandé le 11 mars par Président de la République française François Mitterrand : « L'autorisation de ratifier en vertu d'une loi le traité sur l'Union européenne ne peut intervenir qu'après révision de la Constitution. Le 2 mai signature de l'accord d'association sur l'Espace économique européen (EEE) entre l'Association européenne de libre-échange (AELE) et les Communautés européennes. » Le 21 mai le président de la République française François Mitterrand et le chancelier allemand Helmut Kohl créent l'Eurocorps. Le 30 mai premières diffusions d'Arte, la chaîne de télévision culturelle européenne, par câble et par satellite simultanément en Allemagne et en France. Le 22 juin ouverture du procès du sang contaminé. Le 23 juin le Parlement français réuni en congrès modifie la Constitution française, en adjoignant un titre XV « Des communautés européennes et de l'Union européenne » dans l'article 88. Le 2 juillet le Parlement luxembourgeois ratifie le traité de Maastricht sur la création de l'Union européenne. Du 6 au 8 juillet : le président de la

Commission européenne Jacques Delors participe au 18ème sommet du G7 qui se tient à Munich. Les 9 et 10 juillet sommet de la Conférence sur la Sécurité et la Coopération en Europe qui se réunit à Helsinki. Le 1er août le Parlement grec ratifie le Traité de Maastricht sur la création de l'Union européenne. 14 août le Conseil constitutionnel est saisi par un groupe de sénateurs pour qu'il se prononce « sur la conformité du traité de Maastricht » à la Constitution française. Le 2 septembre le Conseil constitutionnel rend sa décision sur la conformité du traité sur l'Union européenne avec la Constitution française demandée le 14 août : « Le traité sur l'Union européenne, signé le 7 février 1992 à Maastricht, n'est pas contraire à la Constitution. ». Le 13 septembre dévaluation de 3,5% de la lire italienne, les autres monnaies du Système monétaire européen sont réévaluées de 3,5%. Le 17 septembre le Royaume-Uni et l'Italie suspendent leur participation au Système monétaire européen. Dévaluation de 5% de la peseta. Le 20 septembre le peuple français autorise par référendum la ratification du traité de Maastricht. Avec une participation de 69,69%, le *oui* l'a emporté avec 51,04% des voix. Le Conseil constitutionnel est saisi par un groupe de députés pour qu'il se prononce sur la conformité de la Constitution française avec le traité sur l'Union européenne. Le 22 septembre l'Autriche adopte le traité sur l'Espace économique européen. Le 23 septembre le Conseil constitutionnel rend sa décision sur la conformité de la loi autorisant la ratification du traité sur l'Union européenne adopté par voie de référendum : « Le Conseil constitutionnel n'a pas compétence pour se prononcer sur la demande susvisée.». Le 28 septembre le Liechtenstein dépose sa candidature d'adhésion à l'Union européenne. Arte accède au cinquième réseau hertzien français. Le 29 septembre fin du projet de navette spatiale Hermès, l'Allemagne juge son coût excessif. Le 16 octobre Conseil, les Douze confirme l'importance du traité de Maastricht et adopte une déclaration intitulée « Une Communauté proche de ses citoyens » dans le but d'éclaircir et de rapprocher l'Union européenne de ses habitants. La Norvège adopte le traité sur l'Espace économique européen. Le 23 octobre condamnation à 4 ans de prison de M. Garretta dans l'affaire du sang contaminé. Le 26 octobre l'Italie ratifie le traité de Maastricht sur la création de l'Union européenne. Le 27 octobre la Finlande adopte le traité sur l'Espace économique européen. Première grève européenne lancée par les cheminots des États membres, de l'Autriche et de la Suisse afin de défendre le service public. Le 29 octobre le Parlement grec ratifie le traité de Maastricht sur la création de l'Union européenne. Le 4 novembre le Parlement belge ratifie le traité de Maastricht sur la création de l'Union européenne. Le 5 novembre la Chambre des Communes britannique adopte la motion au sujet du traité de Maastricht sur la création de l'Union européenne, la ratification est ajournée jusqu'au second référendum danois. Le 6 novembre la Grèce ratifie de la convention d'application de l'accord Schengen. Le 19 novembre l'antépénultième négociation internationale de l'Uruguay Round dans le cadre du GATT aboutit au « compromis de Washington » entre les représentants de la Commission européenne et le gouvernement américain sur la réduction des exportations subventionnées par la PAC. Le 20 novembre la France menace d'utiliser son veto au « compromis de Washington » en invoquant le « compromis de Luxembourg. ».Le 25 novembre la Norvège dépose sa candidature d'adhésion à la Communauté économique européenne. Le 6 décembre : le peuple suisse et les cantons refusent l'adhésion à l'Espace économique Européen(EEE) lors d'un référendum. Avec une participation de 78.73%, le projet est refusé avec 50.3% de « non » et 14 cantons et 4 demi-cantons. Le 10 décembre le Parlement portugais ratifie le traité de Maastricht sur la création de l'Union européenne. La couronne norvégienne quitte le Système monétaire européen. Les 11 et 12 décembre Conseil européen d'Édimbourg, le Danemark obtient un allégement du traité de Maastricht afin qu'il procède à un second référendum, le paquet Delors II est approuvé et l'ouverture des négociations d'adhésion avec l'Autriche, la Suède et la Finlande à partir du 1er janvier est acceptée. Le 13 décembre le Liechtenstein adopte le traité sur l'Espace économique européen. Le 15 décembre le Parlement néerlandais ratifie le traité de Maastricht sur la création de l'Union européenne. Le 18 décembre le Parlement allemand ratifie le traité de Maastricht sur la création de l'Union européenne. **1993**, le 1er janvier : Le Marché unique européen entre en vigueur, les activités bancaires, les capitaux, les marchandises et les services circulent librement au sein de l'Union européenne. Le 12 janvier : l'Islande adopte le traité sur l'Espace économique européen. Le 16 février Inauguration du Mémorial des guerres en Indochine par François Mitterrand. Le 28 mars La droite remporte les élections législatives. Le 29 mars Edouard Balladur devient premier ministre. Le 1 mai Suicide de Pierre Bérégovoy. Le 8 juin assassinat de René Bousquet, ancien secrétaire général de la Police de Vichy par Christian Didier. Les 21 et 22 juin : prise d'une décision de principe lors du Conseil européen de Copenhague concernant l'entrée dans l'UE de dix pays d'Europe centrale et orientale (PECO). Désormais l'adhésion requiert des pays la souhaitant l'existence d'institutions démocratiques stables, la primauté du droit, le respect des droits de l'homme et des minorités, la présence d'une économie de marché viable et la capacité à reprendre l'acquis communautaire. Le 24 juin Lois Pasqua sur la nationalité. (Suppression du droit du sol). Le 22 juillet Loi instituant la Contribution Sociale Généralisé (CSG) élargissant l'assiette des cotisations maladie. Le 4 août Adoption de la loi sur l'indépendance de la banque de France. Le 1er novembre la Communauté économique européenne est renommée Communauté européenne et devient le premier pilier de l'Union européenne (UE). Le 20 décembre Adoption par l'assemblée de la loi Bayrou réformant la loi Falloux sur le financement des établissements privé. **1994**, le 18 janvier Manifestation contre la loi Bayrou. Le 25 février Assassinat de Yann Piat députée UDF du Var (Ex-FN). Le 31 mars la Hongrie dépose officiellement sa candidature à l'adhésion. Le 5 avril la Pologne dépose officiellement sa candidature à l'adhésion. Le 7 avril Durand de Grossouvre est retrouvé mort dans son bureau à l'Élysée. Le 6 mai Inauguration du tunnel sous la Manche en présence de F. Mitterrand et M. Tatcher. Le 24 juin signature du Traité de Corfou : quatrième élargissement de l'Union européenne. Le 25 juin la Norvège signe l'acte d'adhésion à l'Union européenne. Le 28 novembre les électeurs norvégiens se prononcent à nouveau par référendum contre l'adhésion. Les 9 et 10 décembre : lors du Conseil européen d'Essen les Douze mettent en œuvre une stratégie de pré-adhésion en faveur des États liés à l'Union européenne par un accord européen (les pays d'Europe centrale et orientale) à l'intégration progressive de l'acquis communautaire dans leur droit national. Le 24 décembre Prise d'otage dans un airbus d'Air France. **1995**, le 1 janvier Entrée en vigueur du marché unique européen. L'Autriche, la Suède et la Finlande entrent dans l'Union européenne. On parle alors d'Europe des Quinze. Le 17 janvier « Résolution relative à l'interception légale des télécommunications », qui n'est publiée que le 4 novembre 1996 au *Journal officiel des Communautés européennes* et doit mettre en œuvre un espace ENFOPOL. Le 18 janvier Edouard Balladur annonce sa candidature à l'élection présidentielle. Le 19 janvier Discours d'adieu à Strasbourg de Jacques Delors au Parlement européen. Le 5 février Le PS désigne Lionel Jospin comme candidat à l'élection présidentielle. Le 6 février Lancement de la privatisation de la SEITA (régie des tabacs). Le 7 février manifestations contre la réforme des IUT. Le 14 février François Fillon annonce le retrait du plan de réforme des IUT. Le 22 février La France demande le rapatriement de 5 américains accusés de travailler pour la CIA. Le 6 mars la Turquie signe avec l'UE un accord d'union douanière, poursuivant le processus d'intégration économique prévu par l'accord d'Ankara. Le 20 mars Visite privée de Fidel Castro en France. Le 23 mars Scandale des ventes d'armes à l'Iran autour de Charles Pasqua. Le 26 mars entrée en vigueur des accords de Schengen sur la libre circulation en Europe auparavant suspendus. Le 7 avril le Conseil Constitutionnel publie la liste des candidats à l'élection présidentielle. Le 20 avril Transfert des cendres de Pierre et Marie Curie au Panthéon. Le 23 avril Lionel Jospin arrive en tête de l'élection présidentielle. Le 28 avril ratification de la convention d'application de l'accord de Schengen par l'Autriche. Le 7 mai Jacques Chirac (52,64%) remporte au second tour les élections présidentielles devant Lionel Jospin (47,36). Le 18 mai formation du ministère Juppé, 12 femmes en font partie. Le 22 mai Jean Tiberi est élu maire de Paris en remplacement de Jacques Chirac. Le 2 juin Libération de casques bleus français retenus en otages par les Serbes. Le 13 juin Jacques Chirac annonce la reprise des essais nucléaires. Le 18 juin Victoire du FN aux municipales à Orange, Toulon et Vitrolles. Le 22 juin la Roumanie dépose officiellement sa candidature à l'adhésion. Le 27 juin la Slovaquie dépose officiellement sa candidature à l'adhésion. Le 9 juillet arraisonnement du « Rainbow Warior » par les commandos de marine à Mururoa. Le 25 juillet attentat islamiste à la station de métro Saint-Michel à Paris. Le 31 juillet adoption de la loi constitutionnelle portant sur l'élargissement du champ d'action du référendum et sur la session parlementaire unique. Le 1 août entrée en vigueur de l'augmentation de 2 points de la TVA. Le 17 août nouvel attentat islamiste avenue Friedland à Paris. Le 26 août découverte d'une bombe sur la ligne TGV près de Lyon. Le 3 septembre explosion d'une bombe boulevard Richard-Lenoir à Paris. Le 5 septembre premier essai nucléaire français depuis l'annonce de leur reprise. Les 6-7 septembre violentes émeutes à Papeete contre les essais nucléaires. Le 7 septembre attentat contre une école à Villeurbanne. Le 29 septembre mort de Khaled Kelkal soupçonné d'avoir participé aux attentats islamistes lors de son arrestation. Le 1 octobre second essai nucléaire suite à l'annonce de leur reprise. Le 6 octobre attentat islamiste à la station de métro parisienne « Maison-Blanche ». Le 13 octobre la Lettonie dépose officiellement sa candidature à l'adhésion. Le 17 octobre attentat islamiste à la station de métro Musée d'Orsay à Paris. Le 27 octobre troisième essai nucléaire français à Mururoa. Les 1-2 novembre arrestation de deux suspects dans le cadre de l'enquête sur les attentats islamistes. Le 4 novembre arrestation de Rachid Ramda à Londres (Angleterre) dans le cadre de l'enquête sur les attentats islamistes. Le 21 novembre quatrième essai nucléaire français à Mururoa. Le 24 novembre l'Estonie dépose officiellement sa candidature à l'adhésion. Le 3 décembre François Bayrou annonce un plan d'urgence pour l'éducation. Le 8 décembre affrontements entre les mineurs et les forces de l'ordre en Lorraine. La Lituanie dépose officiellement sa candidature à l'adhésion. Le 10 décembre Alain Juppé annonce le retrait du plan de réforme des régimes spéciaux. Le 12 décembre libération de 2 pilotes français capturés au dessus de la Bosnie. Le 13 décembre la Bulgarie dépose officiellement sa candidature à l'adhésion. Les 16 et 17 décembre confirmation et précision des orientations fixées au Conseil européen de Copenhague par le Conseil européen de Madrid. Le 27 décembre cinquième essai nucléaire français à Mururoa. **1996**, le 8 janvier Mort de François Mitterrand. Le 17 janvier : la République tchèque dépose officiellement sa candidature à l'adhésion. Le 24 janvier Ordonnance instituant la Contribution au Remboursement de la Dette Sociale (CRDS). Le 29 mars début de la Conférence intergouvernementale (CIG) chargée de la révision du traité sur l'Union européenne. Le Juin la Slovénie dépose officiellement sa candidature à l'adhésion. Le 21 juin et 22 juin le calendrier des négociations est précisé au cours du Conseil. Le 2 août Claudie André-Deshaye est la première française dans l'espace. Le 3 décembre nouvel attentat islamiste à la station RER Port-Royal à Paris. Le 19 décembre ratification de la convention d'application de l'accord de Schengen par le Danemark, la Finlande, la Suède, la Norvège et l'Islande. **1997**, Le 21 avril Jacques Chirac annonce la dissolution de l'Assemblé Nationale. Le 1 juin La gauche plurielle (PS-Vert-PC) remporte les élections. Le 2 juin Lionel Jospin est nommé Premier Ministre. Le 16 juin la Conférence intergouvernementale (CIG) s'achève avec le Conseil européen d'Amsterdam. Le1er juillet dixième présidence luxembourgeoise du Conseil de l'Union européenne. Mise en application de l'accord de Schengen par l'Italie. Le 19 août Voyage de Jean-Paul II à Paris dans le cadre des journées mondiales de la jeunesse. Le 2 octobre signature du Traité d'Amsterdam reprenant les accords de Schengen réaffirme l'ouverture des frontières des 15 pays européens et le renforcement des pouvoirs du Parlement européen. Le 8 octobre Ouverture du Procès de Maurice Papon pour complicité de crimes contre l'Humanité. Le 10 octobre Annonce d'une loi cadre sur les 35 heures. Le 30 octobre le gouvernement britannique annonce qu'il ne participera pas à l'euro. Le 1er décembre mise en application de la convention de Schengen par l'Autriche et la Grèce. Le 4 décembre Manifestations de chômeurs dans toute la France (Jusqu'au 24). Les 2 au 18 décembre Convention de Naples concernant la coopération des douanes européennes. Le 31 décembre Ratification par le Parlement du traité d'Amsterdam (Union Européenne). **1998**, le 3 janvier déblocage d'une aide d'urgence aux chômeurs par le gouvernement. Le 25 février fermeture du plateau d'Albion, centre terrestre de missile nucléaire. Le 6 février assassinat du Préfet Claude Erignac à Ajaccio. Le 10 février première loi Aubry sur les 35 heures. Le 27 février publication de la liste de onze pays répondant aux critères économiques en vue de l'instauration de l'Euro. Le 4 mars création d'une commission d'enquête parlementaire sur l'utilisation des fonds publics en Corse. Le 12 mars le Conseil européen à Londres, établit la liste des pays éligibles à l'euro. Onze pays ont été retenus : Allemagne, Autriche, Belgique, Espagne, France, Finlande, Irlande, Pays-Bas, Italie, Luxembourg et le Portugal. À la traîne : la Grèce, tellement loin des critères exigés qu'elle est, de fait, hors course. Le Royaume-Uni qui s'y est refusée et s'est donc placée, elle-même, hors-jeu. Tout comme le Danemark et la Suède, qui ont choisi de ne pas rejoindre l'euro dès son lancement, en 1999. Le 15 mars élections régionales marquée par la position d'arbitre du Front National pour l'élection des présidents. Le 24 mars discours de T. Blair, premier ministre anglais à la tribune de l'Assemblée Nationale. Le 30 mars conseil européen du Luxembourg, début des négociations avec « la première vague » des pays candidats à l'élargissement de l'Union européenne (Chypre, Estonie, Hongrie, Pologne, République tchèque et Slovénie). Le 8 avril adoption d'un assouplissement de la loi sur l'immigration. Le 3 mai publication de la liste des 11 pays autorisés à participer à l'Euro à partir du 1er Janvier 2000. Les 15 et 16 juin Europe, début des négociations de l'Union de l'Est. Le 16 juin condamnation des assassins de Yann Piat à la réclusion criminelle à perpétuité. Le 2 juillet création d'une commission d'enquête sur le financement des sectes. Le 16 juillet visite du président syrien Hafez el-Assad à Paris. Le 29 juillet Présentation d'un nouveau plan de réduction des dépenses de santé. Publication d'un rapport sur les dysfonctionnements de tribunaux de commerce. Le 9 septembre publication du rapport de la commission d'enquête parlementaire sur l'utilisation des fonds publics en Corse. Le 30 septembre arrestation de onze dirigeants d'A Cuncolta à

Bastia. Le 1 octobre visite officielle du premier ministre Marocain A. Youssoufi en France. Le 31 octobre Arrestation du commandant P. Bunel pour intelligence avec Belgrade. Le 5 novembre Hommage de Lionel Jospin aux Poilus mutins provoquant une polémique. Le 8 novembre victoire du Oui (71.87%) sur le référendum sur la ratification des accords de Nouméa. Le 1 décembre sommet franco-allemand à Postdam. Le 3 décembre inauguration d'un mémorial aux victimes du terrorisme aux Invalides. Le 4 décembre : sommet de Saint Malo, le Royaume-Uni et la France posent les bases d'une défense européenne autonome. Le 19 décembre première sortie en mer du nouveau porte-avion Charles de Gaulle. Le31 décembre annonce des parités de monnaies européennes en euros. **1999**, le 1er janvier onzième présidence allemande du Conseil de l'Union européenne. Création de la zone euro. L'euro devient la monnaie unique de 11 pays (Allemagne, Autriche, Belgique, Espagne, France, Finlande, Irlande, Pays-Bas, Italie, Luxembourg et le Portugal) mais n'est mis en circulation qu'à partir du 1er janvier 2002. Le 18 janvier révision de la constitution pour le transfert de certaines compétences vers l'Union Européenne. Le 20 janvier rapport de la cour des comptes sur le gaspillage de l'argent public. Le 25 janvier scission au sein du Front National entre Jean-Marie Le Pen et Bruno Mégret ; création du Mouvement National. Le 9 février ouverture du procès du sang contaminé devant la haute-cour de justice. Le 19 février visite de J. Chirac à Washington. Le 8 mars ouverture du procès par contumace des auteurs présumé de l'attentat du DC-10 d'UTA en 1989. Le 9 mars arrestation de six terroristes basques. Le 16 mars démission de la commission européenne suite à la publication d'un rapport d'experts indépendants sur sa gestion. Le 24 mars attaques Aériennes de l'OTAN contre la Serbie. Le 20 avril incendie de la paillote « Chez Francis » en Corse par les gendarmes français. Le 3 mai arrestation de B. Bonnet, préfet de Corse mis en cause dans l' »affaire de la paillote ». Le 20 mai le président de la république saisit le conseil constitutionnel sur la charte européenne des langues régionales. Le 1 juin ouverture du procès des auteurs des attentats Islamistes de 1995 à Paris. Le 3 juin Mr Milosevic accepte les conditions de l'OTAN. Les 3 et 4 juin Conseil européen de Cologne, une conférence intergouvernementale doit se réunir début 2000 afin de résoudre les questions institutionnelles qui n'ont pas été réglées lors du Conseil européen d'Amsterdam. Le 8 juin mise en examen de Mr Rossi, président de l'assemblée territoriale de Corse pour détournement de fonds publics. Le 9 juin signature d'un accord de paix entre l'OTAN et la Serbie. Le 12 juin les troupes de l'OTAN entrent au Kosovo. Le 13 juin élection au Parlement Européen marquée par la victoire de la gauche. Le 16 juin le conseil constitutionnel rejette la charte européenne des langues régionales. Le 21 juin les ministres des gouvernements des États membre décident de créer au cours du Conseil de l'Union européenne un processus de stabilisation et d'association en faveur de l'Albanie, de la Bosnie-Herzégovine, de la Croatie, la Macédoine et de la Yougoslavie afin de servir de cadre aux relations entre l'Union et ces pays en vue d'une éventuelle future adhésion de ces derniers. Le 2 juillet Bernard Kouchner est nommé Administrateur civil au Kosovo. Le 28 juillet Loi instituant la Couverture Maladie Universelle (CMU). Le 13 octobre adoption de la loi sur le Pacte Civil de Solidarité (PACS). Le 19 octobre seconde loi Aubry sur les 35 heures. Le 22 octobre visite du président chinois Jiang Zemin en France (jusqu'au 24). Le 27 octobre visite officielle du président iranien Mohammad

Khatami en France (jusqu'au 29). Le15 novembre Promulgation du PACS. Le 25 novembre explosion d'une voiture piégée devant Ajaccio. Le 5 décembre échec des négociations lors de la réunion de l'OMC à Seattle. Les 10 et 11 décembre Conseil européen d'Helsinki, ouverture des négociations d'adhésion avec la Bulgarie, la Lettonie, la Lituanie, la Roumanie, la Slovaquie et Malte prévue à partir de février 2000 ; reconnaissance du statut de pays candidat à l'adhésion à part entière pour la Turquie, ayant à terme vocation à devenir membre de l'Union européenne, sans que les négociations débutent avec cet État ; le principe de différenciation est déterminé, les négociations progressent désormais avec chaque pays candidat selon les progrès réalisés par celui-ci. Une stratégie renforcée de pré-adhésion est mise en place avec trois instruments financiers d'assistance communautaire : le Programme d'aide communautaire aux pays d'Europe centrale et orientale (PHARE), l'Instrument structurel de Pré-Adhésion (ISPA) et l'Instrument agricole de préadhésion (SAPARD). Le 12 décembre Marée noire en Bretagne suite au naufrage de l' «Erika ». Le 15 décembre Adoption de la seconde loi sur la semaine de travail de 35 heures. **2000**, le 1 janvier début de la Couverture Maladie Universelle (CMU) assurant la gratuité des soins pour les plus faibles revenus. Le 1 février la durée hebdomadaire du travail est ramenée à 35 heures pour les entreprises de plus de 20 salariés. Le 14 février début d'une Conférence intergouvernementale pour la réforme des institutions en vue de l'élargissement qui prend fin avec le Conseil européen de Nice. Le 15 février Conseil européen d'Helsinki, début des négociations avec la « deuxième vague » des pays candidats à l'entrée dans l'Union (la Bulgarie, la Lettonie, la Lituanie, la Roumanie, la Slovaquie et

Malte). Le 20 mars Création d'Euronext, né de la fusion des bourses d'Amsterdam, de Bruxelles et de Paris. Les 23 et 24 mars Conseil européen de Lisbonne ; ce conseil définit la stratégie de Lisbonne, qui vise à mettre en œuvre en Europe, pour 2010, « l'économie de la connaissance la plus compétitive et la plus dynamique du monde. ». Création de la Banque européenne d'investissement. Le 26 mars suppression totale en Grèce des contrôles des personnes aux frontières aériennes et maritimes intérieures à l'Union européenne conformément à la convention de Schengen. Le 16 novembre la Suisse fait savoir qu'elle ne décidera de l'ouverture des négociations d'adhésion qu'entre 2003 et 2007. Le 3 mai Loi sur la parité homme / femme. Le 30 juin Adoption du projet de loi sur le quinquennat par les assemblées. Le 2 juillet Victoire (73%) lors du référendum sur le statut de Mayotte (Collectivité Départementale). Le 25 juillet Premier crash d'un concorde suite à l'éclatement d'un pneumatique à Gonesse. Le 28 juillet accords de Matignon sur le statut de la Corse. Le 29 août démission de J.P. Chevènement, ministre de l'intérieur suite à un désaccord sur le problème Corse. Le 24 septembre adoption du quinquennat (73,24%) lors d'un référendum marqué par l'abstention (68%). Le 14 novembre interdiction des farines animales en France. Les 7 et 10 décembre Conseil européen de Nice, réduction au minimum des modalités de changement institutionnel dans l'Union européenne nécessaire par la perspective de l'élargissement. Il détermine une « feuille de route » menant à l'achèvement des négociations d'adhésion en juillet 2002. Le 11 décembre signature du traité de Nice sur la réforme des Institutions Européennes. **2001**, le 1er janvier la Grèce adopte l'Eurocom monnaie unique. La zone euro comprend désormais 12 membres. Le 2 janvier dépistage obligatoire de l'ESB en France. Le 29 janvier promulgation de la loi reconnaissant le génocide arménien provoquant la colère turque. Le 26 février signature du traité de Nice, il fixe les principes et les méthodes d'évolution du système institutionnel au fur et à mesure que l'Europe s'élargira. Il entre en vigueur le 1er février 2003. Le 4 mars référendum en Suisse sur l'accélération de la procédure d'adhésion, les électeurs se prononcent contre. Le 18 mars élections municipales offrant à la gauche la mairie de Paris. Le 9 avril l'Union européenne et la Macédoine signent un accord de stabilisation et d'association qui accorde à cet État le statut de candidat potentiel à l'adhésion. Le 24 avril L'assemblée décide de l'inversion du calendrier électoral 2001 (législatives / présidentielles). Le 30 mai Création de la prime pour l'emploi pour les bas salaires par le gouvernement. Le 8 juin référendum en Irlande sur la ratification du traité de Nice, Les Irlandais se prononcent contre. Les 15 et 16 juin Conseil européen de Göteborg, qui élargit la stratégie de Lisbonne sur l'économie de la connaissance à l'environnement et au développement durable. Le 1er septembre les nouvelles pièces arrivent dans les banques. Les chéquiers en euros sont délivrés au grand public. Le 11 septembre attentats suicides de plusieurs avions de ligne contre New-York et Washington. Renforcement du plan de sécurité Vigipirate suite aux attentats américains. Le 14 septembre Cérémonie d'hommage aux victimes du terrorisme à l'Elysée. Le 19 septembre visite officielle du président français aux Etats-Unis. Le 21 septembre arrestation de 7 individus soupçonnés de préparer un attentat contre l'ambassade américaine à Paris. Le 21 septembre Explosion dans une usine chimique de Toulouse. Le 25 septembre reconnaissance officielle du rôle des Harkis pendant la guerre d'Algérie par le président de la république. Le 7 octobre début des raids aériens américains et britanniques en Afghanistan. Le 14 novembre proposition de la Commission européenne que se termine avant la fin 2002 les négociations d'adhésion avec dix des pays candidats (Chypre, l'Estonie, la Hongrie, la Lettonie, la Lituanie, Malte, la Pologne, la République tchèque, la Slovaquie et la Slovénie) pour qu'ils puissent entrer dans l'Union en 2004, après les processus nationaux de ratification. Le 12 décembre Condamnation du commandant P. Bunel pour intelligence avec Belgrade à 5 ans de prison. Le 12 décembre Interpellation de deux membres de l'ETA à Auch. Les 14 et 15 décembre Conseil européen de Laeken. Lancement de la Convention chargée de préparer la réforme des institutions en vue de l'élargissement de l'Union afin de préparer la prochaine Conférence intergouvernementale. Sont également prises les décisions de renforcer le rôle de l'Europe sur la scène internationale (notamment dans la lutte contre le terrorisme) par l'adoption d'une déclaration d'opérationnalité de la politique extérieure commune de sécurité et de défense ainsi que d'une déclaration sur le Moyen-Orient, et de conclure avant fin 2002 les négociations avec les dix pays candidats prêts à l'adhésion pour qu'ils puissent participer aux élections au Parlements européens de 2004. Le 14 décembre début de la distribution d'euros en France. Le 17 décembre le FNLC revendique 17 attentats commis ces dernières semaines. Le 18 décembre Le Conseil Constitutionnel rejette le principe de financement (sécurité sociale) de la loi sur les 35 heures. Le20 décembre José Bové est condamné à 6 mois de prison pour la mise à sac d'un laboratoire de recherche sur les semences transgénique à Nérac. **2002**, le 1er janvier mise en circulation des billets et des pièces en euros dans les pays de la zone euro. Les monnaies nationales ne circulent plus que jusqu'au 17 février 2002 au plus tard. Après cette date, les anciens billets n'auront plus cours légal. Le 11 janvier l'ancien préfet Bernard Bonnet est condamné à un an de prison ferme pour l'affaire des paillotes incendiées. Le 17 janvier le conseil Constitutionnel refuse toute délégation de pouvoir législatif à l'assemblée territoriale corse. Le 17 février fin du cours légal du Franc. Le 21 avril Jacques Chirac (19,88%) et Jean-Marie Le Pen (16,86%) sont au second tour de l'élection présidentielle. Le 23 avril Création de l'Union Pour la Majorité Présidentielle rassemblant la droite. Le26 avril Lionel Jospin appelle à voter contre l'extrême-droite. Le 5 mai Jacques Chirac est élu président avec 82,21% des voix. Le 6 mai Jean-Pierre Raffarin est nommé premier ministre. Le 7 mai Formation du nouveau gouvernement. Le 8 mai attentat au Pakistan provoquant la mort de 11 Français. Le 9 mai Nicolas Sarkozy annonce le rattachement de la Gendarmerie au ministère de l'intérieur. Le 17 mai Nicolas Sarkozy annonce la création des Groupement d'Intervention Régionaux (police-douane-gendarmes-fisc). Juin. Le Conseil européen de Laeken fait de la création du Système européen d'identification des visas (SIV) une « priorité ». Le 5 juin reconduction pour 3 mois du plan Vigipirate renforcé. Le 9 juin la droite arrive en tête du premier tour des élections législatives. Le 14 juin mise en examen de 9 cadres de l'usine AZF (Toulouse) pour homicide involontaire. Le 18 juin Alain Juppé est nommé à la tête de l'Union Pour la Majorité Présidentielle (UMP). Le 25 juin Jean-Louis Debré est élu président de l'Assemblée Nationale. Le 27 juin la Haute Cour de Justice d'Angleterre refuse l'extradition de R. Ramda impliqué dans les attentats de 1995. Le 4 juillet la Cour d'Appel rend un non-lieu dans l'affaire du sang contaminé. Le 14 juillet Tentative d'assassinat de Jacques Chirac lors de la revue des troupes par un militant d'extrême droite. Le 23 juillet expiration du traité instituant la Communauté européenne du charbon et de l'acier (CECA) 50 ans après son entrée en vigueur, en août 1952 (traité signé le 18 avril 1951). Le 31 juillet Adoption de la loi d'orientation et de programmation sur la sécurité. Le 21 septembre Le RPR et Démocratie Libérale sont dissoutes au profit de l'UMP. Le 25 septembre Envoi de soldats français en Côte d'Ivoire pour évacuer les ressortissants français. Le 6 octobre Bertrand Delanoë est blessé à l'arme blanche lors de la nuit blanche à Paris. Le 6 octobre attentat contre un pétrolier français au large du Yémen. Le 9 octobre recommandation de la Commission européenne pour que les négociations d'adhésion engagées se terminent avant la fin de l'année avec les dix pays candidats qu'elle estime prêts à adhérer début 2004 : Chypre, l'Estonie, la Hongrie, la Lettonie, la Lituanie, Malte, la Pologne, la République tchèque, la Slovaquie et la Slovénie. Le 25 octobre incident diplomatique entre Jacques Chirac et Tony Blair au sommet européen de Bruxelles. Le 8 novembre Valery Giscard d'Estaing se prononce contre l'admission de la Turquie au sein de l'UE. Le17 novembre l'UMP devient officiellement l'Union pour un Mouvement Populaire. Le 19 octobre second référendum en Irlande sur la ratification du traité de Nice, cette fois-ci les Irlandais se prononcent pour. Les 24 et 25 octobre Conseil européen de Bruxelles. Les principaux obstacles à l'élargissement sont levés, les Quinze approuvent la proposition de la Commission européenne d'accepter dix des douze pays candidats à l'adhésion. Un compromis franco-allemand sur la politique agricole commune (PAC) permet de redéfinir une position commune sur le volet agricole. La réforme de la

PAC n'est pas prévue avant 2006, toutefois les dépenses seront limitées de 2007 à 2013 au niveau atteint en 2006. Le 30 novembre attaque contre des soldats français en Côte d'Ivoire. Le 2 décembre Nicolas Sarkozy annonce la fermeture du centre de Sangatte avant la fin de l'année. Le 5 décembre Inauguration du mémorial de la guerre d'Algérie à Paris. Le11 décembre 67,3% d'abstention aux élections prudhommales. Le 11 décembre explosion d'Ariane V juste après son décollage. Les 12 et 13 décembre Conseil européen de Copenhague. L'Union européenne et les dix pays candidats à l'adhésion (Chypre, Malte, la Hongrie, la Pologne, la République tchèque, la Slovaquie, la Slovénie, l'Estonie, la Lituanie et la Lettonie) signent un accord sur les conditions économiques et financières de l'élargissement. Leur adhésion est prévue le 1er mai 2004. Report fin 2004 des négociations d'adhésion avec la Turquie à la condition qu'elle poursuive ses réformes démocratiques. Le 19 décembre Adoption de la loi assouplissant les 35 heures. Le 21 décembre nouvel accrochage en Côte d'Ivoire avec les soldats français. **2003**, le 6 janvier 9 militaires français sont blessés lors d'un accrochage avec les rebelles en Côte d'Ivoire. Le 15 janvier mise en opération de la base de données Eurodac concernant les demandes d'asile. Le 21 janvier Mr Bush réaffirme sa volonté d'intervention en Irak. Le 23 janvier Mr Schröder et Mr Chirac réaffirment leur opposition à une intervention en Irak. Le 26 janvier Colin Powell envisage la possibilité d'une intervention unilatérale des USA en Irak. Le 28 janvier adoption de la loi Sarkozy sur la sécurité intérieure. Le 1er février entrée en vigueur du traité de Nice. Le 5 février Colin Powell présente à l'ONU les « preuves » américaines sur les armes de destruction massive irakiennes. Le 7 février Jacques Chirac envisage d'user du droit de veto à l'ONU contre une intervention en Irak. Le 8 février Donald Rumsfeld met la France en garde en cas d'usage de son droit de veto à l'ONU. Le 14 février Dominique de Villepin s'oppose à une intervention en Irak au conseil de sécurité de l'ONU. Le 18 février sermon de Jacques Chirac à l'encontre des futurs membres de l'UE favorables à une intervention en Irak. Le 23 février la Croatie dépose officiellement sa candidature d'adhésion à l'UE. Le 9 mars Colin Powell met la France en garde en cas d'usage de son droit de veto à l'ONU. Le 16 mars sommet des Açores sur l'Irak entre les USA, la Grande-Bretagne et l'Espagne. Le 17 mars le Congrès adopte la réforme de la constitution sur la décentralisation. Le 21 mars bombardements américains sur Bagdad ; début de la seconde guerre du Golfe. Le 27 mars profanation d'un cimetière militaire britannique à Etaples. Le 2 avril procédure disciplinaire de l'UE à l'encontre de la France suite au déficit budgétaire 2003. Le 9 avril le Parlement européen vote l'adhésion de dix pays supplémentaires (Estonie, Lettonie, Lituanie, Pologne, République tchèque, Slovaquie, Hongrie, Slovénie, Chypre, Malte) qui adhèrent formellement à l'Union par le traité d'Athènes du 16 avril 2003. Le 12 avril le référendum en Hongrie sur la ratification du traité d'adhésion à l'UE obtient 83,76% de votes favorables, contre 16,24% d'opinions négatives des voix, avec une participation de 45,56%. Le 16 avril les Quinze et les dix États candidats à l'adhésion (Chypre, l'Estonie, la Hongrie, la Lettonie, la Lituanie, Malte, la Pologne, la République tchèque, la Slovaquie et la Slovénie) signent à Athènes le traité d'adhésion à l'Union européenne. Le 16 avril Jacques Chirac appelle à intégrer l'ONU dans la reconstruction en Irak. Le 1 mai Mr Bush annonce la fin des opérations massives en Irak. Les 10 et 11 mai le référendum en Lituanie sur la ratification du traité d'adhésion à l'UE obtient 89,92% de votes favorables, contre 8,85% d'opinion négatives, avec 1,23% des bulletins invalidés et 63,3% de participation. Le 18 mai le référendum en Slovaquie sur la ratification du traité d'adhésion à l'UE obtient 92,46% de votes favorables, contre 6,2 % d'opinions négatives, avec une participation de 52,15%. Les 7 et 8 juin le référendum en Pologne sur la ratification du traité d'adhésion à l'UE obtient 77,45% de votes favorables, contre 22,55% d'opinions négatives, avec une participation de 58,85%. Le 10 juin altercation entre les députés UMP et communistes à l'Assemblée Nationale sur les retraites. Le 13 juin Valéry Giscard d'Estaing présente son projet de constitution européenne. Les 13 et 14 juin le référendum en République tchèque sur la ratification du traité d'adhésion à l'UE obtient 89,66% de vote favorable, contre 10,34 % d'opinion négatives, avec une participation de 55,21%. Le 17 juin arrestation à Auvers-sur-Oise des Moudjahidines du Peuple Iranien. Le 4 juillet arrestation d'Ivan Colonna soupçonné dans l'assassinat du préfet Erignac. Le 6 juillet échec du référendum constitutionnel (50,98%) sur le statut de la Corse. Le 11 juillet condamnation des assassins présumés du préfct Erignac. 14 juillet le Parlement de Chypre ratifie à l'unanimité le traité d'adhésion du pays à l'Union européenne. Le 16 juillet Valery Giscard d'Estaing présente son projet de constitution européenne. Le 14 août déclenchement du plan blanc suite aux effets de la canicule. Le 25 août Mort de 2 soldats français en mission en Côte d'Ivoire. Le 26 août attentat contre le siège de l'ONU à Bagdad. Le 14 septembre le référendum en Estonie sur la ratification du traité d'adhésion à l'UE obtient 67% de votes favorables, contre 33% d'opinions négatives, avec une participation de 63%. Le 20 septembre le référendum en

Lettonie sur la ratification du traité d'adhésion à l'UE obtient 67% de votes favorables, contre 32,3% d'opinions négatives, avec 72,53% de participation. Fin de la série des consultations organisées dans les dix pays candidats à l'UE commencée le 23 mars 2003. Le 25 septembre l'INSERM évalue à 14 802 le nombre de victimes de la canicule. Le 4 octobre lancement de la Conférence intergouvernementale (CIG) chargée de préparer le projet de Constitution européenne. Le 10 octobre attentat du FLNC contre une caserne à Nice. Le 1er novembre Jean-Claude Trichet succède à Wim Duisenberg au poste de président de la Banque centrale européenne. Le 26 novembre Ratification du traité d'élargissement de l'UE par le Parlement. Le 7 novembre Rejet du référendum sur la modification du statut des Antilles. Le 17 novembre directive Européenne concernant la réutilisation des informations du secteur public. Le 9 décembre les Etats Unis annoncent que les pays s'étant opposés à la guerre en Irak seront exclus des marchés de reconstruction. Le 11 décembre accord franco-américain évitant les poursuites dans l'affaire « Executive Life ». **2004**, le 8 janvier Voyage officiel de Nicolas Sarkozy, ministre de l'intérieur en Chine. Le 27 janvier Visite officielle du président chinois Hu Jintao en France. Le 3 mars La dépêche du midi révèle les menaces terroristes du groupe AZF contre la SNCF. Le 22 mars la Macédoine fait un dépôt officiel de demande d'adhésion à l'Union européenne. Le 5 mars le groupe terroriste AZF annonce une trêve dans son action. Le 28 mars l'opposition (PS-Verts-PC) remporte la presque totalité des régions aux élections. Le 31 mars constitution du troisième gouvernement autour de Jean-Pierre Raffarin. Le 5-7 avril visite officielle d'Elizabeth II pour le centenaire de l'Entente cordiale. Le 11 avril Nicolas Sarkozy annonce la vente de 500 tonnes d'or de la Banque de France d'ici 2009. Le 20 avril avis favorable de la Commission à la candidature de la Croatie et recommandation d'ouverture de négociations d'adhésion. Le 23 avril Fermeture de la dernière mine de charbon française à Creutzwald (Moselle). Le 27 avril premier vol d'essai de l'Airbus 380 à Toulouse. Le 1er mai : signature à Dublin de l'acte d'élargissement de l'Union européenne qui passe de 15 à 25 pays membres. Adhésion de l'Estonie, la Lettonie, la Lituanie, la Pologne, la République tchèque, la Slovaquie, la Hongrie, la Slovénie, Malte et Chypre. Des festivités marquent l'événement durant deux jours dont une cérémonie organisée à Dublin par l'Irlande, alors présidente de l'Union européenne, à laquelle assistent les 25 chefs d'État ou de gouvernement de l'Union européenne. Le 23 mai effondrement d'une partie du terminal 2E à Roissy. Le 28 mai attaque à la roquette contre une brigade de gendarmerie en Corse. Le 8 juin Funérailles du cœur de Louis XVII à la Basilique Saint-Denis. Le 10 au 13 juin : élections européennes dans les 25 pays de l'Union européenne. Le 13 juin revers électoral du gouvernement (UMP 16,6% - PS 28,9%) aux élections européennes. Le 17 juin le Parlement adopte la suppression d'un jour férié en faveur des personnes âgées. Nicolas Sarkozy annonce un accord de baisse des prix de 2% avec la grande distribution. Les 17 et 18 juin le Conseil Européen se réunit à Bruxelles. Accord politique sur le projet de Constitution européenne. Confirmation officielle du statut de la Croatie de candidat à l'adhésion et recommandation d'ouverture des négociations début 2005 conformément à la procédure d'adhésion appliquée pour les dix pays devenus membres le 1er janvier 2004. Le 18 juin adoption de la constitution européenne par les 25 chefs d'état à

Bruxelles. Le 2 juillet fermeture de la dernière mine d'or française à Salsigne (Aude). Le 12 juillet création de l'Agence européenne de défense. Le 22 juillet adoption de la réforme du statut d'EDF-GDF. Le 27 juillet retour en France de 2 prisonniers de Guantanamo (Cuba). Les 13-15 août Visite du pape Jean-Paul II à Lourdes. Le 12 septembre Laurent Fabius annonce son opposition à la constitution européenne. Le 6 octobre publication du rapport de la Commission européenne qui recommande d'engager les négociations d'adhésion avec la Turquie sous certaines conditions. Une décision officielle devra être prise par le Conseil européen du 17 décembre 2004. Publication d'un document de stratégie sur les progrès en vue de l'adhésion de la Bulgarie et de la Roumanie prévue en 2007 et de stratégie de pré-adhésion pour la Croatie. Le 29 octobre signature du traité de constitution européenne à Rome (Italie). Le 6 novembre mort de 9 soldats français lors d'un bombardement aérien des forces ivoiriennes. Le 9 novembre Les soldats français tirent contre la foule à Abidjan. Le 1 décembre les militants du PS se prononcent à 58,8% pour la constitution européenne. Le 2 décembre Alain Juppé démissionne de la mairie de Bordeaux suite à sa condamnation en appel. Les 16 et 17 décembre Conseil européen de Bruxelles, le Conseil européen décide l'ouverture des négociations d'adhésion avec la Turquie le 3 octobre 2005 tout en imposant des conditions très strictes, dont en premier la reconnaissance de Chypre. Signature du traité d'adhésion de la Bulgarie et de la Roumanie à l'UE prévue en avril 2005 et adhésion prévue en janvier 2007. Ouverture des négociations avec la Croatie prévue en mars 2005 à la condition que ce pays coopère pleinement avec le Tribunal pénal international pour l'ex-Yougoslavie. **2005**, le 5 janvier Enlèvement de Florence Aubenas, journaliste de Libération à Bagdad (Irak). Le 1er février entrée en vigueur de l'accord de stabilisation et d'association (ASA), premier accord global entre l'UE et la Croatie semblable aux accords conclus avec les anciens pays candidats à l'adhésion. Le 16 février accord franco-américain prévoyant 600 millions de dollars d'indemnités dans l'affaire « Executive Life ». Le 23 février les députés adopte une loi reconnaissant le rôle positif de la colonisation. Le 7 mars libération des 3 prisonniers français de Guantanamo (Cuba). Le 12 mars adoption de la loi de réforme des 35 heures (autorisant jusqu'à 48 heures/semaine). Le 16 mars report par le Conseil affaires générales et relations extérieures des négociations d'adhésion avec la Croatie, prévue le 17 mars, à cause d'un manque de coopération de la Croatie avec le Tribunal pénal international pour l'ex-Yougoslavie (TPIY), la Croatie n'ayant pas livré le général Ante Gotovina au tribunal. Le 24 mars adoption de la loi Fillon réformant le baccalauréat. Le 2 avril Mort du pape Jean-Paul II. Le 9 avril Arrestation d'une avocate toulousaine pour divulgation d'information (Loi Perben 2). Le 13 avril l'adhésion future de la Bulgarie et de la Roumanie est approuvée par le Parlement respectivement par 522 voix pour et 70 contre, 497 voix pour et 93 contre. Le 25 avril la Bulgarie et la Roumanie signent le Traité relatif à l'adhésion de la Bulgarie et de la Roumanie à l'Union européenne en vue de leur adhésion le 1er janvier 2007. Le traité contient une clause de sauvegarde inédite pouvant retarder ces adhésions en raison des problèmes importants que doivent encore résoudre ces deux pays. Le 27 avril vol inaugural de l'Airbus 380 à Toulouse. Le 27 mai Traité de Prüm entre plusieurs États de l'UE. Il renforce la coopération policière européenne, y compris en matière biométrique. Il réaffirme la mise en place du Système européen d'identification des visas (SIV). Le 29 mai la France dit « non » à 54,67% au référendum sur la constitution européenne avec une participation de 69,37%. Le 31 mai Dominique de Villepin est nommé premier ministre en remplacement de Jean-Pierre Raffarin. Le 12 mai retour de Florence Aubenas en France après 157 jours de captivité en Irak. Les 17 et 18 juin sommet européen qui se tient à Bruxelles. Tony Blair impose ses conditions pour l'augmentation de la contribution britannique à la révision de la PAC. Le 3 juillet rencontre entre Jacques Chirac, G. Schroeder et Vladimir Poutine à Kaliningrad. Le 5 juillet Laurence Parisot remplace Mr Seillières à la tête du MEDEF. Le 10 juillet les luxembourgeois disent « oui » à la Constitution européenne. Le 2 août adoption par ordonnance du plan d d'urgence pour l'emploi créant le CNE. Le 26 septembre entrée comme observateurs au Parlement européen des députés roumains et bulgares en vue de l'adhésion en 2007 de leur pays. Ils sont autorisés à prendre part aux travaux des commissions et à ceux des groupes parlementaires. Le 28 septembre le GIGN s'empare du navire Paoli, contrôlé par un groupe de grévistes de la SNCM. Le 3 octobre signature d'un accord permettant l'ouverture des négociations entre l'Union européenne et la Turquie pour l'adhésion. Ouverture des négociations d'adhésion avec la Croatie. Le 17 octobre suspension du commandant des forces françaises en Côte d'Ivoire suite à la mort d'un suspect. Le 24 octobre Dominique de Villepin annonce la prochaine ouverture du capital d'EDF. 28 octobre violences suite à la mort de deux adolescents à Clichy-sous-Bois. Le 31 octobre les violences s'étendent en région parisienne. Novembre ouverture officielle des négociations entre l'UE et la Bosnie-Herzégovine pour la signature d'un Accord de stabilisation et d'association (ASA) en vue d'une future adhésion. Le 8 novembre condamnation de sept collaborateurs de François Mitterrand dans l'affaire des écoutes de l'Elysée. Le 8 novembre le Gouvernement décrète l'état d'urgence pour faire face aux émeutes dans les banlieues. Le 16 novembre l'état d'urgence est prolongé pour une durée de trois mois. Décembre lancement du premier satellite du système européen de navigation Galileo. **2006**, le 7 janvier Libération de Bernard Planche enlevé en Irak. Le 18 janvier ouverture des auditions de la commission parlementaire sur l'affaire d'Outreau. Le 25 janvier début des négociations entre l'UE et la Bosnie-Herzégovine pour la signature d'un Accord de stabilisation et d'association (ASA) en vue d'une future adhésion. Le 4 février levée de l'état d'urgence instauré lors de la crise des banlieues. Le 9 février Adoption par l'article 49.3 de la constitution du projet de loi sur l'égalité des chances. Le 16 mai la Commission propose à la Slovénie que celle-ci adopte l'euro comme monnaie officielle à partir du 1er janvier 2007 après qu'est consulté le Parlement et les chefs d'État ou de gouvernement des États membres. Rejet d'une proposition similaire pour la Lituanie. Report de la publication de la décision sur la date d'adhésion à l'UE de la Bulgarie et de la Roumanie. 9 juin mise en cause des magistrats dans l'affaire d'Outreau par le l'inspection générale des services judiciaires. Le 30 juin adoption de la loi Sarkozy sur l'immigration choisie. Le 4 juillet signature de la charte sur le service minimum dans le transport en cas de grève. Le 24 août Jacques Chirac annonce l'envoi de 1 600 soldats pour renforcer les forces de la FINUL (Liban). Le 11-12 septembre visite de Nicolas Sarkozy, ministre de l'Intérieur aux Etats-Unis. Le 22 septembre Jacques Chirac rappelle la très grande exigence quant au respect de l'indépendance des magistrats. Le 29 septembre Visite de Jacques Chirac au mémorial sur le génocide lors d'une visite officielle en Arménie. Le 3 octobre l'assemblée nationale adopte la loi de privatisation de Gaz de France. Le 3 octobre la France rejette la proposition de collaboration de l'Iran sur le nucléaire. Le 12 octobre l'assemblée nationale adopte la loi réprimant la négation du génocide arménien. Le 22-25 octobre Incendies de bus en région parisienne. Le 28 octobre Incendies de bus à Paris et à Marseille (un blessé grave). Le 16 novembre Ségolène Royal est désignée par les militants socialistes candidate aux élections présidentielles. Le 22 novembre Le juge antiterroriste français Bruguière lance des mandats d'arrêt internationaux contre des proches du président rwandais. Le 24 novembre Le Rwanda rompt les relations diplomatiques avec la France. Le 7 décembre L'IGS conclue que les policiers ont fait preuve de légèreté lors de la mort de deux adolescents à Clichy en 2005. Le 14 décembre La Cour de révision rejette la demande de réhabilitation de Mr Seznec, condamné en 1927. Le 21 décembre Dominique de Villepin, premier ministre est entendu par la justice dans le cadre de l'affaire Clearstream. Le 27 décembre Le ministre délégué à la cohésion sociale annonce des mesures en faveur des sans-abris. Le 31 décembre Jacques Chirac demande au gouvernement la mise en place d'un droit au logement opposable. **2007**, le 1er janvier La Slovénie adopte comme monnaie officielle l'euro. Adhésion de la Roumanie et de la Bulgarie. L'Union européenne compte 27 membres. Le 3 janvier le gouvernement annonce un projet de droit opposable au logement. Le 4 janvier 5 attentats perpétrés la veille de la visite de Nicolas Sarkozy en Corse. Le 14 janvier Nicolas Sarkozy est désigné candidat pour les élections présidentielles par l'UMP. Le 22 janvier Mort de l'abbé Pierre, fondateur d'Emmaüs à 94 ans. Le 19 février Le Congrès adopte la réforme constitutionnelle sur la peine de mort et le statut pénal du chef de l'état. Le 15 mars l'Union européenne et le Monténégro signent un accord de d'association et de stabilisation. Le 21 mars Jacques Chirac apporte son soutien au candidat de l'UMP. Le 22 mars Le tribunal de Paris relaxe Charlie Hebdo pour la publication des caricatures controversées de Mahomet. Le 25 mars commémoration du cinquantième anniversaire de la signature du traité de Rome. Tous les pays de la zone euro émettent une pièce commémorative de 2 euros. Le 26 mars François Barouin remplace Nicolas Sarkozy (démissionnaire) au ministère de l'intérieur. Le 3 avril enlèvement de deux travailleurs humanitaires français et leurs accompagnateurs en Afghanistan. Le 13 avril libération d'un chercheur français accusé d'espionnage retenu depuis 2 mois en Iran. Le 20 avril Les Talibans exigent le retrait des forces françaises d'Afghanistan pour libérer les otages. Le 22 avril Nicolas Sarkozy arrive en tête des élections présidentielles (31,18%) devant Ségolène Royal (25,87%) et François Bayrou (18,57%). Le 27 avril Philippe Douste-Blazy, ministre des affaires étrangères déclare que la France n'a pas vocation à occuper un pays à long terme. Le 28 avril les Talibans libèrent Céline Cordelier, un des deux otages français. Le 6 mai Nicolas Sarkozy est élu président de la république avec 53,06% des voix contre Ségolène Royale (46,94%). Les 6-9 mai Incidents nocturnes avec la Police suite à l'élection de Nicolas Sarkozy à Paris, Bordeaux, Lyon, Marseille, Toulouse. Le 9 mai 21 députés de l'UDF manifestent leur volonté de rejoindre l'UMP. Le 10 mai François Bayrou met fin à l'UDF pour donner naissance au Modem. Le 12 mai libération de l'otage Eric Danfreville retenu par les Talibans depuis 1 mois. Le 15 mai démission du premier ministre de Dominique de Villepin. Le 17 mai le président Nicolas Sarkozy nomme François Fillon Premier ministre. Le 18 mai nouveau gouvernement de François Fillon qui forme un gouvernement d'ouverture, réduit à 15 ministères et paritaire. Le 23 mai le nouveau président Nicolas Sarkozy se rend au siège de l'Union européenne à Bruxelles. Le 28 mai le nouveau président Nicolas Sarkozy reçoit le Premier ministre italien Romano Prodi. Le 30 mai le président Nicolas Sarkozy se rend à Madrid. Le 10 juin 1er tour des élections législatives en France avec un taux d'abstentions, blancs et nuls de 41,45 % : UMP et apparentés 45,52 % des voix exprimées, PS et apparentés 27,67. Le 11 juin lancement du TGV Est. Le 17 juin second tour des élections législatives françaises avec un taux d'abstentions, blancs et nuls de 43,43 % : UMP et apparentés 323 sièges, PS et apparentés 205 sièges. Durant la nuit, de violentes émeutes urbaines éclatent à Cergy dans le Val-d'Oise. Le centre ville est saccagé, des policiers sont attaqués et des centaines de voitures sont incendiées. La France met en place un pont aérien en vue d'acheminer l'aide humanitaire destinée aux camps de réfugiés installés dans l'est du Tchad qui se montent à 240 000 personnes originaires du Darfour et à 150 000 Tchadiens chassés par les combats et les exactions. Le 18 juin Constitution du deuxième gouvernement Fillon. Le 20 juin devant les élus UMP reçus au palais de l'Élysée, le président Nicolas Sarkozy déclare vouloir « remettre la France en mouvement », expliquant que les réformes qu'il entend mettre en œuvre n'ont de sens que dans leur ensemble, que le redressement du pays ne passe pas par telle mesure ou telle autre mais par la cohérence d'un tout. Il est dans ce sens en rupture avec la vision de l'ancien président qui préférait entreprendre les réformes, les unes après les autres. Les 21 et 22 juin Conseil européen de Bruxelles. Le 23 juin les 27 États membres parviennent à un accord sur un projet de traité modificatif (qui comprendra également la transformation du traité CE en traité sur le fonctionnement de l'Union. Le 1er juillet ouverture du marché de l'électricité aux particuliers, marque de la fin du monopole de l'opérateur national Électricité de France. Le 8 juillet économie, le président Nicolas Sarkozy propose la candidature du socialiste Dominique Strauss-Kahn au poste de président de l'institution financière internationale. Le 14 juillet des détachements militaires de toute l'Union européenne participent au défilé du 14 Juillet sur les Champs-Élysées symbolisant la solidarité militaire des vingt-sept pays. Le 16 juillet la chancelière allemande, Angela Merkel est en visite à Toulouse pour rencontrer le président Sarkozy avec comme sujet principal, le remaniement à la tête d'EADS. Le 18 juillet le Comité de réflexion sur la modernisation de la Ve République est installé officiellement. Il est président par Édouard Balladur et comprend douze membres dont Jack Lang. Le 23 juillet dans une interview au journal Le Monde, François Hollande, premier secrétaire du Parti socialiste, qualifie le style Sarkozy de « coup d'éclat permanent ». Le 27 juillet dans le cadre de l'affaire Clearstream, l'ancien premier ministre Dominique de Villepin est mis en examen assortie d'un contrôle judiciaire avec interdiction de rencontrer Jacques Chirac et versement d'une caution de 200 000 euros. Visite du président Nicolas Sarkozy à Libreville. Le 29 juillet mort de Michel Serrault (79 ans) à Honfleur, grand comédien français. Le 30 juillet lors de l'hommage rendu à deux soldats français tués en Afghanistan et au Liban, le président Nicolas

Sarkozy affirme l'importance des engagements extérieurs : « Quand nos valeurs sont menacées, c'est notre sécurité qui s'en trouve affaiblie ». Le 2 août le secrétaire du Parti socialiste, François Hollande, obtient la création d'une enquête parlementaire sur les conditions politiques et économiques de la libération des infirmières bulgares et du médecin palestinien, prisonniers en Libye. Le président Nicolas Sarkozy s'envole vers les États-Unis pour deux semaines de vacance. Le 23 août dans l'affaire de la libération des infirmières bulgares, le palais de l'Élysée exclut que la commission parlementaire d'enquête puisse entendre Cécilia Sarkozy, l'épouse du président. Le 25 août mort de l'économiste, ancien Premier ministre et ancien maire de Lyon, Raymond Barre (83 ans). Le 27 août lors de la réception des ambassadeurs à Paris, le président Nicolas Sarkozy, dans son discours, critique la Chine et la Russie, évoque l'hypothèse d'un « bombardement » de l'Iran s'il ne suspendait pas ses activités d'enrichissement d'uranium et affirme qu'il ne transigera jamais avec la sécurité d'Israël. Le 29 août l'ancien premier ministre socialiste Michel Rocard est chargé par le gouvernement de présider le nouveau Comité de concertation sur la revalorisation du métier d'enseignant. Le 30 août, le président Nicolas Sarkozy s'exprime devant les patrons du Medef réunis en université d'été. Le 5 septembre le socialiste Hubert Védrine remet au président Nicolas Sarkozy le rapport sur la mondialisation et met en garde contre toute « tentation atlantiste et occidentaliste ». Il explique que les intérêts géopolitiques, énergétiques, écologiques, linguistiques de la France sont à défendre avant tout par une stratégie économique tournée vers la mondialisation. Le 11 septembre le secrétaire d'État aux Affaires européennes, Jean-Pierre Jouyet, propose dans le cadre de la réforme des institutions, de supprimer l'article 88-5 de la Constitution française qui oblige à un référendum pour toute nouvelle adhésion à l'Union européenne. Le 20 septembre l'Assemblée nationale vote la nouvelle loi sur l'immigration comportant un amendement de Thierry Mariani prévoyant des tests ADN pour le traitement des demandes de regroupement familial. Le 28 septembre le socialiste français Dominique Strauss-Kahn est élu président du Fonds monétaire international. Le 3 octobre le président Nicolas Sarkozy déclare devant les parlementaires de l'UMP : « Il n'y aura pas de plan de rigueur, il n'y aura pas de plan d'austérité, parce que ce serait un reniement et que je n'ai pas été élu pour cela. ». Visite en France du patriarche Alexis II de Moscou. Il est reçu au palais de l'Élysée par le président Nicolas Sarkozy qui salue la démarche et « la volonté des chrétiens d'Europe de se rapprocher et d'unir leurs efforts autour des racines chrétiennes de l'Europe, pour construire une société plus humaine ». Le 4 octobre dans le numéro de l'hebdomadaire économique Challenges, Denis Kessler, président du groupe de réassurance Scor défend une remise à plat totale du modèle social français : « la liste des réformes ? C'est simple, prenez tout ce qui a été mis en place entre 1944 et 1952, sans exception ». Le 6 octobre Mort à Paris du journaliste Serge de Beketch (60 ans). Il fut directeur de l'hebdomadaire Minute et cofondateur de Radio Courtoisie. Le 9 octobre le prix Nobel de physique est décerné au Français Albert Fert et à l'Allemand Peter Grünberg. Le 17 octobre début d'importantes grèves dans les transports publics suite à la réforme des régimes spéciaux de retraite, jusqu'au 19 octobre. Le 19 octobre le Traité modificatif a été approuvé par le Conseil européen de Lisbonne (futur traité de Lisbonne). Le 20 octobre les étudiants sont en grève et manifestent contre le projet de loi sur l'autonomie des universités. Manifestation à Paris contre le test ADN de regroupement familial prévu dans le projet de loi du gouvernement sur l'immigration. Le 22 octobre le premier ministre israélien Ehoud Olmert, à l'issue de ses entretiens à Paris avec le président Nicolas Sarkozy, déclare : « Je n'aurais pas pu entendre, sur le dossier iranien, des choses qui auraient pu être plus proches de mes attentes. » Le 23 octobre le Parlement vote le projet de loi sur la maîtrise de l'immigration dont un de ses articles facilite la régularisation des travailleurs étrangers dans les métiers et les zones géographiques « caractérisés par des difficultés de recrutement ». Le 24 octobre début du "Grenelle" de l'Environnement jusqu'au 25 octobre. Le 10 novembre Mort à Paris du journaliste royaliste Pierre Pujo (77 ans), directeur de l'hebdomadaire Aspects de la France, devenu L'Action Française Hebdo puis l'Action Française 2000. Le 12 novembre : Ouverture du procès d'assises d'Yvan Colonna, nationaliste corse accusé de l'assassinat du préfet Claude Érignac. Le 15 novembre Le Conseil constitutionnel valide l'article 13 de la loi sur l'immigration autorisant les tests ADN pour les candidats au regroupement familial mais annule l'article 63 autorisant les statistiques ethniques. Le 16 novembre fin de la tournée, à Lyon et Bastia, entamée par la ministre de la Justice Rachida Dati pour présenter sa réforme de la carte judiciaire qui prévoit, parallèlement à la modernisation de l'outil judiciaire, la suppression de 23 tribunaux de Grande instance, 176 tribunaux d'Instance et celle de 55 tribunaux de Commerce et de 63 Conseils de prud'hommes. Le 21 novembre manifestation nationale des buralistes contre l'interdiction totale de fumer dans les bâtiments publics, y compris cafés et restaurants, à partir du 1er janvier. Le 23 novembre le Premier ministre François Fillon explique que la réforme des régimes spéciaux de retraite était nécessaire et que « les esprits étaient mûrs ». Il annonce aussi la prochaine réforme du régime général et celle du contrat de travail. Le 25 novembre émeutes à Villiers-le-Bel suite à un accident de la circulation impliquant une mini-moto conduite par deux adolescents ayant heurté une voiture de police et ayant trouvé la mort ; une violente guérilla urbaine se développe pendant deux jours. Pour la première fois des armes à feu sont utilisés par les émeutiers et 69 policiers sont blessés. Il s'est aussi avéré que les centaines d'émeutiers en faisant preuve d'organisation et de sens tactique étaient préparés à ces émeutes. Dans un wagon vide du RER D, une jeune étudiante en journalisme est sauvagement assassiné et son corps lardée de coups de couteau par un récidiviste. Le président Nicolas Sarkozy est en visite officiellement en Chine. De nombreux contrats sont signés et il tente de convaincre le gouvernement chinois de ne pas bloquer un troisième train de sanctions contre l'Iran. Le 26 novembre Mort à Paris de l'historien Pierre Miquel (77 ans). Le 29 novembre journée nationale d'action, comprenant sit-in, grèves et manifestations, organisée par les professionnels du monde judiciaire. Le président Nicolas Sarkozy incite les entreprises à « s'exonérer des 35 heures » pour augmenter les salaires. Le 5 décembre : Dans l'affaire de la tuerie de Capbreton, un couple de terroristes basques est arrêté à Châteauneuf-de-Randon (Lozère). Le 6 décembre un Rafale de l'Armée de l'Air française s'écrase sur le territoire de la commune de Neuvic en Corrèze. Le 10 décembre début de la visite officielle en France de Mouammar Kadhafi, dirigeant de la Jamahiriya arabe libyenne, 34 ans après sa dernière visite, durant laquelle sont signés des contrats pour plus de 10 milliards d'euros. Le 13 décembre dans le procès de l'assassinat du préfet Érignac, Yvan Colonna est condamné à la réclusion criminelle à perpétuité en première instance (il fera appel). Dans la nuit, cinq attentats à la bombe détruisent en Corse-du-Sud plusieurs villas. D'autres attentats suivront jusqu'à la fin du mois. Signature du traité de Lisbonne, qui devra être ratifié pour pouvoir entrer en vigueur le 1er janvier 2009. **2008**, le 1 janvier extension de l'interdiction de fumer dans les restaurants, boîtes de nuit, casinos et bars (l'interdiction de fumer dans les autres lieux publics était entrée en vigueur en février 2007).Présidence slovène du Conseil de l'Union européenne. Chypre et Malte adoptent l'euro comme monnaie officielle. La zone euro compte quinze pays, soit 320 millions de personnes. Le 5 janvier le Président Nicolas Sarkozy se rend en Jordanie en compagnie de sa nouvelle compagne Carla Bruni. Le 8 janvier Le Président Nicolas Sarkozy annonce que la culture du maïs transgénique MON-810 serait suspendue en cas de « doutes sérieux » sur son innocuité. Le président de la Commission européenne José Manuel Barroso et le Premier ministre slovène Janez Janša, alors président du Conseil de l'Union européenne, inaugurent l'année européenne du dialogue interculturel à Ljubljana, en Slovénie. Le 9 Janvier le Premier ministre François Fillon, suite à la réception du rapport du comité d'experts, annonce la suspension de la culture du maïs transgénique MON-810. Le 11 janvier les services de l'OFPRA annoncent qu'en trois mois, près de 1200 Tchétchènes ont demandé l'asile politique en France. Le 16 janvier dans le cadre du procès de la marée noire de l'Erika, le Groupe Total a été reconnu coupable de pollution maritime. Le 21 janvier la crise des subprimes atteint la France et plonge le CAC 40 de 6,83%.Le 23 janvier le rapport sur les 316 propositions pour « libérer la croissance » est remis par le président de la Commission, Jacques Attali, au président Nicolas Sarkozy. Ce rapport, d'inspiration libérale et rédigé sous la responsabilité d'un ancien socialiste dogmatique, vise à privatiser et à déréglementer tous azimuts, à instaurer une mobilité permanente de la société et une « immigration choisie » mais la plus large. Le Président Sarkozy se dit d'accord sur l'essentiel de ces propositions. Le 24 janvier la Société générale, une des plus importantes banques française (14e banque européenne), annonce une perte de 2 milliards d'euros au titre de la crise des subprimes, soit dix fois plus que les chiffres qui filtraient jusqu'à présent. Dans le même temps, le président de la banque, Daniel Bouton, rend officiellement publique, la découverte d'une « fraude exceptionnelle » gigantesque ayant entraîné un total de pertes de 4,9 milliards dû aux débouclements d'engagement pour un montant de 40 à 50 milliards d'euros. Le 28 janvier dans le cadre de la politique européenne de sécurité et de défense (PESD) et conformément à la résolution 1778 du Conseil de sécurité des Nations unies (prise en 2007), le lancement d'une opération militaire, appelée « EUFOR Tchad/RCA », dans l'est du Tchad et dans le nord-est de la République centrafricaine est approuvée par l'Union européenne. Le 4 février réunis en Congrès à Versailles, l'Assemblée nationale et le Sénat votent, par 540 voix pour et 181 voix contre, la réforme constitutionnelle préalable obligée à la ratification du « Traité européen de Lisbonne ». Des milliers de manifestants protestent contre cette réforme constitutionnelle. La mission « État de droit » au Kosovo, ou EULEX Kosovo est créé par le Conseil de l'Union européenne. Pieter Feith est nommé représentant spécial de l'Union européenne (RSUE) au Kosovo. Le 5 février le

Haut Représentant de l'Union européenne pour la politique étrangère et de sécurité commune Javier Solana reçoit le prix de la paix du Children's United Parliament of the World(CUPW). Le 6 février l'Assemblée nationale ratifie le « Traité européen de Lisbonne » par 336 voix contre 52. Le 7 février le Sénat ratifie le « Traité européen de Lisbonne » par 265 voix contre 42. Le vice-président de la Commission européenne Günter Verheugen lance l'Enterprise Europe Network (EEN), le réseau d'aide européen aux entreprises. Le général de corps d'armée à la retraite Yves de Kermabon est chargé de surveiller et d'encadrer l'indépendance du Kosovo dans le cadre de la mission EULEX Kosovo. Le 8 février les députés et les sénateurs réunis en Congrès à Versailles votent le texte du nouveau traité de Lisbonne. Le 9 février le ministère de l'Agriculture, invoquant « le principe de précaution », signe l'arrêté d'interdiction de la culture de la variété de maïs génétiquement modifié « MON810 ». Les producteurs estiment à 10 millions d'euros le préjudice qu'ils subissent pour les 100 000 hectares qu'ils voulaient exploiter avec cette variété. Le 12 février un partenariat révisé avec la Croatie en vue de l'adhésion est adopté par le Conseil de l'Union européenne. Le 13 février lors du dîner annuel du Crif (Conseil représentatif des institutions juives de France), le Président Nicolas Sarkozy souhaite que chaque élève des classes de CM2 prenne en charge « la mémoire d'un des onze mille enfants français juifs victimes de la Shoah ». Cette position engendre un profond malaise dans le pays y compris au sein de la communauté juive — Simone Veil émet une critique très dure — et des milieux enseignants qui craignent une réaction de culpabilisation des jeunes enfants et une réaction négative des milieux musulmans. Le 16 février lancement officiel de la mission EULEX Kosovo par le

Conseil de l'Union européenne. Le 18 février à Villiers-le-Bel, une vaste opération mobilisant 1100 policiers, en présence d'une foule de journalistes, est organisée pour arrêter 35 individus soupçonnés, après une longue et fastidieuse enquête, d'être impliqués, à des degrés divers, dans des coups de feu contre les policiers lors des émeutes de fin novembre et qui avaient causé des blessures au sein des forces de l'ordre. Le 19 février un attentat est commis contre le tribunal d'Ajaccio par un tir de mitraillette ; une balle se loge dans le portefeuille d'un CRS en faction. Le 27 février le ministre de l'Éducation nationale, Xavier Darcos forme un groupe de travail chargé de « transformer » la proposition du Président Nicolas Sarkozy, de la prise en charge de « la mémoire d'un des onze mille enfants français juifs victimes de la Shoah » par les élèves de CM2 « en bonne démarche pédagogique ». Le 29 février les Banques populaires annoncent le rachat des sept banques françaises de HSBC. Le 1er mars Mme Androula Vassiliou est nommée en remplacement du commissaire sortant chypriote, M. Markos Kyprianou. Le 2 mars graves échauffourées avec la police dans la cité de la Grande Borne à Grigny. Le 3 mars les pôles d'instructions des affaires criminelles entrent en vigueur. Le 4 mars démantèlement d'une importante filière de vente de cannabis dans la région de Saint-Étienne. 71 personnes ont été arrêtées, 740 kg de résine ont été saisis ainsi que de l'héroïne, 72 000 euros en espèces, quelques voitures et de nombreuses armes de guerre. Le 7 mars le gouvernement français salue l'engagement pris par le président tchadien Idriss Déby de gracier les six Français de l'Arche de Zoé, mais exclu de payer la compensation de 6,3 millions d'euros due par les condamnés aux familles des 103 enfants qu'ils avaient tenté d'emmener. Une femme, Marion

Guillou, préside désormais et pour la première fois, le conseil d'administration de l'École polytechnique. Polytechnicienne, ingénieur du génie rural, des eaux et forêts, directrice de l'Escatha, directrice générale de l'INRA, c'est une spécialiste des questions de sécurité alimentaire et du développement durable. Le 8 mars dans la soirée, une troupe d'une trentaine de « jeunes » armés de couteaux, de matraques et de bombes lacrymogènes ont attaqué le centre commercial Vélizy-2 à Vélizy-Villacoublay et se sont affrontés aux policiers présents ; trois ont été arrêtés. Le 9 mars Mme Condoleeza Rice, secrétaire d'État américain, M. Javier Solana, haut représentant de l'Union européenne (UE) pour la PESC et Mme Benita Ferrero-Waldner, commissaire européenne, assistent à la troïka ministérielle entre l'UE et les États-Unis, qui se tient à Bruxelles sous la présidence de M. Dimitrij Rupel, ministre slovène des affaires étrangères. Le 10 mars le Président israélien Shimon Pérès effectue une visite officielle de cinq jours à Paris. Le 11 mars ouverture du procès en correctionnelle d'un réseau d'une centaine de personnes d'origine « yougoslave » soupçonnées d'avoir détourné 1,3 million d'euros en cinq ans auprès de dix caisses d'assurances-maladie. Mercredi 12 mars Élections cantonales (1/3 des cantons). Les présidents Nicolas Sarkozy et Shimon Pérès inaugurent le Salon du livre à Paris dont Israël est l'invité d'honneur et boycotté par de nombreuses maisons d'éditions des pays musulmans. Le dernier poilu français, survivant de la guerre 14-18, Lazare Ponticelli, est mort à l'âge de 110 ans, au Kremlin-Bicêtre 2. Jeudi 13 mars et 14 mars Conseil européen de Bruxelles. Dimanche 16 mars 2e tour des élections municipales. Les Verts perdent la moitié de leurs voix à Paris, mais Dominique Voynet enlève la mairie de Montreuil. Lundi 17 mars Funérailles nationales aux Invalides pour le dernier poilu français, survivant de la guerre 14-18, Lazare Ponticelli (110 ans). Vaste coup de filet dans la cité de la Grande Borne à Grigny. 19 arrestations suite aux échauffourées du 2 mars. Le déficit des comptes de la Sécurité sociale se monte à 9,4 milliards d'euros, soit 2,3 milliards de moins que les prévisions de septembre 2007. L'UNEDIC annonce un excédent de 3,5 milliards d'euros qui va être utilisé pour apurer les déficits passés. Le 12e Conseil de coopération entre l'UE et l'Ukraine se réunit à Bruxelles. Mardi 18 mars Le Président Nicolas Sarkozy se rend pour la deuxième fois sur le plateau des Glières (Haute-Savoie) pour rendre hommage aux maquisards tués en mars 1944. Mercredi 19 mars Dans une tribune au quotidien Le Monde le candidat républicain, John McCain écrit : « Les pays de l'OTAN et de l'Union européenne [...] doivent consacrer les moyens financiers nécessaires pour se doter de capacités militaires et civiles qui puissent se développer dans le monde entier ... nous attendons avec impatience la réintégration de la France dans l'OTAN ». Ouverture du procès des apprentis djihadistes du quartier des Buttes-Chaumont, soupçonnés d'avoir été recrutés par une filière djihadiste démantelée en 2005 par la DST. Il s'agit de jeunes Français d'origine maghrébine ou de jeunes étrangers dont certains sont allés combattre en Irak. Le Conseil d'État rejette en totalité le référé des producteurs de maïs et des semenciers qui demandaient la suspension des arrêtés des 7 et 13 février dernier du ministre de l'Agriculture, Michel Barnier, interdisant la culture du maïs transgénique MON 810 pour l'année 2008. Convention de l'UIMM secouée par le scandale des financements occultes. L'organisme refuse de céder les présidences de l'UNEDIC (assurance chômage) et de l'AGIRC (retraite des cadres), mais s'engage à une «

gouvernance clarifiée », une « gestion financière assainie » et une réaffectation des 600 millions d'euros de la caisse antigrève. Jeudi 20 mars démarrage des travaux sur la nouvelle loi de modernisation de l'économie lancés par le Premier ministre François Fillon. Présentation de l'avant-projet de réforme de la Constitution reprenant une grande partie des conclusions du Comité Balladur à l'exception de la redéfinition des pouvoirs respectifs du Président de la République et du chef du gouvernement. Élections des présidents de conseils généraux. La gauche détient désormais 58 départements et la droite 43. La ministre de l'Intérieur, Michèle Alliot-Marie, limoge le sous-préfet Bruno Guigue, normalien et énarque, pour une diatribe contre l'État hébreu publiée sur le site islamiste oumma.com en réaction à un article publié par le quotidien Le Monde par des personnalités juives comme Pascal Bruckner et Alain Finkielkraut, traités de « thuriféraires d'Israël » et d'« intellectuels organiques ». Vendredi 21 mars en visite à Paris, le candidat républicain, John McCain est reçu au Palais de l'Élysée par le Président Nicolas Sarkozy. Le Président Nicolas Sarkozy lance à Cherbourg le quatrième sous-marin nucléaire français, le Terrible qui portera le nouveau missile M51 à partir de 2010. Samedi 22 mars 150e anniversaire des relations franco-japonaises, sous le Haut-Patronage de l'Ambassade du Japon, jusqu'au 24 mars. Lundi 24 mars la nouvelle promotion dans l'ordre de la Légion d'honneur concerne près de 662 personnes dont pour la première fois une majorité de femmes (332). Mardi 25 mars le premier ministre François Fillon, dans un entretien à L'Express, se dit favorable au retour de la proportionnelle à un tour pour les prochaines élections régionales de 2010, telle qu'il était utilisé avent la réforme d'avril 2003 voulue par le président Jacques Chirac et qui s'est traduite par une déroute pour les partis de droite lors des régionales de mars 2004. Le ministre de la Défense, Hervé Morin, confirme devant les députés la suppression d'un des trois escadrons de Mirage 2000-N affectés à la dissuasion nucléaire. Vendredi 28 mars comptes publics : déficit à 2,7 % du PIB et dette à 64,7 %, dépenses des collectivités locales 210 milliards (+6,9 %). Le 29 mars grande manifestation de l'APF pour obtenir un revenu plus important pour les personnes handicapées, plus de 30 000 personnes étaient présentes. La République tchèque, Estonie, Hongrie, Lettonie, Lituanie, Malte, Pologne, Slovaquie et Slovénie élargissent les accords de Schengen aux aéroports. Le 30 mars entrée en vigueur du nouvel accord « Ciel ouvert » signé par l'Union européenne et les États-Unis. Les compagnies aériennes européennes et américaines pourront désormais voler sans restrictions entre tout point de l'UE vers tout point des États-Unis et inversement. Le 1er avril Le fondateur de la Tribu Ka, dissoute en 2006 pour antisémitisme, Kemi Seba, est condamné à six mois de prison dont deux mois fermes, pour avoir reconstitué son organisation. Le 2 avril Le président de l'Assemblée nationale, Bernard Accoyer, estime qu'il y aurait en France « des centaines de milliers de victimes de groupes sectaires » et réclame que le décret sur l'encadrement du titre de psychothérapeute puisse enfin être mis en application. Le 4 avril le ministre des Comptes publics, Éric Woerth, en présence du président de la République, présente les 166 mesures qui ajoutées aux cent prises en décembre, sont destinées à enrayer le déficit public. Parmi elles, le non remplacement d'un fonctionnaire sur deux partant en retraite, la réforme de la carte militaire et celle des ambassades, le développement de la vidéoconférence dans le cadre des enquêtes judiciaires, la mise en place de surloyers pour certains locataires de logements sociaux, le recentrage des aides à l'investissement locatif, la création des agences régionales de santé et le regroupement par pôle des agences sanitaires, recentrage des contrats aidés à l'emploi, la fusion des certains grands corps de fonctionnaires, la réforme du lycée et de la condition enseignante, redéfinition des budgets universitaires et de recherches. Le 5 avril première en France17 salles de cinéma projettent en direct l'opéra La Bohème de Puccini, par vidéotransmission depuis le Metropolitan Opera de New York. Quatorze autres pays dont l'Allemagne, la Belgique et la Pologne participent aussi à l'opération. Le 7 avril le passage de la flamme olympique est perturbé par de nombreux incidents malgré un dispositif policier renforcé (plus de trois mille policiers, des centaines d'agents de la sécurité civile et des pompiers). Les manifestants n'ont pas hésité à aller au contact et ont à plusieurs reprises fait céder la « bulle » policière protégeant le porteur de la flamme. Une bande d'une trentaine jeunes agresseurs après s'être introduit de force dans le lycée Olympe-de-Gouges à Rosny-sous-Bois ont malmené physiquement le directeur et le conseiller principal d'éducation, se sont attaqués à des élèves et ont détruit une exposition d'art plastique. Le 8 avril le secrétaire d'État aux Transports, Dominique Bussereau, présente le contenu de la loi de réforme des grands ports français : privatisation des grues et des portiques des ports autonomes. Le 9 avril la loi de mobilité des fonctionnaires est présentée. Elle prévoit entre autres des primes pour faciliter les restructurations, d'autres pour les inciter à accepter des postes dont personne ne veut, et d'autres pour inciter les agents à créer leur entreprise. Après la hausse de 4 % au 1er janvier, le gouvernement annonce une hausse de 5,5% du prix administré du gaz pour le 1er avril. Europe, Mme Androula Vassiliou est nommée au poste de commissaire à la santé, en remplacement de son compatriote Markos Kyprianou, qui a quitté la Commission pour occuper le poste de ministre des affaires étrangères dans le nouveau gouvernement chypriote. Le 10 avril le sénateur Gérard Larcher, ancien ministre et ancien président de la Fédération hospitalière de France remet au Président Nicolas Sarkozy son rapport sur la réorganisation de la carte hospitalière en France. Publication par la Direction centrale de la sécurité publique (DCSP) des violences en milieu scolaire recensées dans les zones urbaines sur des élèves : 1365 violences volontaires avec incapacité temporaire de travail supérieure à 8 jours, 8032 violences volontaire sans ITT, 2015 affaires de rackets, 764 affaires de viols, attentats à la pudeur et agressions sexuelles, 89 actes antisémites et racistes, 11 affaires de bizutage, 273 affaires de port d'armes en milieu scolaire, 43 suicides, 87010 fugues, 385 mineurs mis en cause pour trafic de drogue et 209 affaires de violences avec armes. Le cimetière Saint-Hilaire de Marville (Meuse) a été profané. Le 12 avril Le moteur d'un bus de Mulhouse, transportant 35 enfants et 8 adultes vers une colonie de vacances des Vosges, prend feu accidentellement à Orbey (Bas-Rhin). Le 13 avril L'association France Justice, réunie en congrès, réclame de porter de dix à vingt ans la prescription pour les crimes commis par des tueurs en série et la création d'un fichier ADN européen. Le 14 avril la ministre de la Justice, Rachida Dati, installe la commission chargée de réformer l'ordonnance de 1945 sur la délinquance des mineurs. Le Collectif contre l'homophobie saisie la Halde et la Cnil pour s'opposer au recueil de certaines données sensibles par le nouveau logiciel Ardoise

(Application de recueil de la documentation opérationnelle et d'information statistique sur les enquêtes) prochainement opérationnel dans la Police nationale et actuellement en phase d'expérimentation. Le Comité central d'hygiène et de sécurité de la police nationale va étudier la question des suicides dans la police qui se sont élevés à 47 en 2007. Le 15 avril le président Nicolas Sarkozy installe le comité de réflexion sur le préambule de la Constitution, présidé par Simone Veil et chargé de « garantir l'égalité de l'homme et de la femme, assurer le respect de la diversité et ses moyens, rendre possibles de véritables politiques d'intégration, répondre au défi de la bioéthique ». Le président a aussi évoqué d'autres pistes comme « la reconnaissance du principe de dignité de la personne humaine, le pluralisme des courants d'expression et des médias, le respect de la vie privée et la protection des données personnelles, ou encore l'ancrage européen de la République. Le ministre français, Brice Hortefeux, est en Égypte pour finaliser un accord bilatéral de gestion des flux migratoires, "en synergie avec le pacte européen sur l'immigration" et s'inspirant de celui que l'Égypte a signé avec l'Italie en 2005. Cet accord, qui devrait être signé d'ici la fin 2008, prévoit un quota annuel de sept mille migrants dans des domaines professionnels précis. Il y aurait actuellement en France entre vingt et cinquante mille immigrés égyptiens en situation irrégulière contre 8500 en situation régulière. L'Union européenne et le Monténégro signent un accord bilatéral d'adhésion à l'OMC. Le 16 avril le ministre du Budget, Éric Woerth, met en place la délégation nationale à la lutte contre la fraude (DNLF), dirigée par Benoît Parlos. Cette nouvelle structure est chargée de faire tomber les frontières administratives, de développer les échanges d'informations et de faciliter les croisements de fichiers. Ses premières missions : le contrôle des aides au logement, les abus de l'assurance-chômage et les activités marchandes sur internet. Le 17 avril L'Observatoire de la sécurité des médecins publie les chiffres des violences contre les 105 000 médecins : 638 en 2003, 439 en 2004, 639 en 2005, 518 en 2006 et 867 en 2007, dont 59% contre les médecins généralistes (51% du corps médical), 47% des violences ont lieu en milieu urbain, 33% en banlieue, 16% en milieu rural et 5% aux urgences. Décès d'Aimé Césaire (94 ans), écrivain, poète et homme politique martiniquais, chantre de la négritude et de la dignité de l'homme noir. Ex-communiste jusqu'en 1956, après l'intervention soviétique, il fut maire de Fort-de-France pendant 56 ans de 1945 à 2001, député de la Martinique de 1945 à 1993, conseiller régional et président du Conseil régional de la Martinique. Le 18 avril l'ancien premier ministre Lionel Jospin est reçu au palais de l'Élysée par le président Nicolas Sarkozy pour s'entretenir de la prochaine présidence de l'Union européenne. Le 20 avril le maire de Paris, Bertrand Delanoë a élevé le Dalaï-lama au rang de citoyen d'honneur de la ville de Paris. Le 21 avril Une violente explosion détruit entièrement une résidence hôtelière à Zonza dans le sud de la Corse. Sept jeunes corses liés aux attentats du 20 décembre contre la préfecture d'Ajaccio (grenade) et du 19 février dernier contre le tribunal (mitraillage) sont arrêtés et immédiatement transférés par avion vers Paris à la direction centrale de la police judiciaire. Le 22 avril le secrétaire d'État à la prospective et à l'économie numérique, l'ancien socialiste Éric Besson, installe la commission France 2025, chargée d'une mission de prospective et d'"échafauder un ensemble de scénarios possible et d'options pour la France" sur des divers comme : mondialisation, services publics, "vivre ensemble", protection contre les risques, gestion des ressources rares. Le 23 avril début des travaux de la commission économique Stiglitz chargée de mesurer la performance économique et le progrès social. 350 policiers investissent le quartier des Beaudottes à Sevran (Seine-Saint-Denis) pour une opération de lutte antidrogue. Le 17e sommet UE-Japon se tient à Tokyo, au Japon. Le 25 avril plus de cinq mille Australiens sont venus célébrer le 90e anniversaire de la bataille de Villers-Bretonneux, où le 25 avril 1918 quelque 4 000 soldats Australiens parvinrent à stopper une dangereuse contre-offensive allemande, au prix de 1 500 morts et blessés. Le meurtre de la jeune suédoise Susanna Zetterberg met en lumière l'existence dans les rues de Paris de milliers de taxis clandestins, étudiants, chômeurs, salariées, immigrés en situation irrégulière, à la recherche d'un revenu de complément. Le 28 avril visite officielle de 48 heures du président français Nicolas Sarkozy avec un discours à l'INSAT de Tunis. Parmi les thèmes de discussion abordés : l'Union pour la Méditerranée et le futur siège de son secrétariat en Tunisie. La ministre de l'Économie, Christine Lagarde, présente le projet de loi de modernisation de l'économie (LME). Financement de l'économie : élargissement de la distribution du livret A à toutes les banques, toilettage du statut de la Caisse des dépôts et consignations. Le ministre de l'Éducation nationale, Xavier Darcos, présente la version finale des nouveaux programmes de l'école primaire qui doit être mis en œuvre dès la prochaine rentrée. Le français et les mathématiques y ont une part essentielle. La secrétaire d'État à la Ville, Fadela Amara, lance son « Contrat d'autonomie » dont l'objectif est d'accompagner d'ici trois ans, 45 000 jeunes des cités vers l'emploi avec de nouvelles méthodes inspirées de ce qui s'est fait en Grande-Bretagne. Le ministre du Travail, Xavier Bertrand, et le secrétaire d'État à l'emploi, Laurent Wauquiez, reçoit les partenaires sociaux (syndicats ouvrier et patronaux) pour leur remettre le texte d'orientation de la réforme des retraites. L'association Unitas (chrétiens pratiquants) s'inquiète de la recrudescence de profanations de cimetières, plus de quinze sépultures chrétiennes seraient en moyenne saccagées par semaine. La 10e réunion de la CEDEAO et de l'UE au niveau de la Troïka ministérielle a lieu à Luxembourg. Le 30 avril le parlement vote la réforme de la loi contre le dopage dans le milieu sportif. Le 1er mai défilés du 1er mai. Le premier ministre François Fillon est à Washington pour assister en tant qu'invité d'honneur au gala annuel de l'American Jewish Committee. Dans son discours il a abordé les positions de la France sur la gouvernance mondiale, la stabilité financière, la sécurité alimentaire, l'aide au développement, la question climatique, les relations franco-israéliennes et la lutte contre l'antisémitisme. Le 2 mai accompagné de Christine Lagarde (ministre de l'Économie) et de Michel Barnier (ministre de l'Agriculture), le premier ministre François Fillon en déplacement à Washington rencontre le président de la Réserve fédérale américaine, Ben Bernanke, le secrétaire au Trésor, Henry Paulson et le directeur du FMI, Dominique Strauss-Kahn, puis s'entretient avec onze chefs d'entreprise américains. Le 3 mai pendant 2 jours, cérémonies officielles de reconnaissance par l'Église catholique d'un lieu d'apparition de la Sainte Vierge et de guérisons miraculeuses. En 1664, la Vierge était apparue à une jeune bergère, Benoîte Rencurel, dans une petite vallée près de Gap (Hautes-Alpes). Depuis des guérisons inexpliquées y ont été plusieurs fois observées. Le 4 mai parution du décret officialisant le démarrage du passeport biométrique contenant une photo et les empreintes digitales numérisées. Le 5 mai le ministre des Affaires étrangères chypriote Markos Kyprianou est en visite officielle auprès de Bernard Kouchner. Le10 mai dans son discours prononcé lors de la journée nationale de la mémoire de la traite négrière, le président Nicolas Sarkozy propose d'intégrer l'histoire de l'esclavage dans les manuels scolaires (CM1-CM2) de l'école primaire dès la prochaine rentrée. Le 12 mai le secrétaire d'État à la Défense et aux Anciens Combattants, s'inquiète de la multiplication des journées commémoratives « jusqu'à en devenir illisibles pour les Français » et propose de faire comme beaucoup de pays un « Jour de la Mémoire » (Memorial Day) dédié aux hommes et aux nations, autour des valeurs de la République, de la paix et du respect des droits de l'homme. Le 13 mai Le Crédit Agricole SA annonce le lancement d'une augmentation de capital de 5,9 milliards d'euros, pour compenser en partie les 4,1 milliards de pertes avant impôts de l'année 2007, dues à la crise des subprimes, et les 1,2 milliard d'euros de pertes de Calyon, sa filiale de banque de financement et d'investissement, pour le premier semestre 2008. Le 14 mai le ministre de l'Éducation Xavier Darcos annonce vouloir s'attaquer au cas des 23000 professeurs qui n'enseignent pas, car ils peuvent être en détachement ou en attente d'un remplacement. 210000 enseignants auraient bénéficié en 2006-2007 d'une décharge de service d'une à plusieurs heures et 3038 de décharges syndicales. L'ensemble des décharges représentent selon la Cour des comptes quelque 30 000 emplois à taux pleins pour un coût de 1,65 milliard d'euros, hors décharges syndicales. Les ministères, les rectorats et autres organismes publics sont les plus gros bénéficiaires de ce système de décharges, mais 1300 enseignants occuperaient dans des associations des emplois qui n'ont rien à voir directement avec l'éducation ou ne recouvriraient pas une activité réelle. La ministre de l'Intérieur Michèle Alliot-Marie annonce à l'Assemblée nationale que le nombre de saisies de drogue a été « multiplié par trois » sur les quatre premiers mois de l'année, dont 27266 tonnes de cannabis. Le16 mai un décret ministériel recadre les pénalités pratiquées par les banques accusées d'abus en infligeant des pénalités sans fin en cas d'incident de paiement (rejets de chèque sans provision et rejets de prélèvement). Une filière de neuf personnes, turcophones et membres du Mouvement islamique d'Ouzbékistan, est démantelée à Mulhouse et à Lyon par la DST. Formés dans les camps du Pakistan, ils sont affiliés à al-Qaïda et ont monté des magasins alimentaires et de vêtements dans le but de blanchir d'importantes sommes d'argent provenant d'activités criminelles et destinées à financer les filières de recrutement de combattants. Plusieurs centaines de milliers d'euros ont été saisis. Le cinquième sommet Union européenne–Amérique latine et Caraïbes (UE-ALC) se tient à Lima (Pérou). Le 17 mai le troisième sommet entre le Cariforum et la troïka de l'UE et le sommet entre le Mercosur et la troïka de l'UE se tiennent à Lima (Pérou). Une réunion entre le Nigeria et la troïka ministérielle de l'UE se tient à Ljubljana (Slovénie). Le 18 mai lors d'une perquisition dans les locaux d'une association de soutien aux immigrants camerounais du XVIIIe arrondissement, la police urbaine de proximité a découvert plusieurs milliers de faux papiers. Six camerounais ont été interpellés. Le 20 mai l'Assemblée nationale commence l'examen du projet de loi de révision de la Constitution. Le 21 mai la Cour des comptes certifie les comptes de l'État 2007 en émettant douze réserves dont neuf substantielles.

Le passif 2007 avec 1211 milliards d'euros est plus de deux fois supérieur à l'actif avec 555 milliards d'euros. La police française, en collaboration avec la garde civile espagnole, a arrêté dans un appartement du centre-ville de Bordeaux 4 membres présumés de l'ETA, dont deux hautes personnalités, Javier Lopez Pena, alias « Thierry » (49 ans) et Ainhoa Ozaeta (34 ans). « Thierry », un des chefs de l'appareil politique, était recherché depuis près de 25 ans. Ainhoa Ozaeta, avocate de profession, était la porte-parole de l'organisation terroriste. Le 22 mai la journée de mobilisation syndicale contre la réforme des retraites a mobilisé entre 300 000 (selon la police), 430 000 (selon FO) et 700 000 manifestants (selon la CGT) dans toute la France. Le 24 mai Week-end Fête de la Nature. Le 25 mai la 46e réunion du conseil d'association CE–Turquie se tient à Bruxelles. La première réunion entre le Cap-Vert et la troïka ministérielle de l'UE se tient à Bruxelles. Le 29 mai visite officielle de deux jours du nouveau premier ministre russe Vladimir Poutine. Le 30 mai le comité de vigilance des comptes de l'Assurance maladie estime le dérapage pour 2008 entre 500 et 900 millions d'euros, un montant inférieur au seuil d'alerte de 0,75 %, soit 1,1 milliard. Le1er juin le tribunal de grande instance de Lille, en vertu de l'article 180 du Code civil — S'il y a erreur sur la personne, ou sur des qualités essentielles de la personne, l'autre époux peut demander la nullité — annule le mariage entre deux musulmans car l'épouse n'était plus vierge le jour de ses noces alors qu'elle avait juré l'être. Cette décision, mettant en exergue un droit religieux et communautaire, engendre une vaste polémique dans le pays. Cependant l'épouse cède aux pressions dès le 3 juin pour sortir techniquement d'une procédure qui s'annonce longue et pour retrouver rapidement sa liberté. Le 3 juin le Parlement vote le projet de réforme des institutions par 315 voix (295 UMP, 17 NC) contre 231 (190 PS, 24 PC et verts), 23 abstentions (6 NC) et 4 absents (4 PS). Les points clés sont Réforme des droits du président de la République : nouveau droit d'expression du président de la République devant les deux chambres réunies en Congrès, limitation du pouvoir présidentiel : deux mandats présidentiels consécutifs au maximum, avis des commissions pour les nominations les plus importantes et pouvoir de veto sur une majorité des 3/5, suppression du droit de grace. Réforme des droits du gouvernement : le recours au 49-3, qui permet l'adoption d'un texte sans vote est limité à deux fois par session de neuf mois, le gouvernement doit tenir informer le Parlement des interventions extérieures des forces armées dans les trois jours, la prolongation après quatre mois nécessite un vote de l'Assemblée. Réforme des droits des députés : droit au retour automatique au Parlement pour les ministres qui quittent leur fonction gouvernementale, sans passer par une élection législative partielle. Réforme des droits du Parlement : Les chambres auront une plus grande maîtrise de leur ordre du jour, la discussion s'engage sur le texte adoptée en commission et non plus sur celui du gouvernement, le Parlement se voit dévolu un rôle d'évaluation des politiques publiques, les députés ne pourront désormais dépasser le nombre de 577. Les Français résident à l'étranger seront représentés au Sénat, institution d'un référendum d'initiative populaire. Réforme des droits du citoyen : Les justiciables acquièrent le droit de demander aux tribunaux de saisir les Conseil constitutionnel pour statuer que la conformité d'une loi qu'ils prétendent leur opposer, le droit de saisir le Conseil supérieur de la magistrature et le droit de saisir le « défenseur des citoyens » s'il s'estime lésé par le fonctionnement d'un service public. Le référendum reste obligatoire pour l'adhésion d'un pays à l'Union européenne « lorsque la population de cet État représente plus de cinq pour cent de la population de l'Union européenne ». Le11 juin le président Nicolas Sarkozy présente la troisième vague de son plan pour réformer l'État comprenant soixante mesures concernant son organisation. Le12 juin le président kazakhe Noursoultan Nazarbaïev, en visite officielle en France, signe un partenariat stratégique afin d'inciter les entreprises françaises à être plus présentes et à investir au Kazakhstan. L'objectif est d'augmenter les échanges avec la France à hauteur de 10 milliards de dollars. Le premier ministre François Fillon annonce la signature d'un accord de partenariat avec le groupe sud-coréen STX Shipbuilding. Pour quelques dizaines de millions d'euros, l'État français va acquérir 9% du capital des ex-Chantiers de l'Atlantique, devenus « Aker Yards France », ce qui avec la participation de 25% détenue par Alstom permet à des intérêts français de détenir la minorité de blocage et permettra à l'État de s'opposer utilement à certains choix de stratégie ou d'investissements, comme préserver la capacité de la France à construire de grands bateaux pour la Défense nationale et prévenir de lourds transfert de technologies vers la Corée. Rejet par 53,4% des voix du traité de Lisbonne par référendum en Irlande (l'unique référendum organisé parmi les 27 États membres). Le 3 juin le président américain George W. Bush clôt sa tournée diplomatique d'adieu par deux jours à Paris et célèbre la réconciliation franco-américaine. Le parlement vote définitivement la loi sur la réforme du marché du travail issue de l'accord des partenaires sociaux. Le ministre de l'immigration Brice Hortefeux se déclare « très choqué, très heurté » par les propos généraux tenus par le Mouvement des indigènes de la République et par leur idéologie sulfureuse, sous surveillance des RG et des services de justice. Le ministre de l'immigration demande au ministre de la Justice Rachida Dati d'être particulièrement vigilante à toute dérive. Le 4 juin début des actions de la mission EULEX Kosovo. Dans la nuit du 14 au 15 juin, suite à un règlement de comptes entre deux bandes et à la mort d'un « jeune » tué d'une balle dans la tête, de graves émeutes se déroulent dans les quartiers de Rome Saint-Charles et du Hamois, deux quartiers sensibles de Vitry-le-François (département de la Marne). Bilan : deux policiers et deux pompiers et cinq manifestants blessés, 60 véhicules incendiés, aucune interpellation. Selon la compagnie de gendarmerie du secteur, les mineurs de ces quartiers auraient été responsables en 2007 de 34% des délits recensés, contre 23% en 2006. Le 16 juin le président du Conseil constitutionnel, Jean-Louis Debré, met en garde contre un retour en arrière avec la réforme gouvernementale. Inauguration en Espagne de l'exposition internationale «Expo Zaragoza», d'une durée de trois mois. Placée sous le thème de l'eau et du développement durable, l'exposition présente notamment un bâtiment transparent haut de 80 mètres dont la forme rappelle celle d'une goutte d'eau. Plus de 100 pays y participent. Depuis vendredi, 19 heures, plusieurs alertes anonymes à la bombe visent les TGV du réseau sud-est. Les responsables seraient liés aux ex-Brigades rouges d'extrême-gauche et demandent la libération de Cesare Battisti interpellé en mars 2007 à Copacabana. Ces alertes interviennent alors que le premier ministre François Fillon vient de signer le décret d'extradition vers l'Italie de Marina Petrella, ancienne des Brigades rouges. Les douanes de Lyon saisissent en deux opérations, plus de

35000 sacs à main, ceintures, tee-shirts, paires de lunettes contrefaisant des marques de luxe pour une valeur estimée à 3,5 millions d'euros. Le président Nicolas Sarkozy présente le « livre blanc sur la défense et la sécurité nationale » qui définit les priorités stratégiques de la France pour les quinze prochaines années. Ce plan prévoit d'importantes réductions d'effectifs (54000 suppressions de postes) et retour de la France au sein du commandement intégré de l'OTAN. Le Renseignement en est la principale innovation et devient la cinquième fonction stratégique, baptisée Connaissance et anticipation, avec la dissuasion, la protection, la prévention et l'intervention. Un Conseil national du renseignement sera créé et l'Élysée aura un conseiller chargé de coordonner et mutualiser l'ensemble des services et des moyens, de fournir une analyse autonome au chef de l'État. La mondialisation, l'imbrication des intérêts, la menace terroriste sont les nouveaux défis. Le18 juin le Sénat retire, par 216 voix contre 103, l'amendement sur les langues régionales, votées par les députés dans le cadre de la révision constitutionnelle. La Haute Assemblée estime qu'il y a un réel danger de complications de la vie administrative, alors que l'ordonnance de Villers-Cotterêts de 1539 a imposé l'usage du français dans les documents administratifs. Un groupe d'officiers supérieurs et de généraux, se donnant comme nom Surcouf et estimant ne pas avoir été écoutés lors de la conception du libre blanc de la Défense, réfute point par point les mesures présentées la veille par le président de la République. Selon eux, la réforme n'entreprend pas réellement une réflexion complète : définition des ambitions globales de la France, priorités stratégiques, formulation d'un modèle d'armée, équipements. Le Parlement européen approuve la nomination de M. Antonio Tajani au poste de commissaire européen chargé des transports. Il remplace Franco Frattini. La Commission européenne propose une stratégie en dix points visant à réduire l'immigration illégale. Cette stratégie est accompagnée d'une proposition visant à conférer aux demandeurs d'asile le même niveau de protection où qu'ils soient dans l'UE. La Cour d'appel de Douai suspend le jugement du TGI de Lille de sa décision lequel en annulant un mariage de deux musulmans a fait de la virginité de l'épouse une valeur essentielle. Le 19 juin dans une tribune libre du Figaro plusieurs généraux et officiers supérieurs, signant sous le pseudonyme de Surcouf critiquent les réformes envisagées dans le nouveau livre blanc sur la défense et la sécurité nationale, ce qui provoque la colère du président Nicolas Sarkozy qui exige une enquête de la sécurité militaire. Le Parlement approuve définitivement une proposition de loi UMP visant à permettre l'indemnisation des victimes propriétaires de voitures brûlées dans des émeutes à compter du 1er septembre et pour un montant maximal de 4000 euros. Présentation du plan stratégique de réforme du CNRS dans le but de permettre d'optimiser l'usage des fonds publics. Selon le procureur, les violences de Vitry-le-François suivant le meurtre d'un « jeune » ont été organisées. De juin 2007 à mai 2008, la France a effectué 29729 reconduites à la frontière, soit une augmentation de 31%. 3633 employés immigrés en situation irrégulière ont été arrêtés (+9,72%) et 2228 employeurs ont été interpellés (+105%). Le Français, Johan Freckhaus (37 ans), un chef d'entreprise de BTP détenu par les talibans dans la province de Ghazni depuis le 29 mai, est libéré après trois semaines de négociations. Les policiers de l'Office central de lutte contre le trafic des biens culturels découvrent dans une cave du XVIIe arrondissement un trésor de sept pièces d'art sacré volées d'une valeur de 5 millions d'euros. Le suspect arrêté, Rachid N. reconnait le vol d'une cinquantaine de pièces inscrites à l'inventaire du patrimoine national, et revendues à des collectionneurs et marchands belges et français. Le Conseil européen examine l'avenir du traité de Lisbonne et décide de poursuivre le processus de ratification. Les chefs d'État et de gouvernement de l'UE préconisent la coopération internationale afin de faire face à la hausse des prix de l'alimentation et des carburants. Le 20 juin mise en orbite du satellite franco-américain Jason-2 depuis la base de Vandenberg en Californie capable de mesurer le niveau global des océans avec une précision de 2 cm. Le 22 juin un hélicoptère a été intercepté avec 560 kg de résine de cannabis, d'une valeur de 600000 euros, après leur atterrissage en rase campagne près de Béziers. Neuf personnes, dont plusieurs appartenant au milieu corse, sont interpellées dans le cadre de ce trafic de résine de cannabis par hélicoptères entre la Maroc et le sud de la France. Parmi ces neuf personnes figure un ancien président de la chambre de commerce et d'industrie de Corse-du-Sud, déchu de son mandat après une condamnation judiciaire. Le 24 juin fronde des sénateurs de la majorité présidentielle lors du débat sur la réforme des institutions : ils refusent que les anciens présidents de la République puissent siéger au Conseil constitutionnel en tant que membre de droit à vie (164 voix contre 162) et refusent de limiter l'usage du 49-3 aux projets de loi de finances, de financements de la sécurité sociale et à un seul texte par session. Jean-Marie Le Pen fête ses 80 ans et annonce qu'il veut conduire lui-même la campagne aux élections européennes de 2009 : Je suis le seul député qui ai voté contre la ratification du traité de Rome en 1957 et qui est toujours dans l'arène politique aujourd'hui. Les

Français ont besoin d'un certain temps pour admettre que Nicolas Sarkozy les a floués. Les élections européennes de juin 2009 seront l'occasion de le sanctionner. Le 26 juin nuit de violence des viticulteurs du Languedoc-Roussillon. Le 29 juin lors d'une démonstration d'une opération anti-terroriste, un sergent tire à balles réelles vers la foule, faisant 17 blessés dont 4 dans un état grave. Le président Nicolas Sarkozy promet aussitôt des sanctions exemplaires et se rendant sur place pour rencontrer les victimes et leurs familles, il fustige les hauts gradés, dont le chef d'état-major, le général Bruno Cuche, en les apostrophant « Vous êtes des amateurs ! Vous n'êtes pas des professionnels », ce qui crée un sentiment de malaise dans l'armée française. Le 30 juin Philippe de Villiers fait son retour sur la scène politique nationale après un an de retrait et le "non" irlandais au traité de Lisbonne. Il reproche au chef de l'État de conduire doucement vers une adhésion de la Turquie. L'Union pour la Méditerranée est une bonne idée qui a dégénérée en nébuleuse technocratique et a créé de la confusion. Le 1er juillet la France prend la présidence de l'Union européenne pour 6 mois. Ses priorités sont l'énergie et le changement climatique, la rédaction d'un pacte en matière de politique d'immigration, la sécurité et la lutte contre le terrorisme, l'agriculture et l'avenir du traité de Lisbonne. Présentation du projet français du Pacte de l'immigration aux ministres de l'Intérieur et de la Justice des pays membres de l'Union européenne à Cannes. Démission du chef d'état-major de l'armée de terre, le général Bruno Cuche, à quelques semaines de sa retraite. Cet évènement accentue le sentiment de malaise répandu parmi les militaires français, suite à la parution du Livre blanc sur la défense, au drame de Carcassonne et au commentaire à chaud du président Nicolas Sarkozy reprochant : « Vous n'êtes pas des professionnels ». Création de la Direction centrale du renseignement intérieur (DCRI), issue du regroupement de la Direction de la surveillance du territoire et des Renseignements généraux. La nouvelle organisation regroupe quelque quatre mille policiers hautement spécialisés. Le 2 juillet Nomination du nouveau chef d'état-major de l'armée de terre, le général Elrick Irastorza. Le 7 juillet Nouvelle loi sur la gestion des ports. Accord de l'Europe des 27 sur le pacte européen de l'immigration proposé par la France à Cannes. Les dirigeants du G8 se réunissent à Toyako au Japon. Ils y approuvent un nouvel objectif de réduction des émissions de gaz à effet de serre, que l'UE appelait de ses vœux. Le 11 juillet victoire de Bernard Tapie dans le cadre de son procès contre le Crédit lyonnais suite à l'escroquerie présumée de la banque à son encontre dans l'affaire de la revente de la société Adidas en 1993. Un tribunal arbitral condamne le CDR — consortium de réalisation chargé de gérer le passif d'ex-banque — à verser 285 millions d'euros à l'homme d'affaires. Le 13 juillet Sommet de lancement de l'Union pour la Méditerranée (UPM) à Paris, coprésidé par Nicolas Sarkozy et l'Égyptien Hosni Moubarak, en présence des délégations de 44 pays, dont 26 de l'Union européenne et du Qatar. Des projets communs sont élaborés afin de renforcer les relations entre l'UE et ses voisins du sud-est méditerranéen. Le 14 juillet les délégations des pays du sommet de l'Union pour la Méditerranée assistent au traditionnel défilé du 14 juillet. Deux contingents des casques bleus participent au défilé en présence du secrétaire général de l'ONU, Ban Ki-moon. Le 16 juillet La fusion de Gaz de France et de Suez est entérinée par leurs actionnaires respectifs. Le 18 juillet Mitraillage contre la façade de la gendarmerie de Bonifacio (Corse). 21 impacts de calibre 9 mm sont relevés. Le 21 juillet le Congrès du parlement français se réunit à Versailles et vote le projet de réforme de la Constitution française. Radovan Karadzic, ancien dirigeant des Serbes de Bosnie, est arrêté après 13 ans de cavale. Il est transféré au Tribunal pénal international pour l'ex-Yougoslavie (TPIY) de La Haye afin d'y être jugé. Le 22 juillet création du groupe GDF SUEZ, suite à la fusion du groupe public Gaz de France avec le groupe privé Suez. Le 28 juillet la ministre de la Justice Rachida Dati présente au Conseil des ministres son projet de loi pénitentiaire visant à développer les aménagements de peine et les droits aux détenus selon les normes européennes. Le secrétaire d'État à l'Outre-Mer Yves Jégo présente au Conseil des ministres son projet de loi-programme relatif au logement social et à la création de zones franches dans les DOM-TOM avec un investissement de dix milliards d'euros en cinq ans. Le 5 août l'ancienne terroriste des Brigades rouges, Marina Petrella est remise en liberté par la Cour d'appel de Versailles, qui suspend pour raison médicale, sa « détention sous écrou extraditionnel ». Le 8 août le président Nicolas Sarkozy est présent à la cérémonie d'ouverture des 29e Jeux olympiques de Pékin. Un conflit armé éclate entre la Géorgie et la Russie. La Présidence de l'Union européenne participe à la négociation d'un cessez-le-feu. Le 11 août jusqu'au 23 août, le dalaï-lama est en « visite spirituelle » en France. Le 12 août le président Nicolas Sarkozy, en tant que président semestriel de l'Union européenne, est en déplacement à Moscou pour convaincre le président russe Dmitri Medvedev d'accepter son plan de sortie de crise en six points. Le 13 août le dalaï-lama est reçu à huis clos au Sénat. Jeudi 14 août Vendredi 15 août Pour la première fois depuis 2001, l'activité économique a baissé en France, tous les principaux pays d'Europe (Allemagne, Royaume-uni, Italie, Espagne) sont aussi lourdement affectés. Le18 août en Afghanistan, dans un col à 50 km à l'est de Kaboul un groupe de soldats en majorité du 8e RPIM a tombé dans une embuscade. Dix hommes perdent la vie et 28 sont blessés. Le 20 août le président Nicolas Sarkozy, accompagné du ministre des Affaires étrangères, Bernard Kouchner et du ministre de la Défense, Hervé Morin, effectue un rapide aller-retour à Kaboul. Il déclare aux soldats français : « Ici se joue une partie de la liberté du monde ». Les corps de dix soldats morts au combat sont rapatriés. Le 21 août Cérémonie nationale aux Invalides en l'honneur des dix soldats morts au combat en Afghanistan. Le 24 août l'ancien premier ministre, Dominique de Villepin, se dit partisan d'une solution politique et d'un calendrier de retrait, de façon à ne pas nous enliser dans une guerre que nous ne pouvons pas gagner sur le terrain. Le 1er septembre les dirigeants de l'Union européenne se réunissent pour évoquer les combats en Géorgie et condamner la réaction de la Russie. Le 7 septembre une crise financière d'une grande ampleur frappe l'économie mondiale. La gravité de la situation devient patente lorsque le gouvernement américain annonce la mise sous tutelle des organismes de refinancement hypothécaire Freddie Mac et Fannie Mae. Plusieurs banques européennes connaissent aussi des difficultés. Le10 septembre activation du Large Hadron Collider au CERN à la frontière genevoise franco-suisse. Le 17 septembre Le Parlement européen lance «Europarl TV», une chaîne de télévision sur internet. Cette chaîne, qui s'adresse aux acteurs politiques, aux groupes d'intérêts et aux étudiants, retransmet en plus de 20 langues des programmes sur les grands événements et l'actualité marquante de l'Union européenne. Le 4 octobre 50e anniversaire de la Constitution de la Ve République, adoptée par référendum le 28 septembre 1958. Le 6 octobre Jean-Claude Marin, procureur de Paris, requiert le renvoi en correctionnel de Dominique de Villepin pour complicité par abstention de dénonciation calomnieuse. Le 8 octobre début de l'examen du projet de loi du Grenelle de l'environnement appelé Grenelle I. Le15 octobre la crise financière domine les débats au Conseil européen. Les dirigeants de l'Union européenne appellent à une réforme du système financier, qui comprenne un renforcement de la supervision au niveau mondial, un système d'alerte précoce en cas de crise et des normes réglementaires internationales garantissant la transparence et la responsabilisation. Trente-cinq jeunes, soupçonnés d'avoir activement participé aux violences urbaines de Vitry-le-François (Marne) dans la nuit du 14 au 15 juin, sont arrêtées, 19 sont mises en examen et 6 sont écrouées. Le 16 octobre les pensions militaires des anciens combattants marocains de la Seconde Guerre mondiale vont être alignées sur celle des anciens combattants français. Le président Nicolas Sarkozy porte plainte contre l'ancien directeur des Renseignements généraux, ses carnets secrets ayant été en partie publiés par Le Point. Le 17 octobre le directeur général français du FMI, Dominique Strauss-Kahn fait l'objet d'une enquête privée du comité éthique de l'organisme international concernant sa relation intime avec une ancienne employée du FMI, chef de mission sur le Ghana. Mort de Sœur Emmanuelle à 99 ans à Callian dans le Var (France). Le 22 octobre Europe, la nomination de Catherine Ashton au poste de commissaire chargé du commerce extérieur en remplacement de Peter Mandelson est confirmée. Le 23 octobre le président Nicolas Sarkozy en déplacement à Argonay dans la banlieue d'Annecy (Haute-Savoie) annonce deux mesures importantes dans le cadre de son plan de soutien aux PME : la suppression partielle de la taxe professionnelle et la création d'un fonds souverain à la française pour apporter des fonds propres supplémentaires aux PME, développer de petites entreprises très innovantes, ou pour stabiliser le capital d'entreprises qui seraient la proie de prédateurs. Le 24 octobre Europe, le septième sommet Asie-Union européenne (ASEM7) a donné lieu notamment à une déclaration sur le développement durable. Le 26 octobre le FMI a blanchi son directeur général Dominique Strauss-Kahn des accusations qui pesaient contre lui et de tout soupçon d'abus de pouvoir, jugeant capital que l'ancien ministre PS poursuive sa mission en pleine tempête financière. Le 29 octobre un décret du ministre de de l'Immigration, de l'Intégration, de l'Identité nationale et du Codéveloppement, Brice Hortefeux impose aux candidats au regroupement familial d'apprendre la langue française et un examen culturel et linguistique dès le pays d'origine pour l'obtention d'un visa. Le 30 octobre l'Assemblée nationale examine le budget de financement de la Sécurité sociale. Elle autorise les salariés à prolonger leur activité au-delà de 65 ans. 2941 kilos de cannabis saisies par les douanes lors d'un contrôle inopiné sur un camion venant d'Espagne, dans la nuit du 31 octobre au 1er novembre, au péage de Reventin (Isère) sur l'autoroute A7. Le 9 novembre Europe, Le Conseil lance une opération militaire conjointe de l'Union européenne afin de renforcer la sécurité maritime au large des côtes de la Somalie. L'opération Atalanta intervient en réponse au nombre croissant d'attaques de navires par des pirates. Le 11 novembre 90e anniversaire de l'Armistice de 1918, mettant fin à la Première Guerre mondiale. Célébration solennelle à Douaumont en présence du prince de Galles, du grand-duc de Luxembourg, et du président du parlement européen l'Allemand Hans-Gert Pöttering. Le 14 novembre le secrétaire d'État aux Affaires européennes, Jean-Pierre Jouyet, nommé à la présidence de l'Autorité des marchés financiers, quittera le gouvernement le 15 décembre prochain. Lors du sommet UE-Russie, les discussions ont notamment porté sur la Géorgie, la sécurité paneuropéenne et la crise financière internationale. Le 5 novembre un sommet du G20 a été organisé afin d'évoquer la crise financière mondiale. Les dirigeants présents ont reconnu la nécessité d'adopter des réformes pour renforcer les marchés financiers, mieux gérer les risques et aider les pays émergents et en développement à bénéficier de financements en cette période de récession économique. Le 17 un important chef de l'ETA est arrêté dans les Hautes-Pyrénées, Miguel de Garikoïtz Asiazu Rubina dit Txeroki, chef présumé de l'appareil militaire, soupçonné d'être l'auteur des meurtres des deux gardes-civils espagnols à Capbreton le 1er décembre 2007. Ouverture du procès de 97 prévenus dans le cadre de l'affaire de mariages blancs franco-tunisiens en série célébrés entre 2000 et 2003. Ouverture du procès en appel de cinq ex-détenus français de Guantanamo, condamnés en décembre 2007 à un an de prison en première instance. Les cinq prévenus sont absents de leur procès. L'ancien premier ministre Dominique de Villepin est renvoyé devant le tribunal correctionnel. Le18 novembre le ministre de l'Intérieur Michèle Alliot-Marie, en réponse au député UMP Arlette Grosskost déclare que les services de sécurité ont arrêté sur le territoire français 36 militants de l'ETA depuis le début de l'année. En 2007, l'organisation terroriste a commis en France en plus de 130 crimes et délits : vols de véhicules, vols d'armement, vols à main armée et assassinat des deux jeunes gardes civils espagnols à Cap-Breton. Cinquante de ses membres ont été arrêtés, quinze logements servant de planques ont été découverts et 700 kilos d'explosifs ont été récupérés. Le Sénat vote le projet de loi autorisant le report à 70 ans de l'âge limite de départ à la retraite pour les salariés volontaires. Le 19 novembre l'Allemagne a remis Rose Kabuye à la justice française qui l'a mise en examen pour complicité d'assassinats en relation avec une entreprise terroriste dans le cadre de l'enquête sur l'attentat contre le président Juvénal Habyarimana en 1994, point de départ du génocide qui a fait 800000 morts. Cette extradition donne lieu à d'importantes manifestations au Rwanda. Une vaste opération des douanes de vingt pays mobilisant plusieurs centaines de douaniers a permis la saisie de 45 millions d'euros d'argent sale en instance de blanchiment. De nombreux porteurs de valises ont été arrêtés lors des contrôles dans les aéroports, les ports et sur les grands axes routiers européens. Le 20 novembre le controversé fichier Edwige est officiellement remplacé par le EDVIRSP (pour « exploitation documentation et valorisation de l'information relative à la sécurité publique ») qui exclut désormais le recueil de données concernant la santé ou la vie sexuelle ainsi que le fichage de personnalités exerçant un mandat ou jouant un rôle institutionnel, économique, social ou religieux. Les syndicats agricoles français dénoncent le nouvel accord européen libéralisant la politique agricole commune aux dépens du modèle français d'aménagement des territoires. Le président Nicolas Sarkozy lance un fonds souverain d'investissements stratégiques doté de 20 milliards d'euros. Le 24 novembre le haut commissaire aux Solidarités actives, Martin Hirsch, présente au gouvernement 15 propositions pour lutter contre la pauvreté. L'Unesco met en cause la France dans son aide à l'éducation dans les pays pauvres. Sur les 1,5 milliard d'euros alloués en 2006, seuls 17 % seraient réellement consacrés à la formation d'enseignants ou à l'équipement d'écoles sur place. Le reste des fonds bénéficierait en fait aux universités françaises sous forme de bourses d'études. Selon l'OCDE, la France devrait entrer dans la récession en 2009 à cause de la crise financière internationale, avec un PIB en recul à -0,4 %, une croissance à 0,9 %, un taux de chômage à 8,2 % et un déficit public à 3,7 %. Le 26 novembre le premier ministre de Chine reporte le sommet avec l'Union-européenne et le sommet France-Chine (2 décembre à Paris), en raison de la rencontre prévue entre le président Nicolas Sarkozy et le dalaï lama, le 6 décembre à Gdansk (Pologne). Le 2 décembre remise du rapport parlementaire d'évaluation de la loi fin de vie de 2005 de Jean Leonetti, médecin et député-maire UMP d'Antibes au premier ministre François Fillon sur la fin de vie excluant la légalisation de l'euthanasie. Ouverture de la mosquée de Créteil. Une bande d'une cinquantaine de jeunes a attaqué le lycée Marcel-Pagnol dans l'Est de Marseille, en lançant des projectiles. Deux d'entre ont utilisé des armes et l'un a même tiré sur le proviseur avec un pistolet à billes de plomb. Cinq jeunes filles de 13 à 18 ans, en fugue d'un foyer de placement sont mises en examen pour extorsion de fonds précédée, accompagnée ou suivie d'actes de torture et de barbarie, après avoir torturé à Saint-Amand-les-Eaux (Nord) un homme qui les avait accueillies. La Cour d'assises de Savoie, condamne à des peines de prison trois Serbes, membres des Pink Panthers, une organisation criminelle internationale spécialisée dans les braquages à mains armées de bijouterie de luxe et regroupant plus de deux cents criminels dont une centaine d'identifiés, principalement issus des pays de l'ex-Yougoslavie. Neuf personnes du milieu des collectionneurs d'armes sont interpellées dans l'agglomération de Nantes pour trafic d'armes de guerre et d'autres types. Le 4 décembre le président Nicolas Sarkozy annonce un plan de relance de 26 milliards d'euros pour soulager la trésorerie des entreprises et accélérer les investissements publics. Cinq jeunes, soupçonnés d'avoir activement participé aux violences urbaines de Vitry-le-François(Marne) dans la nuit du 14 au 15 juin, ont été mis en examen. Deux ont été incarcérés et trois ont été remis en liberté sous contrôle judiciaire. Le 5 décembre le secrétaire général de l'UMP, Patrick Devedjian est nommé ministre de la Relance économique chargé de veiller à l'application du plan de relance économique de 26 milliards d'euros dévoilé hier à Douai par le président Nicolas Sarkozy. Le président Nicolas Sarkozy rencontre le dalaï-lama à Gdansk (Pologne). Le 8 décembre trois membres présumés de l'organisation séparatiste basque espagnole ETA sont arrêtés à Gerde (Hautes-Pyrénées) par la police, dont l'un a été identifié comme le nouveau chef de l'ETA militaire. Le 09 décembre le premier ministre François Fillon fixe à 2014 l'objectif d'un retour à l'équilibre budgétaire. Union européenne : La Cour européenne de justice condamne la France à une amende de 10 millions d'euros pour avoir tardé à transposer une loi européenne sur le contrôle de la dissémination des OGM dans l'environnement, finalement inscrite dans la législation française en juin 2008. Le président Mohammed Moussaoui du Conseil français du culte musulman demande l'instauration d'une journée nationale dédiée à la mémoire des musulmans de France afin de sensibiliser les jeunes à la contribution des musulmans qui sont tombés sur le champ d'honneur pour défendre la dignité de leur nation, la France, et la liberté de tous les Français, quelles que soient leur religion ou leur croyance. Selon le ministre du Budget, Éric Woerth, le déficit budgétaire 2009 passera aux alentours de 70 milliards d'euros après plan de relance et devrait très vite revenir à l'équilibre d'ici 2012. Le 11 décembre le Conseil constitutionnel valide la quasi-totalité de la loi de financement 2009 pour la Sécurité sociale, notamment sa mesure la plus controversée qui autorise les salariés à travailler jusqu'à 70 ans. Dans le cadre du plan d'aide aux banques françaises, l'État souscrit pour 10,5 milliards d'euros de titres super subordonnés (TSS) ; parmi les banques bénéficiaires : Crédit agricole (3,0 milliards €), BNP Paribas (2,55 milliards €), Société générale (1,7 milliard €), Crédit mutuel (1,2 milliard €), Caisses d'épargne (1,1 milliard €) et les Banques populaires (0,95 md d'euros). Le 12 décembre dans le cadre de la réforme de l'audiovisuel public, l'Assemblée nationale adopte le principe controversé de la suppression de la publicité sur France Télévision à partir du 5 janvier 2008 entre 20H00 du soir et 06H00 du matin. Le Sénat adopte la loi autorisant le gouvernement à procéder à un nouveau redécoupage électoral et permettant aux ministres élus quittant le gouvernement de retrouver automatiquement leur siège. Affaire des mariages blancs franco-tunisiens : des peines de trois ans de prison, dont deux avec sursis, à six mois avec sursis ont été prononcées à l'encontre de 91 prévenus jugés en correctionnelle à Clermont-Ferrand. Les épouses françaises ont été condamnées à des peines de trois à six mois de prison avec sursis. Un réseau roumain de proxénétisme est démantelé dans la région de

Rouen et de Caen. Sommet européen : le Conseil parvient à un accord sur le changement climatique, sur le plan de relance économique et sur la réponse à apporter à la crise financière. Il définit également une démarche afin de permettre à l'Irlande de ratifier le traité de Lisbonne. L'UE accueille la Suisse au sein de l'espace Schengen, qui permet la circulation des personnes sans contrôle aux frontières tout en contribuant au renforcement de la coopération policière. Le 14 décembre le Monténégro dépose officiellement sa candidature d'adhésion à l'Union européenne. Réunion ministérielle "informelle" sur l'Afghanistan à Paris avec douze pays participants. Dans l'affaire Bernard Madoff, la BNP-Paribas reconnaît qu'elle pourrait avoir perdu 350 millions d'euros dans l'escroquerie du gérant de fonds américain. La banque dévoile qu'en octobre et novembre, ses activités de financement et d'investissement ont perdu 1,6 milliard. Le 15 décembre 2008 Michèle Alliot-Marie annonce la création d'un Conseil économique de sécurité chargé de lui faire des propositions en vue d'une approche globale de la sécurité mêlant les secteurs public et privé. Dans l'affaire Bernard Madoff, après la BNP-Paribas, la banque Natixis reconnait avoir perdu jusqu'à 450 millions d'euros dans l'escroquerie, en octobre, elle avait subi une perte de trading de 751 M€ sur les marchés. Le CIC aurait perdu 90 M€. La banque Dexia aurait perdu 85 M€ et ses clients fortunés auraient aussi perdu directement près de 78 M€. La Société générale reconnaît qu'elle pourrait avoir perdu un peu moins de 10 M€, ainsi que le Crédit agricole qui évalue aussi à moins de 10 M€ ses pertes liées à l'escroquerie. Deux hommes, soupçonnés d'être en relation avec le réseau de 14 personnes soupçonnées d'appartenir à la mouvance islamiste radicale et démantelé Jeudi en Belgique, sont arrêtés à

Amiens et à Grenoble. 17 personnes sont interpellées dans les quartiers sud de Bastia lors d'une vaste opération anti-drogue. Le 16 décembre 2008 selon le ministère de l'Agriculture, le revenu des agriculteurs français a baissé de 15% en 2008 après deux années de suite de hausse, en raison de la flambée des prix du pétrole, des engrais et des aliments pour le bétail. Un mystérieux Front révolutionnaire afghan, inconnu des spécialistes, revendique la pose de cinq bâtons de dynamite, mais sans système de mise à feu dans les toilettes du grand magasin « Le Printemps » à Paris. Sept personnes, islamistes présumés, ont été arrêtées ce matin à Paris et en banlieue, soupçonnées à des degrés divers, d'être proches ou d'appartenir à la mouvance islamiste radicale dite djihadiste. Un réseau d'escrocs franco-israélien-suisse est démantelé. Il s'agit d'une vaste escroquerie à l'annuaire électronique. Quatre arrestations en France et une trentaine en Israël. 700000 euros, des bijoux et des véhicules de luxe ont été saisis. Le 17 décembre l'Assemblée nationale adopte la réforme de l'audiovisuel prévoyant la fin partielle de la publicité sur France Télévision à compter du 5 janvier et la nomination/révocation des responsables de l'audiovisuel public en Conseil des ministres. Le 18 décembre le sénat adopte définitivement l'ensemble du projet de budget 2009, qui prévoit un déficit de plus de 79 milliards d'euros, par 182 voix pour et 150 contre. Le président Nicolas Sarkozy annonce que la Poste changera de statut pour devenir une société anonyme comme l'avait préconisé la commission Ailleret. Le Parlement européen décerne le prix Sakharov au dissident chinois emprisonné Hu Jia. Le 19 décembre naissance officielle du Pôle emploi, nouvelle administration issue de la fusion entre l'ANPE et l'Assedic. Un camion est intercepté dans la région de Lyon avec

1,2 tonne de résine de cannabis dans un camion en provenance du Maroc. Une voiture est interceptée sur l'autoroute vers Nancy avec 40 kg de cocaïne en provenance des Pays-Bas conduite par des malfrats du milieu grenoblois. Lundi 22 le président Nicolas Sarkozy et son épouse sont au Brésil pour une visite officielle de deux jours suivie d'un séjour privé dans le cadre des fêtes de Noël dans la famille de son épouse. Quatorze personnes ont été mises en examen à Bastia la semaine dernière pour acquisition, détention, offre, cession et usage de stupéfiants, dont huit écrouées pour un trafic de cannabis. Le 25 découverte vers midi d'un engin explosif à proximité d'une baie vitrée du Centre européen de rééducation du sportif de Capbreton dans les Landes. Il n'y a pas de revendication ni de documentation retrouvée. La découverte de cet engin explosif a lieu quelques heures après l'explosion d'un autre engin qui a endommagé une agence immobilière, sans faire de victime, à Anglet (Pyrénées-Atlantiques). La façade de l'agence, située dans une zone commerciale, a été bombée durant la nuit avec l'inscription « Euskal Herria ez da salgai » (Le Pays basque n'est pas à vendre). Le 29 décembre selon le programme de stabilité transmis la semaine dernière par la France à la Commission européenne, la dette publique est attendue à 66,7% du PIB en 2008 et devrait grimper à 69,1% en 2009. Le 31 décembre 2008 le ministre de la Défense, Hervé Morin est en Afghanistan pour deux jours. Pour son cinquième déplacement dans ce pays, il doit passer la soirée avec des militaires français pour le réveillon de la Saint Sylvestre, s'entretenir avec le président afghan Hamid Karzai et visiter l'Hôpital de la mère et de l'enfant de Kaboul, construit avec des fonds français. Le président Nicolas Sarkozy présente ses vœux. **2009** Jeudi 1er janvier La Slovaquie adopte l'euro comme monnaie nationale. Pour la première fois, la République tchèque occupe la présidence tournante de l'Union européenne. La présidence tchèque place l'économie et l'énergie parmi ses priorités. L'Année européenne de la créativité et de l'innovation débute. Des conférences, des projets et des expositions sont prévus dans toute l'Europe afin de sensibiliser le public à la nécessité de trouver des réponses novatrices aux enjeux d'aujourd'hui. Une vague de froid touche la partie nord du pays jusqu'au 10 janvier 1147 véhicules ont été incendiés au cours de la nuit de la Saint-Sylvestre, contre 878 l'année précédente, 288 personnes ont été interpellées contre 259 l'année précédente. 4 fonctionnaires de police ont été blessés et il y a eu des affrontements sporadiques dans certains quartiers sensibles. Vendredi 2 janvier Dans le cadre du plan de relance de l'économie, 400 millions seront investis en supplément en 2009 et 300 millions en 2010. Décès de Laurence Pernoud (90 ans), auteur des best-sellers J'attends un enfant et J'élève mon enfant. Société Selon l'Institut national de la statistique, la France compte désormais 63 185 925 habitants, chiffre établi sur la base de la nouvelle méthode de recensement par échantillons. De graves affrontements ont mis aux prises une trentaine de membres de deux bandes des Xe et XIe arrondissements de Paris et au cours desquels les policiers ont reçu des projectiles. Dimanche 4 janvier Jean-Claude Mallet (53 ans) est le nouveau président de l'Autorité de régulation des communications électroniques et des postes (ARCEP) en remplacement de Paul Champsaur dont le mandat arrivait à échéance. Entrée en vigueur de la loi sur l'audiovisuel public supprimant la publicité entre 20 heures et 6 heures sur les chaînes de France Télévisions. Le FLNC-Union des combattants, l'une des principales organisations indépendantistes clandestines en Corse, revendique les 14 attentats commis au cours des six derniers mois. Elle appelle à combattre et à abattre l'exécutif de la collectivité territoriale corse. Le premier ministre François Fillon envisage de faire transférer la crâne du philosophe René Descartes conservé à Paris, au Musée de l'Homme vers le Prytanée militaire de La Flèche où Descartes (1596-1650) travailla pendant quelques années et qui abrite une partie de sa bibliothèque. Mardi 6 janvier GDF Suez annonce que les livraisons de gaz naturel du géant gazier russe Gazprom ont baissé aujourd'hui « de plus de 70 % en France » par rapport à la normale. Le gaz russe représente environ 15 % des approvisionnements du groupe GDF Suez en Europe. Mercredi 7 janvier Le Conseil des ministres donne son feu vert au projet de loi « Grenelle II », qui doit traduire dans les faits les décisions du Grenelle de l'environnement. Lors de la rentrée solennelle de la Cour de cassation, le président Nicolas Sarkozy envisage de supprimer le juge d'instruction pour confier l'ensemble des enquêtes judiciaires au parquet, sous le contrôle d'un magistrat du siège, appelé juge de l'instruction. Jeudi 8 janvier 2009 Le président Nicolas Sarkozy ouvre le colloque de Paris sur le capitalisme. L'Armée commande 22 hélicoptères NH90 supplémentaires destinés à l'armée de terre pour un montant d'environ 600 millions d'euros après de la NAHEMA (NATO Helicopter Management Agency), une agence de l'Otan chargée de ce programme. Mort du pâtissier Gaston Lenôtre (88 ans), qui avait renouvelé l'art de la pâtisserie et a bâti un véritable empire de la gourmandise. Vendredi 9 janvier L'usine Peugeot de Sochaux arrête la ligne de production de l'équipe de nuit ce qui entraînera le renvoi de près de 800 intérimaires d'ici à la fin du premier semestre. La Cour de cassation rejette un pourvoi du groupe de pneumatiques Michelin, rendant définitive sa condamnation à verser plus de 163 000 euros de dommages et intérêts à la veuve d'une victime de l'amiante. La ministre du Logement Christine Boutin déclare vouloir demander le recensement du nombre de personnes sans domicile fixe (SDF) en France. Selon la dernière étude INSEE menée en 2001, il y aurait 86 000 personnes sans abri, mais certaines organisations caritatives avancent des chiffres deux à trois fois plus élevés. La mathématicienne Michèle Audin, professeur de mathématiques à l'université de Strasbourg et récompensée au titre de ses recherches, refuse la légion d'honneur au motif que sa famille n'a jamais pu obtenir la moindre lumière sur la disparition de son père, le mathématicien Maurice Audin, à Alger en 1957, malgré plusieurs demandes, la dernière adressée au président Nicolas Sarkozy. Samedi 10 janvier Au total, 123 000 personnes, selon le ministère de l'Intérieur, ont défilé dans les grandes villes du pays pour dénoncer l'offensive militaire israélienne contre le Hamas dans la Bande de Gaza. Des incidents violents ont éclaté à Nice lors de la manifestation de 2 500 personnes. 7 policiers ont été blessés et 11 manifestants ont été arrêtés. Mort de Georges Cravenne (94 ans) à Paris. Il fut le créateur de l'Académie des arts et techniques du cinéma et des César du cinéma. Il avait aussi mis en scène les premiers Molière du théâtre, puis les7 d'or de la télévision. Lundi 12 janvier Recevant à l'Élysée les autorités religieuses, le président Nicolas Sarkozy condamne les « violences inadmissibles » commises en France « au prétexte » du conflit au Proche-Orient et assure que ces crimes ne « resteraient pas impunis ». Le site Marianne2.fr publie en avant-première des extraits du nouveau livre du journaliste Pierre Péan consacré à Bernard Kouchner dans lequel il est accusé d'avoir, avant sa nomination au ministère des Affaires étrangères, effectué au nom d'une société dirigée par un de ses proches, IMEDA, plusieurs prestations de conseil et de communication, pour des montants parfois supérieurs à 1 million d'euros, auprès de pays africains, dont le Gabon d'Omar Bongo. Le premier ministre François Fillon annonce que cinq mégahertz sur les 15 fréquences restantes soient attribués avant l'été pour une quatrième licence de téléphonie mobile. L'explosion d'un hangar agricole en Haute-Corse, sur la commune d'Antisanti, près d'Aléria, cause la mort de Francis Mariani (59 ans), fiché au grand banditisme, connu comme membre du gang bastiais de la « Brise de mer » et en fuite depuis mars 2008 et de Charles Fraticelli (60 ans), gérant d'une papeterie-magasin de souvenirs à Aléria, inconnu de la justice. Ils étaient en train de préparer deux véhicules chargés d'explosifs. Mardi 13 janvier Présidence : Le président Nicolas Sarkozy annonce une série de mesures dans le domaine de la culture, affichant l'ambition de bousculer le conformisme des élites et de promouvoir l'identité culturelle française. Le ministre de l'immigration, Brice Hortefeux, annonce plus de 29000 reconduites à la frontière en 2008. Le président du Front national, Jean-Marie Le Pen dénonce le bluff sur le nombre de reconduites à la frontière, estimant qu'un nombre important de personnes reconduites « revenaient » ensuite en France. Les députés adoptent en première lecture par 316 voix contre 212 le plan de relance économique de 26 milliards d'euros pour l'accélération des programmes de construction et d'investissement publics et privés. Débrayage sauvage des agents de la SNCF suite à l'agression la veille d'un conducteur, ce qui a entraîné la fermeture de la gare Saint-Lazare et laissé en plan les quelque 450 000 personnes qui l'empruntent quotidiennement. Mercredi 14 janvier Selon une étude publiée par l'assureur-crédit Euler Hermes SFAC, les défaillances d'entreprises en France ont augmenté de 15 % en 2008 (57 700) par rapport à l'année précédente en raison de la « détérioration de l'activité économique et des conditions de financement ». Il s'agit de la plus forte hausse annuelle enregistrée depuis 1991. Dans l'affaire de l'hormone de croissance, utilisée dans les années 1980 et qui a provoqué la mort à ce jour de 117 jeunes, le tribunal correctionnel de Paris prononce une relaxe générale des six prévenus. Deux personnalités de l'extrême gauche — dont une avocate — sont placées en garde à vue sous le régime de la justice antiterroriste à Paris, dans le cadre d'une enquête portant sur la tentative d'incendie de deux voitures dans le 19e arrondissement. Jeudi 15 janvier Le président Nicolas Sarkozy demande aux dirigeants des banques françaises de suspendre cette année la part variable de leurs rémunérations sur les résultats de 2008, en contrepartie du soutien financier que l'État leur a apporté. Mini-remaniement gouvernemental. Vendredi 16 janvier Trois nouveaux décrets sont publiés dans le but de faciliter le déploiement du réseau en fibre optique. Samedi 17 janvier La Gauche moderne, présidée par Jean-Marie Bockel, alliée avec l'UMP est prête à participer à des listes de majorité présidentielle pour les européennes de juin prochain. Bernard Squarcini, directeur central du renseignement intérieur (DCRI), depuis le mois de juillet 2008, 4 000 fonctionnaires, assure, dans la revue Questions Internationales (La Documentation Française) qui consacre son dernier numéro au Renseignement et services secrets, que le temps du silence et de l'opacité lui paraît révolu nos citoyens ont droit à une information objective sur l'activité de leurs services de renseignement.

L'ancien maire de Casalabriva (1995-2002) près d'Ajaccio, Jean-Marc Nicolaï, consultant en entreprise, est tué d'une douzaine de balles de revolver. Un rassemblement contre l'offensive israélienne à Gaza, interdit par la préfecture, tourne à l'émeute, les vitrines de plusieurs commerces, des voitures et du mobilier urbain ont été durant une heure la cible « de petits groupe d'individus très mobiles ». 17 personnes soupçonnées de dégradations ont été interpellées dont 14 ont été placées en garde à vue. Onze d'entre elles sont poursuivies pour dégradations de biens. Mardi 20 Le président Nicolas Sarkozy dénonce les conservatismes des administrations qui s'opposent à ses réformes, et notamment au transfert de certains services de l'État en province pour compenser les fermetures de casernes programmées dans le cadre de la réforme de la Défense Mercredi 21 janvier Valérie Pécresse présente les propositions du gouvernement pour simplifier radicalement le régime de propriété intellectuelle afin que les brevets déposés par les laboratoires de recherche publics soient mieux valorisés. Vendredi 23 janvier La Cour de cassation décide de relancer une enquête conduite depuis dix ans à Créteil sur le rôle de l'État français dans la disparition de hautes personnalités cambodgiennes, en avril 1975, au moment de la prise de Phnom Penh par les Khmers rouges. Samedi 24 janvier La tempête Klaus frappe plusieurs pays du sud de l'Europe, dont le sud-ouest de la France. Des rafales de vent atteignant par endroit 200 kilomètres à l'heure causent d'importants dégâts dans les régions Aquitaine, Midi-Pyrénées, Languedoc-Roussillon, et dans une moindre mesure, dans le sud du Poitou-Charentes, en Limousin et en Auvergne. 31 personnes, dont 12 en France, décèdent des suites de cette tempête30. Dimanche 25 janvier Selon la nouvelle secrétaire d'État à l'Écologie, Chantal Jouanno la tempête qui a touché le Sud-Ouest de la France a eu des « conséquences dramatiques pour les forêts, en particulier le massif des Landes. Le président Nicolas Sarkozy estime que grâce aux leçons de 1999 il y a eu beaucoup plus de réactivité, moins de victimes, plus d'efficacité Le Conseil représentatif des associations noires salue les nominations au CSA de la journaliste antillaise Christine Kelly et du métis Emmanuel Gabla, qui « confirment la volonté du pouvoir d'inscrire l'exigence de diversité dans les hautes instances de l'État », mais selon le CRAN, ces nominations contrastent singulièrement avec l'absence totale de diversité parmi les 9 plus hauts dirigeants de l'UMP . Lundi 26 janvier Les Verts estiment que le recul des libertés publiques continue à un rythme effréné en France la restriction du droit de grève, le fichage ADN généralisé, le fichage des militants associatifs et politiques le muselage de l'opposition par la réforme du parlement. Mardi 27 janvier Les députés ont adopté par 301 voix contre 37 en première lecture le projet de loi organique réformant la procédure législative. Fusillade dans les quartiers Nord de Marseille, 3 gitans sont tués et deux autres sont blessés. Un pain de 250 g de cannabis est retrouvé à proximité de leur voiture. Mercredi 28 janvier Le premier ministre François Fillon annonce, à la tribune de l'Assemblée nationale, le retrait de plus de 2 000 des 13 000 soldats engagés dans des opérations extérieures. Jeudi 29 Journée de mobilisation contre la politique économique et sociale du gouvernement. Le président Nicolas Sarkozy « confirme le lancement de la réalisation d'une deuxième centrale nucléaire de type EPR » (European Pressurized Reactor) de nouvelle génération en France. Renvoie devant la Cour d'assise de Lille du pédomane et violeur multirécidiviste, Francis Evrard (62 ans).

Vendredi 30 janvier Le groupe bancaire franco-belge Dexia, secouru fin septembre par les gouvernements français, belge et luxembourgeois en pleine tempête financière, a annonce une perte nette 2008 estimée à 3 milliards d'euros et une réduction d'effectifs de la suppression de quelque 900 emplois sur les 36 500 du groupe. Dexia a par ailleurs proposé la suppression, à titre exceptionnel, des dividendes et des bonus des dirigeants pour 2008. Éclatement à Marseille d'une importante affaire d'escroquerie aux subventions pour associations. Huit personnes sont mises en examen pour « faux, usage de faux, abus de confiance et détournement de fonds publics » pour avoir détourné les subventions allouées à des associations faussement domiciliées dans les quartiers nord de Marseille. Le préjudice en cours d'évaluation, pourrait atteindre 300 000 euros en provenance de subventions du Conseil régional Provence-Alpes-Côte d'Azur et du Conseil général des Bouches-du-Rhône. Un collaborateur du groupe socialiste du Conseil régional est mis en examen dans ce dossier. Deux journalistes femme de France 3 ont été agressées à la Ville-du-Bois (Essonne), où elles s'étaient rendues pour tourner des images du pavillon de Serge Lepage, une figure du grand banditisme tuée par balle la veille au soir. Elles ont été prises à partie par une demi-douzaine de personnes, hommes et femmes. Leur caméra a été détruite. Le tribunal administratif a considéré que l'État était responsable du meurtre de Pascale Escarfail commis dans la nuit du 24 au 25 janvier 1991, en raison du fait que Guy Georges, dit le tueur de l'Est parisien, bénéficiait alors d'un régime de semi-liberté. Ce jugement constitue la première condamnation de ce type et pourrait avoir des conséquences sur le régime de semi-liberté, un aménagement de peine qui est favorisé actuellement sur instructions du ministère. Dimanche 1er février Dans la soirée, un incendie d'origine criminelle détruit un entrepôt de 250 m2 proche d'Ajaccio abritant les archives de plusieurs mairies. Vendée : Un foyer de grippe aviaire H5 a été découvert dans un élevage de canards qui ont été tous abattus en vertu des nouvelles mesures de précaution s'appliquant aux formes faiblement pathogène du virus de la grippe aviaire. Lundi 2 février Le président Nicolas Sarkozy installe à l'Élysée le nouveau Conseil pour la création artistique qu'il va présider en présence de plus de 300 représentants du monde de la culture. La France termine l'année 2008 avec 2,114 millions de chômeurs, soit 11,4 % de plus qu'en décembre 2007. Sur l'ensemble de 2008, la hausse du nombre d'inscrits à l'ANPE, devenue Pôle emploi, atteint 217 000. Mardi 3 février Selon la ministre de l'Économie, Christine Lagarde, plus de 40 000 personnes se sont inscrites en un mois au régime de l'auto-entrepreneur depuis la mise en place de ce nouveau statut juridique au 1er janvier. La ville de Paris donne son feu vert à un projet de développement de chauffage géothermique, par captation d'eau chaude souterraine, pour les XVIIIe et XIXe arrondissements, ce qui devrait permettre de réduire de 60 % les émissions de gaz à effet de serre, pour 12 000 logements à terme. SOS Racisme appelle le ministre de l'Immigration Éric Besson à renoncer à son projet d'attribuer des titres de séjour provisoires aux immigrés victimes de filières clandestines qui les dénonceraient, et à ne pas livrer plus longtemps les sans-papiers à un arbitraire administratif et à une complexification du droit. L'ONG se dit inquiet face à une officialisation des pratiques de délation : Si l'État français décidait d'instituer cette manière de procéder, est-il en situation de garantir la sécurité physique dans les pays d'origine des personnes appartenant à la famille de celles et ceux qui auraient décidé de dénoncer tel ou tel passeur ? Le livre de Pierre Péan sur Bernard Kouchner, « Dans Le Monde selon K. » (éd. Fayard), dans lequel l'écrivain et enquêteur y critique lourdement le ministre des affaires étrangères pour avoir mélangé les genres entre activités publiques et privées en Afrique et avoir bénéficié de contrats avec le Gabon et le Congo, en tant que consultant pour deux sociétés privées entre 2002 et 2007. Selon Pierre Péan, ces sociétés auraient continué à toucher des sommes issues de ces deux pays après l'entrée en fonction de Bernard Kouchner, en tant que ministre des Affaires étrangères, au risque d'un conflit d'intérêt. Ces révélations ont déclenché de vives réactions parmi les députés et les responsables politiques qui le somment de s'expliquer. Bernard Kouchner riposte dans un entretien sur le site du Nouvel Observateur sur lequel il déclare notamment : Je n'ai jamais signé un seul contrat avec un État africain. Jamais. J'ai été un des consultants d'une entreprise française – Imeda – dans un domaine que je connais : celui de la médecine et de la santé publique. Le premier président de la Cour des comptes, Philippe Séguin, en présentant le rapport public annuel, met en garde contre l'impact « "massif et durable" » du plan de relance combiné aux effets de la crise. Selon lui, l'endettement supplémentaire serait de 250 milliards d'euros en 2010 et pourrait atteindre 83 % du produit intérieur brut fin 2012. Vendredi 6 février Le violeur multirécidiviste Patrick Trémeau est condamné à vingt ans de réclusion criminelle, assortis d'un suivi socio-judiciaire et d'une obligation de soins durant huit ans, par la cour d'assises de Paris, pour trois viols commis en 2005 après sa sortie de prison. Samedi 7 février Le président Nicolas Sarkozy annonce vouloir conduire un débat avec les Français sur la normalisation des relations entre la France et l'OTAN. Un accord sur un « code éthique » a été trouvé entre les banques et les autorités de régulation en contrepartie de l'aide publique au secteur. Mise à jour dans l'Aude d'une vaste affaire de trafic d'alcool portant sur plusieurs centaines de milliers d'hectolitres de vin de pays d'Oc du Languedoc-Roussillon vendus frauduleusement aux États-Unis ces dernières années sous l'appellation de cépage Pinot et impliquant une dizaine de viticulteurs, de caves coopératives et de sociétés, sur l'Aude et l'Hérault. Deux députés du Nord dénoncent les propos prêtés à un haut magistrat, Didier Beauvais, à l'occasion de l'audience disciplinaire du juge Fabrice Burgaud. Didier Beauvais, ancien président de la chambre de l'instruction à Douai au moment où Fabrice Burgaud officiait dans l'affaire d'Outreau et aujourd'hui conseiller à la Cour de Cassation, avait évoqué mardi, à l'audience, d'autres procédures judiciaires liées à des affaires de mœurs. À cette occasion, il a cité des exemples, notamment des « soirées bières » et de « jeu de l'oie », où le gagnant viole un enfant. Selon le quotidien La Voix du Nord du 3 février, il aurait dit à ses pairs : « Nous connaissions ces soirées habituelles, à Boulogne ou à Avesnes-sur-Helpe. Des soirées-bières où on invite les voisins, on boit beaucoup, on joue aux cartes ou au jeu de l'oie, et où le gagnant peut choisir une petite fille, avec l'accord des parents », ce qu'il niera le 9 février. Dimanche 8 février La Suisse vote l'extension de l'accord sur la libre circulation des personnes entre l'UE et son territoire. Le président du MoDem, François Bayrou qualifie très négativement le projet de réintégration de la France dans le commandement de l'Otan, défendu par le président Nicolas Sarkozy, demandant que le choix qui avait été fait par le général de Gaulle de quitter en 1966 la structure militaire intégrée de l'Alliance atlantique ne soit pas bradé, pas jeté aux orties jugeant qu'une réintégration serait « un aller sans retour parce qu'il n'est pas imaginable qu'un grand pays comme le nôtre, à chaque alternance, entre et sorte du commandement intégré nous lâchons la proie pour l'ombre. En nous alignant, nous abandonnons un élément de notre identité dans le concert des nations, y compris dans le concert des nations européennes. C'est une défaite pour la France c'est une défaite pour l'Europe. Nous abandonnons une part de notre héritage, et nous l'abandonnons pour rien. Le président du Front national, Jean-Marie Le Pen (80 ans), à Marseille, estime que qu'il y a 300 000 musulmans à Marseille, le jour où ils seront 800.000 le maire ne s'appellera plus Gaudin mais peut-être Ben Gaudin. L'immigration de masse tend à prendre l'allure d'une véritable colonisation. Lundi 9 février Une nouvelle tempête hivernale s'abat sur une large moitié nord du pays. Avec des rafales atteignant jusqu'à 140 km/h sur une partie du littoral atlantique, la tempête Quinten provoque cependant des dégâts limités. Ouverture du procès en appel d'Yvan Colonna, accusé d'avoir assassiné le préfet Claude Érignac à Ajaccio, de trois balles tirées à bout touchant, alors qu'il venait de garer son véhicule et qu'il se dirigeait à pied vers le Théâtre du Kalliste. Le berger de Cargèse, condamné le 13 décembre 2007 à la réclusion criminelle à perpétuité par la cour d'assises de Paris spécialement composée de magistrats professionnels, encourt une nouvelle fois la peine la plus lourde. Le procès devrait se clore le 13 mars. Le secrétaire d'État, Bernard Laporte, est visé par une plainte pour abus de confiance. Mardi 10 février Le Sénat adopte par 312 voix le projet de loi sur le Grenelle 1 de l'environnement. Lancement du nouveau site Internet d'information Slate.fr, déclinaison française en version publique du site américain d'analyses et de commentaires en ligne Slate.com. Cinq personnes présumées liées à l'ETA sont placées en garde à vue à Bayonne dans la cadre d'une enquête relative au financement de cafés et bars au Pays basque français, susceptible d'être en lien avec l'ETA via le mouvement Batasuna. Mercredi 11 février Le nouveau ministre de l'immigration, Éric Besson, est en visite en Angleterre, afin d'évoquer la sécurité de la région de Calais, plaque tournante des immigrés illégaux tentant de se rendre en Angleterre, mais aussi pour voir comment se pratiquent au Royaume-Uni les tests ADN. Dans le cadre du procès de l'Angolagate à Paris, mettant en cause 42 personnes, dont des personnalités politiques françaises, dans le cadre d'un commerce d'armes orchestré dans les années 90 par les hommes d'affaires Pierre Falcone et Arcadi Gaydamak vers l'Angola, en pleine guerre civile, le procureur accuse l'État français d'avoir pratiqué une politique du laisser faire à l'égard du trafic d'armes de guerre vers l'Angola dans les années. Les policiers parisiens ont interpellé dans le XIXe arrondissement cinq personnes âgées de 16 à 55 ans et saisi 1,3 tonne de résine de cannabis ainsi que près de 200 000 euros. Cinq autres membres de ce réseau avaient été arrêtés fin 2007. Une Porsche Cayenne servait aux déplacements des chefs du réseau et également de lieu pour les transactions. Jeudi 12 février Le groupe Électricité de France (EDF) annonce un bénéfice net 2008 de 3,4 milliards d'euros. Selon la Fédération nationale des collectivités concédantes et régies (FNCCR), les tempêtes et les chutes de neige de ces dernières semaines ont révélé la fragilité du réseau de distribution d'électricité de 1,2 million de kilomètres. Un pakistanais est condamné à 20 ans de prison pour avoir tenté d'immoler par le feu à Neuilly-sur-Marne une jeune fille de qui avait décidé de rompre avec lui et refusait de l'épouser. Vendredi 13 février Le président Nicolas Sarkozy annonce la création d'un Conseil interministériel de l'Outre-mer en réponse à la crise sociale en Guadeloupe et en Martinique. Lundi 16 février La ministre de l'Intérieur, Michèle Alliot-Marie, prévoit le triplement des caméras sur la voie publique d'ici à fin 2009, passant de 20 000 actuellement à 60 000 déclarent avoir signé un décret le 22 janvier qui facilite et raccourcit la procédure permettant d'accéder à de tels équipements. Elle annonce aussi le redéploiement de 4 000 policiers dans les quartiers sensibles, notamment en banlieue parisienne, avec la mise en place des nouvelles Unités territoriales de quartier et des compagnies de sécurisation, qui se poursuivra jusqu'à fin 2011. Mardi 17 février Un chauffeur routier britannique est interpellé, à Coquelles à l'entrée du tunnel sous la Manche, avec plus de 90 kilos de cocaïne simplement empaquetés dans des cartons posés sur la couchette du chauffeur. 21 suspects sont interpellés par les équipes de la gendarmerie, à Vitry-le-François et à Reims (Marne) mais également à Bar-le-Duc (Meuse) et Vervins (Aisne), dans le cadre de l'enquête sur un trafic de stupéfiants lié aux émeutes de Vitry-le-François (Marne) de juin 2008. Mercredi 18 février Le président Nicolas Sarkozy reçoit les organisations syndicales et patronales et annonce un plan de mesures sociales de 2,6 milliards € pour les classes moyennes défavorisées, avec la suppression du deuxième tiers provisionnel de l'impôt sur le revenu pour les ménages qui figurent dans la première tranche d'imposition, et des mesures ciblées sur les Français les plus vulnérables à la crise : personnes âgées, chômeurs, jeunes et familles. Parmi les autres importantes mesures annoncées : l'augmentation de l'indemnisation des salariés au chômage partiel à 75 % du salaire brut (contre 60 % actuellement), la création pour deux ans (2009-2010) d'un fonds d'investissement social doté de 2,5 à 3 milliards d'euros (une idée de la CFDT), une prime exceptionnelle de 500 euros aux salariés qui deviennent demandeurs d'emploi pouvant justifier de deux mois de travail, la suppression d'une partie de l'impôt sur le revenu pour les personnes de la première tranche (4 millions de ménages sont concernés avec un gain moyen de 200 euros), une prime de 150 euros pour 3 millions de familles bénéficiant de l'allocation de rentrée scolaire, la mise en place de bons d'achat de services à la personne de 200 euros par foyer, pour l'aide à domicile, la garde d'enfants, le soutien scolaire ou le ménage (2 millions de personnes seraient concernés), l'encadrement des bonus des patrons lorsque leurs entreprises recourent à du chômage partiel ou décident un licenciement économique, l'invitation aux banques de moduler les échéances des salariés au chômage partiel pour rembourser leurs emprunts immobiliers. Le sous-marin nucléaire lanceur d'engins (SNLE) « Le Triomphant a été plus endommagé qu'annoncé par la Marine nationale après sa collision avec un SNLE britannique début février. La collision a endommagé non seulement le dôme protégeant le sonar mais également le kiosque du sous-marin et sa barre de plongée tribord, du coup, les réparations pourraient être plus longues que prévu. Vendredi 20 février Présentation des 10 projets pour le Grand Paris. Les prix à la consommation ont poursuivi leur baisse en janvier, reculant de 0,4 %, et ne progressent plus que de 0,7 % sur un an, l'augmentation la plus faible depuis septembre 1999. 17 personnes sont mises en examen dans le cadre de l'enquête sur un trafic de stupéfiants lié aux émeutes de Vitry-le-François en juin 2008, 12 d'entre elles ont été incarcérées et cinq placées sous contrôle judiciaire, suite 22 dernières interpellations à Vitry-le-François et à Reims (Marne), mais également à Bar-le-Duc (Meuse) et Vervins (Aisne): Les perquisitions effectuées dans le cadre de ces interpellations ont entraîné la saisie d'importantes sommes d'argent, ainsi que des quantités non négligeables de résine de cannabis. Samedi 21 février Trois malfrats niçois sont arrêtés à Claviers (Var) alors qu'ils s'apprêtaient à récupérer un stock de 300 kg de cannabis en provenance d'Espagne. Un policier de 26 ans est tué par balles à La Courneuve où il était en poste. Dans la nuit, 5 personnes ont été interpellées à La Courneuve dans un immeuble situé à proximité du drame de la veille. L'arme du policier a été retrouvée dans le local à poubelles de l'immeuble. Dans la soirée, des heurts ont opposé des jeunes et des policiers à Sartrouville (une vingtaine) et aux Mureaux (une vingtaine) dans les Yvelines sans faire de blessés ou entraîner d'interpellations. À Sartrouville, les policiers ont été délibérément attaqués et aux Mureaux, les délinquants s'amusaient à caillasser les automobiles circulant sur la RD.43. Dimanche 22 février Les membres européens du G20, qui regroupe les principales économies de la planète, se rencontrent à Berlin. Les dirigeants concernés conviennent qu'il est nécessaire d'adopter une approche commune pour lutter contre la crise financière et restaurer la confiance dans le marché unique. Lundi 23 février L'ancien secrétaire général du Front national, Carl Lang, lance officiellement son nouveau mouvement, le Parti de la France, sous la bannière duquel il promet cinq listes aux européennes. Ouverture du procès en correctionnelle de l'explosion de l'usine Azote Fertilisant (AZF), appartenant à la SA Grande Paroisse, filiale du groupe pétrolier

Total, (30 morts et des milliers de blessés à Toulouse le 21 septembre 2001). Il devrait durer plus de 4 mois et concerner quelque 1 800 parties civiles et 2 prévenus, Serge Biechlin, directeur d'AZF à l'époque des faits et seule personne physique poursuivie, et Grande Paroisse, en qualité de personne morale. Suite au démantèlement d'un important trafic de drogue entre les Pays-Bas et la région lyonnaise, au cours duquel 85 kilos d'héroïne et 5 kilos de cocaïne ont été saisis, dans une voiture qui a forcé un barrage à Courcy (Marne) et tenté d'échapper aux policiers jusque dans les rue de Reims, 15 personnes sont mises en examen et cinq d'entre elles écrouées. Les prévenus âgés d'environ 25 ans appartiennent sont originaires de Villefranche-sur-Saône (Rhône) et de Roanne (Loire), alors que le fournisseur principal fournisseur, est un Marocain interpellé aux Pays-Bas. Le meurtrier présumé du policier en civil tué d'une balle dans la tête samedi soir à La Courneuve est passé aux aveux. Il s'agirait d'une des six personnes de nationalité sri-lankaise qui restaient en garde à vue, et serait âgé de 28 ans. L'Association de défense des droits des militaires (ADEFDROMIL) accuse la Légion étrangère de bafouer les droits de l'homme en publiant des photos de brimades subies par des légionnaires en formation. Les douanes ont saisi huit tonnes de cigarettes de contrebande près de Lunéville (Meurthe-et-Moselle) dans un camion en provenance de Hongrie. Quelque 40 000 cartouches de cigarettes qui étaient cachées derrière plusieurs palettes de casseroles. Mardi 24 février La cour d'appel de Paris, considérant que la procédure d'enquête était irrégulière à travers les interrogatoires controversés menés à Guantanamo par les services français de contre-espionnage, entre 2002 et 2004, relaxe cinq anciens détenus français du camp américain de

Guantanamo installé sur l'île de Cuba, condamnés en première instance le 19 décembre 2007 à un an de prison ferme pour association de malfaiteurs en relation avec une entreprise terroriste. Le dessinateur Siné, poursuivi pour « incitation à la haine raciale » après avoir ironisé dans Charlie Hebdo sur une éventuelle conversion au judaïsme de Jean Sarkozy, est relaxé par le tribunal correctionnel de Lyon. Il faisait l'objet d'une plainte de la Ligue contre le racisme et l'antisémitisme(Licra). Le tribunal considère que Siné « s'est autorisé à railler sur le mode satirique l'opportunisme et l'arrivisme d'un homme jeune, engagé sur la scène politique et médiatique Mercredi 25 février Le groupe d'experts «de Larosière» présente un rapport, commandé par la Commission européenne, qui appelle à renforcer la surveillance financière afin d'éviter une nouvelle crise dans ce domaine. Un membre de l'ETA, Alexander Akarregi Casas (32 ana), déjà condamné en Espagne à 5 ans de prison et libéré en juillet 2008, et interpelé près de Compeyre dans l'Aveyron (France) après avoir tenté de prendre la fuite lors d'un contrôle de police dans le centre-ville de Millau. Mis en examen pour vol avec arme, recel en bande organisée, port d'armes et munitions, le tout en relation avec une entreprise terroriste, est incarcéré. Il vivait dans un appartement à La Ricamarie (Loire), près de Saint-Étienne. Jeudi 26 février Lancement de l'éco-prêt à taux zéro. Douze anciens militaires français tentent devant la cour d'appel de Paris d'obtenir réparation des préjudices subis, des cancers, qu'ils estiment causés par les essais nucléaires français, alors qu'ils étaient en mission au Sahara ou en Polynésie dans les années 1960. La justice française ordonne la saisi des comptes bancaires du président du Gabon, Omar Bongo qui avait été condamné à verser 457 347 euros au fils d'un chef d'entreprise français qui avait dû payer cette somme pour faire libérer son père, René Cardona, détenu à Libreville. Le président gabonais et sa famille étaient actionnaires dans la société de René Cardona. Vendredi 27 février La cour d'appel de Paris confirme la condamnation de l'ancien PDG d'Air Lib Jean-Charles Corbet à 4 ans de prison, dont 18 mois ferme, pour avoir détourné 15 millions d'euros et provoqué la faillite de la compagnie en 2003, entraînant le licenciement de ses 3 200 salariés. Dimanche 1er mars Le Collège de France cree une chaire consacrée au Développement durable - Environnement, énergie et Société confiée au professeur Henri Léridon. Le groupe d'intervention régional (GIR, composé de gendarmes, policiers, douaniers, etc.) de Lyon, démantèle un réseau de trafic de cannabis composé de 23 personnes interpellées à Andrézieux-Bouthéon (Loire) et dans des communes environnantes du Forez. Âgés de 20 à 40 ans, la plupart de ces trafiquants, parmi lesquels figurent deux femmes, s'étaient déclarés chômeurs et percevaient des prestations sociales (RMI, Assedic ou allocation aux adultes handicapés). Mercredi 4 mars Le groupe bancaire Crédit Agricole SA, première banque français sur le marché des particuliers, annonce avoir dégagé un bénéfice net 2008 de 1,024 milliard d'euros, en baisse de 75 %, à cause d'une importante perte au quatrième trimestre mais aussi du niveau élevé de ses provisions. Le groupe de télécommunications France Télécom annonce un bénéfice net 2008 de 4,07 milliards d'euros, en baisse de 35,4 %. Son chiffre d'affaires est en hausse de 1 % à 53,5 milliards €. La facture télécoms représenterait environ 2,4 % de la dépense moyenne des ménages français. Le groupe de services, Suez Environnement, spécialisé dans le traitement des eaux et des déchets, annonce un bénéfice net 2008 en hausse de 8,4 %. Pour 2009, il prévoit une réduction de 25 % de ses investissements ainsi qu'une accélération de ses réductions de coûts. Selon le ministère de l'Environnement, la France compte toujours 647 sites industriels à haut risque. Jeudi 5 mars Économie L'INSEE annonce un taux de chômage en hausse à 8,2 % au quatrième trimestre 2008, soit 2,2 millions de chômeurs au quatrième trimestre 2008. Vendredi 6 mars Politique Hillary Clinton, secrétaire d'État américaine, est la première personnalité américaine de ce niveau à se rendre au Parlement européen depuis la venue de Ronald Reagan en 1985. Samedi 7 mars Violentes échauffourées entre une soixante de jeunes et la police suite à un contrôle routier dans la soirée à Chanteloup-les-Vignes (Yvelines). Dimanche 8 mars Dans la nuit de samedi à dimanche, une soirée organisée via le réseau social Facebook dans le centre de Tours (Indre-et-Loire) dégénère entraînant cinq heures d'affrontements entre la police et quelque 300 jeunes dans les rues de la vieille ville, une zone du vieux Tours, centre de la vie nocturne locale et très fréquentée le week-end. Lundi 9 mars Les députés votent l'interdiction de la vente ou de distribution gratuite d'alcool et de tabac aux moins de 18 ans, alors que cette vente est jusqu'à présent interdite aux moins de 16 ans. Mardi 10 mars Un groupe de quelque 25 personnes armées de barres de fer, bâtons et couteaux ont mené une attaque contre le lycée professionnel Jean-Baptiste-Clément de Gagny (Seine-Saint-Denis) où elles ont légèrement blessé douze personnes dont des élèves et des enseignants. Trois mineurs ont pu être interpellés. Bagarre entre deux bandes de quelque 40 jeunes à la gare de Vigneux-sur-Seine (Essonne) faisant deux blessés. 26 personnes sont interpellées dont 17 mineurs. Le ministère de l'Immigration, de l'intégration, de l'identité nationale et du développement solidaire, annonce le démantèlement par les équipes de l'Office central de répression de l'immigration irrégulière et de l'emploi d'étrangers sans titres (OCRIEST) et de la direction zonale sud-est de Lyon, du démantèlement d'une filière algérienne d'immigration clandestine qui faisait passer des immigrés clandestins et délivrait des pièces d'identité et de justificatifs contrefaits facturés entre 3 500 et 5 000. Au total 22 personnes ont été interpellées en région parisienne et en province. Mercredi 11 mars e Lors d'un colloque organisé à l'École militaire par la Fondation pour la recherche stratégique, le président Nicolas Sarkozy, justifie sa décision du retour complet de la France dans la structure militaire intégrée de l'Alliance atlantique par trois arguments principaux : ce rapprochement ne brade en rien l'indépendance nationale, il ne constitue pas une rupture avec ses prédécesseurs, il n'affaiblira pas la défense européenne. Trois policiers de la Brigade anti criminalité de Toulon sont agressés à coups de barres de fer par une quarantaine de jeunes et sont grièvement blessés. Ils sont tombés dans un véritable guet-apens au moment où ils allaient interpeller un homme suspecté de trafic de drogue. Ils n'ont pas fait usage de leurs armes. Depuis le début du mois, c'est la troisième fois que des policiers sont pris à partie et que des voitures de patrouille reçoivent des cailloux à Toulon. Samedi 14 mars Dans la soirée, aux Mureaux (Yvelines) 21 policiers ont été légèrement blessés par des tirs de petits plombs et des jets de pierres, après être tombés dans un véritable « guet-apens tendu par plusieurs dizaines de jeunes. Une quarantaine de cocktails Molotov prêts à l'emploi ont été trouvés sur place et 8 personnes ont été arrêtées. Un grand frère de Seine-Saint-Denis, prix de l'Éthique 2008, est mis en examen et écroué pour enlèvement, séquestration, tentative d'assassinat et violences aggravées. Dimanche 15 mars Devant plus d'un millier de cadres, élus et militants réunis à Arras (Pas-de-Calais), le président du Front national, Jean-Marie Le Pen, lance sa campagne pour les européennes. Il a dénoncé l'idéologie libre-échangiste et arbitraire de Bruxelles, qui contribue à démanteler notre modèle économique et social, un modèle fragile qui s'était bâti sur de difficiles compromis. L'Europe a rétabli le travail de nuit des femmes, pourtant aboli au XIXe siècle, l'Europe a rétabli le travail le dimanche, l'Europe autorise les ouvriers polonais en France à travailler aux conditions du droit social polonais. Le commissariat de police de Montgeron (Essonne) a été attaqué vers 2h30 du matin par des individus qui ont tiré au fusil de chasse et laissé 250 impacts de petit plomb sur la porte d'entrée. Aucun policier n'a été blessé. Mercredi, un garçon de 17 ans avait été légèrement brûlé au visage par un tir de pistolet d'alarme chargé à blanc à l'intérieur d'un autocar scolaire. L'auteur du tir avait été interpellé et gardé à vue dans le commissariat. Mardi 17 mars Le premier ministre, François Fillon décide, pour la deuxième fois, d'engager la responsabilité de son gouvernement devant l'Assemblée nationale – au titre de l'article 49-1 de la Constitution – sur une déclaration de politique étrangère concernant la réintégration de la France dans le commandement intégré de l'OTAN. L'Assemblée nationale vote pour la confiance au gouvernement par 329 voix contre 228. Selon la ministre de l'Intérieur, Michèle Alliot-Marie, Il y a 222 bandes dans les quartiers dont 79 % en région parisienne, regroupant quelque 2 500 membres permanents et 2 500 membres occasionnels, parmi eux 47 % de mineurs. Des incidents violents ont éclaté au siège du Grand port maritime de Marseille (GPMM) entre des salariés de l'Union navale Marseille (UNM), dernier chantier naval de réparation de la ville et placé en liquidation judiciaire, et des responsables du port. Mercredi 18 mars Nicolas Sarkozy annonce 16 nouvelles mesures policières et judiciaires pour combattre le phénomène des bandes violentes. Parmi ces mesures, huit concernent l'action de la police, trois celle de la justice et cinq, la protection des personnels et établissements de l'Éducation nationale. L'appartenance à une bande en connaissance de cause, ayant des visées agressives sur les biens et les personnes, sera punie d'une peine de trois ans d'emprisonnement. Un fichier des violences urbaines sera créé et les 100 à 200 établissements scolaires les plus touchés devront être identifiés sous 10 jours. Le président souhaite la création d'un fichier dédié aux violences urbaines et au phénomène de bandes et la mise en place d'une police d'agglomération avec un état-major à l'échelle des agglomérations, chargée de coordonner la collecte du renseignement et l'action de la police. Des groupes spécialisés seront créés pour traiter les violences urbaines et les agissements des bandes, au sein des directions départementales de la sécurité publique. D'ici fin 2010, 100 unités territoriales de quartier seront créées ainsi que 23 compagnies de sécurisation, fortes chacune de 150 fonctionnaires formés au maintien de l'ordre dans les quartiers sensibles. 75 systèmes municipaux de vidéo protection et surveillance de 400 établissements scolaires, seront mis en place. Échauffourées entre une cinquantaine de jeunes d'un quartier de Châteaudun (Eure-et-Loir) et des forains suite à une altercation entre des jeunes du quartier sur un manège d'autres sont revenus en renfort pour en découdre, munis de barres de fer et de battes de baseball. Des coups de feu ont été échangés et des pierres jetées sur des caravanes et des véhicules de la gendarmerie, sans faire de blessés. Jeudi 19 mars Journée de mobilisation dans la fonction publique. Des incidents ont éclaté place de la Nation à Paris entre des petits groupes de jeunes manifestants anarchistes et les forces de l'ordre qui ont interpellé 300 personnes dont 49 ont fait l'objet d'une procédure judiciaire. Conseil européen: les responsables politiques conviennent, entre autres mesures, d'affecter cinq milliards d'euros de crédits non consommés du budget de l'UE à des projets visant à améliorer les infrastructures dans le domaine de l'énergie et de l'internet, et d'augmenter l'aide accordée par l'UE aux pays en difficulté. Arrestation d'un pédomane de 37 ans en cavale soupçonné d'une série de sept viols et tentatives de viols depuis août 2008 en banlieue parisienne et dans la capitale. Il était condamné depuis 2006 à 15 ans de prison pour une dizaine d'agressions sexuelles commises sur des enfants en 2001 et 2002. De nationalité algérienne, il a été trahi par son ADN dans trois de ses agressions et reconnu par quatre de ses victimes. Vendredi 20 mars Enlèvement d'Élise, fillette franco-russe à Arles (Bouches-du-Rhône), la fillette est retrouvée en Hongrie au mois d'avril avec sa mère russe. Cet enlèvement met en évidence la complexité juridique à l'échelle internationale des cas d'enlèvement d'enfant par l'un ou l'autre des parents. Dix personnes ont été légèrement blessées en fin de matinée à Lyon par des coups de feu tirés à proximité d'une école maternelle et élémentaire du IIIe arrondissement. Samedi 21 mars Journée lutte contre la discrimination. L'humoriste Dieudonné annonce qu'il se lance dans la course européenne en prenant la tête d'une liste pour un vote antisioniste clairement affirmé. Le but de sa liste sera également de se battre contre ce repli communautaire. Il faut que la République retrouve son sens et que nous chassions toutes les organisations mafieuses du type le CRIF, de la République. Tous ceux qui se sont heurtés à un moment à la pensée unique sont les bienvenus, sa liste regroupera aussi des juifs antisionistes et des gens de tous bords : Nous devons nous battre de l'extrême droite à l'extrême gauche contre ce centre qui détient le pouvoir depuis très longtemps, contre le système béké en réalité, a affirmé Dieudonné. Parce que c'est le même système béké qui est en France et je pense l'avoir localisé. Dimanche 22 mars Un avion de tourisme, monomoteur de marque Jodel, enregistré à l'altiport de Méribel, s'écrase à proximité du col de l'Étendard sur la commune de Saint-Sorlin-d'Arves (Savoie) dans la vallée de la Maurienne. Le pilote et sa passagère – une femme de 76 ans – trouvent la mort. Le pilote, un ancien médecin officier militaire âgé de 62 ans, Xavier Maniguet, avait été un des acteurs de l'opération des services secrets français contre le navire Rainbow Warrior. Il était le skipper du voilier Ouvéa qui avait transporté une équipe de la DGSE et les explosifs qui avaient servi à couler le bateau de l'organisation écologiste Greenpeace, le 10 juillet 1985 dans le port d'Auckland en Nouvelle-Zélande. Mardi 24 mars La vice-présidente du Front national, Marine Le Pen se dit scandalisée de la haine exprimée à l'égard du pape après ses propos sur le préservatif et le sida : Le pape c'est le pape. L'église catholique exprime l'idéal de l'abstinence, l'idéal de la fidélité. Elle est là pour fixer la règle. Elle dénonce le président d'Act Up, qui l'agresse, qui quasiment l'insulte grassement. J'aimerais bien d'ailleurs que les militants d'Act Up, plutôt que de venir s'allonger et faire de la provocation devant Notre-Dame, aillent peut-être devant quelques mosquées pour plaider contre la lapidation. Mais ça, il faut avoir un petit peu plus de courage. Selon le Bulletin épidémiologique hebdomadaire, la tuberculose n'a pas disparu du paysage français avec une hausse de 5 % des cas entre 2006 (5 323 cas) et 2007 (5 588 cas), même si le pays est considéré comme faiblement touché au niveau international. Le nombre de cas déclarés en 2007 était de 8,9 pour 100 000 habitants avec des pointes en Seine-Saint-Denis (30,7/100000), à Paris (28,0/100000) et en Guyane (23,3/100000). Le taux de déclaration chez les personnes nées à l'étranger (42/100000) est 8 fois supérieur à celui observé chez les personnes nées en France (5,1/100000)[19]. L'Office central de lutte contre la criminalité liée aux technologies de l'information et de la communication (OCLCTIC) démantèle un réseau de 20 personnes soupçonnées d'avoir piraté les réseaux de trois opérateurs téléphoniques, pour un préjudice de 8 millions d'euros. Le Groupement d'intervention régional de Lyon annonce le démantèlement d'un réseau de 22 machines à sous dont le mécanisme avait été réglé afin de fournir d'importants bénéfices et qui fonctionnaient dans des bars de la vallée du Rhône. 28 personnes ont été interpellées dont le responsable du réseau, qui selon les gendarmes, serait un habitant de Pierrelatte inscrit au RMI mais domicilié dans une villa du centre-ville. Le système rapportait entre 1 et 2 millions d'euros chaque année. Certains responsables d'établissement auraient accepté la présence des machines sous la menace. Le Groupement d'intervention régional de Lyon démantèle un réseau de trafiquants de drogue qui opérait dans plusieurs communes de la vallée du Gier. 8 kilos de cocaïne, 140 kilos de résine de cannabis, de l'argent, des armes et des explosifs ont été saisis. Un réseau de 17 voleurs à l'étalage Roumains, dont cinq femmes, âgés entre 25 et 48 ans, qui œuvraient dans les grandes surfaces du Var, des

Alpes-Maritimes et des Bouches-du-Rhône, est démantelé. Le chef présumé du réseau est un Français de 58 ans habitant Le Beausset (Var) au domicile duquel des milliers de produits ont été saisis. Le réseau fonctionnait depuis 4 ans. Les 18 personnes impliquées ont reconnu les faits. Les produits volés — de l'épicerie fine, des spiritueux de qualité mais aussi des articles de consommation courante — étaient brièvement stockés avant d'être livrés aux clients, essentiellement des restaurateurs de la région ainsi que des particuliers. Mercredi 25 mars Le conseiller spécial de l'Élysée, Henri Guaino, rappelle que le patronat doit faire des propositions sur la rémunération des dirigeants d'entreprise avant le 31 mars, précisant que ce n'était « pas une invitation mais un ultimatum. Selon le ministère de l'Emploi, fin février, le nombre de chômeurs inscrits à Pôle emploi en catégorie A (sans aucune activité) est de 2,38 millions (+79 900), et à 3,4 millions (+80 800) en comptant ceux exerçant une activité réduite. Le quotidien Libération révèle que les cadres de Cheuvreux, une filiale du Crédit agricole, s'apprêtent à recevoir quelque 51 millions d'euros de bonus au titre de 2008, alors même que le groupe Crédit agricole a reçu 3 milliards d'euros de l'État sous forme de fonds propres et que 75 emplois vont être supprimés en raison d'un récent plan de restructuration. Jeudi 26 mars Le ministre de la Défense, Hervé Morin, présente son projet de regroupement de l'ensemble des états-majors des trois armées (terre, air, mer), le centre de planification et de commandement des opérations (CPCO) la délégation générale pour l'armement (DGA) ainsi que l'ensemble des directions et services du secrétariat général pour l'administration dans un même site à Balard (15e). Ce projet de « Pentagone à la française », selon Le Parisien, regroupera près de 10 000 personnes. Le coût de cette opération est estimé à environ 600 millions d'euros, si l'on inclut la rénovation complète de l'actuelle Cité de l'air. Accord du Parlement européen sur le grand marché transatlantique entre l'Union européenne et les États-Unis. Vendredi 27 mars La banque Natixis, filiale des Banques populaires et des Caisses d'épargne, déficitaire à hauteur de 2,8 milliards d'euros, a versé 90 millions d'euros de primes à ses traders au titre de 2008. Natixis a annoncé la suppression prochaine de 166 postes dans son activité de conservation de titres qui s'ajoutent aux plans, annoncés en décembre, de départs volontaires concernant 800 personnes et à celui de suppression de 450 postes. Au terme d'un procès à rebondissements, Yvan Colonna est condamné en appel à la réclusion criminelle à perpétuité assortie d'une période de sureté de 22 ans pour l'assassinat du préfet Claude Érignac le 6 février 1998 à Ajaccio (Corse-du-Sud). Un incendie criminel endommage l'église Saint-Joseph à Clermont-Ferrand. Samedi 28 mars Référendum sur la départementalisation de Mayotte à Mayotte. Le oui l'emporte à plus de 95 % des suffrages exprimés. Lundi 30 mars Le premier ministre, François Fillon, présente le décret préparé par le gouvernement pour encadrer la rémunération des dirigeants. Comptes aux Liechtenstein : Le parquet de Paris annonce une enquête préliminaire pour blanchiment de fraude fiscale, visant notamment les groupes Michelin, Elf et Adidas. Selon le ministère du Budget, 16 des 64 groupes familiaux français suspectés de fraude fiscale au Liechtenstein se sont mis en règle, en payant leur dû au fisc, majoré des intérêts de retard et de pénalités. Les ministres de la santé de l'Union européenne se réunissent à Luxembourg pour faire le point sur l'apparition en Europe du nouveau virus de la grippe A (H1N1). Des chercheurs de l'Établissement français du sang Alpes-Méditerranée sont parvenus pour la première fois à modifier génétiquement un groupe sanguin, une avancée qui va permettre de créer des échantillons de sang rare. Les chercheurs ont réussi par transfert de gènes à modifier un groupe sanguin. Grâce à cette découverte, il est désormais possible de générer artificiellement des échantillons de référence pour certains types de groupes sanguins très rares. Des incidents ont éclaté dans la soirée entre la police et les militants anti-Otan installés dans le village anti-Otan installé au sud de Strasbourg (Alsace) à la suite d'une opération de contrôle d'identité. Les incidents n'ont fait aucun blessé et aucune personne n'a été interpellée. Mercredi 1er avril Une des mesures phare du Grenelle de l'environnement, l'éco prêt à taux zéro, se concrétise. Les banques sont autorisées à distribuer ces prêts destinés à la rénovation thermique lourde des logements des particuliers. Jeudi 2 avril Les députés adoptent l'article 2 du projet de loi Création et Internet, qui prévoit des sanctions pouvant aller jusqu'à la suspension de l'abonnement en cas de téléchargement illégal, après deux mises en garde. Vendredi 3 avril Ouverture du sommet de l'OTAN. Samedi 4 avril Journée nationale de l'autisme. Entrée en vigueur, pour les jeunes de moins de 26 ans de l'Union européenne et les enseignants français, de la gratuité dans une cinquantaine de musées et dans une centaine de monuments nationaux. Corse : Près de 2 000 personnes manifestent à Bastia (Haute-Corse) à l'appel d'organisations nationalistes corses pour protester contre les violences policières exercées pour réprimer la manifestation de lundi dernier dans la même ville en soutien à Yvan Colonna, au cours de laquelle un jeune collégien a été grièvement blessé par un tir de grenade lacrymogène et admis dans le coma à l'hôpital de Bastia. Quelque 70 membres des forces de l'ordre ont été touchés par différents projectiles lancés par les manifestants. Huit CRS ont été hospitalisés dont trois dans un état grave. La chaîne cryptée Canal + est mise en examen dans le cadre de l'enquête sur l'espionnage de certains de ses cadres, dont Bruno Gaccio, l'ancien chef de file des « Guignols » et Michel Rocher, ancien directeur technique de Studio Canal. Dimanche 5 avril Des incidents entre bandes de « jeunes » dégénèrent en bagarres généralisées à la Foire du trône à Paris. Cinq policiers, dont une femme gardien de la paix, sont blessés. Un responsable du syndicat Alliance estime qu'il existe un lien avec la mort d'un policier, le 9 avril 2007, à cette même Foire du Trône. 10 personnes ont pu être arrêtées. En marge du sommet de l'Otan à Strasbourg, 8 policiers ont été blessés. Quelques manifestants ont aussi été blessés. Quelques manifestants ont aussi été blessés. La grande manifestation anti-Otan samedi à Strasbourg a fait un total de 49 blessés légers, dont 15 parmi les forces de l'ordre et les pompiers, et un journaliste. Première mondiale : des chirurgiens français ont réalisé une greffe d'une partie du visage et des deux mains à l'hôpital Henri-Mondor de Créteil. Lundi 6 avril Les marins pêcheurs bloquent les ports de Marseille, La Ciotat, Ajaccio et Bastia pour protester contre un projet de règlement européen réformant la pêche artisanale. Île de France. Quelque 135 000 personnes se sont inscrites au régime de l'auto-entrepreneur à la fin du premier trimestre. Rhône-Alpes : 300 kilogrammes de produits explosifs — du nitrate d'ammonium et de la poudre d'aluminium entrant dans la fabrication d'engins explosifs artisanaux d'ETA — ont été retrouvés dans un garage d'un immeuble du centre de Grenoble. Île de France : Démantèlement d'une bande organisée de 18 escrocs à l'encart publicitaire. Mardi 7 avril L'État français est devenu le premier actionnaire de BNP Paribas après une augmentation de capital souscrite par la Société de prise de participation de l'État qui détient désormais 17,03 % du capital de la banque française, soit plus de 187 millions d'actions de préférence sans droit de vote pour un montant de 5,1 milliards d'euros. La gendarmerie démantèle un gang de casseurs à la voiture bélier qui opéraient dans le Var et les Bouches-du-Rhône. 18 personnes sont interpellées. Parmi leurs nombreux méfaits, ils sont responsables d'une fusillade contre des policiers de Saint-Cyr (Var) fin 2008. Mercredi 8 avril Le Conseil d'État ordonne au Conseil supérieur de l'audiovisuel (CSA) de prendre en compte le temps de parole du président de la République à la radio et à la télévision, pour garantir le pluralisme des opinions. La Caisse des dépôts et des consignations (CDC) annonce une perte nette de 1,5 milliard d'euros en 2008, la première de son histoire, en raison de « moins-values sur son portefeuille de participations » liées à l'effondrement des marchés financiers et en partie à sa participation dans Dexia. Un policier, membre du Service régional de la police des transports (SRPT), est mis en cause par l'Inspection générale des services (IGS), après la diffusion sur Internet d'une vidéo montrant l'agression par des jeunes d'un passager dans un bus de la RATP. Jeudi 9 avril Rejet surprise de la loi HADOPI, par 21 contre 15, sanctionnant le piratage des œuvres sur internet du fait d'un important absentéisme des députés de droite lors du vote, d'une plus forte mobilisation surprise de la gauche. Vendredi 10 avril Politique L'État va financer le Fonds d'investissement social (Fiso) destiné à financer la formation et la reconversion professionnelles pendant la crise à hauteur de 1,5 milliard d'euros, en grande partie hors loi de finance initiale. Les partenaires sociaux devraient mobiliser les fonds dont ils disposent dans des proportions équivalentes pour soutenir les politiques d'emploi et de formation professionnelle. Le ministère de l'immigration répartit l'aide juridique aux migrants entre six associations : la Cimade, qui intervenait seule jusqu'alors, l'Association service social familial migrants (Assfam), Forum réfugiés, France Terre d'asile, l'Ordre de Malte et le Collectif respect. Samedi 11 avril Mort de René Monory (85 ans), plusieurs fois ministre puis président du Sénat de 1992 à 1998, et un des fondateurs du Futuroscope de Poitiers. L'ancien maire de Vence, Christian Iacono (74 ans), est condamné à 9 ans de prison par la Cour d'Assises des Alpes-Maritimes pour viol et agressions sexuelles sur son petit-fils. Les faits pour lesquels le maire de Vence a été condamné se sont déroulés entre 1996 et 1998, alors que l'enfant avait entre 5 et 8 ans. Dimanche 12 avril Selon les services de la Commission européenne, le blocage des ports de Boulogne-sur-mer et de Calais est un problème français, car les quotas de pêche sont négociés tous les ans sur la base de propositions de la Commission mais ce sont les ministres de chaque pays qui décident. Il n'est pas possible de revenir sur les attributions de quotas une fois que les décisions sont prises. Il faut que les pêcheurs fassent pression avant que le ministre n'accepte les quotas négociés. Mercredi 15 avril La ministre de l'Enseignement supérieur, Valérie Pécresse annonce avoir demandé une enquête administrative sur les conditions de délivrance des diplômes à l'université de Toulon, « en particulier aux étudiants étrangers ». Jeudi 16 avril Licenciement d'un cadre de TF1 (responsable du pôle innovation Web) à cause de son hostilité exprimée contre le projet de loi Hadopi à son député. Vendredi 17 avril La députée européenne Marine Le Pen se dit candidate à la succession de son père à la présidence du Front National. Samedi 18 avril Une opération conjointe de la police française et espagnole permet l'arrestation dans la région de Perpignan de Jurdan Martitegi, soupçonné d'être le principal dirigeant militaire de l'organisation séparatiste basque ETA, en remplacement de d'Aitzol Iriondo, arrêté en France le 8 décembre. Lundi 20 avril Selon l'Observatoire national de la délinquance, le nombre de vols à main armée avec armes à feu a augmenté de 23 %, entre avril 2008 et mars 2009, par rapport à la même période des douze mois précédents. Mardi 21 avril 5 personnes membres d'un groupe terroriste lié au FLNC-UC (Union des combattants) sont interpellées par la police. Ils sont soupçonnés d'être responsables d'une série d'actions violentes à Ajaccio en 2007 et 2008. La police démantèle un réseau d'une dizaine de passeurs à Calais suite à une intervention sur 4 sites sensibles où près de 150 immigrés illégaux ont été interpellés plus 44 autres sur des aires d'autoroute. Mercredi 22 avril La ministre de l'Économie, Christine Lagarde, présente un projet de loi encadrant le crédit à la consommation, afin notamment de mieux prévenir le surendettement des ménages. La réforme vise particulièrement le crédit renouvelable ou revolving présent dans 85 % des dossiers de surendettement. Selon les conclusions de la 3e Semaine européenne de la vaccination, les Français ne se vaccinent pas assez. Jeudi 23 avril La gendarmerie annonce le démantèlement d'un « important trafic de produits contrefaits lié à la criminalité organisée » irriguant la Moselle. Quelque 4000 biens contrefaits ont été saisis et 26 personnes ont été interpellées, 11 ont été mises en examen pour importation, détention, transport et vente en bande organisée de marchandises présentées sous des marques contrefaites » et 6 ont été écrouées. Vendredi 24 avril Mort du généticien français d'origine polonaise, Piotr Slonimski (86 ans), médaille d'or du CNRS 1985 pour ses contributions majeures au développement de la biologie moléculaire, membre de l'Académie des sciences, professeur à l'Université Pierre-et-Marie-Curie (Paris-VI) où il a enseigné durant 25 ans, jusqu'en 1991. Ses travaux ont abouti à d'autres découvertes décisives. Elles concernent notamment les mécanismes d'interaction entre molécules d'ADN, la régulation de l'expression des gènes responsables de l'adaptation respiratoire cellulaire et les interactions entre le noyau et le cytoplasme de la cellule. Lundi 27 avril Le ministre de l'Immigration, Eric Besson déclare vouloir lutter contre les mariages de complaisance entre des Français et des étrangers dans le but de permettre au conjoint immigré d'obtenir un titre de séjour. Selon le ministre, l'acquisition de la nationalité française par mariage représente un tiers du nombre annuel de naturalisations, et près d'un mariage sur trois est un mariage mixte. La délivrance de titres de séjour à des conjoints de Français représente chaque année 70 % des titres de séjours délivrés à des étrangers souhaitant séjourner durablement sur le territoire national. Le nombre de chômeurs inscrits à Pôle emploi en métropole fin mars se monte à 3,48 millions (+77000, catégories A, B, C), incluant ceux ayant une activité réduite, soit 1,03 million de personnes. Les députés votent une aggravation des peines de prison (de 2 à 5 ans de prison) et d'amende (de 30 000 euros à 75 000 euros), encourues par les personnes coupables d'atteinte sexuelle incestueuse commise sur un mineur de plus de 15 ans, sans violence, contrainte, menace, ni surprise commise par un ascendant légitime, naturel ou lorsqu'elle sont commises par une personne qui abuse de l'autorité que lui confère ses fonctions. Selon le PDG du laboratoire Roche, la France est bien protégée contre une éventuelle pandémie de grippe H1N1, les stocks de Tamiflu et de Relenza, médicaments recommandés par l'OMS contre le virus, couvrant plus de la moitié de la population. La brigade des stupéfiants démantèle un trafic de cannabis entre le Maroc et la France, qui aurait alimenté la capitale. 3 hommes ont été interpellés et une demi-tonne de résine de cannabis a été saisie. Mercredi 29 avril Ouverture du procès de Youssouf Fofana et de 26 complices présumés du rapt et de la séquestration d'Ilan Halimi, un jeune vendeur juif assassiné après trois semaines de calvaire début 2006. Vendredi 1er mai Défilés du 1er mai : Les syndicats sont relativement unis. Les manifestants sont plus nombreux que le 1er mai 2008 mais moins que le 19 mars 2009. Le FN réunit 1 200 personnes, selon la police, pour son traditionnel rassemblement. La ministre de la Santé, Roselyne Bachelot, annonce 2 cas avérés de grippe H1N1 en France. Lundi 4 mai Le président Nicolas Sarkozy installe les 9 premiers commissaires à la réindustrialisation, chargés de veiller à la reconversion des bassins d'emplois les plus touchés par la crise. Mardi 5 mai La ministre de l'Enseignement supérieur et de la Recherche, Valérie Pécresse, présente un plan en faveur des nanotechnologies baptisé Nano-Innov destiné à favoriser les dépôts de brevets et leur acquisition par l'industrie. Mercredi 6 mai Selon l'INSEE, environ 7,9 millions de personnes vivaient en dessous du seuil de pauvreté en France en 2006, soit 13,2 % de la population, contre 11,7 % en 2004. Jeudi 7 mai L'UE organise à Prague un sommet extraordinaire visant à maîtriser les effets de la crise économique sur l'emploi en Europe. À l'issue des élections européennes organisées dans toute l'UE, 736 députés européens sont élus. Le taux de participation est de 43,2%. Le Sommet pour le Partenariat oriental se tient à Prague. Un réseau de revendeurs de drogue qui fonctionnait depuis 2 ans est démantelé dans le Puy-de-Dôme sûr Charbonnières-les-Varennes, Riom, Clermont-Ferrand et Aurillac (Cantal). 14 personnes ont été arrêtées, le trafic aurait porté sur 15 kg d'héroïne en provenance d'Espagne. Vendredi 8 mai Le conseiller d'État Jean-Ludovic Silicani (57 ans) est nommé président de l'Autorité de régulation des communications électroniques et des postes (Arcep), prenant la succession de Jean-Claude Mallet. L'humoriste, acteur et militant politique, Dieudonné M'bala M'bala présente une très hétérogène liste « antisioniste » pour les européennes en Île-de-France, remerciant le secrétaire général de l'Élysée, Claude Guéant, d'avoir popularisé son initiative en lançant la question de son interdiction. Samedi 9 mai La basilique royale de Saint-Denis a été profanée par une demi-douzaine de croix gammées dessinées dans la nuit de vendredi à samedi sur plusieurs colonnes. 12 cas confirmés de grippe H1N1. Dimanche 10 mai Dans la soirée, échauffourées à Villiers-le-Bel (Val-d'Oise) lors de deux incidents distincts avec des « jeunes ». 5 policiers ont été blessés et 3 véhicules de police ont été dégradés. Environ 130 agresseurs ont participé à ces affrontements. Le Centre bouddhique international du Bourget (Seine-Saint-Denis), a été vandalisé par des personnes qui ont détruit une demi-douzaine de vitres avec des bâtons. Ce temple, dirigé par un moine d'origine sri-lankaise, est la cible d'actes de violence ou de vandalisme qui semble provenir de la communauté tamoul. Mardi 12 mai Les députés ont adopté, par 296 voix contre 233, en nouvelle lecture le projet de loi pour la protection des droits sur internet, dite loi Hadopi, qui prévoit de sanctionner le téléchargement illégal par une coupure de l'accès internet en cas de récidive. Économie Le déficit budgétaire s'est creusé à 43,7 milliards d'euros fin mars 2009, contre 22,5 milliards d'euros fin mars 2008, notamment sous l'effet du coût du plan de relance et de la baisse des recettes fiscales. Le Groupe d'intervention régional de Lyon, mobilisant quelque 250 policiers, a interpellé une quarantaine de personnes impliquées dans un trafic de cocaïne et de cannabis dans les départements de la Loire et limitrophes, suite à une première affaire datant de novembre 2008. Selon un rapport de l'Observatoire national de la délinquance, le nombre des gardes à vue en France est passé de 426 671 en 2003 à 577 816 en 2008, soit une augmentation de 35,42 % en cinq ans, tandis que le nombre des personnes mises en cause n'a crû que de 22,56 % durant cette période. La police annonce le démantèlement en région parisienne d'un réseau de trafiquants de migrants soupçonnés d'avoir fait passer en neuf mois à travers l'Europe 150 personnes en situation irrégulière, à l'aide de faux papiers, pour un chiffre d'affaires global estimé à 500 000 euros. Parmi les dix hommes interpellés : 8 Iraniens, un Irakien et un Algérien, sont pour huit d'entre eux des Iraniens. Mercredi 13 mai La loi Hadopi contre le téléchargement illégal sur Internet est définitivement adoptée par les sénateurs par 189 voix contre 14 lors d'un vote solennel en nouvelle lecture. La commissaire européenne chargée des nouvelles technologies, Viviane Reding, ne voit rien dans la loi Hadopi qui contredise le droit européen, en particulier l'amendement 138 du droit communautaire européen. Cet amendement, qui stipule que les droits fondamentaux des internautes ne peuvent être restreints sans décision préalable des autorités judiciaires, a été réintroduit par les députés européens en deuxième lecture d'un vaste projet de réforme des télécommunications, précisément pour contrer le projet Hadopi. Dimanche 17 mai Dans la nuit de samedi à dimanche, dans le quartier des 4000 à La Courneuve (Seine-Saint-Denis), une patrouille de police essuie des coups de feu à l'arme automatique, alors que des policiers convoyaient des gardés à vue après un examen à l'hôpital, dans un véritable guet-apens, selon le syndicat policier Alliance. Le sommet européen organisé à Bruxelles prépare la tenue d'un second référendum sur le traité de Lisbonne en Irlande. Mardi 19 mai 16 cas confirmés de grippe H1N1 tous importés des États-Unis et du Mexique. Jeudi 21 mai Des échauffourées ont eu lieu dans la soirée entre des jeunes et la police, dans la banlieue nord d'Amiens, après la mort la veille d'un jeune motard lors d'un rodéo sauvage. Vendredi 22 mai 161 listes de candidats pour les élections européennes du 7 juin ont été déposées au ministère de l'Intérieur qui doit les valider. Affaires diverses La cour d'appel de Paris rejette la demande d'indemnisation formulée par 12 anciens militaires, ou leurs ayants droit, qui estiment que les cancers dont ils souffrent sont liés à leur exposition aux radiations lors des essais nucléaires français dans le Sahara algérien et/ou en Polynésie entre 1961 et 1996. 25 jeunes sont interpellés lors d'une bagarre générale impliquant une soixantaine de personnes dans le quartier des Épinettes à Évry. Arrestation d'un important dealer de drogue dans la cité Pablo-Picasso à Nanterre (Hauts-de-Seine) avec 1,1 kg de cocaïne, 1,2 kg d'héroïne, 1,9 kg de cannabis, et 5 armes à feu. Dimanche 24 mai Démarrage en France du numéro d'urgence européen -116 000 - pour le signalement des disparitions d'enfants, à l'occasion de la Journée internationale des enfants disparus. Ce dispositif, entièrement gratuit, accessible 24 heures sur 24 et identique dans tous les pays de l'Union européenne, offre aux familles concernées informations et soutien accueil et écoute, suivi des dossiers pendant toute la procédure, orientation si nécessaire vers une aide psychologique. Démantèlement d'un réseau de trafic de drogue dans le Var et les Bouches-du-Rhône. Une soixantaine de personnes soupçonnées d'être impliquées depuis 2006 dans un trafic de cocaïne et d'héroïne, sont interpellées, suite à la découverte d'un homme assassiné dans la plaine de Grimaud. 19 cas confirmés de grippe H1N1, importés des États-Unis, du Mexique et du Canada. Mardi 26 mai Le fournisseur d'accès à Internet Free annonce le lancement d'un « réseau wifi communautaire », avec trois millions de points d'accès à internet en France, via la Freebox V5 de ses abonnés, un dispositif qui existe déjà chez son concurrent Neuf-SFR. Ce service permet aux abonnés dégroupés de Free de se connecter gratuitement à l'internet sans fil sur l'ensemble du territoire, qui revendique ainsi le plus grand réseau wifi communautaire au monde. Démantèlement d'un réseau de trafic de voitures volées en bande organisée et escroquerie dans le Vaucluse lors duquel 31 personnes sont interpellées appartenant à une véritable bande organisée qui aurait volé puis procédé au maquillage et à la revente de 302 véhicules. Corse : 4 personnes sont interpellées à l'Île Rousse (Haute-Corse) dans le cadre de l'enquête sur l'attentat à l'explosif contre le bureau de poste de cette commune en septembre 2007. 6 personnes sont interpellées dans le cadre du meurtre d'un gérant de bar de Porto-Vecchio (Corse-du-Sud) en août 2008. Démantèlement d'un réseau de 83 pédomanes s'échangeant des photos sur des sites Internet. Démantèlement d'une bande de 8 cambrioleurs d'objets de valeurs dans la Loire. Parmi les objets volets, des bijoux, des statuettes, et une trentaine de tableaux et lithographies. Les enquêteurs ont également aussi mis la main sur plusieurs armes de poing et sur des fausses coupures de billets de 100 euros. Mercredi 27 mai Dans le cadre de la réforme du règlement de l'Assemblée nationale et du sénat, les assemblées envisagent d'encadrer l'activité des lobbies dans les enceintes parlementaires. La présence des nombreux représentants d'entreprises, groupes d'intérêts, associations ou cabinets de lobbying, au Palais-Bourbon comme à celui du Luxembourg, restant incontrôlée. Démantèlement d'un réseau lié au grand banditisme, de tenue de jeux clandestins, de trafic de cigarettes et d'extorsions de fonds dans le département des Alpes-Maritimes. Une cinquantaine de personnes ont été interpellées. Les douanes découvrent 684 kg de cocaïne dissimulée dans la remorque d'un poids lourd, immatriculé en Grande-Bretagne et revenant d'Espagne, circulant sur l'autoroute A9 près de Montpellier, lors d'un contrôle inopiné. Il s'agit de la plus importante saisie terrestre de cocaïne en France, d'une valeur de 27,392 millions d'euros. Deux personnes à bord du véhicule ont été interpellées. Dans le cadre du procès en cours de l'explosion de l'usine AZF de Grande Paroisse (groupe Total), qui a fait 31 morts le 21 septembre 2001, le tribunal découvre l'existence d'un quatrième rapport d'expertise, jusqu'alors dissimulé et défavorable au groupe pétrochimique. Ce rapport s'appuie sur une simulation numérique montrant qu'une explosion des 10 tonnes de nitrate d'ammonium présentes dans le sas d'entrée du hangar 221, se serait propagée sans difficulté au tas principal de 300 tonnes en projetant le muret de séparation en béton armé à une vitesse de 350 m/s sur le tas principal. Jeudi 28 mai Les douaniers de Marne-la-Vallée (Seine-et-Marne) saisissent plus de 15 tonnes de cigarettes de contrefaçon dans un camion et dans un entrepôt, soit 75 800 cartouches d'une valeur de 3,6 millions d'euros. Vendredi 29 mai D'importantes opérations de police réalisées dans la semaine dans 4 cités de Paris — cité des Amandiers (20e), cité Curial-Cambrai (19e), cité Périchaux (15e) et cité des Olympiades (13e) — ont permis de découvrir plusieurs dizaines d'objets volés, des stupéfiants, des armes et des munitions. 13 personnes ont été interpellées. Samedi 30 mai Le ministère de la Santé annonce vouloir passer commande de 100 millions de doses du futur vaccin contre la grippe A/H1N1, pour près d'un milliard d'euros à trois laboratoires pharmaceutiques (GlaxoSmithKline, Sanofi Pasteur et Novartis) afin de se prémunir d'un éventuel retour du virus à l'automne. Dimanche 31 mai 32 cas confirmés de grippe H1N1, importés des États-Unis, du Mexique, de la République dominicaine et du Canada. Mardi 2 juin 42 cas confirmés de grippe H1N1 dont un premier cas lié à une transmission secondaire. Mercredi 3 juin Selon Pôle emploi, le nombre de chômeurs indemnisés par l'assurance-chômage s'élève à 2,33 millions en avril, soit une augmentation de 1,8 % sur un mois et de 14,1 % sur un an10, soit 8,7 % de la population active. 200 000 nouveaux auto-entrepreneurs se sont déclarés depuis la création du statut au début de l'année. Le ministère de l'Agriculture annonce la conclusion d'un accord entre les professionnels de la filière laitière (producteurs, industriels et coopératives) pour un prix moyen du lait en 2009 à 280 euros les 1 000 litres et, pour les années suivantes, la mise en place d'indices de tendance des marchés laitiers tous les trimestres à partir de 2010 et un engagement pour définir les futures relations contractuelles entre producteurs et transformateurs. Le président de la Fédération nationale des syndicats d'exploitants agricoles, Jean-Michel Lemétayer estime que les producteurs de lait ne « pouvaient pas obtenir mieux » et que la FNSEA a pris « ses responsabilités » en signant l'accord. Le professeur Sylvie Van der Werf, directeur d'une unité de recherches à l'Institut Pasteur et du Centre national de référence pour la région Nord, estime, dans un entretien au Figaro, que toute la population devra être vaccinée contre le virus de la grippe H1N1 dès que le vaccin, en cours de préparation, sera disponible : Nous sommes face à un virus nouveau. Nous sommes au bord de la phase 6 d'alerte pandémique de l'Organisation mondiale de la santé. Je n'imagine pas une seconde que la diffusion s'arrête et que ce nouveau virus disparaisse comme par enchantement. Nous allons être conduits à vacciner tout le monde, au Nord, comme au Sud, dans les pays riches comme dans ceux en voie de développement. Et mon avis est que le plus vite sera le mieux, compte tenu de l'évolution actuelle. Mais il y a des délais incompressibles pour vérifier l'efficacité et l'absence d'effets secondaires. On sait que les virus grippaux mutent en permanence. Et nous ne sommes pas à l'abri d'un changement qui augmenterait sa virulence et sa transmissibilité. Nous redoutons aussi des réassortiments génétiques entre ce virus et ceux de la grippe saisonnière, et notamment avec un autre H1N1 majoritairement résistant au Tamiflu. Vendredi 5 juin Le Directeur général de la Santé, Didier Houssin, déclare que le gouvernement veut, à terme, se mettre dans la position de pouvoir assurer une vaccination pour l'ensemble de la population avec éventuellement deux doses par vaccination. Des contrats ont été activés avec Sanofi, Novartis, GSK et Baxter pour 100 millions de doses de vaccins. Samedi 6 juin Mort de l'immunologiste français, le professeur Jean Dausset (92 ans), membre de l'Académie de médecine et de l'Académie des sciences, président du Mouvement universel de la responsabilité scientifique, à Palma de Majorque (Espagne) où il vivait depuis deux ans. Il fut prix Nobel de médecine en 1980 pour la découverte en 1958 du système des groupes tissulaires HLA (Human Leucocyte Antigen), beaucoup plus complexe que celui des groupes sanguins, qui permet de vérifier la compatibilité entre donneur et receveur lors d'une transplantation d'organe.qui a ouvert la voie aux greffes d'organe. Dimanche 7 juin Élection Européennes. L'UMP (28,87 %) est arrivé en tête, devant le PS (16,48 %), Europe Écologie (16,28 %), le MoDem-Verts (8,5 %), le Front national (6,5 %) et le Front de gauche (6,3 %). Marine Le Pen estime que le Front national est de retour, qu'il n'est pas mort comme les élites politico-médiatiques nous le répètent depuis un an et demi mais que le grand vainqueur est l'abstention, qui est l'expression d'un mécontentement et d'une absence de confiance totale dans les structures européennes. Plusieurs responsables politiques lient le bon score d'Europe Écologie aux élections européennes à la diffusion deux jours auparavant sur France 2 du documentaire Home de Yann Arthus-Bertrand sur la dégradation de l'environnement. Lundi 8 juin Selon un rapport publié par le Conseil d'analyse économique du premier ministre, la règle des « trois tiers » prônée par le président Nicolas Sarkozy pour le partage des profits n'est pas une bonne idée et risquerait d'aboutir à une hausse du chômage et à des délocalisations massives. Pour les économistes Gilbert Cette et Jacques Delpla, auteurs de ce rapport, l'intervention de l'État dans le partage de la valeur ajoutée des entreprises n'est en effet pas opportune et pourrait être néfaste, voire contre-productive. Selon eux, c'est la fiscalité qui reste le levier le plus approprié pour corriger les inégalités salariales, l'impôt sur le revenu et sa progressivité, mais aussi des impôts négatifs (revenu de solidarité active, prime pour l'emploi) pour redistribuer en faveur des revenus les plus bas, impôts sur le patrimoine et la succession: on a les leviers. Mardi 9 juin Selon le bilan annuel de la Caisse nationale d'assurance maladie, au moins 11 % des arrêts de travail pris en charge par la Sécurité sociale sont injustifiés ou trop longs, ont indiqué les médecins-conseils, qui ont réalisé 1,2 million de contrôles en 2008. Début du procès de Véronique Courjault, à Tours devant la cour d'assises d'Indre-et-Loire, la mère de famille de 41 ans, qui a avoué trois infanticides, deux commis à Séoul et un en France, et encourt la réclusion criminelle à perpétuité. Dans le cadre de l'Affaire de détournement présumé de fonds dans lequel le député socialiste Julien Dray est mis en cause, une perquisition a eu lieu au siège de l'association SOS racisme à Paris. Son président, Dominique Sopo, et cinq des principaux dirigeants de l'association antiraciste sont placés en garde à vue, dans les locaux de la Brigade financière à Paris. Mercredi 10 juin Selon le ministre de l'Écologie, Jean-Louis Borloo, la mise en place d'une taxe carbone (ou contribution climat-énergie) sur les émissions de CO2 liées notamment aux transports et à l'habitat ne devrait pas intervenir avant 2011. Le Conseil constitutionnel censure partiellement la loi Hadopi, retirant à la commission de protection des droits de l'Hadopi tout pouvoir de sanction. Elle ne pourra donc plus avoir qu'un caractère d'avertissement, estimant qu'Internet était un droit fondamental, qui ne pouvait être restreint que par un juge de l'autorité judiciaire, et non pas de l'ordre administratif. Enfin, ils ont jugé qu'Hadopi instaurait une présomption de culpabilité incompatible avec le droit français. Selon Pôle emploi, les suppressions d'emplois prennent de l'ampleur en France. Au premier trimestre 2009, 175 100 emplois ont été détruits dans le secteur privé couvert par l'assurance-chômage. Au total, les destructions d'emplois dans le secteur privé s'élèvent à 300 000 sur une année. 73 cas confirmés de grippe H1N1 dont 65 cas importés (personnes contaminées à l'étranger) et 8 cas dits secondaires (contamination par les voyageurs à leur retour). 23 autres cas sont en cours d'investigation. La Gendarmerie maritime de Toulon révèle le démantèlement d'un trafic de faux permis bateau avec la complicité de fonctionnaires de la direction régionale des affaires maritimes de Marseille. Plus de 6 000 faux permis bateau auraient été délivrés en 3 ans. 12 personnes, dont un officier de la marine marchande, un examinateur et un responsable d'un centre d'examen ont été mises en examen. Des artistes de cinéma, des chanteurs, des présentateurs de télévision, des joueurs de football, mais aussi de simples citoyens ont pu, moyennant finances (entre 400 et 1 500 euros), se procurer le permis bateau. OTAN : La France a désigné ses deux généraux qui occuperont « à partir de cet été » les deux postes à responsabilités obtenus par elle en échange de son retour dans le commandement intégré de l'OTAN. Il s'agit du général d'aviation Stéphane Abrial, actuel chef d'état-major de l'armée de l'air, au poste de commandant de la transformation des capacités militaires alliées à Norfolk (États-Unis) et du général de division Philippe Stoltz, nommé à la tête du commandement de l'état-major de forces interarmées basé à Lisbonne. Au total, la France s'est vu attribuer 17 postes d'officiers généraux dans la structure militaire, dont certains postes en rotation avec une autre nation. Vendredi 12 juin La commission des Affaires économique du Sénat commence son travail sur le projet de loi Grenelle 2 de l'environnement pour lequel 850 amendements ont été déposés. La Gendarmerie nationale annonce le démantèlement d'une importante filière d'immigration clandestine pakistanaise entre la Pakistan et la France, dirigée par un couple d'origine pakistanaise. Ce couple aurait procuré des faux documents avec un financement assuré par des sociétés spécialisées dans l'emploi des travailleurs non déclarés. 13 personnes ont été déférées devant la justice. La Police nationale annonce le démantèlement d'un important réseau de trafic de drogue à La Seyne-sur-Mer (Var). 12 personnes sont mises en examen pour trafic de drogue, mais aussi pour détention d'armes et de munitions et de motos et voitures volées51. La Gendarmerie nationale annonce le démantèlement d'un gang de cambrioleurs qui sévissait dans la région de Béziers, Pézenas et Lodève depuis le début de l'année. 18 personnes, dont la moitié originaires de l'ex-Yougoslavie, ont été interpellées. Un important butin a été retrouvé lors des perquisitions. Samedi 13 juin La partie non censurée de la loi Hadopi est promulguée et publiée au Journal officiel. Dimanche 14 juin 80 cas confirmés de grippe H1N1 dont 69 cas importés (personnes contaminées à l'étranger) et 11 cas dits secondaires (contamination par les voyageurs à leur retour). 28 autres cas sont en cours d'investigation. L'Association AFBAH qui gère le 3977 destiné à dénoncer les maltraitances aux personnes âgées, croule sous les appels. Depuis sa création en février 2008, il y a 15 mois, le 3977 a reçu plus de 63 000 appels, soit 5 fois plus qu'attendus. Il emploie 7 psychologues. Lundi 15 juin La Commission des comptes de la Sécurité sociale évalue à 20,1 milliards d'euros le déficit 2009 du régime général (salariés), soit le double de l'an dernier, car privée par la crise et la hausse du chômage d'une partie de ses recettes, qui reposent principalement sur les cotisations assises sur les salaires. Découverte d'une cache d'armes et d'explosifs de l'organisation séparatiste basque ETA dans un petit village. Mardi 16 juin Le ministre de l'Écologie et du développement durable, Jean-Louis Borloo annonce que plus de 10 000 éco-prêts à taux zéro (éco-PTZ) ont été accordés en deux mois. Ces prêts sont destinés à aider les particuliers à améliorer l'isolation de leurs logements pour faire des économies d'énergie et selon le ministre les 15 programmes du Grenelle permettront la création de 600 000 emplois sur la période 2009-2020. Les députés adoptent le projet de loi de programmation militaire 2009-2014, dont les débats auront été dominés par la polémique autour des nouvelles règles relatives au secret défense. La police annonce le démantèlement d'un réseau de proxénètes (3 femmes) qui opérait sous couvert de salons de massages à Aix-en-Provence (Bouches-du-Rhône), Montélimar (Drôme) et Port-Fréjus(Var). Ce réseau exploitait depuis août 2005 une dizaine de prostituées dans des appartements. Deux personnes proches du syndicat lycéen Fidl sont placées en garde à vue dans le cadre de l'enquête sur des mouvements de fonds suspects au profit du député PS Julien Dray. Tracfin les soupçonne d'avoir perçu de l'association Les Parrains de SOS Racisme et de la Fidl des chèques pour un montant de 127 377 euros qu'ils auraient ensuite reversés pour partie au député socialiste. Une soixantaine de députés (3 PCF, 7 PS, 43 UMP, 2 NC, 3 NI), emmenés par le député PCF de Vénissieux (Rhône), André Gerin, demandent la création d'une commission d'enquête parlementaire sur le port en France du voile intégral revêtu par certaines femmes musulmanes, estimant cette tenue vestimentaire dégradante. 133 cas confirmés de grippe H1N1 dont 101 cas importés (personnes contaminées à l'étranger) et 18 cas dits secondaires (contamination par les voyageurs à leur retour). 110 autres cas sont en cours d'investigation. La police annonce le démantèlement d'un réseau de trafic de drogue et d'armes à Marseille, La Garde et Toulon. Une quinzaine de personnes sont interpellées. Jeudi 18 juin La secrétaire d'État à la Ville, Fadela Amara, se prononce en faveur de l'interdiction du voile intégral qui est l'expression visible et physique des fondamentalistes et des intégristes estimant que la démocratie et la République doivent se donner les moyens de stopper la propension de la burqa. Le ministre de l'Immigration, Eric Besson, annonce que 730 réfugiés Irakiens sont arrivés en France dans le cadre de l'opération spéciale à destination des minorités d'Irak menée depuis juin 2008. Durement frappé par la crise financière, la valeur des actifs du Fonds de réserve des retraites FRR a perdu 19,7 % de sa valeur entre fin 2007 et fin 2008 passant de 34,5 milliards d'euros fin 2007 à 27,7 milliards un an plus tard. Le Fonds de réserve annonce une modification de sa stratégie de placement notamment pour gagner en flexibilité et aller vers une gestion moins statique, plus réactive, pour tenir compte de l'incertitude des temps sur le plan financier. Des agriculteurs murent les portes ou grilles de 21 trésoreries dans le département de la Manche pour protester contre la loi de modernisation de l'économie, qui a pour objectif, selon eux, de faire baisser les prix des produits de grande consommation et renforce l'opacité de la grande distribution sur ses marges. Deux médecins-conseil de Corse-du-Sud et un médecin généraliste d'Ajaccio sont mis en examen pour escroquerie au préjudice de la CPAM. Ils sont soupçonnés d'avoir, dans 21 dossiers et sur une période de deux ans, fourni des pièces médicales de complaisance permettant l'obtention de rentes pour invalidité ou de compensations pour accidents du travail. La gendarmerie annonce le démantèlement d'une bande de 17 jeunes dont des mineurs soupçonnés d'une série d'au moins 200 cambriolages qui visaient principalement des bâtiments publics, au préjudice de mairies, d'écoles, de crèches ou d'offices du tourisme du Lot-et-Garonne, de la Gironde, du Gers et de la Dordogne mais aussi des magasins de téléphonie ou de matériel informatique, écoulant leur butin par le biais de receleurs. La cour d'assises d'Indre-et-Loire condamne Véronique Courjault (41 ans), accusée de trois infanticides, à huit ans d'emprisonnement. Selon les familles françaises, l'enquête sur l'attentat de Karachi en 2002 contre des salariés des arsenaux d'État DCN s'oriente vers une affaire d'États impliquant la France, le Pakistan et l'Arabie Saoudite, bailleur de fonds du Pakistan, et non plus vers Al-Qaïda, après avoir vu les juges antiterroristes. Le mobile de l'attentat apparaît lié à un arrêt des versements de commissions de la France au Pakistan dans le cadre de la vente de sous-marins Agosta. Vendredi 19 juin 150 cas confirmés de grippe H1N1 et 101 autres cas sont en cours d'investigation. Samedi 20 juin Publication du décret du premier ministre interdisant aux participants à des manifestations publiques de dissimuler volontairement leur visage, notamment avec une cagoule, pour ne pas être identifiés. Lundi 22 juin Le président Nicolas Sarkozy, devant le Congrès de Versailles, estime que la burqa est un signe d'asservissement de la femme et elle ne sera pas la bienvenue sur le territoire de la République française. La Gendarmerie nationale annonce le démantèlement d'un réseau de voleurs d'antiquités qui opérait en Côte d'Or. Environ 700 objets anciens ont été saisis chez les malfrats, dont des meubles anciens, des sièges d'époque, des bronzes, des porcelaines et des tableaux. Le principal receleur, un antiquaire néerlandais a été arrêté. La bande aurait à son actif plus d'une centaine de cambriolages. La Police nationale annonce le démantèlement de la bande organisée qui avait braqué le 4 décembre 2008 la joaillerie Harry Winston à Paris emportant un butin de 85 millions d'euros. 25 personnes liées à cette affaire sont interpellées, dont deux femmes et un vigile. Mardi 23 juin Le premier président de la Cour des comptes, Philippe Séguin, présentant le rapport annuel de la Cour sur la situation et les perspectives des finances publiques, préalable au débat d'orientation budgétaire, estime que la France s'approche d'une zone très dangereuse du fait de la dégradation sans précédent de ses comptes publics. La Police nationale annonce le démantèlement d'une bande organisée de cambrioleurs et de malfaiteurs appartenant à la communauté des gens du voyage. Quelque 40 personnes ont été interpellées dans plusieurs camps des Bouches-du-Rhône. La Gendarmerie nationale annonce le démantèlement d'un réseau de trafiquants de fausses coupures de 10, 20 et 50 euros qui sévissait dans la région d'Arles et dans le Vaucluse. 13 personnes ont été arrêtées dont certains sont déjà défavorablement connus pour des affaires de faux ou d'escroquerie. Publication au Journal officiel du nouveau décret instituant une nouvelle marge de tolérance, plus stricte, des radars automatiques pour les radars neufs et réparés. Mercredi 24 juin La chambre criminelle de La Cour de cassation annule la condamnation du vice-président du Front National Bruno Gollnisch à 3 mois de prison avec sursis et 5 000 euros d'amende pour contestation de crimes contre l'humanité. La police procède à l'expulsion des quelque 200 squatters clandestins occupant depuis 14 mois les locaux de la Bourse du travail rue Charlot à Paris-XIIIe à la demande de la CGT et de la mairie de Paris. Lors de bagarres violentes avec plusieurs dizaines de militants syndicaux qui tentaient de les déloger du matériel a été détruit. Dans le même temps quelque 200 clandestins illégaux ont occupé le hall d'une agence d'accueil de l'Urssaf à Paris pour dénoncer le racket sur les travailleurs sans-papiers qui cotisent mais ne reçoivent rien à l'appel d'une vingtaine d'associations, dont Droits devant ! Pour dénoncer le racket institutionnalisé organisé depuis des années par le gouvernement et le patronat français sur les cotisations et les impôts des travailleurs sans-papiers, qui payent 2 milliards d'euros par an mais ne reçoivent rien. L'ancien ministre de la Défense, Charles Millon, interrogé sur le versement de commissions destinées à des intermédiaires pour la vente de trois sous-marins de la DCN au Pakistan, reconnaît avoir bloqué le versement des commissions pouvant donner lieu à des rétro-commissions en 1995 suite à une demande du président Jacques Chirac qui lui « a demandé de passer en revue les différents contrats de ventes d'armes en cours et de stopper le versement des commissions pouvant donner lieu à des rétro commissions. Jeudi 25 juin Dans l'affaire de la joaillerie Harry Winston, au cours duquel 85 millions de bijoux avaient été dérobés, neuf personnes sont présentées au juge d'instruction chargé de l'enquête. Parmi ces personnes figure le chef présumé de l'équipe de malfrats, âgé de 45 ans et déjà condamné à 15 ans de prison dans une affaire de trafic de stupéfiants : 80 % du butin et 760 000 euros ont été retrouvés chez lui en Seine-Saint-Denis. Des armes de poing, un fusil à pompe ainsi qu'un lance-roquette ont également été saisis. Le couple de tueurs en série Michel Fourniret et Monique Olivier sont inculpés pour assassinat et recel de vol à main armé dans le cadre de l'enquête sur l'assassinat de Farida

Hammiche en avril 1988. Vendredi 26 juin Le ministre de la Défense, Hervé Morin, annonce la commande d'un deuxième sous-marin nucléaire d'attaque (SNA) de nouvelle génération Barracuda au constructeur naval militaire DCNS et à Areva-Technicatome (Areva-TA), chargé de la chaudière nucléaire. Les Barracuda sont caractérisés par leur discrétion et leur capacité à chasser et à frapper, et visent à remplacer les six SNA de type Rubis, en service pour certains depuis plus de 20 ans. La Police nationale annonce le démantèlement, depuis mardi, d'un important réseau de proxénétisme à Orange (Vaucluse) et filière d'immigration clandestine en fonctionnement depuis plus de 10 ans. Parmi la dizaine de personnes interpellées, figure le président marocain d'une des mosquées les plus en vue de la commune et qui s'est constitué avec ses trois fils un solide patrimoine immobilier composé de dix appartements et d'une maison de 300 mètres carrés. Samedi 27 juin Quelque mille personnes regroupant essentiellement des militants altermondialistes (mouvance No Border, des militants syndicaux (notamment SUD) et politiques (NPA et CNT), manifestent à Calais(Pas-de-Calais), pour la liberté de circulation et d'installation des immigrés clandestins et contre la répression. Le Comité du patrimoine mondial, réuni à Séville (Espagne), accepte l'inscription au patrimoine mondial de l'UNESCO des salines de Salins-les-Bains (Jura) en complément de la Saline royale d'Arc-et-Senans, déjà inscrite. Un autre site français, les Causses et les Cévennes, fait partie des 27 sites candidats au patrimoine mondial lors de cette sixième session. Dimanche 28 juin Élection municipale d'Hénin-Beaumont (Pas-de-Calais). La liste de Marine Le Pen (Front national, arrivé en tête du premier tour de l'élection municipale, avec 39,34 % des voix, devant la liste du divers gauche Daniel Duquenne

(20,19 %). Dans la nuit de samedi à dimanche, à Tremblay-en-France (Seine-Saint-Denis), dans la cité HLM sensible des Grands Ensembles, une centaine de jeunes organisés ont attaqué une patrouille de police avec des projectiles et fumigènes tirés avec des mortiers de feux d'artifice, sans faire de blessé Interpellation de 3 personnes (2 hommes et une femme), soupçonnés d'être responsables des tirs à la Kalachnikov, dans le quartier sensibles des 4000 à La Courneuve contre un car de police. Des journalistes de France 3 ont été agresses par une bande de jeunes et se sont fait voler leur caméra dans la soirée dans le quartier des Tarterêts à Corbeil-Essonnes lors d'une intervention de la police à proximité d'une kermesse organisée pour la fête du quartier. Lundi 29 juin Le ministre du Budget Éric Woerth défend Tracfin, la cellule anti blanchiment de Bercy, mis en cause par le député socialiste Julien Dray impliqué dans une enquête sur des mouvements de fonds. La secrétaire d'État chargée de l'économie numérique Nathalie Kosciusko-Morizet et la Fédération e-commerce et vente à distance (Fevad) lancent un label pour les sites comparateurs sur internet, afin d'améliorer la pertinence des informations fournies aux consommateurs. 6 sites obtiennent le droit d'afficher le logo (EasyVoyage, Kelkoo, LeGuide.com, PriceRunner.fr, Shopping.com etVoyagerMoinsCher.com) et 3 autres sont candidats à la certification. Le label garantit que ces sites, qui servent à établir des comparaisons de prix entre les produits et les services vendus sur la toile, respectent certaines règles de déontologie et de transparence définies dans une charte créée en 2008. Selon le ministère du travail, le nombre de départs en préretraite (AS-FNE, PRP, ARPE, CAATA, CATS) a été divisé par 10 en 10 ans (8260 en 2008 contre 78780 en 1998, mais a entraîné une augmentation du chômage indemnisé parmi les plus de 55 ans. Mardi 30 juin Les députés adoptent la proposition de loi UMP visant à renforcer les moyens de lutte contre les bandes violentes : Le fait de participer, en connaissance de cause, à un groupement, même formé de façon temporaire, qui poursuit le but, caractérisé par un ou plusieurs faits matériels, de commettre des violences volontaires contre les personnes ou des destructions ou dégradations de biens, est puni de trois ans d'emprisonnement et de 45.000 euros d'amende ». La gauche n'a pas participé au vote. Le fait de dissimuler volontairement son visage pour échapper à toute identification sera considéré comme une circonstance aggravante. Le texte prévoit en outre le versement à la procédure judiciaire des vidéos prises par les forces de l'ordre pendant leurs interventions. La proposition de loi contient enfin des mesures visant à protéger les enseignants et les personnels éducatifs, ainsi que leurs proches. Les auteurs de violences contre eux risqueront les peines encourues en cas d'agression contre une personne chargée d'une mission de service public. Les députés adoptent par 300 voix contre 23 le projet de loi sur l'indemnisation des victimes des essais nucléaires français, la gauche s'abstenant ou votant contre. Élaboré en concertation avec les associations de victimes, mobilisées depuis des années, le texte reconnaît le droit à indemnisation des victimes des 210 essais nucléaires conduits par la France entre 1960 et 1996, d'abord au Sahara, puis en Polynésie française à partir de 1966. Selon l'INSEE, la dette publique de la France (État, sécurité sociale et collectivités locales) a augmenté de 86,5 milliards d'euros au premier trimestre 2009 par rapport au trimestre précédent pour atteindre 1 413 6 milliards, soit « approximativement » 72,9 % du PIB. Le centre américain SITE, citant des forums djihadistes sur internet, annonce qu'Al-Qaïda au Maghreb islamique, et en particulier son chef Abou Moussab Abdoul Wadoud, menace la France après que Nicolas Sarkozy a déclaré que la burqa n'y était pas la bienvenue. Deux gardiens de la paix hors service ont été agressés et roués de coups en sortant du commissariat de police de Gagny (Seine-Saint-Denis). Les Douanes annoncent avoir saisi, lors de 2 opérations récentes, l'une en Provence, le 26, et l'autre en Bourgogne, le 28, près de 9 tonnes de cigarettes représentent une somme de plus de 2 millions d'euros. 2 membres de l'organisation séparatiste basque ETA, un homme et une femme, sont interpellés par la gendarmerie suite à un accident de la route près de Château-Gontier (Mayenne). Deux journalistes du Parisien, une rédactrice et un photographe, qui faisait un reportage dans la communauté comorienne après l'accident de l'A310 ont été agressés et dévalisés à La Courneuve par deux personnes portant chacun une capuche et armés d'une bombe lacrymogène. Un jeune Comorien, qui a perdu 4 membres de sa famille lors du crash de l'Airbus A310, a pris à partie le vigile de l'ambassade des Comores à Paris à la sortie d'une réunion à La Courneuve entre les membres de la diaspora à laquelle prenaient part certains élus de Seine-Saint-Denis. La police du Puy-de-Dôme annonce le démantèlement d'un vaste réseau européen de prostitution sur Internet, « Escort-Annonce ». Plus de 1 700 femmes en France et 7 500 en Europe, y travaillait pour un bénéfice mensuel estimé à 3 millions d'euros. Mercredi 1er juillet Le Sénat donne un cadre juridique à l'inceste, qu'il définit comme « toute atteinte sexuelle commise sur un mineur par son ascendant, son oncle ou sa tante, son frère ou sa sœur, sa nièce ou son neveu, le conjoint ou le concubin de ces derniers ainsi que le partenaire lié par un Pacs avec l'une de ces personnes. La Gendarmerie nationale annonce de démantèlement d'un gang spécialisé dans les vols avec violences et séquestrations, opérant en Haute-Garonne, dans les Pyrénées-Orientales et dans le Gard. Ils agissaient par petits groupes de 3 à 5 individus lourdement armés, neutralisant leurs victimes avant de les cambrioler. Début du procès de la star franco-algérienne du raï, Cheb Mami (42 ans), accusé de tentative d'avortement forcé sur son ex-compagne, après deux années de cavale en Algérie. Lundi 6 juillet Le nouveau ministre de la Culture, Frédéric Mitterrand, fait de la construction du Musée des civilisations d'Europe et de la Méditerranée (Mucem) à Marseille l'une de ses priorités. Premier musée national délocalisé en province, le Mucem est situé dans le fort Saint-Jean, à l'entrée du Vieux-Port, et doit être opérationnel quand Marseille sera Capitale européenne de la Culture en 2013. Son coût de 175 millions d'euros doit être financé à hauteur de 60% par l'État et 40% par les collectivités locales. Les Douanes de Bourgogne annoncent avoir saisi près de 12 tonnes de cigarettes de contrebande en une semaine, contre 57,9 tonnes pour toute l'année 2008 et dans toute la France. La police judiciaire annonce le démantèlement, à Grenoble, d'un réseau de trafic de cocaïne et résine de cannabis. Quatre personnes, dont un Espagnol, ont été arrêtées. Plusieurs dizaines de kilos de cocaïne, auraient été importés d'Espagne pour alimenter ce trafic, qui durait depuis plusieurs mois35. Mardi 7 juillet L'Assemblée nationale a adopté le projet de loi consacrant le rattachement organique et opérationnel de la gendarmerie nationale au ministère de l'Intérieur. La gendarmerie nationale compte 105 000 militaires. Mercredi 8 juillet Nuit d'échauffourées à Firminy (Loire). 9 jeunes hommes ont été placés en garde à vue. 32 véhicules ont été incendiés, des magasins et des locaux ont été endommagés. Grippe A(H1N1) 403 cas recensés en France dont 354 en métropole. La police espagnole annonce le démantèlement d'un réseau de trafiquants de drogue. 92 kilogrammes d'héroïne ont été saisies, à Madrid (15,6 kilogrammes) et à Argelès-sur-Mer (France, 76,5 kilogrammes) lors d'une opération conjointe avec la police française. Quatre personnes ont été arrêtées, dont le responsable du réseau, d'origine kurdo-iranienne, avec un passeport suédois propriétaire de deux restaurants à Barcelone. La police de Marseille démantèle un gang de 6 jeunes de 17 à 18 ans qui a commis en 3 mois 14 hold-up avec arme dans les quartiers nord. Jeudi 9 juillet Selon la ministre de l'Enseignement supérieur Valérie Pécresse, 33 nouvelles universités vont passer à l'autonomie à partir du 1er janvier 2010, s'ajoutant aux 18 premières ayant déjà choisi ce statut. La loi « libertés et responsabilités des universités » (LRU) prévoit le passage de toutes les universités françaises à l'autonomie, d'ici 2012. Quelque 7,7 tonnes de cigarettes de contrebande ont été saisies par les douanes de Dunkerque à l'intérieur d'un camion effectuant le trajet entre les Pays-Bas et le Royaume-Uni. La valeur de la marchandise est estimée à plus de 1,9 million d'euros. Le montant de la fraude à la carte de paiement enregistré dans le système français a légèrement augmenté en 2008, passant de 0,062% du montant des transactions à 0,069 %. En valeur, la fraude porte sur 320 millions d'euros, pour un total de transactions par carte de paiement de 464 milliards d'euros. L'augmentation vient essentiellement de cartes utilisées à l'étranger. Les douaniers ont saisi cinquante kilos d'héroïne dans une valise lors d'un contrôle de voiture à Pont-à-Mousson. La drogue était destinée au marché nancéien.

Vendredi 10 juillet Youssouf Fofana, chef du « gang des barbares », qui a reconnu l'assassinat d'Ilan Halimi en 2006, a été condamné à la réclusion criminelle à perpétuité, assortie d'une peine de sûreté incompressible de 22 ans. Quatorze de ses complices seront rejugés devant une cour d'assises sur appel du procureur général. Lundi 13 juillet Le ministre de l'Intérieur Brice Hortefeux a présenté en Conseil des ministres un décret portant dissolution du groupuscule de combat et de milices privées noir ultra-radical et antisémite Jeunesse Kémi Séba, avatar de Tribu K dissout le 26 juillet 2006. Mardi 14 juillet Le député européen polonais Jerzy Buzek est élu président du Parlement européen. Défilé du 14 juillet sur les Champs-Élysées, 90 000 spectateurs présents. Invité d'honneur l'Inde. 317 voitures brûlées, soit 6,73% de plus par rapport à 2008. Affrontements à Montreuil. Mercredi 15 juillet Politique Les députés ont adopté par 282 voix contre 238 la proposition de loi sur le travail du dimanche lors d'un vote solennel au terme d'une semaine de débats passionnés à l'Assemblée, mais une partie des 340 députés de la majorité n'a pas voté le texte. 481 cas confirmés de grippe H1N1 (et 147 probables), dont 414 en France métropolitaine. Selon la ministre de la Santé Roselyne Bachelot, 94 millions de doses de vaccins contre la nouvelle grippe A/H1N1 ont été commandés à trois laboratoires. Jeudi 16 juillet : l'Islande dépose officiellement sa candidature d'adhésion à l'Union européenne. Le Fonds monétaire international a annoncé que son conseil d'administration avait ratifié un accord prévoyant un prêt de 15 milliards de dollars mis à disposition par la France pour accroître les ressources de l'institution internationale. Ce prêt entre dans le cadre de l'engagement global de 100 milliards de dollars (75 milliards d'euros) pris par l'Union européenne. Vendredi 17 juillet Le ministère de l'intérieur a demandé aux préfectures de ne pas communiquer aux médias les bilans des nuits des 13 et 14 juillet, notamment le nombre de véhicules incendiés dans les quartiers, interdisant toute vérification des chiffres officiels. Dimanche 19 juillet Un policier blessé à Trappes (Yvelines) par des jets de pierre lors d'une intervention pour un accident dans une cité sensible. Mise en application du nouveau label garantissant la qualité des eaux de baignade, fondé sur un cahier des charges exigeant, dont des prélèvements tout au long de la saison estivale et l'obligation d'informer le public. Le logo bleu et blanc représente une loupe et un baigneur sur les flots azur et marine. Mercredi 22 juillet La France et l'Italie ont signé à Rome un accord de coopération dans le domaine de la recherche nucléaire et des énergies renouvelables, entre les présidents du Commissariat français à l'énergie atomique (CEA), Bernard Bigot, et de l'entité italienne pour les nouvelles technologies, l'énergie et l'environnement (ENEA), Luigi Paganetto. Jeudi 23 juillet Le Parlement adopte définitivement la loi rattachant la gendarmerie au ministère de l'intérieur qui aura désormais le contrôle de l'organisation et du budget de la gendarmerie, qui dépendait auparavant de la défense. Le ministre de l'intérieur, Brice Hortefeux, a réaffirmé que les deux forces de sécurité seraient réunies sous une même tutelle tout en conservant leur identité, et qu'il ne s'agissait donc pas d'une fusion. L'objet de cette réforme est également de mutualiser les moyens et de réduire les effectifs. Le Parlement adopte définitivement la loi sur la mobilité des fonctionnaires, contesté par les principaux syndicats qui craignent une remise en cause de la stabilité de l'emploi et une réduction des effectifs. Le Parlement adopte définitivement la loi programme Grenelle I. L'Islande présente sa demande d'adhésion à l'Union européenne. Vitry-sur-Seine : 17 personnes ont été interpellées lors d'une opération policière dans un foyer de travailleurs migrants pour séjour irrégulier, travail et commerce dissimulé et manquements aux règles d'hygiène. Une militante de l'ETA, Ekai Alkorta Zabaleta (38 ans), condamnée en 2008 à 5 ans de prison pour association de malfaiteurs en relation avec une entreprise terroriste et interdite de séjour sur le sol français, a été interpellée à Bayonne (Pyrénées-Atlantiques). Vendredi 24 juillet L'Office central de répression du trafic illicite de stupéfiants (OCRTIS) a saisi deux tonnes de résine de cannabis dans un véhicule sur l'autoroute A6 en Côte d'Or en provenance du Maroc, ce qui est la plus importante saisie faite en 2009. Il s'agit d'un réseau établi dans le Val-d'Oise. Mardi 28 juillet Le ministre de la Justice Michèle Alliot-Marie demande aux procureurs de poursuivre plus systématiquement le blanchiment d'argent en s'en prenant non seulement aux auteurs des délits mais aussi à leurs proches. Selon la Sécurité civile, le nombre des interventions réalisées par les sapeurs-pompiers, 12 000 militaires, 39 200 professionnels et 197 800 volontaires, a continué à augmenter (+2 %) en 2008 par rapport à 2009, dépassant le seuil des 4 millions. Au total, les 249 400 sapeurs-pompiers (-600) ont effectué 4 027 900 interventions l'année dernière, dont 312 119 sur des incendies (16 %), 305 668 sur des accidents de circulation (11 %) et 2 714 852 secours à victime ou aides à personne (près de 60 %). Par ailleurs, une dizaine de décès ont été enregistrés, et 899 agressions ont été recensées en intervention, occasionnant 700 jours d'arrêt de travail. Mercredi 29 juillet Selon l'Institut de veille sanitaire, la France totalise 1.022 cas confirmés ou probables, dont 4 cas graves, de grippe A(H1N1). 31 personnes ont du être hospitalisées. D'autres cas de grippe sont dus à des virus saisonniers autres. Jeudi 30 juillet Marine Le Pen estime que la taxe carbone proposée par Michel Rocard va alourdir la baisse du pouvoir d'achat des ménages. La grippe A(H1N1) fait son premier mort en France, une jeune fille de 14 ans décédée au CHU de Brest d'une complication d'infection pulmonaire. Vendredi 31 juillet Le Fonds monétaire international estime que la dette publique de la France devrait atteindre en moyenne 95,5 % de son produit intérieur brut en 2014, contre environ 73 % actuellement et 63,8 % avant la crise. En France, la dette publique (État, sécurité sociale et collectivités locales) a augmenté de 86,5 milliards d'euros au premier trimestre 2009 par rapport au trimestre précédent pour atteindre 1413,6 milliards, soit 72,9 % du PIB. Selon le ministère du Budget, la dette publique est attendue à 77 % du PIB à la fin 2009, 83 % en 2010, 86 % en 2011 et 88 % en 2012, en lien avec l'envolée du déficit public et la crise économique. Trois adolescents de 12, 13 et 15 ans, sont mis en examen pour destruction volontaire du bien d'autrui par incendie par un juge d'instruction du TGI d'Aix-en-Provence (Bouches-du-Rhône). Ils sont soupçonnés d'avoir allumé huit départs de feu au cours du mois écoulé dans la région de Fos-sur-Mer. Jeudi 20 aout Une équipe d'observateurs de l'Union européenne surveille le déroulement de l'élection présidentielle en Afghanistan. Mardi 1er septembre Le président Nicolas Sarkozy lance la réforme de la procédure pénale visant à la suppression du juge d'instruction. Mercredi 9 septembre 2009 Le ministre de l'Immigration et de l'Identité nationale Éric Besson lance la nouvelle procédure de visa long séjour valant titre de séjour remplaçant la carte de séjour. Le ministre de l'Intérieur Brice Hortefeux met le préfet Paul Girod à la retraite d'office suite à son altercation au mois d'août avec des agents de sécurité de l'aéroport d'Orly. Jeudi 10 septembre Le président Nicolas Sarkozy officialise l'instauration à partir du 1er janvier 2010 de la taxe carbone, préconisée par le rapport Rocard. Jeudi 17 septembre José Manuel Barroso est réélu à la tête de la Commission européenne pour 5 ans. Lundi 21 septembre Ouverture à Paris du procès de 5 personnes soupçonnées d'être impliquées dans l'affaire Clearstream, dont l'ancien premier ministre Dominique de Villepin. Mardi 22 septembre Une importante opération de police procède au démantèlement médiatisé de la jungle de Calais où s'étaient installés environ 800 migrants illégaux depuis la fermeture en 2004 du centre de Sangatte. 276 personnes ont été interpellées, les autres ont pu s'enfuir, l'opération ayant été éventée. Jeudi 24 septembre Sommet du G20 à Pittsburgh, en Pennsylvanie (États-Unis). Les chefs d'État et de gouvernement des principales puissances économiques de la planète discutent du changement climatique et des conditions d'une reprise économique durable. Mardi 29 septembre Le président Nicolas Sarkozy annonce à Avignon l'extension du Revenu de solidarité active aux 18-25 ans. Le PDG de France Télécom Didier Lombard annonce la suspension du principe de mobilité automatique des cadres. 2 octobre l'Irlande dit oui au traité de Lisbonne à plus de 67% des voix. 3 octobre : Votation citoyenne pour la poste, dans près de 10 000 lieux de vote L'Irlande dit «oui» au traité de Lisbonne à l'issue d'un second referendum. 9 octobre le président polonais signe le traité de Lisbonne. 30 octobre Le Conseil européen discute de l'aide financière à accorder aux pays en développement afin de les aider à lutter contre le réchauffement planétaire et prépare la conférence internationale sur le changement climatique qui aura lieu en décembre. 3 novembre le président tchèque, Vaclav Klaus, ratifie le traité de Lisbonne ; la République tchèque demeurait le seul état membre qui ne l'avait pas encore ratifié. 9 novembre 20e anniversaire de la chute du mur de Berlin. Mercredi 11 novembre La cérémonie de l'armistice du 11 novembre 1918 est célébrée cette année par le président Nicolas Sarkozy accompagné de la chancelière Angela Merkel. Début de la grande campagne nationale de vaccination contre la grippe A(H1N1). Des premières critiques se font jour. Samedi 14 novembre De violentes émeutes ont lieu à Paris suite à l'annonce faite par une société de publicité d'une distribution gratuite de billets de 5 euros alors que l'opération a été annulée par la police. Mercredi 18 novembre Tenue d'un sommet UE-Russie à Stockholm les discussions portent sur un mécanisme d'alerte précoce destiné à prévenir d'éventuelles perturbations de l'approvisionnement en énergie, sur la réponse à la crise économique et financière et sur le changement climatique. Plusieurs scènes de violences ont lieu dans plusieurs villes françaises suite à la victoire de l'Algérie (1-0) sur l'Égypte au match éliminatoire de sélection pour la participation à la Coupe du monde de football 2010. Au bilan : 330 voitures incendiées, magasins vandalisés et vitrines brisées, drapeaux français brûlés, 150 interpellations. Vendredi 20 novembre À l'issue d'une réunion du Conseil européen, le Belge Herman Van Rompuy est nommé premier président permanent du Conseil de l'Union européenne et la Britannique Catherine Ashton, commissaire européenne au commerce, est nommée haute représentante de l'Union pour les affaires étrangères et la politique de sécurité. Jeudi 21 novembre Visite officielle de 2 jours su président russe Vladimir Poutine. Des accords sont signés sur le gaz naturel, le pétrole, les hautes technologies et l'environnement. Vendredi 27 novembre Michel Barnier est nommé commissaire européen au Marché intérieur. 1er décembre entrée en vigueur du traité de Lisbonne ; prise de fonctions de Catherine Ashton (haut représentant de l'Union pour les affaires étrangères) et de Pierre de Boissieu (secrétaire général du Conseil de l'Union européenne). 10 11 décembre Le «programme de Stockholm», qui vise à renforcer la liberté, la justice et la sécurité dans l'UE pour la période 2010-2014, est adopté lors du sommet européen organisé à Bruxelles. 19 décembre Un accord sur le climat est signé à Copenhague. Sans valeur contraignante, il est toutefois considéré comme un pas en avant vers un futur accord mondial. L'UE propose de se fixer des objectifs supplémentaires de réduction des émissions de CO2 si d'autres pays lui emboîtent le pas. 22 décembre la Serbie dépose officiellement sa candidature d'adhésion à l'Union européenne. **2010** début 2010 : adhésion de l'Estonie à la zone euro prévu pour 2011 1er janvier présidence espagnole du Conseil de l'Union européenne et prise de fonction d'Herman Van Rompuy (président du Conseil européen). Dimanche 3 janvier Le journal Le Parisien révèle que le ministère de la Santé cherche à revendre à l'étranger une partie des doses de vaccins antigrippe non utilisées lors de l'opération de vaccination générale de la population. Le lendemain, la ministre, Roselyne Bachelot annonce avoir résilié les commandes supplémentaires pour 50 millions de doses. 4 janvier Premier jour de travail d'Herman Van Rompuy, qui convoquera un sommet extraordinaire de l'UE pour le 11 février. Ce sommet est censé discuter de la crise économique et la future stratégie économique de l'Union européenne. Jeudi 7 janvier Mort de Philippe

Séguin (66 ans), ancien député des Vosges (1978-2002), ancien maire d'Épinal (1983-1997), ancien ministre (1986-1988), ancien président de l'Assemblée nationale (1993-1997) et depuis 2002, premier président de la Cour des comptes. Le 11, funérailles nationales aux Invalides. Dimanche 10 janvier Martinique et Guyane : Référendums locaux sur le renforcement de l'autonomie, le « non » l'emporte à 69,8 % en Guyane et à 78,9 % en Martinique. Lundi 11 janvier Les commissions du Parlement européen procèdent à l'audition des 26 commissaires désignés pour former le nouveau collège de la Commission européenne. Mardi 12 janvier Deux soldats français sont tués en Afghanistan. Jeudi 14 janvier Un soldat français est tué en Afghanistan. Dimanche 17 janvier Référendums locaux sur la fusion département-région, le « oui » l'emporte à 57,49 % en Guyane et à 68,3 % en Martinique. Mardi 19 janvier Le nouveau patron d'EDF, Henri Proglio reste président non exécutif de Veolia et cumule ses deux salaires. Le 21, face au scandale suscité, il annonce renoncer au salaire de Veolia. 20 janvier Nikiforos Diamandouros est élu au poste de Médiateur européen pour la deuxième fois. Jeudi 21 janvier Mort dc Jacqucs Martin (88 ans), auteur de bandes dessinées et créateur en 1948 d'Alix le Gaulois. Vendredi 22 janvier 123 migrants clandestins sont découverts sur une plage du point sud de Corse. Ils se disent Kurdes originaires de Syrie. 26 janvier L'Union européenne porte à 400 millions d'euros le montant consacré à des opérations de secours et de reconstruction en Haïti, après que le pays a été frappé par un séisme de magnitude 7 sur l'échelle de Richter. Jeudi 28 janvier Affaire Clearstream : Imad Lahoud et Jean-Louis Gergorin sont condamnés à 3 ans de prison, Dominique de Villepin est relaxé. Mardi 2 février

Extinction du système analogique en Alsace et passage au tout numérique. 11 février Sommet extraordinaire des chefs d'état et de gouvernement, notamment consacré à la situation financière de la Grèce. Lors d'un sommet informel à Bruxelles, les chefs d'État et de gouvernement acceptent de soutenir les efforts du gouvernement grec visant à atteindre les objectifs du programme de stabilité établis pour 2010. Le président Barroso expose par ailleurs ses priorités pour la stratégie Europe 2020, qui montre la voie à suivre pour que l'Union européenne émerge de la crise et se dote d'un nouveau modèle économique. Dimanche 28 février Passage de la tempête Xynthia en France, ravageant les côtes atlantiques et faisant au moins 51 morts et 8 disparus, dans les zones construites en zones littorales submersibles. Lundi 1er mars Visite officielle, jusqu'au 3, du président russe Medvedev à Paris pour l'inauguration de l'exposition « Sainte Russie » au musée du Louvre. Il rencontre le président Sarkozy au sujet de l'achat par la Russie de 4 navires militaires « Mistral » et de la position diplomatique russe sur le dossier iranien. Samedi 13 mars Mort du chanteur Jean Ferrat (79 ans). Dimanche 14 mars Premier tour des Élections régionales avec une abstention record de 53,64 %. Mardi 16 mars Un policier est tué par un membre de l'ETA près de Dammarie-les-Lys. Le groupe parvient à s'enfuir. Jeudi 18 mars Simone Veil est reçue à l'académie française au fauteuil de Pierre Messmer. Dimanche 21 mars Second tour des Élections régionales avec une abstention de 48,9 % et 4,59 % blancs ou nuls : L'alliance PS-PRG-MRC, Europe-Écologie et Front de gauche obtient 54,1 % des voix et 23 régions sur 26, l'UMP-Nouveau-Centre obtient 35,38 % et 3 régions, le FN obtient 17,5 % dans les 12 régions où il était encore en lice. Mardi 23 mars Grève contre la réforme française des retraites de 2010. Le premier ministre François Fillon annonce la suspension de la taxe carbone. Jeudi 25 mars L'ancien premier ministre, Dominique de Villepin, annonce le prochain lancement d'un nouveau mouvement politique. 26 mars Lors d'une réunion du Conseil européen à Bruxelles, les dirigeants de l'UE adoptent les objectifs de la stratégie Europe 2020 et les seize pays de la zone euro approuvent un plan d'aide destiné à aider la Grèce à réduire son déficit budgétaire. Dimanche 28 mars Première application de la loi sur les violences en bande du 2 mars 2010 lors d'une manifestation anti-carcérale à Paris. 100e anniversaire du décollage du premier hydravion, par Henri Fabre depuis l'étang de Berre près de Marseille. Mardi 30 mars Le président Nicolas Sarkozy est en visite officielle à Washington. Le Conseil d'Etat estime qu'une interdiction générale et absolue du port du voile islamique intégral « ne pourrait trouver aucun fondement juridique incontestable ». 10 avril Le président polonais Lech Kaczynski ; son épouse et d'autres personnalités civiles et militaires meurent dans un accident d'avion alors qu'ils se rendent à Smolensk, en Russie, pour commémorer le 70e anniversaire du massacre de Katyn. Mercredi 28 avril Début de la visite officielle du président Nicolas Sarkozy en Chine pour trois jours, où, le 30, il assiste à l'inauguration de l'exposition universelle. Mercredi 5 mai 2010 La Cour d'appel de Paris rejette la demande d'extradition vers les États-Unis d'un ingénier iranien, Majid Kakavand, arrêté en vertu d'un mandat d'arrêt international l'accusant de trafics illégaux de technologie sensible. Le 18, le tribunal d'application des peines ordonne la libération de Vakili Rad, le meurtrier en 1991 du Chapour Bakhtiar, l'ancien premier ministre du chah. Il est immédiatement expulsé vers Téhéran. 7 mai

Les chefs d'état et de gouvernement de la zone euro conviennent de renforcer l'assainissement des finances publiques, la coordination économique et la surveillance budgétaire afin de défendre l'euro. Jeudi 20 mai La poursuite d'un gang sur l'autoroute A4 tourne au drame près de Villiers-sur-Marne. Une jeune femme policière est tuée d'un tir de kalachnikov et cinq autres personnes sont blessées dont un automobiliste grièvement. Mardi 25 mai Le ministre du travail, Éric Woerth annonce le recul de l'âge légal du départ à la retraite. Dès le lendemain débute le Mouvement social contre la réforme des retraites en France de 2010. Lundi 31 mai Ouverture à Nice du 25e sommet franco-africain. 8 juin La Bretagne passe au numérique. 9 juin Orage de grêle en Franche-Comté, à Montbéliard, causant de nombreux dégâts matériels (toitures, etc.). L'usine Peugeot a été en conséquence contrainte à interrompre la production des 308, 3008 et 5008. 15 juin Crues exceptionnelles dans le département du Var de la Nartuby et de l'Argens causant la mort de plus de 25 personnes dans la région de Draguignan. 16 juin Début de l'Affaire Bettencourt. Le site Mediapart publie des enregistrements pirates réalisés entre mai 2009 et mai 2010 par le maître d'hôtel de la milliardaire, héritière de la fortune du groupe L'Oréal, Mme Bettencourt. Ils suggèrent la possible existence d'opérations financières destinées à échapper au fisc, d'immixtions de l'Élysée dans la procédure judiciaire, ainsi que des liens intéressés entre la milliardaire, le ministre du Travail Éric Woerth et son épouse Florence, qui travaille pour la société gérant la fortune Bettencourt. 17 juin Lors d'une réunion du Conseil européen à Bruxelles, les dirigeants de l'UE adoptent une stratégie sur dix ans en faveur d'une croissance intelligente, durable et inclusive : Europe 2020. Ils décident également d'ouvrir des négociations d'adhésion avec l'Islande. 21 juin Les institutions européennes parviennent à un accord politique sur la structure et le fonctionnement du Service européen d'action extérieure. 24 juin Grève contre la réforme française des retraites de 2010. 1 juillet La Belgique prend la présidence du Conseil de l'Union européenne pour six mois. Ses priorités, dont l'économie et l'environnement, ont été définies précédemment, en coordination avec l'Espagne et la Hongrie, pour la période de 18 mois durant laquelle les trois pays occupent successivement la présidence tournante. 23 juillet Quatre-vingt onze banques européennes sont soumises à des tests d'évaluation de leur résistance aux chocs économiques. Le résultat est positif pour quatre-vingt quatre d'entre elles. 7 septembre Grève contre la réforme française des retraites de 2010. 18 septembre Le français Philippe Croizon, amputé des deux bras et des deux jambes, traverse la Manche à la nage. 23 septembre Grève contre la réforme française des retraites de 2010. 29 septembre L'UE apporte son soutien à la population rom d'Europe et se prononce contre toute restriction à la liberté de circulation des citoyens de l'UE. Du 2 octobre au 25 octobre Grève contre la réforme française des retraites de 2010. 11 novembre Cérémonie d'ouverture du G20 de Séoul qui doit traiter de la « guerre des monnaies » entre la Chine et les États unis d'Amérique. 12 novembre Au sommet de Séoul, les dirigeants du G-20 s'engagent à mettre en œuvre un plan d'action commun visant à encourager une croissance plus équilibrée de l'économie mondiale. 13 novembre François Fillon ainsi que son gouvernement démissionnent. 14 novembre Remaniement ministériel, François Fillon est renommé premier ministre et reforme un gouvernement. 15 novembre Aung San Suu Kyi, militante des droits de l'homme qui lutte pour la démocratie et la liberté en Birmanie/au Myanmar, est libérée après sept années d'assignation à résidence. 16 novembre Passage au numérique pour la Franche-Comté. 28 novembre L'UE convient de soutenir l'économie irlandaise pour contribuer à maintenir la stabilité de l'euro. 11 décembre La conférence de Cancún débouche sur la signature d'un accord complet sur le climat pour l'après 2012. 16 décembre inauguration de l'A65 dans le sud-ouest. 20 décembre La procédure de coopération renforcée — possibilité de mettre en œuvre des mesures dans un groupe restreint de pays de l'UE, faute d'accord entre les 27 — est utilisée pour la première fois: le Conseil européen adopte un règlement reconnaissant le droit des couples internationaux vivant dans l'Union européenne à choisir la législation nationale applicable en cas de divorce. **2011** 1er janvier L'Estonie adopte l'euro, devenant ainsi le dix-septième pays membre de la zone euro. Les villes de Turku (Finlande) et Tallinn (Estonie) deviennent les capitales européennes de la culture La Hongrie assure la présidence tournante du Conseil de l'Union européenne pour six mois. Son programme est axé sur quatre domaines prioritaires : la croissance inclusive et l'emploi ; des politiques plus fermes en matière d'alimentation, d'énergie et d'eau ; une Europe plus proche des citoyens ; la politique d'élargissement et de voisinage. Trois nouvelles instances européennes de surveillance financière entrent en fonction : l'Autorité bancaire européenne, l'Autorité européenne des assurances et pensions professionnelles et l'Autorité européenne des valeurs mobilières. Lancement de l'Année européenne du bénévolat : elle attire l'attention sur l'importance du volontariat et encourage davantage de personnes à s'investir dans la société. 18 janvier Lancement du premier «semestre européen», un cycle semestriel de coordination des politiques économiques des États membres de l'Union européenne qui vise à empêcher la survenue de crises économiques comme en 2008-2010. 2 février Face à une forte mobilisation, Nathalie Kosciusko-Morizet annonce la suspension de l'autorisation de prospection du gaz de schiste en France. 4 février Le Conseil européen apporte son plein appui aux pays voisins du sud de la Méditerranée pour réaliser une transition pacifique vers la démocratie. 17 février Le Parlement européen approuve une résolution qui accorde un soutien politique et financier de l'Union européenne à la transition démocratique de l'Égypte réaffirme sa solidarité envers la «Révolution de jasmin» en Tunisie, en déplorant les violences qui ont coûté la vie à plusieurs personnes. 25 février Libération de Françoise Larribe, l'un des otages français d'AQMI au Niger. Samedi. 11 mars L'Union européenne déclenche son mécanisme de protection civile pour coordonner l'aide et les secours européens à la suite du séisme et du tsunami qui ont dévasté le Japon. 17 mars Dans une déclaration commune, Herman Van Rompuy, président du Conseil de l'UE, et Catherine Ashton, haute représentante de l'Union européenne pour les affaires étrangères et la politique de sécurité, saluent l'adoption de la résolution 1973 du Conseil de sécurité des Nations unies appelant à l'arrêt des violences qui touchent les civils libyens pris dans le conflit avec les forces du colonel Kadhafi. Départementalisation de Mayotte. 20 mars-27 mars : Élections cantonales (remplacement des élus de 2004). 25 mars Un train de mesures visant à renforcer l'économie européenne est finalisé lors du Conseil européen de printemps à Bruxelles. Le «pacte pour l'euro plus» est destiné à améliorer la coordination des politiques économiques dans l'Union économique et monétaire. 26 avril 25e anniversaire de l'accident survenu à la centrale nucléaire de Tchernobyl. L'UE réaffirme sa détermination à renforcer la sécurité nucléaire. 18 mai démission de Dominique Strauss-Kahn, directeur général du FMI, suite à sa mise en cause le 14 mai 2011 à New York dans le cadre d'une accusation de crimes sexuels. 25 mai Conclusion d'un accord sur la création d'un nouveau label du patrimoine européen, visant à mettre en valeur les hauts lieux de l'histoire et de l'évolution de l'Union européenne. Chaque pays de l'UE pourra proposer plusieurs sites tous les deux ans, mais le label ne sera attribué qu'à un site par pays. 26 et 27 mai Sommet du G8 à Deauville Ratko Mladić, soupçonné de crimes de guerre et de génocide, est arrêté par les autorités serbes. Cette arrestation lève un obstacle à l'adhésion de la Serbie à l'Union européenne. 23 juin La Commission et le Parlement lancent un registre de transparence commun pour les représentants d'intérêts, résultat de la fusion de leurs registres respectifs. Ce registre constitue une étape importante vers une plus grande transparence. 24 juin Le Conseil européen convient que les négociations d'adhésion avec la Croatie doivent être clôturées avant la fin du mois de juin 2011. La Croatie devrait ainsi devenir le 28e État membre de l'UE en 2013. 29 juin Remaniement du gouvernement François Fillon après la nomination de Christine Lagarde au FMI. Libération des deux journalistes français Hervé Ghesquière et Stéphane Taponier ainsi que leurs trois accompagnateurs après 547 jours de détention. 30 juin : Fin du mandat de l'Opération des Nations Unies en Côte d'Ivoire (ONUCI). 30 juin Le Parlement grec adopte des mesures de réduction des dépenses et des réformes structurelles afin de diminuer la dette du pays et de rendre l'économie plus compétitive. L'UE réaffirme sa solidarité et son soutien à la Grèce. La Commission européenne propose un plan de dépenses pluriannuel — le budget de l'UE pour la période 2014-2020 — qui vise à stimuler la croissance. 6 juillet Proclamation de la ville qui organisera les jeux olympiques d'hiver de 2018 : Annecy, ville candidate, n'est pas retenue. 25 septembre Élections sénatoriales : la majorité au Sénat passe à gauche. 9 décembre 2011 Signature du traité d'adhésion de la Croatie à l'Union européenne. Cette signature qui a lieu lors du sommet européen à Bruxelles doit faire de la Croatie le 28ème État membre de l'Union européenne le 1er juillet 2013, une fois l'adhésion approuvée par référendum par le pays et après ratification par les 27 Etats membres. Les autorités croates sont néanmoins appelées à poursuivre leurs efforts en matière de réforme judiciaire et de lutte contre la corruption et le crime organisé. **2012** 13 janvier l'agence de notation Standard & Poor's dégrade la note de la France d'un cran, de AAA à AA+. 21 février Vote à la majorité au Parlement du MES, perte de la souveraineté budgétaire de la France.

La France ce 21 février se trouve donc pied et poings liés à cette « europe » oligarchique et dictatoriale. Le IV Reich peut donc s'instaurer et ce ne seront les élections qui changeront, présentant deux candidats principaux aux ordres de la City, via le Bilderberg qui pourra y changer quelque chose. Preuve en est de ce nouveau Président, qui se trouve sur son aile droite comme sur son aile gauche contraint d'obéir à la secte ovipare de la City, et ce avant même son intronisation comme Président de la République Française, qui se trouve féale de ce coupe gorge que d'aucuns appellent l'Europe, qui n'est rien d'autre qu'une écurie au service de l'usure.

Voici retracée par dates l'Histoire de France, une Histoire qui témoigne que la France ne doit rien à cette République franc maçonne, mais bien tout de ses dérives depuis son insinuation par les Illuminés de Bavière. La voie de la Démocratie y a été réduite à sa plus simple expression, celle du silence organisé par la duplicité, la trahison, la connivence, la reptation, le pourrissement intellectuel, et pire encore ce jour le nanisme intellectuel composé, ce nanisme né des équations initiées, confortée par l'équation de l'école de Chicago, représentée par son digne représentant décédé depuis, le sieur Friedman qui a mis le monde, avec sa théorie d'un monde sans états laissant libre cours à une économie débridée, dans cette putridité glauque et malsaine voyant tous les pouvoirs politiques en reptation devant les pouvoirs économiques, tous inféodés au pouvoir parasite d'une finance apatride et composite.

La France a-t-elle perdue sa souveraineté ? Ce 21 février de l'an 2012 ? Doit-elle continuer à être violée par le parasitisme apatride, doit-elle continuer à supporter le non-droit initié par les houles apatrides, doit-elle se soumettre à la religion de la soumission, doit-elle se vêtir du lambeau de la Démocratie conchiée par des sous-élites, doit-elle continuer à subir cette infection, ce cancer qui ronge l'Humanité, les ismes ? Non, si et si seulement sont appliquées les modules d'insinuation, de prise de pouvoir, de phagocytation de toutes les Institutions, qu'elles soient Nationales ou Internationales, par celles et ceux qui renverront à l'encan la modélisation des équations précitées en redonnant leur souveraineté à chaque Nation, leur monnaie à chaque Nation, leur pouvoir politique à chaque Nation, en éradiquant de la culture ces supports cultuels de la dictature que sont le Darwinisme, le Freudisme, l'Einsteinisme, le Matérialisme

communiste, et cerise sur le gâteau le Friedmanisme, ces fresques de la destruction, sur laquelle s'appuient les phasmes apatrides de la finance parasite afin d'asseoir leur domination sur l'ensemble des Nations en les moulant dans la servitude d'une pensée unique déviante et programmée statuant leur disparition à moyen terme dans un goulag où l'autorité relèvera du dictat et en aucun cas des Peuples, les Peuples disparaissant sous l'aberration de la culpabilisation au profit d'un métissage bêlant, triomphe de la norme de la pensée unique apatride, voyant là le vivier d'esclaves nécessaire à la mise en œuvre de sa putridité, l'instauration du « nouvel ordre mondial » qui sera la forge de toutes les insanités dont les Nations avaient réussies à se débarrasser : la dictature quelle qu'elle soit !
Non la France n'en est pas encore là, si et si seulement ses enfants entreprennent la reconquête de chaque pouce de leur terre en détruisant de l'intérieur les miasmes qui rongent ses institutions, en prenant le pouvoir qui n'appartient à personne, en fomentant un coup d'état permanent à l'intérieur de ces dites institutions qui ressemblent ce jour plus à des écuries d'Augias, où se mêlent et s'entremêlent la soldatesque du nouvel ordre mondial, 400 députés sur presque 600 députés, et combien dans les rangs des rouages de l'Etat, qu'il conviendra de circonvenir, afin d'offrir à la France son renouveau et par ce renouveau sa mission, qui n'est pas celle de louer la dictature portée par la Franc Maçonnerie larvaire, mais de porter le flambeau de la Liberté par toutes faces de ce monde !

Ps : Mai 2012 : élection du nouveau Président de la République, la République du Grand Orient règne en maîtresse absolue en France. Juin 2012

: Concernant les Législatives, les veaux ont continué à voter pour leurs Députés favoris. Il n'y a donc rien à tirer de notre Peuple pour l'instant, en voie de désintégration complète. Nous remarquerons que la République n'existe plus en France, remplacée par la dictature de l'obédience maçonnique mondialiste qui s'intitule le Grand Orient, ne reconnaissant que le matérialisme le plus pervers ainsi que les ismes les plus sanglants que la terre ait porté, communisme, trotskisme, maoïsme, toutes idéologies dictatoriales dont elle a fait un de ses émissaires le plus digne représentant. Nous remarquerons aussi que dans notre Nation, ne sont représentés que par deux Députés à l'Assemblée Nationale la voix de 6 500 000 Français, soit environ 18% des voix, qui ont voté pour un parti National, et qui se retrouvent minorés compte tenu de la ligue maçonnique anti républicaine qui trône actuellement sur notre Pays.

La dictature de la maçonnerie inverse est là, vendue au mondialisme le plus répugnant qui soit. Ce qui est rassurant c'est de voir que les enfants de France votent nationaliste, le combat donc peut commencer contre cette pieuvre des ismes bâtie sur le néant et qui retournera au néant, n'en déplaise.

VI

Le Monde

□

Le monde, vous avez dit le monde, mais de quel monde voulons nous parler ? Le monde de l'utopie n'existe pas, le bonheur n'étant qu'individuel et jamais collectif. Les équations pré citées ici peuvent s'éclairer par l'équation finale qui se résume par l'égalité non-humanité=nouvel ordre mondial=nazicommunisme.
Et nous ne voudrions pas y croire, pourtant ! Pourtant toutes faces de ce monde se tournent vers cette aberration idéologique. Regardons depuis 2001 les secousses sismiques qu'emporte cette équation finale de la contre involution.
La première aberration vient en chronicité avec le phénomène de culpabilisation de l'Être Humain par un appel sans limite à la lutte contre le « terrorisme ». De quel terrorisme parlons-nous ? Du terrorisme du capitalisme vicié ? Du terrorisme armé – mais armé par qui et dans quelles fins ? – Du terrorisme intellectuel ? En fait de tout ce qui peut être considéré comme un acte, une parole, une rumeur portant le qualificatif de « terrorisme ».
Voilà le plus bel ouvrage des tenants et aboutissants de ce nouvel ordre mondial, que d'avoir créé cette situation où Orwell paraît dans son ouvrage bien dépassé. Il fallait y penser, culpabiliser tout le monde de terrorisme afin d'asseoir une puissance virtuelle qui fasse que chaque Être Humain soit justiciable au prétexte qu'il ne suit pas la pensée unique déterminée par la prétention de ce nouvel ordre mondial.

En conséquence de quoi, au nom usurpé de la Démocratie, poussant jusqu'aux limites du raisonnement, les guerres se fabriquent, s'idéalisent, dans la perversion la plus complète de la pensée Humaine, et plus encore élargissent la capacité des régnants à obtenir des pouvoirs absolus, de vie et de mort, sur des citoyens quelle que soit leur Nation, qui plus encore enrichissent les allées du dévoiement humain en instaurant la torture comme moyen explicite de faire surgir un « terrorisme » de bon aloi par toutes personnes humaines à travers cette petite terre.
Si l'on n'a pas compris cette théurgie de la violence, on n'a rien compris au monde dont nous sommes acteurs. Un monde qui s'enlise de plus en plus dans la féodalité, la soumission, la bestialité organisée, un monde gangrené par la folie ordinaire qui se croit reine de toute demeure.
Mais pour comprendre faut-il encore mettre en équation les réalités telles que décrites, afin de voir plus clair dans les noctambules errances de l'involution qui aujourd'hui brille de ses mille feux sans qu'en contrainte n'existât la moindre voix pour en contrepouvoir l'ordonner et la réveiller à la réalité.
On l'aura compris, les feux de la rampe sont occupés par la virtualité, la virtualité de ce nouvel ordre mondial qui est l'inverse de l'ordre mondial naturel, qui défend la suprématie de l'économique sur le politique, alors que l'un et l'autre sont complémentaires, qui défend les stances d'un malthusianisme décadent alors que la conquête de l'espace résoudrait le problème de la surpopulation, qui défend la dictature de l'incapacité par toutes nations afin d'instaurer sa colonisation des ressources mères de chaque Nation.
Ce monde est ainsi créé de leurres endémiques dont les proportions sont pandémies de toutes activités Humaines, voyant dans l'abstraction

l'intolérable tolérance agir les leviers d'une gangrène effroyable qui touche tout un chacun dans l'apostasie d'une rupture avec le réel, le projetant dans le néant, ce vide déstructuré où l'on voit l'Humain s'asservir comme on le voit dans le métro, des écouteurs sur les oreilles, pour bien penser la bonne pensée téléguidée par des radios et des télévisions à la botte où le journalisme est une erreur, le mensonge une qualité, la duplicité une promesse. Les leurres s'étendent, se synchronisent dans une artificielle décadence où le monopole de l'anomie devient la règle, brisant ainsi les restes de ce qui peut tenir une société, la famille d'abord.
On assiste à une fuite en avant, voyant le spectacle de l'homosexualité diffusé dans des écoles primaires, alors que les enfants ne sont pas encore pubères, pour les acclimater à la destruction de la famille, la possibilité existentielle, qui n'est qu'une théorie du choix personnel et non un choix collectif, de finalement s'en tenir à une sexualité d'apparence et en aucun cas à une sexualité permettant l'épanouissement de tout un chacun au sein d'une famille composée naturellement. Le collectif de l'anomie ici impose son mode sociétal que chacun doit accepter sous peine de se retrouver devant les tribunaux, pour délit de penser à l'encontre de l'anomie. Et nous pourrions citer des exemples par milliers de cette déstructuration totale, innervée par les équations en prémisses voyant l'Être Humain culpabilisé avant de naître, assignant ainsi dans le désir d'enfanter un rejet qui se calcule aujourd'hui par centaine de milliers chaque année dans des avortements qui n'ont pour la plupart pas lieu d'être.
La famille explose, et par cette explosion, implicitement désigne la désintégration de la Nation, de l'État, de l'Identité, des racines, car la famille est courroie de transmission génétique de

ces racines qui sont ici mises à nu, déchiquetées par le rouleau compresseur du néant qui se sert de toutes les marques culturelles afin d'approfondir la déchéance et la culpabilisation. L'Être, face à ce néant, s'il n'a pas la capacité de marcher droit au milieu des ruines, devient objet d'asservissement, asservissement aux bandes d'abord puis aux sectes ensuite quels que soient leurs noms, essayant de retrouver la capacité atavique de régulation de la famille qui n'agit plus pour lui. Nulle rémission dans ce chemin de perdition, mais bien au contraire une litanie qui va de métamorphose en métamorphose, voyant du palier les bandes devenir criminelles par essence, au sommet les bandes assujettir leur pouvoir dans une dérive sans nom où seul le moi compte, ce moi marqué du sceau publicitaire qui encourage à toute malversation, à toute cruauté, à toute répugnance pour continuer à paraître.
Le monde se dévoile tel, dans la barbarie qui devient le lieu commun de la réussite, une barbarie alliée au satanisme le plus répugnant qui soit, une barbarie sans limite où l'Humain n'existe plus que comme proie, proie économique, proie ludique, proie que l'on jette après usage comme un kleenex, sans la moindre empathie. Le monde marqué par les équations de l'aporie intellectuelle et spirituelle est en ce jeu terriblement dangereux, un jeu qui peut mener à tout instant au désastre lorsqu'on voit la médiocrité infinie des politiques qui disposent du pouvoir de réduire la planète en cendres. Car les bandes comme les sectes ne s'arrêtent en chemin et bien entendu conquièrent le pouvoir politique qui devient un objet pour eux, un jouet qui les mène vers de plus en plus de privilèges, de plus en plus de prébendes, de plus en plus de connivences, et au-delà, vers de plus en plus de putridité, notamment celle de l'arraisonnement de l'intelligence par le jeu croisé des perversités

domestiques, allant jusqu'au meurtre pour encore plus d'efficacité, le meurtre rituel qui se cache dans les glauques cavernes de la lie de la société Humaine où parade toute l'atrophie mondiale, tenue en laisse par ses actes barbares, ses cruautés bestiales, lie de la société qui pavane du haut de ses liquidités et à qui l'on fait faire ce que l'on veut, quand on le veut, où on le veut.
Le monde est ainsi de la base au sommet, ourdi par le mensonge comme l'ignominie, la duplicité, la cruauté. Celui qui n'a pas compris que ne « réussissent » dans ce monde que les prédateurs de haut vol, capables de réduire en cendre n'importe qui, n'ont encore rien compris de la réalité socio biologique de cette petite planète, qui en fait est en guerre, une guerre entre deux faces de l'Humanité, la face barbare et triomphante, la face intègre et impassible, ces deux faces biologiquement différentes, qui n'ont rien à voir l'une avec l'autre, et qui ne sont en aucun cas complémentaires, mais bien au contraire aux antipodes de tout ce qui existe, l'une étant dans le cadre de l'évolution, l'autre étant dans le cadre de l'involution. Et que l'on ne croit un seul instant au conte pour enfant du ying et du yang, il n'y a ici aucun rapport dans la mesure de ce qui peut être circonscrit à l'Être Humain, il y a bien au contraire deux corps qui se rejettent ici mutuellement et dont l'un devra vaincre l'autre pour que le monde évolue ou périclite. Nul manichéisme ici, mais bien une réalité qui n'a rien d'un conte pour enfant. Et au milieu, me direz-vous, une Humanité à la dérive, des Peuples qui ont perdu leur intelligence, des Races qui s'imaginent coupables, des Êtres Humains ignares et choyés dans leur ignorance, au milieu donc, tout un monde qui ignore et ne cherche en aucun cas à s'approprier le savoir, tout un monde lapidé par l'arrogance de la bestialité qui ce jour

domine, entraîné par les équations initiées, celle du marxisme, du freudisme, du darwinisme, du einsteinisme, du friedmanisme, ces ismes de l'aporie, de l'atrophie qui s'autosuffisent et se louangent jusqu'à la prosternation des masses ignares qui s'agenouillent devant ces phasmes de l'involution chronique.

Nous le voyons pour celles et ceux qui voient, et le ressentons pour celles et ceux qui pensent qu'il y a là mesure de ce monde en décomposition, la décomposition totale imposée par les sectes qui veulent le dominer, qui se servent des équations précitées. Mais voici que sur ce monde leur ombre se projette et se révèle en pleine lumière, car contrairement à ce qu'elles pensent en leurs organes et leurs structures, elles sont apparentes et visibles au grand jour, contrairement au siècle dernier où elles se cachaient dans l'ombre pour agir une guerre silencieuse jusqu'à la conquête du pouvoir. Morbidité, cette ombre sur la Terre ne peut être plus visible, dans ses incarnations de la base au sommet, car en rupture du réel par excellence dans ses prétentions devenues putrides par insinuation de tout ce que peut comporter la bassesse humaine associée à sa reptation perfide.

Et sa soldatesque grotesque désormais est en lice, issue de toutes les loges perverties de la Franc-Maçonnerie, de l'Opus Dei, des sectes en leurs rayonnements, tout une soldatesque qui se trouve dans tous les rouages des sociétés Humaines pour conjecturer l'apogée de l'illuminisme qui n'est autre que l'apogée de l'ombre la plus bestiale que l'on puisse imaginer, où ne régneraient plus que des maîtres sur des esclaves, une Humanité atrophiée à l'image de cet illuminisme barbare ayant créé de toutes pièces et le socialisme et ses dérivés, le communisme, et le national-socialisme, qui ce jour se réduit à la

synthèse de leurs prévarications, le nazi communisme de droit comme de fait.
Il n'y a lieu d'observation plus implicite que celles des organes du pouvoir pour comprendre où se situent les racines de cette boue glauque que l'on veut imposer aux familles, aux Nations, aux Races, à l'Humanité, la barbarie est là dans sa plénitude, noyautant tous ces organes et triomphe dans la duplicité, le mensonge et l'égarement de tout un chacun. Le meilleur exemple que nous ayons actuellement, comme il en est de cette « europe », c'est la Nation française qui est devenue la République de la secte que l'on nomme le Grand Orient, Grand Orient qui n'est devenu que l'ombre de l'ombre de ce qu'il fut, rassemblant la meute et ses coryphées, ses élytres passionnels et ses démences caractérisées, institutionnalisant la mort, l'avortement, l'euthanasie, le fichage des citoyens, par ses conseils, la dénaturation de la culture dans une éducation dite nationale qui ne respire que les loges et leur abâtardissement à la bêtise, voyant sortir desdites écoles des illettrés, incapables de se repérer historiquement et géographiquement, et se complaisant par obligation au métissage de leurs racines aux fins de convenir à une « pensée unique », celle de la barbarie qui a besoin de main-d'œuvre et non d'être pensant et éclairé.
La moisissure ici trouve son éloquence, dans tout ce qu'elle a de dépravée, ahurissante conjonction qui se reflète dans les Institutions Internationales, elles-mêmes asservies à cette désintégration du réel, voyant ses mentors se voir droit de cuissage, comme d'autres s'imaginent droit de mort de Nations entières tel qu'on a pu l'entendre de la voix d'un ministre de l'égarement, en reptation devant l'illuminisme, tenu par le sang, par l'outrance et le persiflage, comme d'autres sont tenus par l'argent, et d'autres

encore par le sexe, et d'autres encore par la cruauté barbare, et d'autres encore par la pédophilie, et d'autres encore par le meurtre rituel d'enfants innocents, et bien pire le cannibalisme. La Barbarie est de ces déficiences morales et intellectuelles, ne l'oublions jamais, et ce n'est pas un hasard si les enquêtes menées sur les actes de ces composantes disparaissent par le mystère très simple que les sectes gouvernent la justice dans chaque Nation.
Voici donc le monde et ses restes de Nations en décomposition devant le mensonge et l'abstraction, un monde d'esclaves consentants, ou à peu près, qui bientôt consentiront à leur euthanasie pour le plaisir de la gouvernance de ce nouvel ordre mondial nazi communiste. Ne croyons un seul instant que l'Humanité ne soit pas en danger, tous les jours qui passent nous montrent ce danger, les famines créées de toutes pièces par les usuriers de l'agroalimentaire, les crises économiques créées de toutes pièces par les pions d'une partie de la finance dévoyée, les mots d'ordre de certains Pays à l'encontre de Nations violées par des armées étrangères, des mercenaires sanguinaires, mots d'ordres répugnants et mensongers dont la Libye a subi la mortelle essence, voyant en son sein aujourd'hui des troupes sanglantes commettre un génocide ethnique sans que rien ne soit fait par cette communauté internationale, que l'on appelle l'ONU, que l'on devrait appeler la Lucie Trust, émanation du satanisme le plus dévoyé ayant main mise sur cet organe à la base forgé par un maçonnisme affairiste, et en aucun cas pour limiter les guerres et encore moins les infamies. Et pour ceux qui en douteraient, comprennent-ils pourquoi la famine et la guerre ont été depuis la création de cet ONU pire que tout ce que le monde n'a jamais connu sans que jamais ne soit rien fait, sinon que pour défendre des intérêts

extérieurs aux Nations concernées ! Regardez le monde et constatez par vous-mêmes, étudiez l'Histoire, avec un H majuscule et non pas cette histoire avec un h minuscule réécrite par les pouvoirs inféodés aux loges, cette « histoire » ridicule et sans lendemain qui porte en elle-même ce qu'elle croit affirmer, la destruction des racines, et qui en fait, tellement grossière intime les plus humbles à rechercher l'Histoire réelle et non cette fange de mensonges que l'on sert aux élèves ! Il y en a pour saluer le Franc-Maçon Jules Ferry, et bien s'il était à saluer en son temps, ce jour il doit se retourner dans sa tombe quand il voit ce que l'on a fait de l'école, et ce n'est pas propre à la France, mais international, une école où en France trône un million de personnes asservissant les jeunes esprits aux mensonges les plus globaux, les initiant plutôt qu'au respect de leurs racines, à une culpabilisation à outrance, afin qu'ils prennent le chemin du métissage qui ne mènera qu'au néant, à une société d'esclaves que l'on exterminera grâce à l'industrie pharmaceutique lorsque le chômage sera endémique. Cette tentative a déjà été exercée au nom du virus h1n1 inventé de toutes pièces par un laboratoire, qui en tient d'ailleurs bien d'autres en réserve au regard de la multitude de dépôts qu'il a fait pour protéger ses œuvres de mort.

Voici le monde, résultante de ces équations initiées, où la plus belle trouve sa règle dans le fait qu'un Président des États Unis détermine qu'il n'y a plus lieu de conquête spatiale ! Alors que justement cette conquête permettrait de rétablir la réalité, et effacer ces théories sans fondement, la relativité, la théorie du big bang, et j'en passe et des meilleurs.

Voici donc ce monde enseigné par l'atrophie qui se veut dominante et qui croit avoir vaincu toute l'intelligence de ce monde, dont elle n'est qu'une pâle copie, une répétition sans devenir, un phasme qui disparaîtra inéluctablement lorsque la conscience de l'Humain se réveillera de la torpeur dans laquelle elle est engluée.

□

VII

Le Pouvoir

Le pouvoir n'appartient à personne, il se prend tout simplement, il est naturel dans le degré de charisme de chacun, il est usurpé lorsqu'il tombe entre des mains sectaires qui ne cherchent en aucun cas à mettre en valeur les sujets du pouvoir en tant que tel, car dans ce dernier cas il ne tient compte que de ses propres valeurs et en aucun cas des valeurs communes initiées.

Le pouvoir est la mesure de l'évolution comme de l'involution en ses caractéristiques profondes qui sont mues par l'Être Humain en sa raison et son imagination les plus éclairées où les plus ténébreuses. L'Histoire avec un H majuscule nous est conte de la densité de son existence au travers des péripéties et des fresques héroïques comme éprises de bassesses qui sont tumultes et frénésies des domaines passionnels où la raison parfois se perd aux limites de la folie la plus pure. Ce qui nous enseigne une formalité supérieure à toutes celles que l'on peut imaginer, savoir que le Pouvoir ne peut vivre sans un Contrepouvoir affirmé, autorité des principes qui sont ceux non de l'exaltation mais bien de la pondération comme de la mesure dans la marche en avant de l'Humanité en son entier.

Il n'est pas lieu ici de commenter sur l'Histoire mais bien d'amener tout un chacun à comprendre que la marche Humaine est indissociable du Pouvoir, et qu'elle peut être synonyme de qualité comme d'involution.

Les caractéristiques de la qualité sont liées au phénomène de transcendance qu'accorde le

Pouvoir au nombre auquel il se réfère, inversement les caractéristiques d'involution sont liées au phénomène d'agrégation qu'accorde le pouvoir au surnuméraire auquel il se réfère, en l'occurrence le surnuméraire étant représenté par le groupe, la secte, l'association, le parti auxquels le Pouvoir se réfère. Dans ce dernier cas l'abstraction se mesure au fait d'accroire que ce nombre surnuméraire puisse dépasser en qualité la quantité et dans ce creuset de l'ineptie ici se retrouvent les plus belles défaites du Pouvoir, qui sacralisé devient imperméable à toute Humanité et par conséquent se retrouve dans la courbe involutive par excellence de l'Humanité.
Ce jour voit parader de glauques certitudes d'avanies destructrices qui s'imaginent la gloire comme le sommet, alors que leur référent perfide, l'usure en ses scories, est lieu de toutes les compromissions des surnuméraires qu'il consume. Nous assistons ici à la symbolique de la décadence dans tout ce qu'elle a de formelle par lieux interposés qui s'entrechoquent mais bien plus se lient et s'associent, tels des vautours ou des hyènes pour dépecer ce qui leur est mesure et dont la rareté viendra les perdre sans même qu'il faille lever le petit doigt pour les voir disparaître.
À ronger un os qui n'est plus que poussière, le nain ridicule qui s'apprête ne vivra pas longtemps, mais bien au contraire dépérira, et que voyons-nous d'autres en ce siècle : l'effondrement de tout une théorie de l'économie basée sur l'usure et ses scories, des banques incapables de se redresser sans puiser dans les ressources publiques afin d'assurer une piètre pérennité, au détriment des Peuples qui lentement se réveillent du purin dans lequel ils sont enlisés, balisés par toute la propagande médiatique à la botte de l'usure, encensant des jeux pour ces Peuples qu'ils bâtissent dans le

néant le plus total, l'abstraction la plus hideuse qui soit, celle du mensonge permanent qui ridiculiserait n'importe quelle dictature, et notamment celles du siècle dernier.
Ici on voit que le Pouvoir n'appartient plus aux Peuples, mais bien au contraire à des instrumentalisations ourdies sur le bénéfice de l'accroire, l'accroire de la supériorité intellectuelle, totalement obviée par l'argenture et qui n'a donc aucune valeur, l'accroire de la supériorité économique qui elle-même n'a plus de valeur au sens de l'usure, compromis dans le fossé d'ouroboros, l'accroire de la supériorité d'un « pouvoir », qui n'existe plus, car la maîtrise du Pouvoir aujourd'hui, n'est plus dans la représentation politique, associative, mais bien dans l'information et la désinformation, dans cette dualité permanente permettant d'éclairer ou bien d'assombrir le regard sur une question d'urgence comme sur une question de quotidienneté.
Le pouvoir apparent est donc lié inexorablement au Pouvoir inapparent, celui de la connaissance de l'information, information qui s'analyse, se concatène et se résume pour le pouvoir apparent. Ici se situe le nœud de toute détermination du Pouvoir, qui peut être enrichie d'invariances mais aussi être trahie par consomption à des surnuméraires dont les plans personnels n'ont rien à voir avec l'évolution qualitative de l'Humanité où d'une des parties de l'Humanité, un Peuple ou un ensemble de Peuples. Nous en voyons les contradictions les plus inféodées actuellement dans le phénomène Syrien, comme il le fut en Libye, où est présenté en Occident le gouvernement en place comme un tueur né de son Peuple, alors que les meurtres des populations dans des conditions atroces sont diligentés par des mercenaires à la solde de surnuméraires n'ayant pour vision que

l'asservissement des Peuples du Moyen Orient au mobile du profit des ressources naturelles de leurs pays.

Le vrai Pouvoir est donc celui de la connaissance, et là en fait se trouve aussi le Contrepouvoir, intimement lié qui ne trouvera sa mesure que lorsqu'il se sera vraiment reconnu dans les perspectives de l'évolution qualitative de l'Humanité en ses Races, en ses Peuples, en ses Ethnies, en ses Régions, en ses Nations comme en ses internations. Compte tenu des moyens d'informations de notre siècle, où chacun peut être émetteur et récepteur de l'information immédiate, réelle et non construite, nous pouvons voir que le vrai Contrepouvoir est donc celui de la quantité, en fait lié à chacun d'entre nous qui peut agir sur le Pouvoir, fut-il celui du surnuméraire, en dénonçant la désinformation où qu'elle soit. L'exemple le plus typique, est celui de l'action des réseaux sociaux dans le cadre de ce qu'on a appelé les révolutions Arabes, qui en fait ont été manipulés afin d'organiser la chute des pouvoirs en place pour mise en place de composantes liées à ce que l'on appelle le « nouvel ordre mondial » qui n'est que le désordre mondial caractérisé.

Reprendre le Pouvoir c'est donc agir dans le Contrepouvoir et faire prospérer le quantitatif sur le surnuméraire qui aujourd'hui se déploie à la vitesse de la lumière mais dont l'action a été stoppée irrémédiablement par la naissance du monde multipolaire imposé par les strates Asiatiques et Russes, ainsi qu'en partie par l'Amérique du Sud grâce à la persévérance de certains de ses leaders. Reprendre le Pouvoir, c'est donc d'abord et avant tout initier le Contrepouvoir à des actions offensives ayant pour but de désintégrer les dysfonctions du Pouvoir en sa propagande et ses atermoiements, à l'image de ce qui s'est réalisé concernant le virus H1N1, dont chacun sait aujourd'hui qu'il a été fabriqué par un laboratoire pharmaceutique et disséminé afin de conditionner les masses à une vaccination massive, vaccination plus mortelle que le virus lui-même, qui devait entraîner une dépopulation massive pour laquelle étaient prêts des millions de cercueils à travers toute la planète, pour laquelle les pouvoirs surnuméraires ont bâti un mensonge touchant l'Humanité elle-même, en se servant de l'OMS, et de leurs fidèles serviteurs dans les pouvoirs apparents de la planète. Ici nous nous trouvons devant une tentative de crime contre l'Humanité globale qui bien entendu n'a pas été jugée, les Juges étant eux-mêmes inféodés à ces surnuméraires qui bâtissent leurs empires avec le sang des Peuples.

Les surnuméraires ont envahi toutes les institutions qu'elles soient nationales ou internationales, ne nous y trompons pas, les uns les autres se combattant, les uns les autres s'alliant, les uns les autres se détruisant, toujours en voie de conquête du Pouvoir mondial. Ici se tient le lieu de la marque du Contrepouvoir qui doit toujours veiller à la marge de l'évolution comme de l'involution et trouver dans ses participes la mesure d'un déploiement circonstancié menant à l'évolution quoi qu'il arrive, quoi qu'il se passe, quels que soient les événements aléatoires liés aux convergences comme aux divergences humaines qui peuvent se montrer, se mesurer, s'épanouir ou bien se dissoudre.

Bâtir c'est construire et donc être sans arrêt sur la brèche, trouver les moyens de cette construction, et dans le jeu même des surfaces et des profondeurs enrichir le lien même permettant à la fois d'anéantir les forces adverses et de faire rayonner les forces adventices de la plénitude de l'action constructive, car ne nous méprenons, le Contrepouvoir est action et non seulement contemplation, il est guide souverain là où le pouvoir faillit, il est centralisateur et nucléarisé, il est thèse et antithèse, toujours synthèse dans le sens de l'invariance de l'évolution et de ses prismes qui éclairent le devenir par-delà les ténèbres volontaires et bâtis, par-delà les inconséquences comme les infortunes, par-delà les paraîtres et les incertitudes, toujours en brèche sur cette cime où se décide le sort de l'Humanité en ses composantes et ses respires.

On le voit la complexité ici réside, mais aussi la simplicité dans la vision géométrique qui s'impose qui est celle de ne plus voir les choses séquentiellement mais harmoniquement, qui est celle de se situer comme un point dans la sphère, et non comme la sphère elle-même, qui est dans l'ordre naturel de se concevoir comme un rayon dans le cercle et non le cercle lui-même. La nature même de l'Humain étant non pas de s'abstraire mais de conquérir le réel et dans ce réel d'affirmer la viduité de son expression individuelle afin par synergie d'obtenir l'acquiescement du généré en ses arcanes les plus agissants. Le Pouvoir qui réside dans le Contrepouvoir le plus ultime, devient ici le couronnement précieux qui permet à l'action de se générer utilement et ne pas s'imprégner à la fois des tentatives corruptibles, comme des inféodations les plus pernicieuses, comme des permanences de coups d'États insipides et sans devenir.

Comprendre cette réalité Humaine c'est déjà comprendre qu'en chacun réside cette force considérable qui est celle de pouvoir influer sur les arcanes de la réalité en dépassant la virtualité fécondée. L'Humain qui ne reconnaît pas ce potentiel est malléable et est donc sujet à des volitions comme des circonvolutions virtuelles qui débouchent les unes les autres sur le néant le plus total, car abstraites, nées du surnuméraire.

Croire le contraire c'est déjà se perdre dans leur vide, dans cette intemporalité menant à la destitution de toute réalité formelle et exhaustive et n'embrasser du phénomène vivant qu'une partie limitée, source d'atrophie, atrophie qui ce jour domine le monde en ses développements comme en ses concaténations, volitions et circonvolutions.
Le Pouvoir a ceci d'extrêmement tangible qu'il est le ressort même de toute création, dans la création et par la création, et que s'il est délaissé entre les mains de surnuméraires dévoués à leur propre cause et non à la cause de l'Humanité, il s'atrophie de lui-même et devient par conséquent source de toute involution, involution particulièrement visible ce jour où les facteurs de mobilisation s'entrouvrent sur la destruction mutuelle de tout ce qui existe, au renfort de l'atrophie elle-même s'installant dans ce degré du néant qui est son confort perpétuel et contre lequel il convient de lutter impitoyablement.
Impitoyablement dans la légalité des Lois Humaines, qui ne sont pas d'abstraire les individus ou l'individu, mais bien de destituer le népotisme d'idéologies tronquées qui fustigent l'entendement Humain, le lie à la boue saumâtre de la fange et de ses dérisions. La lutte impitoyable que doit mener tout Être Humain normalement constitué passe donc par ce combat envers le ressort de ces idéologies putrides qui asservissent l'Humanité, dont le degré mis en avant est la pensée unique, monopole de l'impuissance à la création, qui voudrait s'imposer comme règle dans ce monde courbé devant la déocratie de la médiocrité acclimatée, conjuguée et devisée. Notre siècle témoigne de cette atrophie dans le cadre de cette pensée unique qui se veut maître à penser, théurgie de toute l'incapacité à appréhender la réalité qu'elle subjugue dans l'abstraction qui l'affine en sa

vertu qui est celle de l'incapacité chronique à créer, une incapacité tellement visible qu'elle voit de pâles copieurs s'initier à la théurgie culturelle, et lorsqu'ils ne sont pas capables de copier s'éprendre de la destruction de chaque œuvre pour en dilapider et le sens et la vertu.

Ainsi en est-il ce jour où le pillage est règle, le pillage des idées, le pillage des œuvres, le pillage de la pensée pour l'inclure dans une boue glauque d'où surgit la médiocrité comme repère après avoir destitué la réalité au profit de son abstraction. Si nous revenons à nos équations initiales, nous voyons là les arcanes mêmes du pouvoir des surnuméraires en action. La bêtise est le chevet de contrition de tout un chacun désormais dans leur rayonnement, une bêtise ouvragée, persistante, répétitive jusqu'à l'infini afin de désorienter le réel et le mettre à la botte de l'incongruité la plus patente comme, ne nous y trompons pas, la plus déterminée, l'aura de ses circonvolutions se trouvant dans l'excellence de la barbarie pour la domination.

Face à cette outrance, la théorie du judoka s'impose pour renverser sa domination, théorie très simple qui consiste à accompagner le mouvement de son adversaire jusqu'à son point de rupture, rupture que l'on retrouve aujourd'hui jusqu'à la nausée dans la consécration du vide temporel le plus ridicule, celui de l'Art, résonance familière de cette rupture, art de la vulgarité associée au mensonge, à ce catimini de salmigondis qui ruisselle la pauvreté du néant dans l'ordonnance de la création, un prurit né de l'atrophie qui glose et interprète, se congratule et s'évacue par n'importe quel être sensé, qui ne peut voir par exemple, et cet exemple est frappant, que le règne de l'étron imposé dans ce que l'on ose appeler sculpture qui trône sur le parvis de la Défense, en France.

Le néant est là dans toutes les espérances Humaines, dans tous ses rêves comme dans tous ses songes, aucune aspiration ne peut éclore en ce précipice de l'intelligence sinon que voilée, vilipendée, malmenée par toute la tourbe de l'immondice qui se veut règne, un aréopage de l'impuissance au service de l'impuissance qui contraint toute valeur dans la valeur monétaire, insigne de la pure décadence que vivent les Arts de ce monde, insigne qui se veut puissance mais qui n'est rien d'autre qu'un bruissement de vent mauvais qui n'atteindra jamais les sommets de la véritable puissance créatrice, car enfin que valent ses critères face à la puissance d'un Jean Sébastien Bach, d'un Mozart ou d'un Wagner, rien, strictement rien, de la poudre aux yeux qui se veut pouvoir alors qu'elle révèle bien au contraire sa déchéance, son repliement sur l'atrophie de la bêtise et de ses sommets qui se disent théurgiques ! Et nous pourrions ici parler de littérature à l'infini, lorsque l'on reconnaît les forces impérieuses de la littérature Française, on ne peut qu'être étonné au vingt et unième siècle de voir la pure médiocrité s'instaurer sur le devant de sa scène, des romans à dix sous, des banalités qui servent de panneaux publicitaires à des marques stériles, pauvre littérature qui voudrait se comparer à la force d'un Corneille, d'un Racine, d'un Molière, à l'assemblée des philosophes et scientifiques, Poètes et Romanciers, à Montaigne, Rabelais, Ronsard, Du Bellay, Labbé, Descartes, Pascal, La Rochefoucauld, Scarron, Corneille, Racine, De Scudery, La Fontaine, La Bruyere, Boileau, Molière, Duclos, Marmontel, l'Abbé Prevost, Piron, Marivaux, D'Alembert, Voltaire, Rousseau, Montesquieu, Diderot, Helvetius, Turgot, Régnard, Le Sage, Beaumarchais, Destouches, Marivaux, Sedaine, Chateaubriand, Victor Hugo, Théophile Gautier, Lamartine, Musset, Nerval,

Georges Sand, Vigny, Stendhal, Balzac, Flaubert, De Maupassant, Zola, Baudelaire, Verlaine, Rimbaud, Apollinaire, Breton, Valéry, Bernanos, Céline, Malraux, Peguy, et tant d'autres à découvrir par chacun en ouvrant le dictionnaire des noms propres, pour apercevoir avec stupéfaction la grandeur de l'Histoire littéraire de la France, la grandeur de l'Histoire Scientifique de la France, la grandeur tout simplement de l'Histoire de France qui a su forger des Élites extraordinaires, ce jour masquées par la boue glauque, la résonance du vide, la pourriture incarnée qui se voudrait maîtresse du devenir de la France, comme de l'horizon de ce Monde. Et cette pourriture consommée, qu'il suffise d'ouvrir les yeux pour la voir s'agglutiner dans ce vomissoir qui reflète bien là l'abstraction, ce que l'on appelle l'art moderne qui n'est qu'une fosse à purin, libérant bien là les ordres sémantiques du bolchévisme le plus intolérable précisant en ses objectifs ce labour de la boue, repris en chœur par les mondialistes incultes qui agissent pour creuser le berceau de la tombe de toute civilisation.

Ce pourrissoir du surnuméraire est en marche et se glorifie, appliquant benoîtement les consignes communistes mises en évidence par la publication par le Bureau des Archives du Congrès des États Unis en 1963 ses objectifs dont nous soulignerons les plus importants :

Populariser l'ONU comme seul espoir de l'Humanité. Et si on procède à la refonte de sa charte, exiger qu'elle soit constituée en Gouvernement mondial avec des forces armées qui lui soient propres.

Se débarrasser de tous les serments de fidélité.

Faire usage des décisions techniques rendues par les cours afin d'affaiblir les Institutions de base en prétendant que leurs activités violent les droits civils.

Prendre le contrôle des écoles. Les utiliser comme courroie de transmission pour répandre le socialisme aujourd'hui le mondialisme et la propagande communiste, aujourd'hui mondialiste. Assouplir les programmes scolaires, prendre le contrôle des associations de professeurs, introduire dans les manuels le programme du parti, aujourd'hui mondialisme.
Obtenir la haute main sur tous les journaux étudiants.
Utiliser les émeutes étudiantes pour fomenter des protestations publiques contre des programmes ou des organismes que le communisme, aujourd'hui le mondialisme, attaque.
Infiltrer la presse, s'y faire assigner toutes les positions de critique littéraire, de rédaction d'éditoriaux et de choix de ligne de conduite.
S'approprier les positions clefs dans la radio, la télévision et le cinéma.
Continuer à discréditer la Culture en dégradant toutes les formes d'expressions artistiques.
Avoir la haute main sur les critiques d'art et les directeurs des musées d'art. « Notre plan est de faire se répandre la laideur, l'art répugnant et sans signification à l'image d'une de nos cellules ayant reçu l'ordre d'éliminer des parcs et des édifices toute bonne sculpture, pour y substituer des configurations informes, sans grâce et sans signification. »
Faire disparaître toutes les lois refrénant l'obscénité, en les appelants « censure » et violation de la liberté de parole et de presse.
Faire tomber les normes culturelles du sens moral en poussant la pornographie et l'obscénité dans les livres, les journaux illustrés, le cinéma, la télévision et la radio.
Présenter l'homosexualité, la dégénérescence et la promiscuité des sexes comme « normales, naturelles, et bonnes pour la santé »

Infiltrer les églises, et remplacer la religion révélée par une religion sociale. Discréditer la Bible et souligner le besoin d'une maturité intellectuelle qui peut se passer d'une béquille religieuse.
Éliminer des écoles la prière et tout autre aspect de l'expression religieuse, en donnant comme raison que cela viole les principes de séparation de l'Église et de l'état.
Appuyer tout mouvement socialiste, aujourd'hui mondialiste, pour l'établissement d'une autorité centrale sur une section quelconque de l'éducation culturelle, des services sociaux, des programmes d'assistance, des cliniques psychiatriques, etc.
Transférer quelques-uns des pouvoirs d'arrêt de police aux services sociaux. Traiter tous les problèmes de conduite personnelle comme des désordres psychiatriques que nul ne peut comprendre ni traiter sans être psychiatre.
Dominer les psychiatres et utiliser les lois sur la santé mentale comme moyen d'obtenir un contrôle coercitif de ceux qui s'opposent à des objectifs communistes, aujourd'hui mondialistes.
Discréditer la famille comme institution, favoriser l'amour libre et le divorce facile.
Mettre en relief la nécessité d'élever les enfants loin de l'influence limitative des parents, attribuer les préjugés, les blocages psychologiques et le retard des enfants, à l'influence répressive des parents.
Etc, etc, on le voit ces objectifs sont pour la plupart atteint par cette maladie que l'on nomme le mondialisme, un cancer né de la putridité des surnuméraires qui se glorifient de leur destruction de tout ce qui existe au profit du saint nom du veau d'or, leur compagnon de jouissance favori.
Les écuries d'Augias sont pleines, et alors me direz-vous, comment nettoyer cette plaie, ce furoncle, cette atrophie qui règne, comme précité,

en insinuant tout, je dis bien tout, ce qui détermine deux actions complémentaires celle de l'action dans le pouvoir afin d'en reprendre les rênes, et celle de l'action dans le contrepouvoir pour mettre fin à l'enlisement de toute Culture, de toute Identité, de toute Nation au profit de l'immondice nazi communiste qui se réjouit de sa duplicité.
L'action dans le contrepouvoir est l'action d'information, et d'assise de l'Histoire Mondiale, de chaque Nation, la réintégration de chaque Identité dans ses arcanes, par la mise à nu des théories ridicules telles que celles dont nous avons mis en équation la monstruosité destructrice, l'action dans le Pouvoir concerne l'insinuation de tout ce que les composantes Humaines ont créé, savoir les Institutions, les associations fussent-elles discrètes ou publiques, les partis politiques quel que soit leur emblème, insinuation qui devra utiliser les mêmes armes utilisées par les féaux du mondialisme, la duplicité, la traîtrise, l'hypocrisie, toutes formes de la veulerie ordinaire, afin de briser définitivement la prétention à la destruction des féaux du mondialisme.
On le voit ces actions complémentaires sont nécessaires à l'éradication de la laideur, à la destitution des monopoles de la destruction, à la concaténation de l'atrophie en ses mobiles, l'usure, toujours l'usure qui est le fait des surnuméraires stériles qui paralysent l'avenir de l'évolution, au profit d'une involution qui devra être détruite par tous les moyens légaux initiés par les Lois Humaines.

□

Jeunesse, lève-toi !

Ouverture

Comme précisé en premier alinéa du dernier chapitre, le pouvoir n'appartient à personne, rappelez-vous de ce socle invariable qui va vous permettre d'exercer la pression nécessaire à l'éradication de la bestialité qui se veut aujourd'hui dominante et qui se sert des équations initiées par le darwinisme voulant l'Humain non humain par appariement à l'animal sur la nature organique, lors que l'Humain est transcendance de ces vertus et donc en aucun cas animal mais puissance organique organisée et vouée à la transcendance ; par le freudisme voyant l'Humain comme fécalité abstraite voulant son conscient en soumission de l'inconscient, alors que l'Humain est Surconscient transcendant le conscient et l'inconscient afin de s'abstraire de toute manipulation coercitive ; par le marxisme transformant l'Être Humain en un outil de travail, alors qu'il est bien au-delà par son pouvoir de transcendance par l'unité symbiotique de ses composantes ; par l'einsteinisme, voyant l'Humain condamné à un éternel retour aux limbes de l'état terrestre, dans un temps invariant soumis à l'Espace, alors que l'Humain est voie dans son unicité de conquête de l'espace par la complémentarité des orientations temporelles propres à chaque individualité ; par le friedmanisme, voyant l'Humain domestique d'un marché unique sans foi ni loi relativement à sa nécessité économique, alors que l'Humain a pour vocation par empathie naturelle et complémentarité d'abstraire les distorsions économiques afin de les rendre fluides et permettre ainsi l'élévation de chaque Être Humain en lui apportant la capacité de s'exfolier des besoins économiques ; par l'idéologie des ismes de voir l'Humain réduit à l'acculturation par introduction de la culpabilisation par réduction des cultures à l'inverse de leurs proportions tonales, alors que l'Humain est Culture et que tout un chacun en ses volitions organiques doit mettre en valeur chaque dessein culturel dont la complémentarité effective permet d'élever l'Humain et non de l'abaisser ; par l'idéologie nazi communiste de voir l'Humain réduit au néant où au non humain dans la consécration d'un nouvel ordre mondial abstrait figeant tout devenir par l'assomption de maîtres et d'esclaves consentants, alors que l'Humain est fait pour un Ordre mondial naturel élevant ses racines dans la composition ordonnée et symbiotique de valeurs Humaines et non d'idéologies atrophiées bâtissant une non-humanité bestiale.

Ici se tient le lieu du combat prioritaire du Contrepouvoir, dans l'aspect culturel qui est le sang des Êtres Humains, le berceau et l'avenir de tout Être Humain, un combat contre les idéologies déclinant dans leurs théories les composantes qui permettent de déliter la mémoire collective de l'Humanité, qui ont toujours été litières de son agonie. Nous le comprenons aisément, ce combat doit être à l'ordre du jour par tous les moyens de communication existants, au sein de toutes associations, de toutes institutions, de toutes forges discrètes ou ouvertes de la pensée, qu'elles fussent celles de la Franc-Maçonnerie, de l'Opus Dei, des Clubs de pensée, du Siècle lui-même, du Bildelberg lui-même, de tous les terreaux de la pensée, où qu'ils fussent, quoi qu'ils soient, partis, syndicats, etc. Il n'y a pas de lieu, il n'y a

pas de strate que vous ne deviez insinuer afin d'en prendre les leviers et renverser cette abstraction que l'on nomme la pensée unique afin de la renverser et la rendre à la médiocrité qui est son lieu commun.
Le Contrepouvoir doit s'exercer complémentairement dans le pouvoir lui-même. Il nécessite là une constante qui est celle de l'insinuation totale des prévarications sans foi ni loi, il doit aller au centre même des convergences du déni de pouvoir, le cœur de ces surnuméraires qui se voudraient règne, par une action d'entrisme, qui peut se réaliser par la reconnaissance comme par les moyens propres au surnuméraire, la reconnaissance des faiblesses les plus intimes des prédateurs, et par là même leur noyautage le plus absolu, et leur remplacement effectif par une reprise du pouvoir total sur ces errances qui ne doivent plus être motrices, mais par reconnaissance de leurs trames personnelles, soumission à l'Ordre Naturel. Il y a lieu ici d'un combat total, ordonné, et silencieux, un combat sans victime, car se servant des Lois Humaines et les améliorant, pour contrer la nocivité de la pourriture qui les spolie. Ce combat n'est pas un combat fait pour les faibles, mais pour les forts, ceux qui seront capables d'aller au fond de la pourriture pour l'extraire et s'en servir à bon escient. Car enfin, pour régner, de quoi se servent les prédateurs : de la faiblesse, de la couardise, de la compromission, de la félonie, de la barbarie, de ces liens indéfectibles liés par la pourriture dans l'affairisme le plus grossier, dans la sexualité la plus débridée, dans l'atrocité la plus ignoble, le meurtre rituel des enfants et le cannibalisme ! Ces tares doivent être reconnues et leur participation, fichée, et mise en évidence devant leurs auteurs afin de les retourner. Bien souvent on entend dire, il faudrait tous les tuer, mais cela

n'est pas une solution, sinon qu'une solution intermédiaire. La solution la plus profitable est d'en reconnaître la servitude et de la retourner au profit de la cause de l'Humanité, de l'Universalité. Il faut que chacun de ses impétrants n'ait plus le sentiment de l'impunité mais bien au contraire qu'il soit asservi à un sentiment d'insécurité et notamment par la mise en place publique de leurs agissements en leurs faiblesses. Car la faiblesse est là de ces outrances qui portent le nazi communisme, c'est que ce jour voit la connaissance de leurs faits et gestes, et ce sont ces faits et gestes qui doivent être minutieusement étudiés, conditionnés, afin que dans l'œuvre de la reconquête du pouvoir le Contrepouvoir mette en évidence près de tout un chacun de ses prêtres de thanatos leurs collusions, fussent-elles véniellles ou meurtrières, et dans ce passage se servir de leur faiblesse pour renverser la marche en avant de leur concept atrophié.
Ce combat qui n'en est qu'un seul dans les voies de la complémentarité permettra l'instauration de pouvoirs assainis de la morbidité, de l'atrophie, de la médiocrité, de cette débilité mortifère qui veut régir. Il doit dans la légalité la plus absolue dans le cadre des Lois Humaines, par reconnaissance de la lèpre, fichage total de cette lèpre et retournement de cette lèpre, permettre d'éradiquer la prétention de la barbarie à dominer ce monde. Il n'est d'autre voie dans le pouvoir actuel, entièrement aux mains du surnuméraire que de briser le surnuméraire en agissant sur ses faiblesses, ses crimes, sa morbidité, et c'est pour cela que je répète que ce combat dans ce pouvoir ne sera pas le fait des faibles, comme d'ailleurs dans la voie culturelle, mais des forts, de cette Race de l'Esprit qui doit combattre en tous lieux et par toutes forces la Race de la bestialité.

Ce combat a-t-il besoin de troupes qui s'assemblent comme des vaches à l'abreuvoir ? Non, ce combat n'est pas celui d'un parti mais de l'Évolution, et il est en chacun d'entre nous, et chacun d'entre nous doit en être porteur dès l'instant où il conçoit le monde non dirigé par des maîtres régnant sur des esclaves, mais un monde qui éclaire chaque Être Humain en ses composantes dans l'Humanité et son devenir. Ce combat n'a donc pas besoin de parti, ni de lieu de réunion, ce combat est personnel et collectif, il est universel par essence, et que l'on soit artiste, philosophe, scientifique, politique, en tous lieux et par toutes strates peut-il se mener. Chacun se reconnaîtra dans cette préhension de la réalité au-delà des abstractions. Ici donc, nulle possibilité de manipulation par qui que ce soit, gouvernement, secte, sociétés discrètes ou bien secrètes, car la manipulation par la connaissance sera bien au contraire attribuée à tout un chacun dans le cadre de la connaissance des phasmes qui se veulent règne et qui perdront ce règne grâce à la faiblesse dont ils sont porteurs.
La bataille contre l'involution n'est pas une bataille née ce jour, elle a toujours existé, et continuera à exister quelques soient les moyens mis en œuvre pour détruire la liberté de penser de chaque Être Humain, par la violence, l'aporie, le crime, et nous savons les uns les autres qu'en ces matières l'atrophie se veut maîtresse, il n'y a qu'à regarder les assassinats comme les tentatives d'assassinats commis par les troupes noires de cette « europe » oligarchique, le Président de la Pologne, un Député Anglais, etc, etc. Mais tuer la pensée est beaucoup plus difficile qu'on ne le pense, et cette matière d'œuvre noire n'y parviendra pas, car tout un chacun de l'Humanité sera soldat du renouveau Mondial et non de ce nouvel ordre mondial dévoué à la dictature, lorsque tout un chacun

aura compris les degrés de la manipulation, outrageante pour l'Esprit, qu'il subit.
Et cette conscience portée par le savoir ce jour ne connaît ni frontières, ni stérilité, et dans ce que l'on nomme la toile s'affranchit du temps comme de l'espace pour porter son rayonnement, au grand dépit des pouvoirs larbins qui s'affligent de voir ainsi la connaissance leur échapper, en voulant détruire ladite toile, ce qui fait rire n'importe quel internaute conscient qui sait qu'internet 2 est déjà à l'œuvre, et qu'internet 3 se prépare, voyant prohiber l'utilisation de providers douteux, milices par excellence des pouvoirs en place...
Ainsi ces quelques mots à la jeunesse, qu'elle soit de France comme des autres Nations de ce Monde, qu'il n'est rien de perdu, mais bien au contraire tout de possible pour que s'éclaire de nouveau ce monde livré à l'atrophie, l'atrophie n'étant qu'un épiphénomène de ce petit monde dont tout un chacun peut s'en libérer par une action concrète et déterminante qui n'est pas liée à la passivité mais bien au contraire à l'alacrité, cette alacrité de pouvoir transformer un taudis en palace, en se battant contre l'involution qui ce jour règne, éprise de sa bâtardise, de sa consanguinité, de sa dépravation, et de son accroire, qui tous seront mis à nu et par contre manipulation permettront de voir l'action envers l'involution se couronner de succès retentissants, et en définitive au succès final qui sera celui de voir le Monde gouverné par un Ordre Mondial Naturel respectueux tant des Êtres Humains que des Ethnies, des Races et de l'Humanité, ainsi que des Régions, des Nations, des Internations, du Monde, qui régira dans un cadre multipolaire l'avenir de l'Humain comme de l'Humanité, qui n'est pas destiné à la destruction, mais bien au contraire à l'élévation dans le cadre de l'Universalité, sa structure comme son

organisation, lui permettant d'épanouir l'Être Humain comme l'Humanité à son champ d'expansion, l'Espace.

Table

Jeunesse, lève-toi !

Bataille contre l'involution

Vincent Thierry
Lanzarote Sèvres
Le 06/07/2012

Œuvres de Vincent Thierry
Catalogue

Jeunesse, lève-toi !

GÉNÉSIAQUE
Le journal d'un Aventurier

PRAIRIAL
Le Chant du Poète
De Jeunesse
Les Continents oubliés
Vents du présent

ÉCRITS DU VENT
Écrins
De Marche Humaine
L'Indivisible
Military Story and new world

HÉROÏQUES
Mutation Terrestre
Lettres à l'Amour
Les Cantiques
D'Olympe le Chant d'Or

NATURAE
Fresques d'Amour
Le Verger d'Amour
L'Interdit
Mélodie d'Amour

FENAISONS
Améthystes
Océaniques
À la recherche de l'Absolu
Voyages

HORIZONS
Ivoire
D'Histoires nouvelles
D'Orbes
Stances

SOLSTICE
Idées
Âme Française
Expressions
Solstice

D'UNIVERS
D'Iris
Démiurgique
D'Azur
Flamboyant

REGARDS
D'un Ode Vif
D'une Gerbe de Soleil
Du Songe
Du Savoir sans Oubli
Que l'Onde en son Respire
Que l'Or Solaire
Qu'azur le Cristal
Du Souffle Vivant
De l'Harmonie

ISTAÏL
Cygne Étincelant
Âme de plus pure Joie
D'un Âge d'Or Renouveau
Par le Ciel Symbolique
De l'Être Universel
Règne d'Or Liquide
De toute Luminosité

TEMPOREL
Les Sortilèges de l'Enfance

ALPHA
De l'Azur Souverain
Ivoire de l'Éden
L'Orbe Cristallin
De l'Aigle Impérial

OMÉGA
Dans la Demeure des Dieux
Le Chant du Cygne
D'Oriflamme Souverain
Le Chœur Magnifié

FRESQUES
D'or et de Pourpre
Dans la Luminosité du Verbe
L'Azur du Cristal
Qu'Enamoure l'Éternité

COSMOS
Cosmographies
Delta du Cygne
La Légende de l'Espace
Infinitude

ÉTOILES
Thélème ou l'ambre de Vie
Véga 3000
Architectura
Naturae

ARRIOR
Sous le Vent de poussière
Des Catacombes
Debout au milieu des ruines
L'Aigle Impérial regarde

RESCRITS
Aux Protocoles
À Thanatos
Aux Droits
À l'Histoire

ABSOLU
Théorie Générale de l'Universalité

NIDS
Nid de faucons
Nid de vautours
Nid de scorpions
Nid d'Aigles

COMBATS
Ordre Mondial contre nouvel ordre mondial
La Voie Templière
Contraction Temporelle
Ondine

UNIVERSUM
Universum I
Universum II
Universum III
Universum IV
Universum V
Universum VI
Universum VII
Universum VIII
Universum IX
Universum X
Universum XI
Universum XII
Universum XIII

Lanzarote Élégies
De Corse les Chants
Jeunesse lève-toi !
Métamorphose
Roseraie de lumière
Constellations
Semeur d'étoiles
Pléiades
Aux confins des Univers

EXPOSITION
Prélude
Exposition I
Exposition II
Exposition III
Exposition IV
Exposition V

MULTIMÉDIA

UNIVERS
(Shows artistiques informatiques – CD/DVD)

1992-2018 : Univers I à XXXIII
2007 : Univers Film
IDDN.FR.010.0109063.000.R.P.2007.035.40100

ÎLES
(Films CD-DVD)
Est Ouest
Atlantis
Fragments
Rêve Corse

MUSIQUE
(CD-DVD)
Émotion
Mystica

COMPILATION

ŒUVRES 2008
(CD)
Œuvres Poétiques
Œuvres Romanesques, Nouvelles
Œuvres Élégiaque, Chants
Œuvres Théâtrale
Œuvres de Science-fiction
Œuvres Philosophiques, pamphlets
Œuvres Métapolitique
Œuvres Complètes

OASIS
Thélème ou l'ambre de Vie
Essors
Lanzarote Élégies
De Corse les Chants

PROFESSIONNEL
(Base de données DVD)
Assurance Dommages

SITE INTERNET

http://harmonia-universum.com

Éditeur Patinet Thierri
http://harmonia-universum.com

Impression
http://www.lulu.com

www.ingramcontent.com/pod-product-compliance
Lightning Source LLC
Chambersburg PA
CBHW060131280326
41932CB00012B/1488
* 9 7 8 2 8 7 7 8 2 4 1 2 5 *